徽州民間規約文獻精編

村規民約卷

卞利 編著

時代出版傳媒股份有限公司
安徽教育出版社
·合肥·

圖書在版編目(CIP)數據

徽州民間規約文獻精編.村規民約卷／卞利編著.——合肥：安徽教育出版社,2020.12
ISBN 978-7-5336-9249-0

Ⅰ.①徽… Ⅱ.①卞… Ⅲ.①習慣法-匯編-徽州地區②鄉規民約-徽州地區 Ⅳ.①D927.543.215.9②B824

中國版本圖書館CIP數據核字(2020)第265786號

徽州民間規約文獻精編
村規民約卷
HUIZHOU MINJIAN GUIYUE WENXIAN JINGBIAN

出　版　人：費世平
策劃編輯：夏業梅
項目統籌：李冰冰　陶忠娣　付　静
本卷責任編輯：陶忠娣　錢葉琴　任玉琳
裝幀設計：張鑫坤
責任印製：陳善軍

出版發行：時代出版傳媒股份有限公司　安徽教育出版社
地　　　址：合肥市經開區繁華大道西路398號　郵編：230601
網　　　址：http://www.ahep.com.cn
營銷電話：(0551)63683012,63683013
排　　版：安徽時代華印出版服務有限責任公司
印　　刷：安徽新華印刷股份有限公司

開　　本：710×1010　1/16
印　　張：26.75(本卷)
版　　次：2020年12月第1版　2020年12月第1次印刷
定　　價：590.00圓(四卷)

(如發現印裝質量問題,影響閱讀,請與本社營銷部聯繫調換)

總　序

"官有正條,各宜遵守;民有私約,各依規矩。"①在中國歷史上,先秦萌芽,秦漢、魏晉南北朝初步發展,隋唐定型,宋元至明清特別是明清時期達到鼎盛,近代新舊交替之際完成轉型的民間規約,廣泛地存在和深深地植根於中國傳統社會之中,并與國家法律及地方行政法規一道,相共與存,互相補充,彼此互動,維持着國家機器的正常運轉,以及社會、經濟、教育和文化等領域的有序運行。正如馬克斯·韋伯在《社會學的基本概念》一書中所云:"一種導引管理組織行動的秩序,可稱作'行政秩序'(Verwaltungsordnung)。而一種規範約束其他的社會行動,并保證行動者享有由此一規則所開啓的機會的秩序,則稱爲'規約式秩序'(Regulierungsordnung)。"②歷史上,中國民間規約所規範和約束的秩序,正是這種"規約式秩序"。

一、民間規約的概念及類型

何謂民間規約?民間規約的內涵與外延如何?從字面上來看,民間規約中的"民間",主要是相對於"官方"而言,但"民間"與"官方"兩者之間的界限往往并不十分清晰,有時甚至是非常模糊的。"規約"則是一種規範、規矩、規則、約定和約束。因此,我們可以對民間規約的內涵作如下表述:民間規約是指某一特定地域、組織或人群,依據當地風土民情、習慣與社會生產生活需要,共同商議制定,并由某一共同地域、組織或人群在一定時間和空間範圍內共同遵守的自我管理、自我服務、自我約束的規則或約定。嚴格來說,民間規約包含了"規"和"約"兩個部分,"規"指的是某一特定地域、組織

---

① 《清道光十八年仲秋月安徽省祁門縣灘下村永禁碑》,原碑立於安徽省祁門縣渚口鄉灘下村。
② [德]馬克斯·韋伯著,顧忠華譯:《社會學的基本概念》,桂林:廣西師範大學出版社,2005年,69頁。

或人群,在特定時間內共同發起、制定和遵守的約定俗成的規則或規範,其所維護和約束的是一定時間和空間範圍內組織與人群的整體利益和集體行爲,具有相對全局性、穩定性、原則性、規範性和嚴肅性等特點;"約"則是部分地域、組織、行業和人群爲某一特定事項而達成的某種群體性公共約定,其所維護的是某一特定時間內特定地域、組織暨特定人群的群體利益而非私人利益。在相對較爲統一的特定時間和空間範圍內,"約"是"規"的具體化,或者說,"約"是在"規"的指導下,因時、因地、因人、因事而制定和達成的一種約定或約束性規範。

　　需要特別指出的是,被某一特定組織或人群推舉或公認的精英人物個人所起草制定,并爲特定地域、組織和人群認同、接受與執行的規約,亦屬於民間規約的範疇。如宗族規約中的祖訓和家訓,主要是由宗族歷史發展長河中的精英人物在長期的社會生產與生活實踐中,通過自身經歷、經驗積纍和總結而形成的。如著名的《顔氏家訓》,即是由北齊文學家、教育家顔之推個人治家經驗積纍總結而成,并爲歷代顔氏家族成員所共同遵守的規訓。由於影響巨大,《顔氏家訓》後來甚至發展成爲全國各地各大家族效法和奉行的家族子女教育的典範,進而成爲家訓類規約的代表性作品。即使是民間創辦和運行的學校或書院等類規約,甚至是村莊的村規民約,亦有不少是由個人草擬、制定并實行的。其中,如明正德十二年(1517)著名心學家、甘泉學派的創始人湛若水(廣東增城人)爲其所創辦的大科書院而起草和制定的《大科書院訓規》①;清康熙年間,理學名臣、翰林院編修、兵部右侍郎、直隸巡撫李光地爲家鄉福建安溪縣湖頭村制定的村規民約——《同里公約》②等,都是由個人起草、制定和實施的民間規約的典型範本。

　　縱觀中國歷史上普遍存在并廣泛發揮作用的各類民間規約,儘管在時間、空間、載體、內容、性質和形式上有着豐富的內涵和複雜的類型,但從客觀科學的實際出發,我們更傾向於結合內容、性質和形式等因素,對各種複雜的民間規約予以類型上的劃分。

　　概括而言,歷史上的民間規約主要包括以下幾大常見類型:

　　一是村規民約,亦稱"鄉規民約"。在中國傳統的農耕社會,村規民約在衆多內容豐富、類型複雜的民間規約中占據着主導性和支配性地位。村規

---

① [明]湛若水:《湛甘泉先生文集》卷六《大科訓規》,清康熙二十年黄楷刻本。
② [清]李光地:《榕村别集》卷五《同里公約》,清乾隆刻本。

民約是指在特定時間內的某一特定鄉村地域空間,按照當地的風土民情、習慣和社會生產與生活實際,由某一特定組織、人群共同商議制定,并爲某一特定組織或人群在一定時間內共同遵守的自我管理、自我服務、自我約束的共同規則與約定。民間規約由"村規"與"民約"兩部分組成。這裏的"民約"既不是"民間規約"的簡稱,也不是私人約定的"私約",而是公共的"規則"或"約定",即"公約"。根據這一界定,我們可以嘗試着將村規民約依次分爲綜合類、經濟類、教育類、環境生態類和其他類等多種類型,其具體內容涉及村規俗例、環境生態和森林保護、村莊動産和不動產管理、鄉村集市貿易、村莊各類事務、村民議事、村莊勸善和村莊防禦等各個方面。

二是宗族規約。宗族規約是指具有共同血緣關係的宗族組織或人群,在特定活動時間和空間範圍內,按照當地風俗習慣和本宗族生產與生活實際,由宗族內部精英人物或人群共同商議制定,并由該宗族組織或人群在一定時間與範圍內共同遵守的自我管理、自我服務和互相約束的共同規範與準則。在長期的歷史和社會實踐中,自秦漢、唐宋至民國時期,我國各地逐漸形成和發展了一整套包括祖訓、家訓、庭訓、誡訓、家規、族規、祠規、家法、家政乃至族譜編纂凡例等在內的地域特色鮮明的宗族規約。這種以民間成文法形式出現和存在的宗族規約,對聚族而居村莊中具有共同血緣關係的同姓宗族成員而言,具有很强的約束力、影響力和控制力。這正是所謂"規約者,約同堂之人也"[1]的實質所在。在長期的社會生產與生活實踐中,個別地域的宗族規約甚至被當地官府以鈐印許可的形式予以批准,并以地方官府告示的名義給予頒布和施行,成爲得到國家認可的準則與規範,宗族規約亦因此成爲國家法律和地方行政法規的一項重要的補充和延伸。[2] 從存在形態上看,宋明以降至民國時期的宗族規約,既有獨立成冊(含刊行)的單行本家訓與族規、家法,如《顏氏家訓》《袁氏世範》《浦江鄭氏家範》《休寧茗洲吳氏家典》,也有收入各類譜牒中的祖訓、家訓、家規、祠規、族約等文獻,另外還有大量存在的各種宗族公約類散件文書。基於宗族規約數量龐大這一

---

[1] [明]黄玄豹重編,[清]黄景管參補、黄臣槐等校補:《潭渡孝里黄氏族譜》卷四《家訓·敦睦堂家規引》,清雍正九年校補刻本。

[2] 參見瞿同祖:《中國法律與中國社會》,北京:中華書局,1981年;[日]滋賀秀三著,張建國、李力譯:《中國家族法原理》,北京:法律出版社,2003年;朱勇:《清代宗族法研究》,長沙:湖南教育出版社,1987年;卞利:《國家與社會的衝突和整合:論明清民事法律規範的調整與農村基層社會的穩定》,北京:中國政法大學出版社,2008年。

事實，爲便於閱讀和理解，我們還可將宗族規約細分爲家（祖、箴、規和庭）訓、族（宗、家、祠）規、家法、家政、家範、家議，以及族（規、戒、議）約與合同文約等種類。不過，傳統中國鄉村社會大多呈聚族而居格局，宗族與村落往往具有相互重疊的特徵，"幾乎在中國的每一個地方，幾個緊密相連的村落構成鄉村社會的基本單位。氏族[書面語一般爲'世系'或'宗族'（lineage）]通常只是村落的一部分。但是，在福建和廣東兩省，宗族和村落明顯地重疊在一起，以致許多村落只有單個宗族，繼嗣（agnatic）和地方社區的重疊在這個國家的其他地區也已經發現，特別在中部的省份，但在中國的東南地區，這種情況似乎最爲明顯"[1]。因此，在單一大姓望族聚居的村落中，由族長、宗子或其他族内精英所發起和制定的宗族公約，事實上亦兼具村規民約的功能。或者說，鑒於這類宗族規約同村規民約具有重疊性特徵，故其本身亦可被納入村規民約的範疇。

　　三是會館、善堂、公所暨行業組織類規約。會館、善堂和公所是中國歷史上尤其是明清至民國時期，由同鄉商人、官員或同業人員組成的地緣性或業緣性組織。從行業的分類視角上看，其門類十分繁多，涵蓋的範圍極其廣泛，民間素有所謂"三百六十行"之説。對此，我們按照歷史上特別是宋明至民國時期各類會館、善堂、公所暨各大行業規約文獻留存的實際狀況，依次將其細分爲會館、善堂、公所、行業規約，官方和私人興辦的私塾、書院暨并非官方興辦的學校内部管理規約，以及農、工、商業管理規約等類型。不過，衆多行業規約中的農業類規約，個別内容又與村規民約互相交叉和重疊。

　　四是會社類規約。秦漢以來，作爲民間組織或團體的會社遍布於社會生産與社會生活的各個領域、各個方面，存在於社會的各個階層、各個角落，在維持各類會社組織的運轉、保護會首和會社成員的權益等方面，發揮了重要的規範、約束與指導作用。根據會社活動内容和性質，我們可將會社類規約細分爲政治型、經濟型、軍事型、文化娛樂型、慈善與公益型、宗教和民間信仰型共六種類型。

　　五是寺廟宮觀等宗教設施管理類規約。寺廟宮觀等宗教設施管理類規約，是指管理與處理本寺廟宮觀事務的規則和約定。這些規約文獻包括叢林規約、齋醮規約、祠廟規約、寺産規約、墳塋或墓塋規約、祭祀規約、請神規

---

[1] [英]莫里斯·弗里德曼著，劉曉春譯：《中國東南的宗族組織》，上海：上海人民出版社，2000年，1頁。

約、朝拜規約、送神規約、禁忌規約、慈善規約、團合規約等，具有教派性、區域性、民間性等特點。東漢至民國時期的中國歷代各類宗教組織機構和設施，如佛教的寺廟庵院、道教的宮觀、伊斯蘭教的清真寺等，都曾專門制定内涵豐富的規約作爲管理與處理本寺廟宮觀事務的規範和準則，約束各類人群在寺廟宮觀及其内外設施的行爲。同一般的宗教戒律相比，儘管寺廟宮觀等宗教設施管理類規約亦有與之相同或相通的一面，并與宗教的清規戒律相互補充，但因寺廟宮觀等宗教設施管理類規約并不針對各類宗教教義和清規戒律本身，因此，兩者之間的區别和差異還是非常清晰的。

六是日常生活或社會生活類規約。之所以將日常生活或社會生活類規約從各類民間規約中單獨分離出來，主要是基於這類民間規約往往因與其他各類規約相互交叉而容易形成真空地帶，從而影響我們對民間規約的整體認知。因此，我們特地將難以歸類但又司空見慣且數量巨豐的這類日常生活或社會生活中反復出現并廣泛發揮作用的規約獨立分類，主要是出於儘可能減少無法歸類的民間規約被遺漏的現象這一目的。就内容、形式和性質而論，日常生活或社會生活類規約内容堪稱豐富多彩，形式堪稱複雜多樣。這些規約在規範和約束特定地域、組織和人群的衣食住行、人生儀禮、民間救助、社會保障、宗教與民間信仰、祖先祭祀、人身與財産繼承以及移風易俗等方面發揮了巨大的積極作用。

民間規約是實現社會或組織秩序穩定，以及經濟、教育發展和文化認同的重要途徑，是傳統社會特别是基層社會治理、經濟活動管理和教育文化發展中不可或缺的重要規範之一。在中國傳統社會特别是在"禮法合治"的中華法系架構内，民間規約本身即具有"法"的性質和作用，這就是"因俗而治"的民間法。所謂"國重國法，所以懲刁頑；家尚家規，實以儆敗類。固以見國、家之一致，而知非有歧道也"[①]，就是這個道理。民間規約規範着被規約覆蓋的群體的思想言論、行爲理念及其社會經濟基本秩序。在國家與社會之間保持正常良性互動的條件下，良好而完備的民間規約有助於維繫基層社會秩序，有助於維護社會穩定，促進社會經濟的良性運行和健康發展，陳腐而落後的民間規約則只會起到相反的作用。同樣，在國家政治相對腐朽黑暗、國家與社會之間難以形成良性互動的背景下，處於相對權力真空中的

---

① ［清］胡璟等纂修：《横岡胡氏支譜》卷下《家規》，清康熙四十三年刻本。

地方基層社會或組織單位，也常常會主動調整民間規約的某些內容，采取和緩與讓步的方式，儘可能減少同所在地方官府的對立與衝突，尋求各方利益的平衡，并最大限度地維護自身權益免遭侵害。

應當說，中國歷史上特別是宋明以來的民間規約，往往是在中央和地方官府的指導下制定和實施的，起到了對中央和地方官府的某些政策進行細化和分解的作用，而且能夠結合當地社會經濟或組織群體的具體實際，因人制宜、因事制宜、因地制宜和因時制宜地加以調整，以適應不斷發生變化的實際，這其實正是民間規約內涵的拓展與延伸。即如明代中葉以降全國各地所倡行的鄉約，其本身雖然是一種官方的行爲，但在具體執行和實施的過程中，許多地區的基層組織和民衆往往根據自身的實際，因地制宜地制定了一些更爲細化且更易於操作的鄉約條款，如明正德時期王陽明所倡行的南贛鄉約、隆慶年間祁門縣文堂陳氏鄉約、萬曆年間婺源縣沱川余氏鄉約和福建泉州府惠安鄉約等。儘管包括以上鄉約在內的全國各地鄉約在實施實踐中顯示出了各自不同的地域特點和社會文化差异，但結果卻又出奇地保持一致，即都是通過鄉約的倡導和實施，把國家意志轉化爲鄉民的實踐，國家和鄉村社會亦藉此實現了良性的互動。這一社會實踐本身表明，民間規約有其自身的靈活性特徵。

還應指出的是，民間規約作爲基層社會治理和經濟、教育、文化等領域管理的一項非制度性設置，其本身帶有一定的自治性質。秦漢以來特別是宋明以降，在以皇權爲中心的高度專制主義中央集權統治下，基層社會特別是相對封閉的邊遠山區鄉村基層社會，基本上處於一種天高皇帝遠的權力真空狀態，專制政權難以將觸角伸展到這些地區，行使直接而具體的統治。加之歷史上特別是宋明以來中國絕大部分地區的鄉村社會呈現聚族而居的格局，血緣宗族往往與鄉村基層政權組織相互滲透，彼此配合，甚至互相重叠。因而，誠如上文所言，聚居於鄉村社會中的强宗大族所制定和施行的各類族規家法與宗族公約，明顯具有村規民約的性質與功能。包括鄉村在內的基層社會中，除了普遍存在的宗族組織以外，還有各種不同類型的會社等組織，其會社規約同樣也具有民間規約的性質和功能，它們在會社內部組織和成員中具有廣泛的認知與認同，對保障會社組織運行，保障會首與會社成員的權利、責任和義務等，具有重要的規範和約束作用。此外，由基層社會群體制定并經當地官府批准頒示的各類保護群體利益免受侵害的告示，無論就其所規範的範圍,還是就其所涉及的內容而言,都應被視爲當地基層組織和民衆主動邀請國家權力進入以增强其權威性與震懾性的民間規約範疇,是民間規約的不可或缺的重要組成部分。在這裏,官方文件與民間規約的界限十分模糊,甚至完全消失了。

我們還注意到,歷史上特別是宋明以來全國各地出現的以"合同"名義規範部分人群行爲的文本式規約,由於其涉及賦稅徵收和徭役僉派,土地租佃,地(山)界劃分,山林、墳墓與水利保護,祖先祭祀,公益設施興建與管理,家産分析繼承,訴訟調解與息訟,以及公平交易秩序等各個層面,因此,這類合同議約無論在内容上還是形式上,都與我們今天見到和理解的當代商業類合同有着較大的差異。但它們具有協調個體(少數人)與整體關係,規範合同當事人雙方或多方權利、責任與義務的"民約"性質,顯然亦應被歸入民間規約的範疇來予以考察。

總之,中國歷史上特別是宋明以來民間規約的内涵相當豐富,類型極其廣泛。儘管我們將這一時期的民間規約按照内容和性質作如上分類,但并非所有民間規約都如上述分類那樣呈現出相對獨立性的特徵。恰恰相反,這些民間規約往往是你中有我、我中有你,表現爲相互交叉的綜合性特徵,尤其是非單一性民間規約更是如此。

二、民間規約的特點與功能

中國歷史上特別是宋明以來民間規約的内容非常豐富,類型極爲複雜,内涵與外延相當廣泛。但概括而言,它主要具有以下幾個基本特點與功能。

一是地域性。任何民間規約都是存在於某一特定地域并在這一地域空間的界限内發揮作用的。以村規民約爲例,清順治三年(1646)廣東廣州府批示南海縣佛山鄉爲嚴禁開涌、保護耕地和墳墓所制定和頒布的村規民約時,即明確規定了該件村規民約所適用的空間範圍,即"三山、嶺岡、羅播、田心、寺邊、張槎各處鄉民知悉,務要恪遵示禁,不許妄意變更,仍前私挖涌源,致潦水淹浸,傷害民生風水。如有故違,許各堡鄉民指名具呈赴府,以憑拿究重治,决不輕貸"①。即使是跨地域的會館、善堂、公所等同鄉或同行業組織的規約,儘管其所涉及的地域範圍較廣,但也只是局限於規約中所列舉的

---

① 《佛山忠義鄉志》卷十三《鄉禁志》,清道光十一年刻本。

地域和人群，并不涉及規約範圍以外的地區。顯然，地域性是歷史上民間規約顯著的基本特點之一。

二是時效性。任何民間規約從制定、頒發到施行，都具有非常明確的時間限制，即使相對較爲穩定，如村規民約、宗族規約和日常生活規約者，亦都有其自身的時效性要求，并在規定的有效時間内發揮作用。失去了時效性，民間規約便不再有任何約束力。清嘉慶二十三年（1818）松江府婁縣義園修訂的《規條》，在將旅櫬"前議三年爲期"改爲"自辛巳年起，公議一年爲限"①時，前一《規條》的規定便自動終止，不再發揮作用。有些民間規約爲了强調其時效性，甚至嚴格規定了規約的起始和終止時間。福建福州會館在清道光十二年（1832）就明確作出"本章程成立，兩館舊章皆作無效"②的規定。可以説，時效性是民間規約的又一顯著特徵。

三是靈活性與變通性。歷史上特别是宋明以來的民間規約并不是一成不變的，它往往會因人、因事、因時、因地而不斷地發生變化，并根據變化了的形勢適時進行調整，特别是因應形勢變化而不斷增訂的民間規約，其實正是民間規約區别於國家法律的一個顯著特點。可以説，對規約内容和形式的每一次修訂與增删，都是對此前規約的補充和完善，并以最新修訂增删的規約作爲依據。如廣州的粤秀書院規約，從清雍正十一年（1733）始至道光七年（1827）止，短短不到百年時間，該書院規約就"因時斟酌"③，"隨時少有增删"④，前後修訂近十次之多，每一次修訂和增删後的《現行規條》都會成爲該書院施行的最新規範。粤秀書院規約的頻繁調整與補充，真實地反映了民間規約的靈活性與變通性特徵。

四是權威性和震懾性。儘管歷史上特别是宋明以來的民間規約是某一特定地域、組織和人群爲自我管理、自我服務、自我約束而制定的民間規則和約定，但爲了强調其權威性和震懾性，民間規約的組織者、制定者和執行者，往往會藉助當地官府的力量，通過當地官府頒發告示等方式予以發布和執行。清康熙五十六年（1717），福建安溪人李光地在《還朝臨行公約》中，對自己在返鄉省親時爲家鄉湖頭村制定的村規民約——《同里公約》進行了補

---

① 《新安義園徵信録·規條》，清光緒刻本。
② ［民國］李景銘：《閩中會館志·福州會館規約》，載王日根、薛鵬志編《中國會館志資料集成》第1輯第4册，廈門：廈門大學出版社，2013年，75頁。
③ ［清］梁廷枏：《粤秀書院志》卷二《規則》，清道光二十七年刻本。
④ ［清］梁廷枏：《粤秀書院志》卷二《學規》，清道光二十七年刻本。

充,其中第一條即是利用自身人脉,藉助當地官府,使《同里公約》與官方權力互相"呼應",以增强其權威性和威懾力。該條原文如下:"諸鄉規,俱照去歲條約遵行。我已囑托當道,凡係人倫風俗之事,地方報聞,務求呼應作主。但恐我輩用心不公,處事不當,或心雖無私而氣不平,事雖不錯而施過甚,則亦於仁恕之理有乖,皆未足以服人心而取信於官長也。嗣後,舉行舊規,必酌其事之大小輕重,可就鄉約中完結者,請於尊長會鄉之耆老,到約完結。必須送官者,亦請尊長會鄉之耆老,僉名報縣懲治。如事關係甚大而有司呼應未靈者,鄉族長老僉名,修書入京,以便移會當道,最忌在斑白退縮,袖手緘喙,使二三乳臭聽匪類指使者把持鄉政。"①這種主動邀請地方甚至中央權力介入的方式,是歷史上特别是宋明以來包括村規民約在内的民間規約的一種常態形式。其實,會館、善堂、公所及各個行業的規約,不少以所在地方官府告示的名義來發布,其目的顯然是强化民間規約的合法性、權威性和震懾性。

歷史上特别是宋明以來,民間規約具有多方面的功能。概括而言,民間規約的基本功能主要還是爲了保障特定地域、組織和人群的切身權益,規範、約束其言行舉止,并進而維持既有的政治秩序、社會經濟秩序、倫理道德秩序和文化教育秩序。具體而言,這些功能主要表現在以下幾個方面。

第一是規範功能。規範特定地域、組織和人群行爲,協調個體與群體關係,這是民間規約最基本的功能,此正所謂"朝廷有律法,鄉黨有禁條"②,"朝廷有律例,商賈有規約"③是也。在遵守國家法律的前提下,每個地域的不同行業組織大都會制定和施行處理各種事務的規則與條約。但國家法律畢竟是宏觀的國家大法,而民間規約則是在某一特定地域、組織和人群内部制定和實施的具體規則和約定,是國家法律的補充和延伸。在"禮法合治"的中國傳統禮俗社會中,無論是村規民約、宗族規約、鄉約與會社規約,還是會館、善堂、公所暨行業規約及宗教和民間信仰規約,甚至各種合同文約,其本身都具有協調某一特定地域、組織和人群各種利益糾葛,進而發揮懲惡揚善、趨利避害、維護自身權益的功能,它們是個體行爲服從群體行爲的集中

---

① [清]李光地:《榕村别集》卷五《同里公約》,清乾隆刻本。
② 《清康熙十一年貴州從江侗族高增款碑》,載楊一凡、劉篤才編《中國古代民間規約》第三册,北京:社會科學文獻出版社,2017年,3頁。
③ 《清光緒三十年湖南武岡書業條規》,載楊一凡、劉篤才編《中國古代民間規約》第二册,北京:社會科學文獻出版社,2017年,127頁。

體現。只有將其言行舉止、權利、責任和義務以規約的方式予以明確規範并加以約束，才能真正維持特定地域、組織和人群的既定利益與秩序，才能實現國家與基層社會的良性互動。正如休寧縣《富溪程氏規訓叙》所云：“家國一道也，國有法，家有規，均所以制治防危而不可廢焉。”①

第二是互助和救濟功能。從歷史上特別是宋明以來各類民間規約的豐富內容中，我們不難發現，互助與救濟始終在規約中占據着較大比重。且不説宗族規約和村規民約中的義田、義莊、膏火田的管理規約本身就是爲救助接濟本宗族生産與生活困難成員以及資助子弟讀書科第而設定，即使是會館、善堂、公所暨行業規約，其互助互濟功能也是顯而易見的，所謂“備棺施濟，原爲貧乏孤寡、無力措辦者而設”②。而清光緒二十年（1894）蘇州圓金業公所爲救助同業中年老貧苦無依者，還專門通過捐助設立專項救助資金，并制定規約，“循照舊章，同業中有年老無依者，仍由公所養贍，病則醫藥，故則殮埋，并將失業各夥設法安插”③。總之，“出入相友，守望相助，疾病相扶，患難相恤”④始終是民間規約恒久存在并保持活力的一項基本功能。

第三是獎勵和懲罰功能。歷史上特別是宋明以來的民間規約大都兼具獎勵和懲戒功能，對嚴格遵守規約內容，認真行使規約所賦予的權利，履行規約所規定的責任和義務者，各類民間規約的組織者一般都會設有專項獎勵條款，對其予以表彰和獎勵。清乾隆十四年（1749）、四十三年（1778）和嘉慶十四年（1809），黟縣南屏葉氏宗族多次重申嚴禁賭博規約，對族內參與賭博的成員予以嚴懲，同時對舉報和訪拿者則承諾給予重獎，規定：“族中邪僻之禁至詳，而所尤嚴者賭博。賭博之禁，業經百餘年，間有犯者，宗祠內板責三十。士庶老弱，概不少貸。許有志子弟訪獲，祠內給獎勵銀貳拾兩。”⑤對不履行甚至違反規約者，一些組織還制定了嚴厲的懲罰條款，如明嘉靖十六年（1537）休寧縣《率濱吟社條約》，即對怠懈違約者予以罰其繳納筆、墨、紙的處置，“作詩，每月一首，務宜會日完課。如怠懈者及失旨者，罰呈紙五十

---

① ［清］程顯謨纂修：《富溪程氏祖訓家規封丘淵源合編》，清宣統三年抄本。
② 《上海同仁堂徵信録》，清道光二十四年刊本。
③ 《清光緒二十年圓金業興復公所辦理善舉碑》，載蘇州博物館等編《明清蘇州工商業碑刻集》，南京：江蘇人民出版社，1981年，173頁。
④ ［清］鄭道選修、鄭士滿纂：《錦營鄭氏宗譜》卷末《祖訓》，清道光元年敦倫堂木活字本。
⑤ ［清］葉有廣等纂修：《黟縣南屏葉氏族譜》卷一《祖訓家風》，清嘉慶十七年木活字本。

張、堅筆四管、京墨二笏入社,以助膽錄"①。至於宗族規約、村規民約和日常生活規約,以及會館、善堂、公所暨行業類規約,其獎懲制度規定得更加完善具體。獎懲功能,其實正是歷史上特別是宋明以來民間規約維繫特定地域、組織和人群的權利、責任和義務,進而維持基層社會秩序的最基本功能,是歷史上特別是宋明以來民間規約貫徹落實國家法律法規、維護基層社會與國家政權良性互動的重要方式之一。

總之,歷史上特別是宋明以來的民間規約內容豐富多彩,類型紛繁複雜,形式靈活多樣。其功能也是多方面、多層次的,它對維護既有的社會秩序,維繫國家與基層社會的良性互動關係,進而實現基層組織與社會的長治久安,起到了舉足輕重的作用。

三、民間規約與社會秩序

在對民間規約進行分類的同時,我們還要特別關注各類民間規約背後所隱藏和表達的社會信息,即規範組織與基層社會秩序,維護組織成員的權益,維持基層社會的穩定與經濟的發展。這既是民間規約應有之意,也是其制定者所要達到的目的和實現的願望。

明代中葉以降,隨着商品經濟的發展與社會的繁榮,民間規約亦呈現出日益增多和不斷細化的趨勢,小自個人和家庭,大到國家與社會,其觸角幾乎滲透到社會的各個角落和組織的各個層面。但無論內容、類型和形式如何複雜多樣,在維護社會經濟、倫理道德和日常生活秩序方面,民間規約的作用都是共同而相通的。

首先是維護社會的倫理道德秩序。歷史上特別是明清時期的民間規約,尤其是其中的村規民約和宗族規約,大多以明太祖的《聖諭六條》②和清聖祖的《聖諭十六條》③為指導思想和最高準則,將維護社會的倫理道德秩

---

① [明]程應徵:《率濱社錄》卷首,明嘉靖二十七年刻本。
② 《明太祖實錄》卷二百五十五、洪武三十年九月辛亥條云:"上命戶部下令,天下民每鄉里各置木鐸一,內選年老或瞽者,每月六次持鐸徇於道路,曰'孝順父母,尊敬長上,和睦鄉里,教訓子孫,各安生理,毋作非為'。"
③ 《清聖祖實錄》卷三十四、康熙九年九月癸巳條云,上諭禮部曰:"朕今欲法古帝王,尚德緩刑,化民成俗。舉凡敦孝弟以重人倫,篤宗族以昭雍睦,和鄉黨以息爭訟,重農桑以足衣食,尚節儉以惜財用,隆學校以端士習,黜異端以崇正學,講法律以儆愚頑,明禮讓以厚風俗,務本業以定民志,訓子弟以禁非為,息誣告以全良善,誡窩逃以免株連,完錢糧以省催科,聯保甲以弭盜賊,解仇忿以重身命,以上諸條,作何訓迪勸導,及作何責成內外文武該管各官督率舉行。"

序,實現"父子有親,君臣有義,夫婦有別,長幼有序,朋友有信"作爲最終的目的。明嘉靖年間,浙江永嘉縣的項喬在《項氏家訓》中曰:"聖訓六句乃做人之大略,尤爲生員、爲人師友者所當講解體念。"①萬曆《休寧宣仁王氏譜》的《宗規》指出:"《聖諭》當遵:'孝順父母,尊敬長上,和睦鄉里,教訓子孫,各安生理,毋作非爲。'此六句,包盡作人道理。凡爲忠臣,爲孝子,爲順孫,爲聖世良民,皆由此出。一切賢愚,皆通此義。"②而明崇禎年間休寧縣葉氏宗族在"重倫理以教家"的《家規》條款中所規定的"父子親、夫婦順、長幼序、朋友信,此等人出而事君,必爲忠臣,爲良臣。總之,倫常原于天性,不事矯飾,本慈孝以爲親,率唱隨以爲順,根友恭以爲序,袪虛假以爲信。合親、順、序、信以事君,倫理重而家教立矣"③,則正是在貫徹明太祖《聖諭六條》的前提下,希冀以此來維繫宗族内部的倫理道德秩序。清光緒年間纂修、民國刊印的祁門《京兆金氏宗譜》,甚至索性將明太祖《聖諭六條》和清聖祖《聖諭十六條》的文字悉數錄載於族譜扉頁之後,并以套紅的龍紋方框予以刊刻。④ 可見,明清兩代最高統治者的《聖諭》顯然已成爲各地宗族制定宗族規約的最高指導。因此,在社會倫理道德秩序方面,歷史上特別是宋明以來的最高統治者和民間規約的制定者,其根本目標是完全一致的。

其次是維護社會的尊卑名分和等級秩序。"名分乃天序大秩,人所共由,尊卑之禮,秩然而不可紊者也。宗族原乎一本,理當和睦,五服雖盡,尊卑名分猶存,于禮不可干犯。行坐之際,亦當謹守,不可違越次序。"⑤作爲民間規約的重要内容和類型之一,歷史上特別是宋明以來的宗族規約多是在族長等族内精英人物的主持下制定的,并用以維繫宗族内部長幼、尊卑、上下、男女之等級秩序,從而達到"尊卑上下,秩然不紊;吉凶賓嘉,有典有則;視聽言動,蹈矩循規,則身修而家亦於是齊矣"⑥這一目的。爲此,不少宗族還在宗族規約中闡明維繫尊卑等級和名分制度的道理。"大抵宗法之立,無非尊祖睦族、勸誡子姓,共成羨族,各宜遵守。毋玩毋狎,則昭穆由此而序,名分由此而正,宗族由此而睦,孝悌由此而出,人才由此而盛,争訟由此而

---

① [明]項喬:《項喬集》卷八《項氏家訓》,上海:上海社會科學院出版社,2006年,517頁。
② [明]王宗本纂修:《休寧宣仁王氏譜》卷六《譜祠·宗規》,明萬曆三十八年家刻本。
③ [明]葉文山等纂修:《休寧葉氏族譜》卷九《保世·家規》,明崇禎四年刻本。
④ [民國]金啟富、金啟遜纂修:《京兆金氏宗譜》卷首《聖諭》,民國十年刻本。
⑤ [明]周思松等纂修:《重修休邑城北周氏宗譜》卷九《家訓》,明萬曆二十四年刻本。
⑥ [清]舒安仁等纂修:《華陽舒氏統宗譜》卷一《庭訓八則》,清同治九年叙倫堂木活字本。

息,公道由此而明,私忿由此而釋。不惟光耀宗祖,且垂訓後世于無窮矣。"①在嚴格規範與遵守尊卑名分和等級秩序的條件下,歷史上特別是宋明以來的民間規約將每一個地域或組織的成員都納入到一定的社會組織體系中,并通過具體的規約條款,規範和約束該特定地域空間或組織人群的行爲舉止,從而使其保持井然有序的"禮法合治"局面。

再次是維護經濟秩序,規範生産、交易、分配和消費行爲。俗話説:無規矩不成方圓。無論是農業、手工業還是商業經濟,只有在生産、交易、分配和消費的每一個環節都進行科學的管理與規範,才能使其始終保持健康可持續發展狀態。中國傳統社會包括村規民約和行業規約等在内的各類民間規約,在規範與維護生産、交易和分配秩序中,發揮了毋庸低估的作用,成爲維護經濟健康發展的有力保障。明隆慶年間,祁門縣文堂村陳氏宗族的《文堂鄉約家法》就曾設置專門條款,對本村的山林生産進行了規範,規定:"本都遠近山場,載植松杉竹木,毋許盜砍盜賣,諸凡樵采人止取雜木。如違,鳴衆究治"②,從而爲該村的林業生産提供了强有力的保障。爲規範茶葉交易秩序,維護交易雙方的經濟利益,婺源縣洪村於清道光四年(1824)專門制定了本村的村規民約——《公議茶規》,并將其以刻碑勒石的形式予以公布施行,曰:"凡買松蘿茶客入村,任客投主入。祠(較)[校]秤,一字平稱。貨價高低,公品公買,務要前後如一。凡主家買賣,客毋得私情背賣。如有背賣者,查出,罰通宵戲一臺、銀伍兩入祠,决不徇情輕貸。倘有强横不遵者,仍要倍罰無异。"③清代嘉慶年間,漢口的新安會館(又稱"紫陽書院"),爲規範和維護買賣秩序,亦曾以公議條規的方式規定:"照墻新街及本馬頭,曾經請官示嚴禁,毋許擺攤、挑水。祠役隨時查察,毋得疏惰。"④正是憑藉"定法則,嚴約禁"⑤,依法守規經營,漢口徽商所主持的紫陽書院纔得以保持健康的運行和發展。而嘉慶年間歙縣棠樾鮑氏《體源户規條》對每年食糧分配的規範,則有力地保證了鮑氏宗族内部救濟與分配維持在公平合理的狀態。"一、穀係給本族鰥寡孤獨四窮之人,須合例者,不得徇情濫給。一、四窮及廢疾,與例

---

① [明]吴世禄、吴應試等輯:《商山吴氏宗法規條》,明萬曆抄本。
② [明]陳昭祥輯:《文堂鄉約家法》,明隆慶六年刻本。
③ 《清道光四年五月婺源縣洪村光裕堂公議茶規碑》,原碑嵌於江西省婺源縣清華鎮洪村光裕堂東墻角。
④ [清]董桂敷:《漢口紫陽書院志略》卷八《雜志·舊規十六條》,清嘉慶十一年刻本。
⑤ [清]董桂敷:《漢口紫陽書院志略》卷首《增訂漢口紫陽書院志略序》,清嘉慶十一年刻本。

相符,應給穀者,執事之人知會督總,給與經摺,孤子注明年庚,以備查考,再行給穀,以專責成。一、四者之外,有自幼廢疾、不能受室、委實難於活命者,一例給發。一、鰥獨年至六十歲,給領食穀。後有願繼於爲子者,亦一體給領,全其宗祧。其子年至十八歲停止,其父母仍照例給發。"①這裏需要特別指出的是,中國傳統民間規約是在嚴格遵守國家法律即"遵國法"②的前提下,按照既定的規則與約定而制定和施行的,它嚴格地規範了經濟秩序,爲經濟發展保持活力與繁榮提供了保障。

最後,強調治生,要求組織成員各司其職,各謀其事,維護職業秩序。正如明萬曆時期休寧縣城北《周氏家訓》所云:"蓋士、農、工、商,各有本業。士者勤學好問,必至登名;農者力耕苦種,必至於積粟;工者專心藝術,必至於精巧;商者夙興經營,必至於盈資。各勤其職,理之正也。儉乃治家之本,一儉則勝於求人,其有布帛、菽粟,未常不是儉中蓄也。男子務生理,勤於外;婦人務紡績,勤於内。如此,未有不成家也。"③清道光懷寧縣《朱氏家訓》在《務本業》條款中指出:"最急惟治生,本業務爲主;富貴雖在天,大半由勤苦。讀書者奮芸窗,顯第榮宗祖;縱或終硯田,亦足給二鬴。耕者力田疇,不可畏寒暑;早起夜眠遲,西成多稌黍。百工技藝精,器必不苦窳;農末兩相資,均堪游樂土。不農又不工,即當爲商賈;握算操奇贏,數口儘堪撫。"④中國傳統社會的四民觀,至宋明以降特別是明代中葉以後,隨着商品經濟的繁榮和社會的變遷與轉型,士農工商的傳統秩序被破壞。在部分地區,"商"甚至成爲首要的職業,所謂"古者四民异業,至於後世,而士與農、商常相混。今新安多大族,而其地在山谷之間,無平原曠野可爲耕田。故雖士大夫之家,皆以畜賈游於四方"⑤。但不管四民觀和士、農、工、商的傳統秩序如何變化,選擇一種適合自身發展的職業始終是人生的首要抉擇,重要的是各司其職,各謀其事。對此,一些宗族規約規定:"治家不可不立綱紀。所謂綱紀者,猶網之有綱也;所謂紀者,猶裘之有挈領也。治家無綱紀,則泛而無統,豈爲門户之福? 改立主事者一人、副事者二人,束轄弟侄,令出入有常,各司其職,毋相

---

① [清]鮑琮纂修:《棠樾鮑氏宣忠堂支譜》卷十七《義田》,清嘉慶十年刻本。
② [明]鄭之珍、鄭之錫等纂修:《祁門清溪鄭氏家乘》卷四《規訓》,明萬曆十一年刻本。
③ [明]周思松等纂修:《重修休邑城北周氏宗譜》卷九《家訓》,明萬曆二十四年刻本。
④ [清]朱昌鳳等纂修:《朱氏宗譜》卷首《家訓》,清道光六年木活字刻本。
⑤ [明]歸有光:《震川先生集》卷十三《白庵程翁八十壽序》,上海:上海古籍出版社,2007年,319頁。

奪倫。"①除宗族規約對族内成員的治生及其職業進行規範和約束外,其他諸如會社、寺廟宫觀和日常生活類規約,也都要求其成員按照約定的事宜,各司其職,各謀其事,依法守規地履行其責任和義務,享受其權利,并不得違犯規約的規定。對違犯規約者,則進行嚴厲的懲罰,以維護既有的社會秩序。

總之,中國傳統民間規約涉及社會的各個組織、各個領域、各個層面,其對社會秩序的維護,主要體現在尊卑等級秩序、倫理道德秩序、經濟秩序、組織秩序、生産和日常生活秩序等方面。客觀地説,民間規約在上述各個領域,多能與當時的國家法律和地方法規緊密配合,在"遵國法"即不違犯國法的前提下,確實發揮了維護社會秩序的作用。所謂"家法治輕不治重,家法所以濟國法之所不及,極重至革出祠堂,永不歸宗而止。若罪不止此,即當鳴官究辦,不得僭用私刑"②。

但我們也注意到在中國傳統社會中,民間規約與國家法律之間并不總是互相配合、協調一致,并始終保持彼此之間的良性互動的。其矛盾、抵牾、對立甚至衝突之處往往在所難免,但"律設大法,理順人情,事貴因地制宜,難以拘泥成法"③。無論是國家法律、地方法規,還是官方規章條例,在不危及其根本與核心利益的前提下,通常多會對民間規約采取妥協與讓步的方式,對其予以接受和承認,從而使民間規約轉化爲官方意志。而民間規約爲取得權威性和震懾性地位,也經常會采取主動邀請國法或國家、地方權力介入的方式,來伸展自己的意志。兩者就是在這樣一種相互配合與彼此互動的情況下,共同支撐和維繫着歷史上特别是宋明以來的中國傳統社會秩序。

四、徽州傳統民間規約文書文獻的遺存

作爲中國歷史上特别是宋明以來傳統民間規約較爲發達和完備之區,徽州的民間規約在中國傳統民間規約發展史上占據着重要的地位。

徽州地處今安徽南部山區,與浙江和江西毗鄰。境内峰巒叠嶂,川流縱横,環繞四周的高山把徽州包裹成一個相對獨立而封閉的地理單元,使它成爲歷代兵燹鮮少波及的世外桃源。徽州歷史悠久,舊石器時代遺址業已存

---

① [清]胡廷瑞纂修:《武溪陳氏宗譜》卷一《家法三十三條》,清同治十二年敦厚堂刻本。
② [清]周善鼎等纂修:《仙石周氏宗譜》卷二《周氏宗譜家法》,清宣統三年善述堂木活字本。
③ [清]戴兆佳:《天台治略》卷六《告示·勸諭買産人户速循天台舊例了根找絶以斬葛藤以清案牘事》,清木活字本。

在，新石器時代遺址更是遍及境内各地。西周時期，徽州之地的先民們曾創造了燦爛的青銅文明。春秋、戰國時期，徽州曾先後隸屬吳、越和楚國。秦朝統一中國後，曾在這裏設立黟、歙二縣，統隸於鄣郡。東漢末年，生活在這裏的山越人，不斷在背後襲擊孫吳的軍隊，威脅了孫吳政權的統治。於是，孫吳先後派遣賀齊和諸葛恪平定山越，并析歙縣爲始新、新定、黎陽、休陽四縣，連同已有的歙縣和黟縣合計六縣，專門設立新都郡，統轄上述六縣。新都郡的設置，是徽州地區擁有郡一級地方政權的開端。其後，爲避嗣主孫休之名諱，休陽被改稱爲海陽。

西晋初年，更新都郡爲"新安郡"，改海陽縣爲海寧縣、新定縣爲遂安縣。南朝宋時省黎陽入海寧縣，新安郡僅領五縣。梁武帝大同中，析歙縣置良安縣，是爲績溪建縣之始。

隋文帝統一中國後，開皇十一年(591)改新安郡爲歙州，時州治在黟縣。更始新縣爲新安縣，隸婺州。此時，歙州僅轄有黟、歙、海寧、良安四縣。隋煬帝大業初年，一度復歙州爲新安郡，改海寧縣爲休寧縣，并以其爲新安郡治。義寧中，新安郡徙治歙縣。唐朝建立後，唐高祖武德元年(618)，例改郡爲州，更郡太守爲州刺史，新安郡復改爲歙州，新安郡太守改稱歙州刺史。唐高宗永徽五年(654)，析歙縣地，置北野縣。唐玄宗開元二十八年(740)，析休寧縣，置婺源縣。唐代宗大曆元年(766)，以方清起義平，設歸德縣，析黟縣及饒州之浮梁縣，新置祁門縣。又以平定宣州旌德縣王萬敵起事，析歙縣之華陽鎮置績溪縣。大曆五年(770)，罷省北野、歸德二縣。至此，歙州總計統轄歙縣、黟縣、休寧、婺源、祁門和績溪六縣，直至南唐至北宋初年，歙州所轄六縣格局未有變動。

北宋徽宗宣和三年(1121)，以方臘起義平定改歙州爲徽州，仍轄上述六縣。元世祖至元十四年(1277)，徽州納入元朝版圖，更名爲徽州路，隸江浙行省管轄，徽州路所轄六縣未變。元成宗元貞元年(1295)，升婺源縣爲婺源州，仍隸徽州路管轄。元順帝至正十七年(1357)，朱元璋部將鄧愈攻陷徽州，改徽州路爲興安府。吳元年(1366)，改興安府爲徽州府。明朝建立之初，降婺源州爲縣，維持徽州府所轄六縣如故。從此，直到清政府被推翻的宣統三年(1911)，徽州府所轄的歙縣、休寧、婺源、祁門、黟縣和績溪六縣的行政格局基本沒有變化。

民國元年(1912)，罷徽州府，改原徽州府屬六縣直隸安徽省管轄。三年

(1914),徽州六縣屬蕪湖道管轄。十七年(1928),又罷除道的設置,徽州原屬六縣仍直隸安徽省統轄。二十一年(1932),試行首席縣長制,徽州首席縣長長駐歙縣。同年十月,廢止首席縣長制,改設行政督察專員公署,安徽全省共設立十個行政督察區,徽州原有六縣歸第十行政督察區統轄,行政督察專員公署駐休寧縣。二十三年(1934),婺源縣劃歸江西省。二十七年(1938),設立皖南行署,駐屯溪鎮。二十九年(1940)三月,撤銷第十行政督察區,歙縣、休寧、祁門、黟縣和績溪五縣隸皖南行署管轄。同年八月,原第十行政督察區改爲第七行政督察區,轄歙縣、休寧、祁門、黟縣、績溪和旌德六縣。三十四年(1945),撤銷皖南行署,歙縣、休寧、祁門、黟縣和績溪五縣仍隸第七行政督察區,行政督察專員公署駐地由休寧縣城遷至屯溪。三十六年(1947),婺源縣劃回安徽省,隸第七行政督察區管轄。1949年,第七行政督察區所轄六縣相繼解放,婺源再次劃歸江西省管轄,徽州原屬歙縣、休寧、祁門、黟縣和績溪五縣改隸新成立的皖南區人民行政公署徽州專區管轄。

縱觀千餘年來徽州行政區劃的建置沿革歷程,自東漢獻帝建安十三年(208)新都郡的設立,徽州六縣行政建制初具雛形,到唐代中葉前後婺源、祁門和績溪縣的正式設置,徽州六縣格局完全形成,再到北宋徽宗宣和三年(1121)更歙州爲徽州,徽州作爲一個完整的行政區域,始終未發生大的變動。這種相對穩定的行政區劃,爲徽州地區經濟發展、社會進步和文化認同提供了極爲優越的政治保障。徽州經濟能夠走出一條適宜自身發展的道路,徽州宗族組織的建構和對基層社會的有效控制,徽商能夠由血緣、地緣到業緣漸次積纍,形成"無徽不成鎮"的局面,徽州科第異常發達,以及新安理學、新安醫學、新安畫派等獨具特色的地域文化與文明形態的產生,除相對封閉的地理環境之外,大都得力於這一行政區域的持續穩定局面的維繫。

除春秋戰國時期外,中國歷史上還先後出現了三國兩晉南北朝、五代十國和宋金對峙的三個分裂割據時期。爲躲避兵燹,遠離戰火,從東漢末年開始,隨着中原地區社會動亂規模的不斷擴大,成千上萬的北方世家大族開始挈家帶口向江南地區進行大規模的遷徙,形成了中國歷史上一次空前的人口南遷高潮。誠如民國《歙縣志》所云:"邑中各姓,以程、汪爲最古,族亦最繁。忠壯、越國之遺澤長矣。其餘各大族,半皆由北遷南,略舉其時,則晉、宋兩南渡及唐末避黃巢之亂，此三期爲最盛。"①

據《新安名族志》和其他相關家譜資料統計，西晉"永嘉之亂"至東晉之初，由中原地區遷徙并定居於徽州地區的世家大族，主要有程、鮑、俞、余、黃、謝、詹、胡、鄭等九大姓氏。南朝時期，又相繼有閔、任二姓大族遷入徽州。這是徽州歷史上第一次大規模接納來自中原地區的移民。唐代"安史之亂"至黃巢農民大起義之後以迄五代十國分裂割據時期，又有陸、陳、葉、孫、洪、羅、舒、姚、張、趙、戴、康、施、馮、夏、李、朱、潘、劉、曹、畢、王、呂、江、許、廖、查、何、項、范、仰、凌、祝、梅、齊、盧、邵等近四十個大姓遷居徽州。這是歷史上第二次徙入徽州的移民，也是徽州歷史上接納北方人口規模最大的一次，它奠定了徽州族姓和人口的基本格局。

北宋和南宋政權鼎革之際，爲躲避兵鋒，柯、宋、周、阮、楊、饒、馬、滕、孔、徐、韓、蘇、臧、余、莊、杜、葛、章、游、宗、石等二十餘個大姓遷徙至徽州。這是徽州歷史上第三次也是最後一次大規模接納移民的高潮時期。

除避亂南遷之族外，此時來到徽州的移民，還有爲官該地、愛其山水而舉家定居於此者，這就是許承堯所說的"又半皆官於此土，愛其山水清淑，遂久居之以長子孫焉"②。截至明末清初，徽州的人口主要由被征服的山越土著、北方遷徙而來的世家大族和仕宦徽州退休後定居於該地的官員及其親屬們這三大人群構成。此後，直到清代乾隆中葉，徽州地區的人口構成基本保持穩定。雖然在明清時期隨着徽商經營的成功，曾有不少外地游民和商人來到徽州，但對徽州人口的基本結構并未造成太大影響。

不過，值得一提的是，清代乾隆中葉以後，人多地少，安慶府懷寧、宿松、潛山、桐城、望江等縣以及江西北部與徽州接壤地區的流民，成群結隊進入徽州山區，搭棚居住，成爲棚民。他們在這裏開墾荒山，種植高產穩產的農作物苞蘆；開挖礦產，燒制石灰等原料。儘管在清代中央和地方官府驅逐棚民的運動中，一些棚民被迫離開徽州，但最終仍有大批棚民在徽州各地特別是大山深處生存了下來，這是徽州現有居民中的一個重要構成。

在三次中原地區移民的高峰時期，先後徙入徽州山區的世家大族有七十餘姓之衆。他們在徽州山區聚族而居，"鄉落皆聚族而居，多世族，世系數十代，尊卑長幼，猶秩秩然罔敢僭忒。尤重先塋，自唐宋以來，丘墓松楸，世

---

① ［民國］石國柱、樓文釗修，許承堯纂：《歙縣志》卷一《輿地志·風土》，民國二十六年鉛印本。
② ［民國］石國柱、樓文釗修，許承堯纂：《歙縣志》卷一《輿地志·風土》，民國二十六年鉛印本。

守勿懈,蓋自新安而外所未有也"①。在經過武力拓展勢力範圍,站穩腳跟之後,他們逐漸開始崇文重教,唐代以後特別是南宋以降,這些聚族而居的中原地區移民群體,通過讀書力學暨參加科舉考試等途徑躋身仕途,壯大自身和家族的實力,強化宗族控制,最終促成了宋元明清時期徽州社會穩定、經濟繁榮、教育發達、科舉勃興、文化昌盛和徽商突起等局面的形成。自南宋以後至明清時期(除元朝外),整個徽州社會蓬勃向上,充滿生機,"人情丕變,萬象更新"②,"郁郁乎盛矣"③。在"萬殊一本"和"尊祖敬宗"的名義下,徽州宗族不斷集中人力、物力和財力,纂修譜牒,創建祠堂,繕修祖墓,建構以血緣關係爲中心的宗族連接紐帶,前後纂修和刊刻的各類譜牒總數達萬餘種之多,僅保存至今的各類徽州譜牒猶有不下兩千種之巨。這些譜牒記錄和保存了大量包括祖訓、家訓、族規、祠規、家法,以及居家和人生儀禮、合同文約等在內的徽州宗族規約,特別是在其中不少譜牒缺乏族規家法的情況下,翔實而細緻的凡例在某種程度上也發揮了作爲該宗族或家族規約規範全體成員的功能。當然,這些宗族規約儘管有一些與國家法相矛盾或相抵觸的地方,但就總體而言,它們基本上是同國家法保持一致的,也就是說,它們是在"遵國法"的前提下,來行使對宗族組織暨宗族成員的控制權的。對此,光緒《續溪縣南關許余氏愭叙堂宗譜》曾就國法、家法與宗族規約之間的互動關係作了非常精彩而詳細的解讀和闡釋,云:"作奸犯科,國家有例,犯國法者,鳴官治之,非家法所當治也。家法祇以祖宗前杖責爲止,杖責以上非宗祠所可預聞。鄉蠻宗黨,往往有活埋、活葬慘情,妄謂家法爾爾。不思治人家法,自己已罹國法。即家法杖責、跪香、革逐,亦必悖倫逆理、盜賣祀產等情有關宗祠,乃可。非關宗祠者,宗祠爲之排解,不得妄施家法,開宗族以強欺弱之釁。尤有事關宗祠,非家法所能預定,又非家訓所能備載,不得不另立一則,以定準繩,謂爲規約。有背約者,闔族阻止之。阻之不可,再議擬家法以治之可耳!"④此外,在單一宗族聚居的城鄉社區特別是鄉村社區即村落,其宗族公約既是宗族規約的組成部分之一,又同村規民約之間存在互相交叉甚至完全重合的地方,但好在徽州知識和文化精英對此認識非常明

---

① [清]蔣燦纂修:《婺源縣志》卷二《疆域·風俗》,清康熙三十三年刻本。
② [清]佘華瑞纂:《巖鎮志草》貞集《迂談》,清雍正十二年纂,清乾隆刻本。
③ [明]張濤修、謝陛纂:《歙志》考卷五志六《風土》,明萬曆三十七年刻本。
④ [清]許文源等纂修:《續溪縣南關許余氏愭叙堂宗譜》卷十《規約》,清光緒十五年木活字本。

確,這在同時并存的家族或宗族的譜牒與村志中可以發現。

歷史上特別是宋明以來的徽州社會是一個典型的山區宗族社會,被譽爲"東南鄒魯"的"禮儀之邦",在倡導家國一體、禮法合治,強調出入相友、過失相規、患難相恤、疾病相賙和守望相助等鄉村基層社會治理方面,徽州始終走在全國的前列。尤其是在鄉村社會包括宗族、鄉約和文人會社等組織相對健全的背景下,宋明以來徽州鄉村社會中遺存至今的一百餘萬件(册)包括鄉約,保甲規約,環境保護、封山育林規約,以及規範茶葉和木材等商品交易、子女與財産繼承以及經濟糾紛調處等各種不同類型的村規民約,在維繫徽州鄉村社會環境、經濟、社會與文化秩序,規範鄉民的思想、言論與行爲等方面,發揮着不可或缺的作用,這其實正是"以鄉民治鄉民""以良民治良民"的集中體現。從南宋度宗咸淳六年(1270)徽州提刑節度同知致仕臣邱龍友、臨安府錢塘縣知縣致仕臣王英杰奏請立社祈報以鄉約相規,到明嘉靖、隆慶、萬曆年間徽州各地鄉約的普遍建立,尤其是隆慶六年(1572)祁門縣《文堂鄉約家法》和萬曆末年婺源縣《沱川余氏鄉約》的頒行與實施,徽州縉紳和鄉民就是在不斷遵奉各級官府及其統治者倡導的鄉村治理理念和政策的前提下,將最高統治者的統治思想與鄉民的日常生産和生活實踐相結合,形成一種上下聯動、彼此互動的局面。與鄉約同時并存的,還有諸如奉憲禁示之類的單項村規民約,如封山育林公約、禁捕河魚和禁止墾山的保護生態環境類公約、禁賭禁烟等移風易俗類村規民約等,尤其是大量鄉民繼承糾紛調處的和息類規約以及賦役合同文約等,都對徽州鄉村社會秩序的維繫和社會穩定的維護起到了重要作用。作爲理學集大成者朱熹的故鄉,徽州不僅享有"文公闕里"的美稱,而且還有"東南鄒魯"之譽。在居家生活的規範和人生儀禮的實踐中,徽州各地的宗族和鄉村縉紳等精英甚至地方官府,向來皆以推廣和踐行《文公家禮》相標榜,不斷重申"我新安爲朱子桑梓之邦,則宜讀朱子之書,取朱子之教,秉朱子之禮,以鄒魯之風自待,而以鄒魯之風傳之子若孫也"①。"冠、婚、喪、祭,稱家有無,遵行《文公家禮》,毋得襲用僧道,有違祖訓。"②并爲此制定和實施了一整套相對完備的居家生活與人生儀禮的條例與規約,如明萬曆歙縣溪南江氏宗族《居家禮儀》、清康熙《茗洲吳氏家典》和民國歙縣桂林《洪氏宗族四禮》等,用於規範和約束鄉民

---

① [清]吳翟纂修:《茗洲吳氏家典》卷首《序》,清雍正十一年紫陽書院刻本。
② [民國]金啟富、金啟遜纂修:《京兆金氏宗譜》卷一《家規》,民國十年刻本。

的禮儀行爲。除了冠、婚、喪、祭等人生儀禮外,大量宗教和民間信仰規約的存在,也深刻反映了徽州人内心精神世界的豐富性和多樣性,而各類衣食住行規約的存在,也説明傳統的徽州生活處處都有自身遵依的規矩和方圓。

作爲一種基層社會非制度性組織設置,宋明以來至民國時期,徽州的會社組織極爲發達,不僅類型豐富,而且活動頻繁。每一個會和社都訂立有極爲詳盡的規條與約章,藉以規範和約束會社内所有成員的權利、責任和義務,并在這一規約的指導與監督下開展自身的活動。"向來恪守會規"成爲包括文人會社、公益慈善性會社、宗教信仰性會社、宗族祭祀性會社以及經濟金融性會社會首和會衆們恪守的基本準則。正是因爲有了規約的强有力規範和約束,會社在宋明以來的徽州社會纔能得以廣泛建立和存在,并充當着各自不同的社會角色,擁有較强的號召力和公信力。清乾隆《橙陽散志》曾就文會在鄉村社會中的作用留下這樣一段文字記録:"鄉有争競,始則鳴族,不能决則訴於文會,聽約束焉。再不决,然後訟於官,比經文會公論者,而官藉以得其款要過半矣。"①

唐宋以來,徽州由尚武風氣向崇文傳統轉化的一個重要標志,就是各級各類學校、書院的創立和科舉中第的勃興。徽州人重視讀書,渴望通過讀書躋身仕途,改變自身命運,實現光宗耀祖的目的。在徽州,有一句俗語叫"養子不讀書,不如養肥猪"。而在縱横交錯的深山中,雖"十户之村,不廢誦讀"②。以倡導講學論道、商榷學術、砥礪名節爲宗旨的書院,從宋明以來的徽州府(州)治到六縣,再到山林和鄉村,基本上都建立起了界别不一、層次不等的各類書院,成爲享譽全國的書院最盛之區。"海内書院最盛者四:東林、江右、關中、徽州,南北主盟,互相雄長。"③有關宋明至民國時期徽州的各級各類學校和書院規約衆多,且非常詳細專業,其中既有辦學的合同議約,也有學校和書院教學管理、經費籌措和使用等綜合性規約,還有各類專門的講會規約,諸如明正德七年(1512)徽州府《紫陽書院會規》、明崇禎二年(1629)休寧縣《還古書院規則》、清嘉慶十六年(1811)十一月黟縣《公議碧陽書院規條》、清同治元年(1862)三月祁門縣石溪康永清祠派下街二祠《立束

---

① [民國]許承堯:《歙事閑譚》卷十八《歙風俗禮教考》,合肥:黄山書社,2001年,602頁。
② [清]蔣燦纂修:《婺源縣志》卷二《疆域·風俗》,清康熙三十三年刻本。
③ [清]丁廷楗、盧詢修,趙吉士纂:《徽州府志》卷十二《人物志·儒碩傳》,清康熙三十八年萬青閣刻本。

心預儲塾學合約》等，這些規約在規範學校和書院教學及管理秩序，維護學校和書院的正常運行等方面，發揮了重要的保障作用。

最後，特別值得指出的是，南宋以來特別是明代中葉以降，作爲一個來自徽州六縣的地域性商人群體，徽商無論在從商人數、經營領域、活動範圍、資金籌措與規模，還是在投資取向和利潤轉移等方面，在中國衆多地域性商幫群體中都堪稱首屈一指。徽商賈而好儒，重視商業經營經驗的總結，并通過編纂商業書的形式，來傳授經營成功的訣竅，這其中既有綜合性的商業書如《生意規略》《商賈格言》和《士商拾要》等，也有特定行業專門領域經營的規則，如《布經》《典業須知》等，還有各類商業合同規約。這些商書及其經營管理的商業行業規約，確實爲保護徽商經營者的權益、維護他們的切身利益提供了有力的保障。而爲保障同鄉與同行在外經營者的利益，聚集在全國各大城鎮經營的徽商，往往創建會館、善堂義園和行業公所等組織，制定內容詳細具體的章程和規條等規約，并通過敦請當地官府批准頒給告示或執照等方式，使會館、善堂和公所等組織依法依規有序運行，進而保障同鄉或同行業者的共同利益。沿襲至近代，一批在外爲官和經營的徽州籍精英們，還通過組建同鄉會等方式，溝通所在地區同鄉的聯繫，并同徽州故里保持着密切的聯繫與交往。這些同鄉會的章程和各項專門的規約，也爲同鄉會的合法合規運轉提供了重要的保障。

五、本書編纂説明

歷史上特別是宋明以來的徽州地區民衆擁有強烈的法制觀念，爭強好訟、民俗健訟已成爲徽州的社會傳統。因此，爲規範組織和人群的利益，維持社會經濟和文化教育的秩序，保持社會有機體的良性運行和發展，尤其是爲了避免官司之訟，徽州本土暨徽州人活動的域外不同地域、不同組織和不同人群，常常能夠在嚴格遵守各個時代國家法律、地方法規的背景下，不斷結合自身所在地域、組織及人群的特點，制定各種不同類型、針對性和實用性很強的民間規約，藉以維護社會、經濟、教育、文化秩序，保障自身的合法權益。這些民間規約內涵豐富，類型廣泛，幾乎涵蓋傳統徽州社會生產與生活領域的各個方面。儘管這些民間規約因種種原因未能全部完整地保存下來，但值得欣慰的是，至今仍有百餘種徽州各類地方志書（含書院志）、兩千餘種譜牒，以及徽人文集、筆記，徽商會館、善堂、公所、橋梁徵信録和百餘萬件（册）原始契約文書、千餘通（處）碑銘等遺存，它們所記錄和承載的各類海量的民間規約，爲我們了解和研究歷史上徽州的社會、經濟、教育、文化、風土民俗以及各個不同時代徽州社會各階層人群的活動等，提供了極其珍貴的第一手資料。

本書正是在上述存世數量巨大的徽州文獻（含碑刻文獻）文書的基礎上，結合編者主持的2014年度國家社會科學基金重大項目《中國古代民間規約文獻集成》（批准號：14ZDB126）的開展，集中對其中所記錄的各類民間規約進行分類搜輯和整理，并從中精選二百二十萬字的民間規約，按照宗族規約，村規民約，會館、善堂、公所暨行業規約以及社會生活規約四個專題編纂而成的。承蒙安徽教育出版社原總編輯張丹飛、責任編輯夏業梅和綜合編輯部主任江舟三位女士的鼎力推薦與支持，2017年，本書被列爲該出版社的重點項目。2018年，該出版社又以本書爲題申報國家出版基金項目。2019年，經過專家的認真評審，本書被正式作爲國家出版基金項目予以資助。

現就本書不同卷次的編纂和安排說明如下。

《宗族規約卷》。徽州自唐宋以來即形成聚族而居的宗族社會，在"尊祖敬宗"和"萬殊一本"觀念與行爲的支配下，徽州各個大姓望族先後纂修了數以萬計的各類譜牒，其中既有單一血緣姓氏的家族支派或房派譜，也有跨地域聯宗的通譜或統譜，還有跨地域、跨血緣的地域性名族望族譜。這些譜牒中留存了數量繁多的各類宗族規約，堪稱徽州乃至中國宗族規約的寶庫，是中國古代民間規約中一枝耀眼的奇葩。此外，還有不少來自單行本的宗族規約，如明萬曆休寧縣《商山吳氏宗法規條》，以及原始契約文書和田野碑銘等文書文獻中保存的各類宗族規約。本卷嚴格按照宗族規約的定義，從現存徽州譜牒文獻、原始契約文書、田野碑銘和其他相關文獻中，精選不同時代、不同地域和不同類型的各類宗族規約，并依次按照章、節、目的順序進行分類歸總，其中章節按規約名稱和類型進行編排，目下則以時間爲經、以規約題名暨類型爲緯，時間相同者，則以規約名稱的拼音字母爲序進行排列。本卷共由五章構成，其中"家訓、宗訓、箴訓、遺訓、祖訓、規訓和庭訓"爲第一章，"家規、宗規與族規"爲第二章，"家典與家法"爲第三章，"規約、族約、戒約、議約與合同文約"爲第四章，"譜牒規約"則爲第五章。

這裏，着重就可能引起讀者疑問的三個問題予以特別說明。第一，祠規爲何未入本卷？第二，爲何收錄不少內容和文字相對重複的族規、家規、宗規和祠規？第三，譜牒凡例爲何收入本卷？首先，第一個問題確實存在，因爲作爲宗族規約的極爲重要的組成部分，徽州宗族的祠規很多本身即是族規或家規，只是名稱不同而已。但是，又有不少祠規的內容僅僅局限於對本宗族祠堂進行管理，特別是對祠祭活動進行規範與約束，與族規和家規的內容有着較大差異。因此，爲免將不同內容的祠規分列各處，造成讀者查閱的不便，編者特地將祠規作爲"祠堂、墳墓祭祀標掛規約與條例"一章，統一輯錄并精選編入《社會生活規約卷》中。其次，本卷和《社會生活規約卷》分別收錄了一些內容、文字幾乎相同的族規、家規、宗規和祠規。客觀地説，這些宗族類規約除個別文字略有差異外，大部分文字內容都相同，顯然是互相抄襲而形成的。事實上，這種家規、祠規類宗族規約互相抄襲的現象不僅在徽州較爲普遍，在全國其他地區也是一種非常普遍的現象。但既然如此，我們爲什麼要把它們都收錄并編入本卷呢？這裏要鄭重聲明，我們并没有將內容文字完全雷同、毫無差異的族規、家規、宗規和祠規悉數收入本卷和《社會生活規約卷》內，而是有選擇地收錄部分內容重複，但文字并非完全相同的族規、家規、宗規和祠規。我們之所以采取這一做法，一方面是出於爲讀者提供徽州宗族規約特別是族規、家規、宗規和祠規的全貌的目的，即使是彼此抄襲，其間多少還是存在細微的差異。我們冀望藉此能夠給大家提供一個進一步思考問題的空間，這些家規和祠規類宗族規約的編纂者們爲何會如此肆無忌憚地抄襲。通過對這些宗族規約的异同之處進行考察，或許又能給我們進一步發現和解决問題提供新的思路。第三是爲何將譜牒的凡例收入本卷的問題。這主要是基於不少徽州譜牒特別是早期內容簡單的家族支派和門房譜以及跨地域的通宗譜或統宗譜，因種種原因，并無族規、家規或祠規等宗族規約的卷目和文字，但却有非常詳細的纂修凡例，其中很多凡例內容涉及本族成員的婚喪嫁娶、祖先的昭穆次序暨進主祭祀安排、同姓與异姓繼承，以及譜牒管理等諸多問題，堪稱無規約之名而有規約之實的宗族規約。因此，我們從不同時期纂修的不同類型和不同內容的凡例中，精選一部分具有典型性和代表性的凡例，連同《譜啓與修譜通知帖》《牒規與譜約》以及《譜牒避諱暨印牒告示》等一道，并特立"譜牒規約"一章予以收錄。

《村規民約卷》。聚族而居是徽州村落最爲典型的人文和社會特徵之一，特別是在一些大姓望族一姓獨居的村落中，宗族公約和村規民約之間的界限是非常模糊的，很難加以區分。或者説在大姓望族占據支配地位的大村落中,由於村落居住者和勞動者多爲有共同血緣關係的宗族成員,因此,某種程度上説,聚居於該村落的某一大姓宗族的規約本身就是村規民約。但宗族規約和村規民約之間畢竟存在不少明顯的差異。因此,本卷在精心對照和分析村規民約與宗族規約內涵及界限的基礎上,從現存徽州村志、譜牒文獻、原始契約文書、田野碑銘和其他相關文獻中,精選不同時代、不同地域和不同類型的各類村規民約,并依次按照章、節、目的順序進行分類歸總,其中章節按規約名稱和類型予以編排,目下則以時間爲經、以規約題名暨類型爲緯,時間相同者,則以規約名稱的拼音字母爲序排列。本卷共由六章組成,其中第一章爲"鄉約",第二章爲"綜合性村規民約與保甲規約",第三章爲"義莊、義田暨社會救助規約",第四章爲"鄉村生態環境與經濟規約",第五章爲"賦税、差役、財産管理暨糾紛處置規約",第六章爲"墳塋禁約與治安勸世規約"。應該説明的是,本卷第六章之"墳塋禁約"與《社會生活規約卷》内容有部分重合,不過,本卷精選的"墳塋禁約"更側重於將墓塋作爲村落的空間而非宗族的祖先墓塋。

《會館、善堂、公所暨行業規約卷》。本卷重點精選和收録明清以來居住與活動在徽州本土之外的徽州籍官員、徽商以及各色徽州籍人員所創建的會館、善堂暨公所等組織規約與章程、綜合與行業領域商書、商人經營之合同議約、同鄉會規約等。此外,對徽州本土的各類私人或半官方創辦的私塾、學校和書院等規約、合約與告示,也儘可能予以收録。同時,對涉及徽州士子參加科舉考試盤費籌措的賓興會規約,如《清道光績溪縣捐助賓興盤費規條》亦予以收録。本卷共分四章,"會館、善堂、公所暨同鄉會規約"爲第一章,"徽商商業書類規約"爲第二章,"徽商各類行業經營規約"爲第三章,"書院、塾學、書屋暨科舉賓興規約"爲第四章。

《社會生活規約卷》。本卷是内容最爲豐富和龐雜的一卷。本來,我們計劃將徽州會社規約和徽州宗教與民間信仰規約單獨編輯、獨立成卷,畢竟歷史上特別是宋明以來徽州各地各類會社組織十分發達,在清代前中期的婺源縣慶源村和祁門縣善和村,甚至出現一個村莊同時并存十數種乃至三十餘種會社組織的現象,但在廣泛深入查詢有關文書、文獻以及碑銘等史料後,我們發現,會社的數量和類型固然很多,但遺存至今的會社規約却寥寥無幾,就編者現已閱讀和掌握的史料現狀來看,很難單獨編纂成獨立的一卷。而徽州宗教與民間信仰規約的内容特別是宗教信仰規約,也存在與會社規約同樣的問題。因此，爲全景展示歷史上徽州人群的社會生活，我們從搜輯整理的徽州會社規約和徽州宗教與民間信仰規約全部文字中，精選出部分具有代表性和典型性的規約文書或文獻，編入《社會生活規約卷》中。總之，本卷從現存徽州譜牒文獻、徽州方志暨雜記、原始契約文書、田野碑銘和其他相關文獻中，精選不同時代、不同地域和不同類型的徽州各類社會生活規約，并依次按照章、節、目順序進行分類歸總，其中章節按規約名稱和類型進行編排，目下則以時間爲經、以規約題名暨類型爲緯，時間相同者，則以規約名稱的拼音字母爲序排列。本卷共由五章組成，其中"居家禮儀與生活規約"爲第一章，"祠堂、墳墓祭祀標掛規約與條例"爲第二章，"宗教信仰與民間信仰活動規約"爲第三章，"會社生活規約"爲第四章，"移風易俗規約"爲第五章。

以上是對《徽州民間規約文獻精編》各分卷編纂情況的簡要說明。

本書在資料搜輯、整理、歸類和編纂過程中，不可避免地存在一些問題和不足，訛誤之處亦在所難免。因此，我們真誠期待讀者給予批評指正。我們將會對所有的批評意見和修改建議進行評估，并在未來的再版中予以及時的更正、補充與完善。

卞　利

2020 年 3 月 3 日

於南開大學中國社會史研究中心暨歷史學院

凡　例

一、本書按照"以時間爲經、以空間爲緯"的編纂原則,以章、節、目三級標題進行統轄,其中第三級標題"目",則依據文獻形成的時間、地點、作者(含組織或自然人群)、内容和類型重新進行了題名。

二、本書第三級標題"目"的時間編排原則暨順序是,凡年月日時間明確者,在標題中標注至年月,省略具體日期;年月日不明者,則在標題中標注紀年年號或民國字樣;無法判斷文獻所屬王朝的紀年年號者,則在標題中標注王朝名稱;可判斷文獻屬某王朝前、中、後期者,則在標題中標注某朝前、中、後期。具體編排順序是,同一時間和類型的民間規約文獻,年月時間明確者,以其年月先後順序依次進行編排。無具體年月者,則以紀年年號先後爲序;紀年年號相同者,則以紀年年號後首字拼音字母爲序。無紀年年號者,則以文獻所形成的王朝命名,排列在有明確年月或年號的文獻之後。無法判斷并確定文獻具體時間者,則以文獻的來源、形成或刊印時間爲序,依次進行編排。其他依此類推。

三、本書第三級標題"目"的空間地域編排原則是,徽州本土地域,按照徽州(含徽州府、徽州路和歙州等)暨所轄歙縣、休寧、婺源、祁門、績溪和黟縣之地名的首字拼音字母順序編排;縣名無法考證并確定者,則以徽州某縣稱之;縣域以下地名明確者,亦按其拼音字母爲序。

四、本書所輯録的文獻的來源中,凡引文或時間、地點不明者,或於頁下脚注,或於文内酌情予以注釋説明。

五、凡文獻有文字殘缺,可確定其殘缺字數者,以"□"標明;無法確定殘缺字數者,以"……"標明;須加删節者,則以"()"内注明"以下略"。凡需補充文字,使其涵義確切完整者,以"【】"標明;凡文字訛誤者,訛誤字以"()"標注,并在訛誤字後的"[]"内注明正確文字。

六、本書引用的文集、雜記、志書、譜牒、文書和碑刻等文獻,僅標明纂著者、時代、書名、卷數和篇目，以求簡明。其中珍稀文書暨文獻的所在地、來源地和收藏地，均在《引用和參考文獻》中予以標注。散件和金石類規約文獻，則在文内予以標注。

七、徽州規約的民間抄、稿本（件）文獻中，存在不少當地俗字、异體字。爲保持原貌，本書在輯録時，一般不予改動。但通篇异體字或同一篇文獻中同一文字先後書寫不一者，爲便於讀者閱讀，在不影響字義或文意的前提下，統一以常用文字取代。個别字保留了其簡體形式，蓋爲保持徽州民間規約特有風貌。

目　録

第一章　鄉　約　　001

第一節　鄉約告示、建言及約會記　　001

宋咸淳六年正月徽州提刑節度同知致仕臣邱龍友等申明鄉約奏文　　001
明嘉靖五年二月績溪縣上鄉祖社申明鄉約碑　　001
明嘉靖五年四月祁門縣拾柒都里社申明鄉約碑　　002
明嘉靖五年四月歙縣江村建立社壇暨申明鄉約碑　　003
清雍正歙縣潭渡黄氏宗族講鄉約建言　　004
清嘉慶五年四月祁門縣環砂程之璞等立爲鄉約合文　　006
民國七年正月婺源縣東山振義約約會記　　007

第二節　文堂鄉約家法和沱川余氏鄉約　　008

明隆慶六年祁門縣文堂鄉約家法　　008
明萬曆婺源縣沱川余氏鄉約　　019

第二章　綜合性村規民約與保甲規約　　046

第一節　綜合性村規民約　　046

明嘉靖婺源縣官源村沿革紀事　　046
清雍正婺源縣上溪源程氏鄉局記規　　047

第二節　保甲規約　　049

清康熙四十六年八月休寧縣藤溪二十七都五啚王茂、金正茂等立保長議墨合同　　049

清光緒二十一年六月祁門縣十九都舜溪汪光烈等立同心整頓保甲
　合文　　　　　　　　　　　　　　　　　　　　　　　　050

第三章　義莊、義田暨社會救助規約　　　　　　　　　　051

第一節　義莊規約　　　　　　　　　　　　　　　　　051

宋淳祐九年六月至元至元二十三年正月休寧縣
　下東金氏義莊板榜規約及續增規條　　　　　　　　　051
明弘治十五年七月休寧縣下東金氏宗族贍塋田租規約　　061
清道光十二年十月歙縣大阜潘氏宗族蘇州支族松鱗義莊規條　　063
清同治七年二月歙縣大阜潘氏宗族蘇州支族松鱗莊增定規條　　064
清光緒十一年七月歙縣大阜潘氏宗族蘇州支族松鱗莊續訂規條　　068
清光緒三十二年十二月歙縣大阜潘氏宗族蘇州支族松鱗莊續訂規條　　072
民國十五年十二月歙縣大阜潘氏宗族蘇州支族松鱗莊續訂規條　　074

第二節　義田規約　　　　　　　　　　　　　　　　　076

清乾隆歙縣東門許氏宗族新置義田規約　　　　　　　076
清嘉慶十年歙縣棠樾鮑氏宗族宣忠堂敦本户田記暨公議敦本户規條憲示　　078
清嘉慶歙縣棠樾鮑氏宗族宣忠堂體源户義田記、規條暨禁碑告示　　084

第三節　村族公益、慈善與救助規約　　　　　　　091

明嘉靖祁門縣善和程氏宗族仁山門支族《寶山公家議》之田地議　　091
明萬曆元年六月祁門縣王源謝鋐立捐租助祭湛若水祠樓祭祀義約合同　　108
清康熙八年正月婺源縣上溪源加石倉碣立水圳作水入池工食批約記　　108
清康熙十六年三月婺源縣上溪源程煌春等立批助牛軒培山搭橋合同　　110
清康熙二十八年三月婺源縣上溪源復禁牛軒培橋山合同規條　　111
清康熙三十年八月婺源縣上溪源婺源縣知縣禁橋山告示　　113
清康熙三十一年七月婺源縣上溪源程榜等立聚秀會保局合同　　114
清康熙三十三年八月婺源縣上溪源清水口廟寄新公常貯租記并新立規條　　115
清雍正元年正月婺源縣上溪源重建水口橋帖文暨議約　　117

清乾隆十二年七月黟縣宏村邱嘉益、邱嘉盪等田內掘泉灌溉農田議墨
　合同　　　　　　　　　　　　　　　　　　　　　　　　　　　119
清嘉慶歙縣桂溪項氏宗族分給條規附不給規　　　　　　　　　　　120
清道光十四年二月祁門縣桃源洪氏宗族永濟倉引　　　　　　　　　121
清道光十七年三月歙縣大阜潘氏宗族蘇州支族松鱗莊贍族規條　　　122
清道光二十六年六月歙縣大阜潘氏宗族蘇州支族松鱗莊續增贍族規條　124
清道光二十九年黟縣屏山朱氏宗族上黃祖墓開湖放水引暨議條　　　125
清光緒八年四月績溪縣霞間高氏宗族厚生計緣啟暨例言　　　　　　126
清光緒績溪縣南關許余氏宗族愇叙堂義倉序暨規約　　　　　　　　129

第四章　鄉村生態環境與經濟規約　　　　　　　　　　　　　131

第一節　生態環境保護規約　　　　　　　　　　　　　　　　131

明正統四年六月婺源縣上溪源水口橫山坑封禁合同　　　　　　　　131
明弘治十年十月祁門縣六都程復用善和村風水說　　　　　　　　　132
明正德十年四月婺源縣上溪源復後龍朝山水口封禁合同　　　　　　133
明嘉靖十八年三月婺源縣上溪源通衆山場并後龍朝山水口封禁合同　134
明萬曆八年至天啟三年黟縣屏山朱氏宗族議修水口等合同規約　　　135
清康熙三十三年三月徽州某縣張允傳等立嚴禁侵害本家墳山禁約　　141
清乾隆十一年十二月歙縣正堂詳禁飛布山盜礦開窰以保龍脉告示碑　142
清乾隆三十七年十月歙縣正堂遵憲勒石永禁飛布山開煤燒灰以保龍脉
　告示碑　　　　　　　　　　　　　　　　　　　　　　　　　143
清乾隆四十年五月歙縣正堂奉憲嚴禁飛布山挖煤燒灰告示碑　　　　144
清嘉慶二十五年績溪縣胡里村績溪縣正堂告示禁碑　　　　　　　　145
清道光二年七月黟縣正堂頒示屏山龍山禁碑　　　　　　　　　　　146
清道光五年六月祁門縣箬坑村奉祁門縣正堂嚴禁墾山種植苞蘆保護
　環境碑　　　　　　　　　　　　　　　　　　　　　　　　　146
清咸豐七年六月績溪縣龍川村奉憲績溪縣正堂嚴禁開礦燒灰告示碑　147

第二節　封山育林規約　　　　　　　　　　　　　　　　　　148

明嘉靖二十八年六月祁門縣三四都詹天法等立興養山林合同議約　　148
明萬曆十四年二月祁門縣王詮卿同江西浮梁黃相玉等立禁伐封山議約　149

清康熙四十二年二月祁門縣安山謝崇善秩下謝正謨等立封山育林禁約合同	150
清乾隆二十二年二月休寧縣某村張宗房等立合村公議朝山等處不得私自盜砍合墨	151
清乾隆三十九年八月休寧縣張宗房等立合村四圍山場加禁合同	151
清乾隆四十六年七月祁門縣嚴禁召異鋤種挖椿等告示	152
清乾隆四十九年七月祁門縣嚴禁於橫塢等處蓄養山內砍伐薪木、掘挖樹椿、焚燒山草告示	153
清乾隆五十三年四月休寧縣三都十啚與二都二圖吳文選等立養山封禁合同	153
清乾隆五十六年十二月徽州某縣姚永芬等立蓄養山場合同議墨	154
清乾隆至道光年間婺源縣花橋吳氏宗族聚居村歷年成規禁約暨外村附約條規	155
清嘉慶二年十一月祁門縣環砂永禁盜砍樹木等事碑	160
清嘉慶十八年五月祁門縣葉源永禁砍伐林木和賭博等事碑	162
清嘉慶十九年祁門縣箬溪王履和堂養山條規	162
清嘉慶二十三年三月祁門縣謝村等謝、葉、周、胡四姓同立禁山合同議約	168
清道光三年十月徽州某縣項士吉等立禁養長塢頭青山合同	168
清道光八至九年婺源縣暨徽州府頒示花橋禁山碑并條例	169
清道光二十六年二月休寧縣吳樂善等各甲養山議墨條約	171
清道光二十六年十一月績溪縣正堂竹里村封山育林告示	173
民國二十四年八月績溪縣大源村曹聚星堂禁山規約暨民國三十六年閏二月閣村禁約	174

第三節 維護經濟秩序規約 179

明嘉靖十四年正月休寧縣十二都汪壽定等栽種山木均分合同	179
明嘉靖二十一年十一月休寧縣十二都朱永志同汪安等立山稅合同	179
明嘉靖二十四年十二月休寧縣十二都汪永安等立墳山挵松木合同	180
明嘉靖祁門縣善和程氏宗族仁山門支村族《寶山公家議》之銀穀議	181
明嘉靖至順治祁門縣善和程氏宗族仁山門村族《寶山公家議》之山場議暨合同文約	183
明萬曆十三年正月歙縣十六都二三啚王勝護等立看守柴山合同租約	198
明萬曆十六年閏六月歙縣十六都四啚程景法等立看守山場林木合同	198

明天啟元年四月歙縣十八都汪杓心等立賣田土取贖事宜合同文約	199
明崇禎十年四月祁門縣謝村謝孟善等立住後山蓄養松杉竹木禁約	200
清順治三年正月休寧縣九都一圖還珠里鄭積盛等立十排買稻穀合同	201
清康熙十五年九月休寧縣程和仲等立嚴禁盜砍樹木禁山合同	201
清康熙十六年二月休寧縣黃茅胡、陳二姓至婺源縣考坑燒炭戒約	202
清康熙五十三年四月祁門縣應盛思賢稟請頒布嚴禁妄行盜砍汪家坦等處山場告示	202
清雍正九年九月祁門縣嚴禁强捕版潭河河魚告示	203
清道光四年五月婺源縣洪村光裕堂公議茶規碑	204
清道光九年十月黟縣十都豐登方嘉樂等方、江、胡、蔣衆姓立山場經營管理合墨	204
清道光二十五年八月績溪縣竹里村周天閔立禁盜砍山林合同議約	205
清咸豐八年十月績溪縣某姓廷圭等立合股租山并雇人開種議據	206

第五章　賦稅、差役、財産管理暨糾紛處置規約　　209

第一節　賦稅、差役管理與糾紛處理規約　　209

明洪武三十二至三十三年祁門縣善和程氏宗族高祖仁山公遺囑軍役文書	209
明永樂三年三月祁門縣善和程氏寶山公同兄還春公申明祖父仁山公遺囑輪流充補軍役合同文書	210
明弘治五年六月休寧縣七都張珪禮等爲新開田地升科津貼里役合同	211
明嘉靖元年五月徽州某縣胡思儀弟侄等立大造黃册僉點里長合約	211
明嘉靖元年五月祁門縣十西都謝村謝景輝等立輪值朋充里長役合同議約	212
明嘉靖四十一年十一月祁門縣十西都謝公器等立排年里役議約合同	213
明嘉靖祁門縣善和程氏宗族仁山門村族《寶山公家議》附録東西軍業議	215
明萬曆二年三月徽州某縣五都四圖因大造黃册立里長役合同	219
明萬曆十年十月休寧縣十二都邵文端立里長役轉讓汪文諫合同	220
明萬曆十年十月休寧縣十二都汪文諫承充邵文端里長役津貼合同	221
明萬曆十年十月休寧縣十二都一圖汪廷昇等立承充邵文端里長役合同	221
明萬曆十二年八月休寧縣九都一圖還珠里鄭積盈等立十排年解軍合同	222

明萬曆十九年三月休寧縣十四都十啚洪法、汪伯善等議立排年里長合同 223
明萬曆二十九年六月祁門縣西都謝村謝知學等立里役合同 224
明萬曆二十九年九月祁門縣十西都謝村謝可法等立里長役應役合同文書 225
明萬曆三十四年正月休寧縣伍都三甲洪德本户户丁洪世義等立輪充糧長文約 225
明萬曆四十三年十二月祁門縣胡禄孫等因書手駁語而立每丁出銀合同文約 226
明天啟二年二月休寧縣九都一啚還珠里陳繼靖、陳武卿等立派貼差役合同議約 227
明天啟三年二月休寧縣九都一啚還珠里鄭積盈等立里排議約合同 228
明天啟四年五月祁門縣西都謝村謝正茂等立排年修造糧米官丁均派合同 230
明天啟四年十一月休寧縣藤溪王萬德等立里長合同 231
明天啟七年二月休寧縣十九都一啚十甲里排吴仕榮等立里役合同 231
明崇禎二年四月歙縣逄村洪時利立合議黄册里長合同文約 232
明崇禎六年九月歙縣逄村洪時利立合議黄册里長合同文約 233
明崇禎七年七月休寧縣十一都三啚小璫金有益四兄弟立里長合同議約 234
明崇禎七年八月休寧縣藤溪王萬德等立里長合同 235
明崇禎十一年七月休寧縣十七都七啚詹思忠等立承充里長議約合同 235
明崇禎十一年十二月徽州某縣游舜臣等立值里役合同 236
明崇禎十二年九月徽州某縣李開明等輪充里役合同議約 236
明崇禎十四年八月徽州某縣吴時振兄弟立承里役合同 237
明崇禎十四年十月休寧縣許隆等立承應知縣富民買稻合同 238
明崇禎十五年六月祁門縣謝村謝孟善、謝起鳳等里甲役輪充合同文約 238
明崇禎十六年八月祁門縣桃墅汪正卿等立輪充里長合同 239
明崇禎十六年十二月休寧縣九都一啚還珠里陳宗丞等立現役貼糧議約合同 240
明崇禎十七年十一月徽州某縣李昌義四大房輪役議單 241
明崇禎十七年十一月祁門縣謝村謝起鳳等立排年里役合同 242
南明弘光元年二月休寧縣藤溪王戀紳等立里長合同 242
清順治四年二月休寧縣九都一啚藍渡六甲陳泰茂等立三排年清丈田土議約合同 243
清順治四年三月休寧縣九都一啚陳社稷等立清丈土地支費議約合同 244

清順治四年十月休寧縣九都一圖鄭積盛等十排清丈田土合同附休寧縣令清丈田土告示	245
清順治五年正月祁門縣三四都二圖公正汪裕魁和汪利志等十甲立奉示清丈土地合同文約	248
清順治六年正月休寧縣九都一圖十排立清丈土地各費議約	249
清順治九年仲冬休寧縣藤溪王懋紳等立排年里長合同	250
清順治十一年十月休寧縣藤溪王懋紳等立里長合同	251
清順治十一年十一月休寧縣還珠里趙光祖、陳世芳立里役貼費議約合同	252
清順治十一年十一月休寧縣九都一圖還珠里陳纓丞等立里役合同議約	252
清順治十二年十一月祁門縣康村康鎮琮等立承充里役合同文約	253
清順治十三年正月祁門縣李昌義户下四大房李宗德等排年派比合同	254
清順治十四年五月休寧縣朱時登等立議里長輪值合同規條	255
清順治十八年八月祁門縣務本堂支下濟公等房李懋禄等立里甲役合同	256
清康熙二年十一月祁門縣洪日振與洪鳳池等立清丈土地合同文約	257
清康熙二年十一月祁門縣洪貞兆等立排年里役合同	259
清康熙二年十一月祁門縣三四都一圖十排年等立清丈合同文約	260
清康熙三年十二月休寧縣九都一圖還珠里陳序庶等立里役合同議墨	260
清康熙四年正月休寧縣藤溪王紳等立里長合同	261
清康熙四年二月祁門縣黄大道等立東淳鋪役中伙合同	262
清康熙十年二月休寧縣藤溪王之聖捐資免役合同附抄之聖公捐資原由	262
清康熙十一年正月祁門縣謝村謝善則堂秩下謝興鳳等立承里正役合同文約	265
清康熙十二年七月祁門縣洪大有等洪氏宗族族衆立申報里長合同文約	266
清康熙十三年十二月休寧縣藤溪王懋紳等立里長合同附抄前議内王懋紳公閲文呈稿	267
清康熙十四年十一月祁門縣洪大有等奉知縣明示立團練合文約	268
清康熙十五年正月徽州某縣朱鱗長等立承充代管本甲役議約	269
清康熙十八年三月歙縣二十六都一圖項鵬萬等立承黄册里役合同	270
清康熙二十五年九月歙縣逢村洪可佳等立黄册里長議約	271
清康熙二十五年十一月徽州某縣張福光等立差役合同文約	271
清康熙三十二年九月休寧縣藤溪王日升等立里長合同	272

清康熙三十四年十二月徽州某縣胡祖秩下四房胡大舜等立里役承攬
　議合文約　　　　　　　　　　　　　　　　　　　　　273
清康熙三十八年十月休寧縣十九都三啚程于天等承充里長合同　273
清康熙四十五年二月祁門縣康興仁等立議承錢糧役合同文約　274
清康熙四十九年十二月休寧縣胡光德户丁胡應浩等立輪充保役合同　275
清雍正四年十二月徽州某縣汪緒禄等立委托汪英讀代充里役議墨合同　276
清雍正六年二月祁門縣李陳茂户丁李四寶等立保長管月合墨　276
清雍正六年二月祁門縣李恒茂户丁李聖文等立里役議墨　277
清乾隆元年五月休寧縣藤溪王君重等立領糧貯合同　278
清乾隆十五年正月祁門縣康興仁秩下康啟珂等立議承充啚總合同文約　279
清乾隆二十五年六月婺源縣江灣江氏復七公房季真、祇敬二公支
　衆立甲催議墨附善慶、善文二公支衆輪充甲催議墨　280
清乾隆三十年二月祁門縣謝村謝宗文兄弟托族弟謝宗權代充里役托約　281
清乾隆三十六年五月歙縣項佩玉等立議輪值里役合同　282
清乾隆五十六年五月歙縣項漢良等立議輪值里役合同　282
清乾隆五十七年三月歙縣項漢良等立輪值里役合同　283
清乾隆五十七年四月祁門縣謝村謝善則經手秩丁謝錫禄等立承管經催
　合同文約　　　　　　　　　　　　　　　　　　　　　284
清嘉慶二十二年九月休寧縣二十八都十啚胡光德户三房支丁立
　銀糧完納合同　　　　　　　　　　　　　　　　　　　284
清同治八年二月休寧縣十八都十啚八排人等公議輪流充役合同　285
清光緒十年二月休寧縣十啚七甲李陳茂户丁李寶等
　立輪值保、約二役議墨　　　　　　　　　　　　　　287
清光緒二十年三月休寧縣十啚十甲程子進等立承充鋪役合同議墨　289

第二節　財產分割、繼承與管理合同規約　　　　　　　290

宋太平興國六年正月祁門縣縣城熊中立立翠園胡炳爲繼子批約　290
宋咸淳七年七月婺源縣浙源鄉大安里沱川余上舍公兄弟關帳序　291
明成化十三年閏二月休寧縣十二都汪壽齊等立山業分割合同　292
明成化十六年正月休寧縣十二都汪壽春等立田地分割與納糧合同　292
明成化二十二年六月休寧縣十二都汪壽美等鬮分財產暨劃分山界合同　293
明嘉靖三年八月績溪縣北門張氏家族世遵立繼定約　294
明嘉靖十六年正月休寧縣十二都汪壽定等山業鬮分合同　294

明嘉靖十九年八月休寧縣住居祁門縣三四都方瑁等立清白合同　　　295
明嘉靖二十三年三月休寧縣藤溪王明萱等與民户分業合同　　　296
明萬曆十五年八月祁門縣赤橋方氏分家鬮書序并條例　　　297
明萬曆二十年八月休寧縣九都一啚還珠里陳宗彦、陳仕朗共業地界
　劃分合同　　　298
明天啟三年閏十月祁門縣十三都三保汪必暲四大房立山業清白合同
　文約　　　299
明崇禎六年六月祁門縣十西都謝正祺等立財産清白分單合同　　　299
明崇禎八年三月祁門縣汪奎長等立清白合同　　　300
明崇禎十七年八月休寧縣金應佑同父異母三兄弟立歸一合同　　　301
清康熙三十三年二月徽州某縣鮑伯振同侄鮑君茂等立息争議和約　　　302
清乾隆三十一年八月祁門縣康維魁等同陳進童秩下經手人等
　立相和警後議約合同　　　302
清乾隆三十五年二月初九日祁門縣謝村謝宗泗等立清白合同文約　　　303
清乾隆婺源縣江灣蕭江復七公房削除贅婿承桃補代文　　　304
清嘉慶十年九月徽州某縣汪嘉利等分山業合文　　　305
清道光五年二月績溪縣竹里村周、許、鮑、鄭四姓立山界合同議約　　　306
清同治十二年六月祁門縣倫坑村敬敷堂加禁山場、田地等不動産
　典賣與境外人碑　　　307
清光緒十六年四月黟縣宏村邱應書立嗣子暨財産繼承遺囑　　　307
民國九年三月黟縣宏村程氏立繼子文約　　　309

第三節　財産糾紛、訴訟暨息訟合同規約　　　309

明成化十一年七月休寧縣十二都汪壽馨等立山業糾紛處置合同　　　309
明嘉靖二十年六月祁門縣西都謝村謝景輝等共立束心訴訟合同文約　　　310
明嘉靖二十一年五月休寧縣十二都汪安等立與三十三都吴昆買田造屋
　遮祖墳糾紛文約　　　311
明嘉靖二十二年三月祁門縣三四都康維魁等立與余家侵山訴訟
　同心合文合同　　　312
明萬曆十五年二月祁門縣十西都謝村謝良諷等立山地糾紛和息合同　　　312
明萬曆十五年六月歙縣十八都四啚胡起等與休寧縣汪榮等立處置風水
　墳地糾紛合同　　　313
明萬曆三十八年九月祁門縣十西都馮福生等息訟息争文約　　　313

明萬曆三十九年二月祁門縣十西都謝村謝知中等爲祖墳山腦被占立訴訟
合同　　　　　　　　　　　　　　　　　　　　　　　　314
明天啓四年十月休寧縣九都一啚還珠里陳慶元等立屋地糾紛息爭議約
合同　　　　　　　　　　　　　　　　　　　　　　　　315
明崇禎五年四月歙縣十八都四啚李子謙與汪熙文立土地界限合同　315
明崇禎十年二月祁門縣謝村謝時來、謝三善等砍木糾紛息訟合同　316
清康熙四年六月休寧縣九都一啚還珠里陳宗榴等立房屋牆脚地界議約合同
　　　　　　　　　　　　　　　　　　　　　　　　　　317
清康熙十一年五月婺源縣上溪源北港與汪口爭船埗合同　　　　318
清康熙十四年閏五月婺源縣上溪源與下村爭曹村上屋充當差派合同　319
清康熙十四年九月休寧縣充山里保族衆程文昭等立林木財産糾紛議約　319
清康熙二十七年二月祁門縣板石僧恒泰等因買山界分不清訴訟立息訟
合同　　　　　　　　　　　　　　　　　　　　　　　　320
清康熙三十八年七月休寧縣首村朱氏宗族族長朱世德等立誓約合文　321
清康熙四十七年五月休寧縣首村朱氏宗族爲收回被占之春公墓立合同　322
清雍正十一年十月休寧縣孫天如等造厝糾紛勸息合同　　　　　323
清乾隆三年十二月徽州某縣鄭及嶷兄弟立借款紛爭和好清單文約　324
清乾隆二十六年三月祁門縣十二都一圖胡氏尚義祀秩下胡光清等立
訴訟齊心合同文約　　　　　　　　　　　　　　　　　　325
清光緒三十二年十二月祁門縣汪啓炎等三姓立山場訟事費用各姓均派
均出束心合文約　　　　　　　　　　　　　　　　　　　326

第六章　墳塋禁約暨治安勸世規約　　　　　　　　　　327

第一節　墳塋禁約與合同議約　　　　　　　　　　　327

元延祐六年十二月休寧縣瑶村范氏宗族各處祖塋合同禁約　　　327
明宣德九年十月歙縣許村許德仁戒後侵祖遷墳伐木説　　　　　328
明正統九年正月休寧縣瑶村等處范氏宗族合同禁約　　　　　　329
明成化三年四月休寧縣瑶村范氏宗族各祖塋合同禁約　　　　　330
明萬曆十九年十二月休寧縣林塘范氏宗族祖塋塚林禁約　　　　331
明萬曆二十年休寧縣林塘范氏宗祠申明請王坦先塋禁約　　　　331
明萬曆二十二年正月休寧縣林塘范氏宗族祖塋塘汊口禁約　　　332

明萬曆四十二年三月婺源縣沱川余氏三世祖暨妣墓禁碑　　332
明萬曆四十二年三月婺源縣沱川余氏始祖暨妣墓禁碑　　333
明崇禎十二年二月徽州府保護黃墩黃氏祖墓禁約　　334
清乾隆六年六月徽州府暨休寧縣頒行蓀村程氏祖墓禁示附管墳筆帖　　334
清乾隆十二年八月休寧縣正堂應吳氏宗族四支會具呈頒行嚴禁作踐侵害
　吳氏祖墳告示碑　　336
清乾隆十二年十一月休寧縣正堂應嚴田李氏宗族之請頒示保廷珪公墓
　禁碑　　337
清乾隆十四年三月歙縣正堂嚴禁盜砍侵害岑山渡秤鈎灣洪姓祖墳告示　　338
清乾隆十七年四月婺源縣溁公墓傍因胡姓竊木鬮地永禁告示　　339
清乾隆十八年十二月歙縣王充東源程巢雲、洪實夫兩姓共立保墓合同　　339
清乾隆二十二年正月黟縣正堂頒給屏山八都巧塘灣朱氏祖墓禁碑　　340
清乾隆二十六年四月祁門縣嚴禁盜砍侵害康姓祀衆祖墳等山業告示　　340
清乾隆二十六年十月休寧縣嚴禁砍伐盜葬興湖塘祖墓等事告示　　341
清乾隆四十年二月休寧縣嚴禁莊基林汪氏祖墳縱放牛畜踐踏墳塚及
　越界刨挖等事告示　　342
清乾隆四十三年十二月祁門縣嚴禁盜砍葉村祖墳山木告示　　342
清乾隆四十六年三月黟縣嚴禁盜害長瑶庵等處山地祖墳蔭木告示　　343
清乾隆五十一年三月休寧縣嚴禁砍伐祖墳蔭木及放縱牛畜踐踏墳塋告示　　344
清道光十九年五月黟縣正堂頒行九都塘裏莊屋禁示　　345
清道光二十三年四月黟縣正堂頒行屏山朱氏宗族新墳林祖墓禁碑　　345
清同治二年十一月績溪縣永禁盜害南關許余氏祖塚告示　　346
清光緒十年三月歙縣正堂畢氏篁墩始祖墓示禁碑　　347
清光緒十五年六月績溪縣南關許余氏宗族墓圖紀事附光緒十五年五月
　績溪縣正堂保護祖墳告示　　348
清光緒二十五年八月績溪縣竹里村嚴禁盜砍樹木保護墳塋告示　　349

第二節　社會問題與社會治安規約　　350

明崇禎十一年二月徽州某縣胡義和堂胡天時等立遵舊家規驅逐犯罪
　村民出村盟約　　350

清康熙二十五年正月徽州某縣吳德英戶支下吳時禮等立嚴禁與
　　張上村下門婚姻人情來往議合約　　351
清嘉慶祁門縣六都村驅棚除害記　　352
清道光四年三月休寧縣二十都大阜各姓立禁田山家舍合同　　353
清道光二十二年十二月休寧縣唐頭村奉憲嚴禁乞丐强討惡索碑　　355
清道光二十九年十月休寧縣嚴禁火夫違例霸踞事告示　　355
清光緒三十一年五月休寧縣查察不法棍徒告示　　357
清宣統元年正月祁門縣禁烟告示　　357

第三節　鄉村勸世規約　　358

清光緒二十七年七月黟縣碧山毓蘭書屋刊古築程煦《勸世詞》　　358

引用和參考文獻　　367

後　記　　384

第一章 鄉 約

第一節 鄉約告示、建言及約會記

宋咸淳六年正月徽州提刑節度同知致仕臣邱龍友等申明鄉約奏文

徽州提刑節度同知致仕臣邱龍友、臨安府錢塘縣知縣致仕臣王英傑謹奏：爲請地立社，以便祈報、以敦鄉約事。臣謹按，祀典，其上下得以通行者，惟社爲然。自三代立社以降，漢高帝二年，詔御史具令天下立靈星祠，謂之"農祥"。歲時祀以太牢，春二月及臘祀以羊彘。民間里社，各令自裁以祀。唐高祖武德初，定令仲春、仲秋戊日，大社、大稷配以勾龍、后土，詔州縣祀社稷。士民里閈，亦許相從，各伸祈報，用洽鄉黨之情，此民社之所由昉也。我國家重祠致祭，其於社稷之祀因之加謹。臣先本貫河南，承乏徽州，占籍官前，遂爲歙民，編戶巖鎮，與王英傑同里。相念既居其鄉，群其人，嘗立鄉社，規以鄉約。竊見鎮東舊有崇善亭基，鞠爲草莽久矣。臣等冒死上言，乞爲社壇，集衆全祀，庶春祈秋報有所，因得于時，申明鄉約，勸沮臧否，以保年穀豐登，以篤枌榆誼契，下期風俗之淳，上樂聖明之治。臣等幸甚，鄉民幸甚。謹具本令男立肅詣闕奏請，干犯天威，伏候宸斷。

咸淳六年正月　日，具奏臣邱龍友、王英傑。

奉旨：看得職官邱龍友、王英傑所奏事理，有協于義，准與立社。着本州官給帖付照，地稅免徵。欽此。欽遵。

本部抄奉，仰徽州使秦紀勘行。

——雍正《巖鎮志草》貞集《藝文志》

明嘉靖五年二月績溪縣上鄉祖社申明鄉約碑

績溪縣上鄉祖社

直隸徽州府績溪縣爲申明鄉約，以敦風化事。抄蒙欽差總理糧儲兼巡撫應天等府地方都察院右都御史陳案驗，備仰本縣遵照《洪武禮制》，每里建立社壝場一所。就查本處淫祠、寺觀，毀改爲之，不必勞民傷財。仍行（另）[令]各該當年里長，自嘉靖五年爲始起，每遇春、秋二社，出辦豬、羊祭品，依式書寫祭文，率領一里人户，致祭五土、五穀之神，務在誠敬豐潔，用虔祭吊，就行會飲，并讀"抑强扶弱"之詞，成禮而退。仍於本里内推選有齒德者一人爲約正，有德行者二人副之，照依《鄉約事宜》，置立簿籍二扇，或善或惡者，各書一簿。每月朔一會，務在揚善懲惡，興禮恤患，以厚風俗。鄉社既定，然後立社學，設教讀，以訓童蒙；建社倉，積粟穀，以備凶荒，而爲人教養之良法美意率以此乎寓焉。果能行之，則雨暘時若，五穀豐登而賦税自充；禮讓興行，風俗淳美而詞訟自簡。何待於催科？何勞於聽斷？而水旱、盜賊亦何足慮乎？此敦本尚實之政，良有司者自當加意舉行，不勞催督。各將領過《鄉約》本數，建立過里社處所，選過約正、約副姓名，備造文册，各另徑自申報，以憑查考。其舉之有遲速，行之有勤惰，而有司之賢否於此見焉。定行分别勸懲，決不虚示等因，奉此。除遵奉外，今將案驗内事理刻石立於本社，永爲遵守施行。

嘉靖五年二月朔日，績溪縣知縣周瑾立石。

十二都　曉示。

——碑銘，原碑立於安徽省績溪縣瀛州鄉大坑口村尚書府門前

明嘉靖五年四月祁門縣拾柒都里社申明鄉約碑

祁門縣拾柒都里社

徽州府祁門縣爲申明鄉約，以敦風化事。抄蒙欽差總理糧儲兼巡撫應天等府地方都察院右都御史陳案驗，備仰本縣遵照《洪武禮制》，每里建立里社壇場一所。就查本處淫祠、寺觀，毀改爲之，不必勞民傷財。仍行令各該當年里長，自嘉靖五年二月起，每遇春、秋貳社，出辦豬、羊祭品，依式書寫祭文，率領一里人户，致祭五土、五穀之神，務在誠敬豐潔，用虔祈報。祭畢，就行會飲，并讀"抑强扶弱"之詞，成禮而退。仍於本里内推選有齒德者一人爲約正，有德行者二人副之，照依《鄉約事宜》，置立簿籍二扇，或善或惡者，各書一籍。每月朔一會，務在勸善懲惡，興禮恤患，以厚風俗。鄉社既定，然後立社學，設教讀，以訓童蒙；建社倉，積粟穀，以備凶荒，而古人教養之良法美意率於此乎寓焉。果能行之，則雨暘時若，五穀豐登而賦税自充；禮讓興行，

風俗淳美而詞訟自簡。何待於催科？何勞於聽斷？而水旱、盜賊亦何足慮乎？此敦本尚實之政，良有司者自當加意舉行，不勞催督，各將領過《鄉約》本數，建立過里社處所，選過約正、約副姓名，備造文册，各另徑自申報，以憑查考。其舉之有遲速，行之有勤惰，而有司之賢否於此見焉。定行分別勸懲，決不虛示等因，奉此。除遵奉外，今將備蒙案驗内事理刻石立于本社，永爲遵守施行。

大明嘉靖五年四月十二日，祁門縣立石。

——碑銘，原碑卧於安徽省祁門縣彭龍鄉彭龍村西田野溝渠上

明嘉靖五年四月歙縣江村建立社壇暨申明鄉約碑

建立社壇示碑

直隸徽州府歙縣孟爲申明鄉約，以敦風化事。抄蒙巡差總理糧儲兼巡按應天等處地方都察院右都御史陳案驗，備仰縣遵照《洪武禮制》，每里建立里社壇場一所，就查本處淫祠、寺觀，毀改爲之，不必勞民傷財。仍行令各鄉嵒遵行。嘉靖五年二月起，每遇春、秋二社，出力辦猪、羊祭品，依式書寫祭文，率領一里人户致祭，五行、五獻，設禮生、冠帶幾人，務在誠敬豐潔，用虔祈報。祭畢，就行會飲，並讀"抑强扶弱"之詞，成禮而退。仍於本里内推選年高矜式者一人爲約正，有德行兼優者二人副之，照依《鄉約事宜》，置立簿二扇，或善或惡者，各書一籍。每月一會，務在勸善懲惡，興禮恤患，以厚風俗。鄉社既定，然後立社學，設教讀，以訓童蒙；建社倉，積粟穀，以備凶荒，而古人教養之良法美意率於此乎寓焉。果能行之，則雨暘時若，五穀豐登而賦稅自充；禮讓興行，風俗淳美而詞訟自簡；何待於催科？何勞於聽斷？而水旱、盜賊亦何足慮乎？此敦本尚實之政，良由此者自當加意舉行，不勞催督。各將領過《鄉約》本數，建立過里社處所，選過約正、約副姓名，備造文册，各另徑自申報，以憑查核。其興之有遲速，行之有勤惰，而有司之賢否於此見焉。定於分別勸懲，決不虛示等因，奉此。除遵奉外，今將備蒙案驗事理刻石立於本社，永爲遵守施行。

嘉靖五年四月　日，歙縣知縣孟鎮、縣丞劉遜、主簿梁永昌、典史沈雲，耆宿江乾助、江思紹、江廷珎、江璀、江璨、程克文等立。

——乾隆《橙陽散志》卷十《藝文志上·碑》

清雍正歙縣潭渡黃氏宗族講鄉約建言

講鄉約建言

本郡太尊舉行鄉約，頒式已經許久，曉諭不啻再三，治下莫不鼓舞懽欣，仰承以德化民至意。伏覩明示，初命各里公舉德行渾全充役者，蓋欲其表率一鄉，遇事從公剖決，庶人心悅服，不致匍匐公庭，猥煩父母。設使懷私挾詐者任此，所謂木心不正，則胍理皆邪，臨事自然高下其手，任意偏頗，不得其平，爭端更甚，而求其風俗還淳，難矣、難矣。某等自愧涼德無能，謬辱族中公委，無從規避，勉力趨承，任鉅肩弘。在吾等敢不矢公矢慎，而遷善遠罪；在闔族自當懷德懷刑，共挽頹波，復歸仁里。誠千載奇遘也！但奉行各事，務遵府主所頒之式，茲擬孟夏初一爲始，每月朔、望，任事者齊集春暉堂，竭誠演習，先期鳴鑼，通知族衆。是日辰、巳二刻，每甲長率本甲十人，同詣約所，肅靜拱聽。禮畢，方許各散。或謂小本經營，聽講必至誤事。愚謂每月止二日，每日止二時，妨業恐不在此。況吾里本源孝行，素爲各鄉推羨。邇來澆薄競熾，直道難容，良由一二作俑。不即勸懲，橫流至今，殊堪扼擥。幸際此舉，正挽回風俗之機，若不及時偷暇遵明諭，聽格言，則習與性成，罔知三尺，其弊可勝言哉？所以聽講之際，各人當捫心自省，平昔所爲，與《聖諭十六條》無相背否？倘有歉於中，即宜速改，學做好人。若作意阻撓，恣情誹謗，視鄉約爲虛套，藐官府而不遵，則任事者例有專責，萬萬不容緘默。凡有聞見，必秉公勸諭，是則是，非則非。恃強梗化之人，勢必呈官究治，斷不敢以身家而狥此不肖之情面也。即族中高明，所見必同，亦必不以我輩爲擅專也。幸各勉之是望。康先謹識。

今日風俗之敝極矣，而吾鄉爲尤甚。匪類橫行，正人緘默有心者覩斯鄙俗，惟有撫膺浩歎而已，何所施其挽回之術哉！蓋凡主持風俗者，化不善而歸於善，上也；善善而惡惡，使良士有所勸，不肖有所懲，次也。乃今正人者，徒自愛其身家，不敢顯然持公論、行直道，以取怨於鄉黨。其間又有貌爲正人而心不然者，於不肖輩顧陽外而陰內之。更有公爲不肖者，專造飛語，凡舉事而善，則騰謗以撓沮之；舉事而不善，則游揚以成就之。其爲正人者，既牽掣於彼，復畏忌於此。於是公論亡，直道隱，而風俗遂不可爲矣。欲匪類之無橫行，得乎？欲紀綱之不喪而彝倫之不墜，得乎？惟幾先生蓋吾鄉之正人，而以挽回風俗爲心者。使其今日尚存，更得剛正公直者數人佐之，善善惡惡，無畏無沮，則風俗尚有挽回之機，未必大壞如今日。古語所謂"使公輩存，令此人死"。能不深爲扼擘？琯識。

示子修等讀書之道

人生非大無良，未嘗無一善可取。但不能盡致知窮理之功，故遇事之來，一頃處得妥帖，一頃又處得不妥帖，必也。使天下之理無所疑於吾心，然後因而應之，自無所疑於其事。窮理之道在何處，不過看書時着意。假如讀"舜往於田"數章，便知他當日父頑母嚚、弟傲難處之時，他處之如此。我若能效他，父子、兄弟猶有處不來者乎？讀《關雎》《刑于》之詩，便思所以處夫婦之間，觀鞠躬盡瘁之輩，與功蓋天下而不居之人，則知人臣不以安危而改節，不以寵固而驕人。予嘗愛韓魏公當兩宮嫌隙，觀其對君后語，何其斟酌，卒能周旋其間，使群疑盡釋，是善處人骨肉也。凡書屬於倫常者，不可不着意看，又不可徒看而不思躬行。況人最初之性，原無不善之理，聖愚本同一性，汝等但當即物窮理，擴充其本來之善，毋自棄而甘流於鄉人之可鄙也。穆謹識。

自警語

天以至善之理界於人而爲性，而人不能以至善之理還天，不幾負上天所以予我者乎？予因是日乾夕惕，事未來不敢萌一怠心事，既來不敢萌一忽心憶。我壯年只慮天下有不勝之任，及歷觀前賢先聖所慮者，止理之是非，時之當否，事之當然，非謂一勝其任而遽可稱愉快也。邇來歷年滋多，涖事彌慎，雖至微易忽者，亦必不敢以慢心處之，兢兢焉惟恐事之未盡善而吾心有未安者。吾心有未安，即吾性之未盡；吾性之未盡，則天之所以與我者不幾棄而褻之乎？其與從容中道之聖人，奚啻有天淵之判乎？所以省察克治者，要在乎日用行事之間而已，非可貌而視之也。

人行大惡，人即加以惡名，官亦處以惡刑。若小惡，固不之措意也。故世間大惡猶少，小惡常多，人藏其心，不可測也。舉念傷人，人不知；舉念自私，人不辨。厚貌而機心，人亦爲其所欺矣。是以内外合一之人少，而始終作偽之人多。故康節先生云："無口過易，無身過難；無身過易，無心過難。"有志聖賢者，不可不猛除心過。

聖賢之教人與自修，大約皆以本身爲主，如"益"卦損上益下，反曰益。至若自益，則曰遷善改過，凡克已自謙都在這遷改過，從此玩索，却有無窮意味。若今人論益，則曰損人利已而已。何益之有？近讀《易·繫辭》，至"樂天知命，故不憂；安土敦仁，故能愛"。因自省曰："予今日所遇，天也？命也？予不知且不樂，其能免於憂乎。古之至人，隨土皆安，而無一息之不仁，故能敦厚其仁而愛及於物。今予只自擇安處，是惟知有己而不知人與物也。吾仁之不厚，其何能用吾愛乎？今而後安分以敦吾仁，俟命以聽於天而已。他非所敢知也。"時耀謹識。

——雍正《潭渡孝里黃氏族譜》卷四《家訓》

清嘉慶五年四月祁門縣環砂程之璞等立爲鄉約合文

立爲鄉約合文人程之璞、元順、延爵等，大凡鄉黨之中，明于五倫，關于風化，持公正道之人，公舉充爲鄉約，是合一約之統聚，故于近年舉珮充當，立名"鳳育"。時年七旬，疾病在身，自願退名不當，免誤公事。每見珮當之時，凡有出步行走，私使伊侄嘉煥，頂名鳳育，猶恐先行埋奸，恃強混作，屢執數條觀閱，逐一開后，以致人心不服，齊立合文，更名"永思"，照户輪流。每户舉一正直者，辦公應役。所有鄉約會租谷，盡與辦公之人收管，日後無得生端異言。恐口無凴，立此合文一樣八吊，各收壹吊存照。

再批：加煥怙終不悛不自揣，有犯姦犯賭之案，竟挺身冒伊服叔風育即風煜名目，希圖充約，致經合族仝攻。沐批候飭另行公舉，聽候親驗點充，不得不着的名舉報驗充。是以公議程之瑶一人充當，報名註冊。日後族衆不得以輪充之説争競之，瑶亦不得私授他人代辦約事。所有約會糧租，悉照合文，充約人兑收。倘日後瑶爲族尊，則聽衆另行舉報爲照。

一號璞收，二號順收，三號爵收，肆號祝收，五號艮收，六號燦收，七號俸收，八號珣收。

嘉慶五年四月弍十六日，立爲鄉約合文人程之璞 押　延爵 押
　　　　　　　　　　　　　　　　　　　　　　元僖 押　開艮 押
　　　　　　　　　　　　　　　　　　　　　　嘉俸 押　元順 押

元愷　押　元祝　押

嘉燦　押　嘉珦　押

——劉伯山主編:《徽州文書》,第一輯,第八册,廣西師範大學出版社,2005年,第47頁

民國七年正月婺源縣東山振義約約會記

東山振義約約會記　【江】峰青

我村江姓自謝坑江村遷此,去祖居寫遠,向與詹姓同寄塢頭約内,我江姓充保正,本均平也。嗣因人事不齊,村人屢被擾累。我叔祖進賢公諱開取,議與塢頭分,鄉約阻不得行,至訴之法庭。我村江、詹兩姓始得與倉田余姓另立振義約,三姓輪充。倉田煙户少,議由江姓代充。今倉田余氏益式微矣,故振義約即爲東山裡外村江、詹兩姓之鄉約。每輪江姓兩年,詹姓一年,其保正仍常年歸江姓承充。邇年保正一職,我江姓已改輪充爲公舉,略給津貼,以資公費,鄉約仍照舊輪充。約會内無恒産,只存洋銀二百餘元,常年生息,僅敷演戲、算帳等用。充斯職者,純盡義務,似非所以均勞而勸功。議自戊午年起,各户春茶每擔抽洋銀一錢,由主家或買客繳交本年鄉約,爲辦公之用。鄉約於農田、水利、森林等事暨鄉鄰睚眦之争,亦當公平處理。日後,或兩姓公舉老成公正人充當,無故不換,尤爲盡善。其算帳日期,仍照舊章,迭年正月二十交替,兩姓輪管,俾免日久敗壞。丁巳,臘八後一日,江姓輪充約,順來不戒於火,約會帳匣内簿册及分約訟案檔卷全失。我村人慮收支無考,與進賢公之前勞將湮没也。既查明借項,另立帳簿,又屬峰青爲之記。峰青竊惟鄉約者,貴能約束一鄉也。立法之始,本各鄉紳耆任之。自官府以吏役相視,搢紳先生乃不屑置身其間,而鄉自治遂無以輔官治之不足,世教之衰,其由來舊已。方今四方無主,亂靡有定,我村當慎選斯職,申明《約規》,以爲天下先。《禮》曰:"吾觀於鄉而知王道之易易也。"此物此志也。戊午正月。

——民國《濟陽江氏統宗譜》卷六《藝文》

第二節　文堂鄉約家法和沱川余氏鄉約

明隆慶六年祁門縣文堂鄉約家法

文堂鄉約家法序

　　語曰："蓬麻自直。"諒哉！祁閶之西鄉，文堂陳氏世居之，編里二十，爲户二百有奇，口數千。鼎立約會，則自今兹始，惟天牖民，惟辟奉天，牧尹正長，皆辟職之分也。《周禮·六官》"治教、政刑"之典，咸曰教萬民，有時會以發其禁，令卿大夫以歲、州長以季、黨正以月朔，非故勞擾其民，風導俾善，不已勤乎！周之東尼聖猶觀於鄉而曰："王道易易，三代尚矣。"漢三老五更孝弟力田名稱，俱古先典制遺意。夫春陽化生，風行披靡，其機然也。政體風俗，固國保家，令圖也。有殷以流風遺俗不泯，雖易世改命，寧爲頑民而不能遽釋，醖釀漸劘之久，名教節義，翕然成風。兩漢改俗，何可少諸？此九功先正德之明効也。

　　國朝每歲有學宫及鄉社二會，王制俱存，司牧者因羊稽典廣意，隆古可復矣。夫是稱師帥，王制行，則立教在上；王制熄，則思治在下。若宋藍田吕氏《鄉約》，今正德間上黨仇氏之《家範》，則希世之徽音，振古之英賢所爲也。此閲世君子重有感於古今之故愚哲之分歟！夫治訟比徵，爲政之目也。刑以弼教，教之不立，將焉用弼？與其事事而正之，孰若握其樞而動之方？且營營役役，日與訟民違争，拂塵堂除，日復月轉，此何重與於理亂之數？無禮無學，賊民叢興，訟繁賦逋，日不暇給，則政本不立之過也。程書期會，此尤其良者，下是無足等矣。彼其瞢於風教，視先王之制，猶土梗然，且執其偏詞，云：法之行，奸徒生。何不察爾也，何法無敝？賢者行之，則敝去化行，雖蠱元亨，矧曰王制。《詩》曰："顧瞻周道，中心忉兮。"尼師曰："大道之行，三代之英，丘有志焉。"何思深言切爾矣？

　　予聞文堂陳氏，風俗敦醇，近不若昔，父老有憂焉。仿行吕、仇遺軌，呈於官。邑伯衡南廖公夢衡嘉之曰："庶其闔族行之，將以式通邑，日復振德，教思無斁，其志尼師之志，而舉行成周卿大夫之職者乎？"既數月，四境騃騃行，而濫觴則文堂始。大夫錫極，士庶錫保極，可以風四方矣。聞惡其厲已者怨詛，謂約行今，盗息訟簡，官衙無事事，公其勿恤。陳氏父老子弟爲善，幸有怙恃，其無恐。原事始，則陳子少明昭祥與其弟光遲、履祥及闔族之同志、士人,行所聞王、湛二先生之學,孚其鄉之父老。夫仁賢,鄉邦之福曜也。予因驗治道在正俗,正俗在君子與學人及耆老成人,願少明終始典於學。若夫行約,則請玩大易之蒙爻,於乎艱哉!惟欽以是弁其端。

時隆慶六年壬申九月之吉,前賜進士第、通議大夫、副都御史、巡撫江西、提督汀贛軍務郡人周潭汪尚寧拜撰。

聖諭屏之圖

```
┌─────────────┐
│    聖諭     │
│  孝順父母   │
│  尊敬長上   │
│  和睦鄉里   │
│  教訓子孫   │
│  各安生理   │
│  毋作非爲   │
└─────────────┘
```

文堂鄉約家會坐圖

聖　諭

約贊位　　　　約贊位

約贊位　　　　約贊位

斜儀位　　　　司講位

香　案

鄉老年長者席列于此　　鄉老年長者席列于此

年壯相差者席列于此　　年壯者以次席列于此

年少者以次席列于此　　年少者以次席列于此

講　案

司講進講在此

歌詩童生班　　　歌詩童生班

鍾磬(司鐘磬位)　琴鼓(司琴鼓位)

會儀

會日,管會之家先期設《聖諭》牌於堂上,設香案于庭中。同約人如期畢至,升堂。端肅班立,東西相向,如坐圖。贊者唱:"排班,以次北面序立。班齊,宣《聖諭》。"司講出位,南面朗宣太祖高皇帝《聖諭》:"孝順父母,尊敬長上,和睦鄉里,教訓子孫,各安生理,毋作非爲。"宣畢,退,就位。贊者唱:"鞠躬,拜,興,凡五拜,三叩頭,平身;分班,少者出,排班,北面揖,平身;退班,以次出,排班北面揖畢,圓揖,各就坐。"坐定,歌生進班,依次序立庭中或階下,揖,平身;分班,分立兩行,設講案,具案于庭中,鳴講鼓,擊木鐸一度,擊鼓五聲,唱:"司講者進講,講者出位就案肅立,皆興。揖,平身,講者北向揖,諸不答,宣演《聖諭》,或隨演一二條或讀約十餘款,宣畢,揖,平身,講者退就位,皆坐。升歌,司鼓鍾者各擊三聲,歌生班首唱詩歌"孝順"之首章。歌畢,復擊鼓磬各三聲,鄉人或有公私事故,本人當于此時出班,北面陳說,從容言畢,復就位。進茶,具茶進畢,皆興,圓揖,平身,禮畢。先長者出,以次相繼,魚貫而出。"

會誡

一、每會立約,會衆升堂,隨各拱手班坐,且勿亂揖,起止失儀。俟齊集,拜《聖諭》畢,然後依《會儀》相揖,各就坐,肅靜聽講。

一、鄉約大意,惟以勸善習禮爲重,不許挾讎報復,假公言私,玩褻《聖諭》。間有利害切己,或事係綱紀,所當禀衆者,俟講約畢,本人出席,北面拱立,從容陳説,毋許躁暴喧嚷。禮畢後,在隨托約正、副議處。處訖,俟再會日,約正、副以所處事白于衆通知。

一、立約本欲人人同歸于善,趨利避害。在父兄,豈不欲多賢子弟?在子弟,豈不樂有賢父兄?在賢達者,豈不欲其身爲端人正士?凡各戶,除顯惡大憝、衆所難容者,自宜回避,不得與會。若已往小過,冀其自新,皆得與會書名。其餘各分下子姓,不問長幼,苟肯赴會,即是向上人品。古云:"子孫才,族將大。"于吾陳氏,重有望也。

一、每會,各户約長、約正副,早晨率分下子姓,衣冠臨約所,毋許先後不齊,褻服苟簡,以負遠邇觀望。若各户下有經年不赴約及《會簿》無名者,即爲梗化頑民,衆共棄之。即有變患之加,亦置弗理。

一、約所立"紀善""紀惡"簿二扇,會日,公同商榷。有善者,即時登紀;有過者,初會姑容,以後仍不悛者,書之。若有恃頑抗法,當會呈究,不遵約束者,即是侮慢《聖諭》。沮善濟惡,莫此爲甚。登時書簿,以紀其惡。如更不服,遵廖侯批諭,家長送究。

一、每輪會之家,酌立糾儀二人,司察威儀動靜,以成禮節,庶不失大家規矩。

文堂陳氏鄉約

惟吾文堂陳氏，承始祖百三公以來，遵守朝廷法度、祖宗《家訓》，節立《義約》，頗近淳厖。邇來人繁約解，俗漸澆漓，或敗度敗禮者有之，踰節凌分者有之，甚至爲奸爲盜、喪身亡家者有之。以故是非混淆，人無勸懲，上貽官長之憂，下致良民之苦，實可爲鄉里痛惜者也。茲幸我邑父母廖侯蒞任，新政清明，民思向化，爰聚通族父老會議，聞官請申《禁約》，嚴定《規條》，俾子姓有所憑依，庶官刑不犯，家法不墜，或爲一鄉之善俗，未可知也。自約之後，凡我子姓，各宜遵守，毋得故違。如有犯者，定依條款罰贖施行，其永毋怠。

一、每月議行鄉約家會，將本宗一十七甲排年，分貼爲十二輪，以周一年之會。戶大人衆者，自管一輪；戶小人少者，取便併管一輪。每會以月朔爲期，惟正月改至望日。值輪之家，預設《聖諭》屏、香案于祠堂。至日侵晨，鳴鑼約聚，各戶長率子弟衣冠齊詣會所，限以辰時畢至。非病患、事故、遠出，毋得偷怠，因循不至。其會膳止用點心，毋許靡費無節，以致難繼。

一、各戶立定戶長，以爲會宗，以主各戶事故。或會宗多有年高難任事者，擇年稍長有行檢者爲約正，又次年壯賢能者爲約副，相與權宜議事。在約正、副，既爲衆所推舉，則雖無一命之尊，而有帥人之責。苟自爲惡，而責人之無惡；自爲不善，而喻人以善，誰則聽之？故當惇明禮義，以表率鄉曲，不可斯須陷于非禮非義，以自壞家法，以爲衆人口實。

一、約正、副，凡遇約中有某事，不拘常期，相率赴祠堂議處，務在公心直道，得其曲直。一有阿縱狥私，非惟不能諭止，是又與于不仁之甚者。

一、每會，行禮後，長幼齊坐，曉令各戶子姓，各尋生業，毋得群居博弈、燕遊，費時失事，漸至家業凌替，流于污下，甚至乖逆、非爲等情。本戶內指名禀衆，互相勸戒，務期自新。如三犯不悛，里排公同呈治。

一、本宗新正拜奠儀節，悉依定式，毋許繁簡不一，乖亂禮文。各戶斯文，互相贊行，無分彼此形骸。凡有姦盜、詐僞，敗壞家法，衆所通知者，公舉逐出祠外，不許混入拜祭，玷辱先靈。

一、各處祖墳，爲首人須約聚斯文，如禮祭掃。遇有崩壞堆塞，即時修理，毋得因循。

一、爲子孫，有忤犯其父母、祖父母者，有缺其奉養者，有怨詈者，本家約正、副，會同諸約正、副正言諭之。不悛，即書于《紀惡簿》，生則不許入會，死则不許入祠。

一、子弟凡遇長上，必整肅衣冠，接遇以禮，毋得苟簡土揖而已。間有傲慢不遜、凌犯長上者，本家約正、副理諭之；不悛，告諸約正、副正之；【再】不悛，書于《紀過簿》，終身不許入會。

一、親喪，人子大事，當悉如《文公家禮》儀節襄事，不得信用浮屠，以辱親于非禮，以自底于不孝。尤不得拘忌地理、外家之説，以致長年暴露。

一、古者，喪家三日不舉火，親朋裹糧赴吊。今後有喪之家，不得具陳酒饌，處人以非禮。

一、時祭、忌祭，子孫継養之至情，當誠敬齋戒以從事，不得視爲泛常，苟簡褻瀆。

一、各家男女，須要有別。有等不學子弟，結交群飲，往來閨閫，諸大不諱，皆由此起。如有犯倫敗俗、顯迹可惡者，從公照律懲治，毋得容恕。

一、本宗子婦，有能砥礪名節者，臨會時，公同造門獎勸。里排斯文，仍行報官，申請旌獎，以爲祖宗之光。

一、本宗每年錢糧官事，多因過期不納，取惡官府，貽累見役，殊非美俗。今後，凡遇上納之類，俱于會所的議定期，毋仍拖延，以致差人下擾。

一、凡境内或有盜賊生發，該里捕捉既獲，須是邀同排年，斟酌善惡。如果素行不端，送官懲治，毋得挾讎報復，騙財賣放。或令既時自盡，免玷宗聲。如果素善，妄被仇扳，里排公同保結，毋令枉受飛誣。

一、各户或有争競事故，先須報明本户約正、副理論。如不聽，然後具報衆約正、副，秉公和釋，不得輒訟公庭，傷和破家。若有恃其才力，強梗不遵理處者，本户長轉呈究治。

一、婦人有騙縱，動以自縊、投水唏人致死者，置弗問。如母家以非理索騙，約正、副直之實，受屈致死者，與之義處。其女子出嫁，有受屈致死者，約正、副亦與義處。如以不才唏挾死者，置弗問。

一、本里宅墓來龍、朝山、水口，皆祖宗血脉，山川形勝所關，各家宜戒諭長養林木，以衛形勝，毋得泥爲己業，掘損盜砍。犯者，公同重罰理治。

一、本里歲有九日神會，以報功德。西峰清净之神，安有受人非禮之享？賽棚鬭戲，啟釁招禍，覆轍相循，昭然可鑒。況值公私交迫，何堪浪費錢帛？風景蕭條，有何可樂？自今宜痛革陋習，毋仍迷惑。管年之家，須以禮祭奠，庶不致瀆神耗財，漸臻富厚矣。

一、各户祖墳山塲、祭祀田租，須嚴守舊約，毋得因貧變賣，以致祭享廢缺。如違，各户長即行告理，准不孝論無詞。

一、本都遠近山塲，載植松、杉、竹木，毋許盜砍盜賣。諸凡樵採人，止取雜木。如違，鳴衆懲治。

一、鄉族凡充里役者，須勤慎公正，以上趨事官長，以下體恤小民，不得違慢悮事，挾勢誆騙，以自取罪戾。

一、本都鄉約，除排年户衆遵依外，仍各處小户，散居山谷，不無非分外作惡、窩盜、放火、偷木、打禾、拖租等情。今將各地方佃户編立甲長，該甲人丁，許令甲長約束。每月朔，各甲長侵晨赴約所，報地方安否何如。如本甲有事，甲長隱情不報，即係受財賣法，一體連坐。如甲下人丁不服約束者，許甲長指名稟衆重究。每朔日，甲長一名不到者，公同酌罰不恕。

隆慶六年正月初四日，同立鄉約人　陳德信

　　　　陳佛善　陳益順　陳勝　陳訴　陳秉彝　陳時泰
　　　　陳誼　陳穀　陳讓　陳認　陳敞　陳璠
　　　　陳顯通　陳聖通　陳崧　陳積玉　陳德洪　陳神祐
　　　　陳奇麟　陳神惠　陳德學　陳設　陳正和　陳中用

一、約正、副

陳祐祥　陳源　陳璠　陳証　陳敞　陳諲　陳崧
陳聖通　陳誠　陳彦　陳天生　陳伯祥　陳冬生　陳易
陳積玉　陳德洪　陳神祐　陳玉錦　陳重器　陳設　陳國刪
陳鵬瑞　陳堯瑞　陳昺　陳昇　陳德器　陳顯秀

一、約贊

陳昭祥　陳履祥　陳元祥　陳淑祥　陳國器　陳汝霖　陳明良

一、首人

陳調　陳遲器

今將閤得各輪管會次序《定例》開後：

一輪：陳時泰，二輪陳德洪、陳神惠，三輪陳益順，四輪陳穀，五輪陳訴、陳誼、陳神祐，六輪陳秉彝，七輪陳積玉、陳勝、陳奇麟、陳正和，八輪陳聖通、陳設，九輪陳讓、陳認、陳崧，十輪陳佛善、陳敞、陳德學，十一輪陳顯通、陳璠，十二輪陳德信。

每年照此閤定，依序循環，毋得慢期廢會。如違，通衆鳴官懲究，仍依此序。

聖諭演 附

孝順父母條

人世間，誰不由于父母，亦誰不曉得孝順父母。孟子曰："孩提之童，無不知愛其親者。"是說人初生之時，百事不知，而個個會爭着父母抱養，頃刻也離不得。蓋由此身原係父母一體分下，形雖有二，氣血只是一個，喘息呼吸，無不相通。況父母未曾有子，求天告地，日夜皇皇；一遇有孕，父親百般護持，母受萬般辛苦。十月將臨，身如山重，分胎之際，死隔一塵。及得一子入懷，便如獲個至寶，稍有疾病，心腸如割。見子能言能走，便歡喜不勝。人子愛親之恩，真是罔極無比。故曰：父即天，母即地。人若不知孝順，便是逆了天地，絕了根本。豈有人逆了天地、樹木絕了根本而能復生者哉？故凡爲人子者，當常如幼年時，一心戀戀，生怕離了父母，冬溫而夏清，昏定而辰省，出則必告，反則必面，遠遊則必有方。又要常如幼年時，一心嬉嬉，生怕惱了父母，好衣與穿，好飯與喫，好屋與住，好兄弟、姊妹，同時過活。又要常如幼年時，一心爭氣，生怕羞辱了父母。讀書發憤，中舉做好官；治家發憤，生殖置好產業。間或命運不扶，亦小心安分，啜菽飲水，也盡其歡，也留個好名聲在世上。凡此許多孝順，皆只要不失了原日孩提一念，良心便用之不盡。即如樹木，只培養那個下地的些種子，後日千枝萬葉，千花百果，都從那個果子仁兒發出來。

尊敬長上條

夫長上或是府縣官司，或是家庭祖宗、伯叔、哥哥，或是外面親戚、朋友、前輩，皆所當尊敬者也。然孟子說，"孩提稍長，無不知敬其兄"。亦是他良心明白，知得個次序，自不敢亂去干犯。今日也只要依着那個幼年不敢干犯哥哥的心，謹慎將去，莫着那世習粗暴之氣染壞，則遇着官府，逢見賓客，其分愈尊，則其心愈敬。如竹之節，如樹之枝，從下至上，等級森然，豈又有毫髮僭差也哉！況天地生人，代催一代，做子未了，就做人父母；做弟未了，就做人哥哥。自己所行，別人看樣。古人說："願新婦他日兒孫，亦如新婦今日孝敬。"彼是婦人，且能如此，我等做大丈夫者，又何作不孝不弟樣子，而使子孫効法，受善終身，貽笑後世也哉！

和睦鄉里條

人禀天地太和之氣，故天地以生物爲心，人亦以同生爲美。張子《西銘》

説道:"民吾同胞,物吾同與。"蓋同是乾坤父母一氣生養出來,自然休戚相關,即如踐傷一個鷄雛,折殘一朵花枝,便勃然動色。物產且然,而況同類而爲民乎?民已不忍,又況同居一處,而爲鄉里之人乎?夫鄉里之人,朝夕相見,出入相友,守望相助,内如婦女妯娌相與,幼如童稚儕輩相嬉,年時節序,酒食相徵,逐其和好,亦是自然的本心,不加勉強而然。但人家偶因界畔田地、借換財物、迎接往來,稍有相失,便有懷恨争鬭,或官司牢獄,必欲置之死地。殊不知天道好還,人乖致異,我害鄉里之人,鄉里之人亦將害我。冤業相報,輒至身亡家破,猶不自省。孟子説得好:"愛人不親反其仁,禮人不答反其敬。"今只自反踏傷一隻鷄雛,折殘一朵花枝,尚心不忍,豈可以同居之人下此毒手?此意一回,則不愛的人也愛他,不敬的人也敬他。至再至三,雖鐵石人也化過來愛我敬我。盡一鄉之人,如一母所生,自然災害不生,外侮不入,家安人吉,物阜財豐,同享太平之福于無窮矣。

教訓子孫條

以上孝順、尊敬、和睦之事,既知自盡,又當以之教訓子孫。蓋我的父母即子的祖、孫的曾祖,我的兄弟即是子的伯叔、孫的叔伯祖,我今日鄉里即是子孫他日同居的人。一時易過,百世無窮。既好了目前,也思子孫長久之圖。故古人説道:"一年之計,莫如樹穀;十年之計,莫如樹木;百年之計,莫如樹人。"若人家有子孫者,用心教訓,則孝敬和睦,相延不了。讀書者可望争氣做官,治家者可望殷富出頭。就是命運稍薄者,亦肯立身學好。如樹木枝幹,栽培不歇,則所結果子,種之別地,生發根苗,亦同甘美,是光前裕後第一件事也。

各安生理、毋作非爲條

上來四條,孝親、敬長、睦鄉、教子,是自盡性分的事;其"各安生理、毋作非爲"二句,是遠禍的事。蓋人生有個身,即飢要食、寒要衣;有個家,便仰要事、俯要育。衣食、事育,一時一刻不能少缺。若無生理,何處出辦?便須去作非爲。然生理各各不同,有大的,有小的,有貴的,有賤的,這個却是造化生成。命運一定,如草木一樣。種子,其所遇時候、所植地土不能一般,便高低長短許多不同。人生在世,須是各安其命,各理其生。如聰明,便用心讀書。如愚魯,便用心買賣;如再無本錢,便習手藝及耕種田地,與人工活。如此,方纔身衣口食,父母、妻子有所資賴。即如草木之生,地雖不同,然勤力灌溉,亦要結果收成。若生理不安,則衣食無出,飢寒相迫,妻子相鬧,便去做那非理不善的事。求利未得,而害已隨之,大則身亡家破,小則刑獄傷殘。眼前作惡之人,昭昭自有明鑒。

夫此六條,細演其義,不過是欲人爲善事,戒惡事。然善惡原無兩立之理,若爲善之心專一勤篤,則一切非理之事,自是不肯去做。所以有子説:"其爲人也孝弟,而好犯上者鮮矣。不好犯上而好作亂者,未之有也。"可見孝弟是個爲人的根本,一孝立而百行從,一弟立而百順聚。故堯、舜以聖帝治天下,而其道也只是孝弟而已矣;孔子以聖師教天下,而其道也只是孝弟而已矣。而況孝是你各人的父母,弟是你各人的尊長。一家和順,是你各人自己受福;一家忤逆,是你各人自己受禍。報應無差,神明顯赫。務須各悔前非,各修新德,只要依你原日孩提愛敬之良,便可做到聖賢地位。凡我士人,各宜猛省。

孝順父母詩

父母生來有此身,一身喫盡二親辛;昊天罔極難爲報,何事兒曹不順親?

怙恃寵恩,天高地深;烝又有孝,格彼玩嚚。禽有慈烏,尚能反哺;獸有羔羊,尚能跪乳。祇服未遑,矧伊順志;懋兹不匱,以永錫類。

尊敬長上詩

貴賤尊卑自有倫,明明令典恪當遵;愚民不識綱常重,甘作清時一罪人。

嗟彼蜂蟻,能知有上;惟彼鴻雁,能知有長。物蠢于人,乃爾有靈;矧伊人矣,不物之能。敬作福基,慢成禍胚;灼有明鑒,尚其勿迷。

和睦鄉里詩

物與同胞本是親,百年烟火對荆榛;出門憂樂還相共,莫把天涯作比隣。

桑梓連陰,鷄犬相聞;剖破藩籬,洽比其隣。村巷園菽,和群者鹿;胡同此鄉,不胥其穀。乖氣致戾,和則致祥;殄此頹風,以登淳龐。

教訓子孫詩

有好子孫方是福,無多田地不爲貧;世人只解遺金玉,何不貽謀淑後人。

貽爾典則,克昌厥後;淫佚沉冥,惟家之疚。素絲無怕,玄黃代起;胥誨爾子,式穀以似。寧静致遠,浮靡易衰;茂兹令德,永迪遐規。

各安生理詩

本分生涯不可抛,蚩蚩終日謾心勞;窮通貧富皆前定,信步行來自向高。

天生四民,各率其業;淫巧蹶生,競爲馳騁。鼫鼠五枝,狡兔三窟;技多則窮,智多則拙。謀生靡常,惟適所安;無以芬華,易我管管。

毋作非爲詩

人生有欲本無涯,作惡由來一念差;幽有鬼神明有法,身亡家破重堪嗟。

法網重重,密如凝脂;鬼神至幽,挾詐難欺。淑慝攸分,起於一念;毫釐少差,砆□莫辨。慕善若登,畏惡探物;毋遇爾躬,以兌卒癉。

凡升歌,其聲各有高卑長短,今爲○●□▬四譜識之。

高而長者○,卑而徐者●,高而疾者□,卑而短者▬。每歌始鼓五,每字先擊鐘一發聲,每字畢,擊磬一收之。隨擊鐘一,以起下字。每句畢,仍擊三鼓,琴隨鐘磬之聲鼓之。

文堂鄉約序

昔周盛時,先王建官立師,以鄉三物教萬民。故官居野處,化行俗美,太和之風,藹然在成周間矣。迨我太祖高皇帝混一區宇,廓清夷風,以"六言"胥訓於天下。爲民有父母也,故教以孝;爲民有長上也,故教以弟;爲民有鄉里也,故教以和睦;爲民有子姓也,故教以學校。以至不安生理而作非爲者,教之以安生理、毋非爲終焉,儼然先王三物之遺意也。惟我陳人,是訓是憑。邇惟族繁人衍,賢愚弗齊,父老有憂之。皇帝六年春,適邑侯衡南廖公來蒞茲土,民被其化,咸圖自新。於是,遵《聖訓》以立鄉約,時會聚以一人心。行之期年,善者以勸,惡者以懲,人之惕然以思,沛然以日趨於善者,皆廖侯之功也。願我族人,罔替厥初,躬行不惰,則民行一,風俗同,太和之休,不在於周,而在於今日矣。上不負聖王垂訓立教之意,下不幸鄉人嘉會之盛。義亦重矣,聚亦樂矣。吾黨之士,其相與世講之。

隆慶六年壬申歲仲秋之吉,龍岡陳証拜書。

文堂鄉約叙

陳昭祥曰:爲政者尚三代。蓋嘗考之矣,三代之政,明倫之學,人倫明於上,小民親於下,教學之術然也。秦漢以來,性學不講,功利之毒,熾於天下,秉彝好德之良不足以勝,其也時習尚之痼,而明倫之教遂正矣。明倫之教正,而學人得其門者或寡。教學正而斯民之先,其恒心矣久也。以是而欲望三代之治,埒三代之民,難矣哉。洪惟我太祖高皇帝降聖德於我兆民,以"六言"垂訓於天下,天下之大,元元之衆,奉之如神明,信之如蓍龜,尊之如"六經"。大哉!王言。蓋庶幾三代帝王典章矣。去聖既遠,微言日湮,窮荒僻壤之氓,庸有暴棄於彝訓者。

惟吾文堂陳氏,自唐季居是土,俗尚簡朴,頗近淳厖。邇惟斯文中替,豪傑不生;氏族既繁,風習日圮。有志之士,思欲起而易之,蓋三嘆三已矣。茲幸父老動念,欲議復古鄉約法一新之,屬昭祥與弟侄輩,商其條欵,酌其事宜,定之以儀節,参之以演義,樂之以樂章,以復於諸父老。父老咸是其議,因以請於邑父母廖侯,侯復作成之。行之數月,蓋帖焉以信,釋焉以和,熙熙焉而不知誰之爲之者矣。於戲! 父教父之福,子孝子之福,弟悌弟之福,和睦鄉里之福,安生理而毋作非爲,其亦自求其多福而已矣。惟我族人,永言配命,始終不違,以胥游於太平之休,沐皇風之盛,以無愧於三代,於變歸極之民。不其幸歟,不其幸歟!

爰相與謀鋟之梓,以布於鄉人,以便朝夕觀省,以惕厥恒心焉。

隆慶六年壬申歲中秋,陳昭祥少明謹書。

文堂陳氏鄉約序

鄉必有約乎? 其初不可有也。鄉可無約乎? 其季不可無也。

自其初也,民俗尚淳,如玉藏璞,何容于約? 迨其季也,民僞日滋,如水走下,何容于無約? 無約而至于有約,則其俗澆漓矣;宜約而終於無約,則其弊不可返矣。防其後所以復其初,則有約者又所以還其無約之漸也。故曰不可以無約。

予族之初,約未有也。邇惟生齒繁夥,風習澆訛,至以古先聖王之道爲姍笑者,十人而九矣。諸父老方慮其潰而莫或隄之,鄉約之舉,蓋將約一鄉之人,同歸于善,不抵於惡;同趨于利,不罹于害。而参差不齊,齟齬不合,非資之官,莫可通行也。爰復請于邑父母廖侯。侯曰:"嘻,奚啻一鄉哉,雖以之式通邑可也!"惟闔族遵依,歸而月朔群子姓于其祠,先《聖訓》以約之尊,次講演以約之信,次之歌咏以約其性情,又次之揖讓以約其步趨。不知孝順尊敬者,約之孝順尊敬;不知和睦教訓者,約之和睦教訓;不知安生理毋非爲者,約之使安生理毋非爲。雍雍肅肅,凝凝循循,恍若履勛華之庭,陪洙泗之席,而太和元氣薰溢人之心目矣。於戲! 茲約非倣古鄉三物教萬民之遺意耶? 譬之食,即稱稻(梁)[粱]菽粟也;譬之塗,即周行通衢也。族之人,間有陽借其名而實則背之者,是之謂"亂約";心知其是而口故訾之者,是之謂"侮約";疾其不便己私而陰欲壞之者,是之謂"蠱約"。亂耶,侮耶,蠱耶,類皆棄稻（梁）［粱］菽粟而嗜鳩酒，舍周行通衢而投荆棘也，人必笑其愚矣。惟由兹聿始，無衆寡，無强弱，無長幼，無賢不肖，胥疏瀹而心，澡雪而精神，掊擊而智宣然。惟約之是率，則漸磨淪洽，甄冶陶鎔。由約約以底于忘約將舉，予族而躋之，葛天無懷之鄉不難矣，何馴雉棄魚之足云乎！良晚學何幸與遊于彝訓、際明有司之龐澤，樂賢父兄之彬彬也。敢拜首數語，用揚休光。

時隆慶壬申歲中秋，陳明良君弼書於梅關草閣。

——隆慶《文堂鄉約家法》

明萬曆婺源縣沱川余氏鄉約

沱川余氏鄉約小引

雍正十一年癸丑蒲月，寓凡侄因請約送我，如得珠玉然，子孫其珍之。

蓋嘗恭讀高皇帝《六諭》，四言爲一事，以六事該天下萬事萬物之理。大哉！王言。牖民化俗，直與放勳命契之詞同條共貫。當是時，天下臣民，漸仁義而澤於道德，甫再世而仗節死義之臣，至不可勝數，匪直黎民於變而已，則教化所漸磨，何其神哉！余弟廷尉衡，理官也，以出乎禮，則入於刑，故於暇日演繹《聖諭六義》，而廣以勤儉忍畏之説，爲《勸戒三十一則》《保甲三則》，附以律例，所宜通曉者，爲吾鄉人告焉。謂詩可以興，遂采古風雅及宋、明諸儒詩，以備詠歌。蓋有感於鄉俗之漸漓，悉舉閭里薄惡之習、銖兩之奸，一一儆創隄防，其詞若嚴於鈇鉞，乃其指歸，則若夏圖九鼎、鄭鑄《刑書》，欲人曉然知所趨避，無煩有司以干大戮，非得已也。嘻嘻！廷尉有當世之任，而諄諄告戒夫鄉人若是，獨何心哉！夫亦上體高皇帝好生之心，以致之民而已矣，一鄉云乎哉？

萬曆庚申歲端陽月吉旦，大鄣山人啓元頓首拜書。

沱川余氏鄉約目録

卷一

  約儀九款

  聖諭衍義六章 有小序

  勤儉忍畏四言

  勸戒三十一則

保甲三則
　卷二
　　　律例
　卷三
　　　國風小雅十一篇
　　　宋儒詩十四首
　　　明儒詩十三首

約儀

一、每月十五日卯刻，約正副、黨正副及各甲長，傳知約內諸執事及約眾，齊詣約所講約，凡在家者必赴。預行灑掃，設恭奉《聖諭》牌香案、香、燭及講案、講鼓并椅、櫈。辰刻，輪直甲長，擊鼓三通催集。

一、鄉紳、約黨及約眾，俱着本等服色，俟齊，向《聖諭》牌前行五拜三叩頭禮。約贊對立香案傍，唱："排班，班齊，鞠躬，拜，興，拜，興，拜，興，拜，興，拜，三叩頭，興，平身。"

一、拜畢，族父老列立於東，鄉紳列立於西，諸約眾列立於東、西班後，約講對立約贊之下。約贊唱："宣《聖諭》。"約講朗歌"孝順父母"六句，各整肅拱聽。畢，贊唱："東西班圓揖。"唱："東西班序坐。"唱："鳴講鼓。"輪直甲長擊鼓三聲，贊唱："靜聽講約。"約贊復班。約講詣講案前，東、西立，展卷分講。講畢，少憩。贊唱："靜聽讀律。"約贊復班。約講分讀律。讀畢，約講復班。贊唱："撤講案。"輪直甲長撤案，約史出班，言曰："本縣父母，奉上司明文，舉行約政，發有《彰善簿》《紀過簿》。約內近日有善應書，從公指舉；有不善應書，亦從公指報。"約史復班。約正、副在班，言曰："約內有真善事，可公舉來。"眾有舉者，出班北向立，言曰："某近日行某事善，應書示勸。"約正、副咨於眾曰："如何？"眾曰："果好。"約史屬甲長取案對眾，直書於《彰善簿》，并書所舉姓名備核。如未有善可舉，或舉有未確，暫住書。約正、副言曰："約內有真不善事，可公報來。"眾有報者，出班北向立，言曰："某近日行某事不善，應書示戒。"約正、副咨於眾曰："如何？"眾曰："不枉。"約史對眾，直書於《紀過簿》，并書所報姓名備核。如未有不善可報，或報者未確，暫住書。其初犯小過，戒責更新；不改，書簿。二簿，約正、副謹藏，不得他寄，以防遺失。

一、約內有細故相競，小忿相搆者，從實稟白，毋昧本心。即與分別曲直,勸令解息,斷不索酒索謝。

一、《聖諭》在上,天威咫尺。即有辨白,毋得喧嚷。違者,約糾糾出,量行戒責。凡講約,自始至末,不許科頭、赤脚、露體之人與跟隨廝養上堂。混者,約糾驅逐。約外備衣冠觀約者,聽。

一、事完,輪直甲長擊鼓一聲,俱起,向《聖諭》牌前站立。班齊,約贊唱:"揖,平身。禮畢。"仍圓揖而別。次月輪直講者,捧《聖諭》牌恭貯。

一、講讀畢,願歌詩者,歌《國風》《小雅》諸篇,或周、程、邵、朱、薛、陳、王諸先儒詩,足以暢滌襟懷,感發志意,聽。

一、講約,不設酒醴,止茶、餅,或粉湯、麵包。每次約費,少則數錢,多則兩餘。聽義助,或數分,或壹、貳錢,皆可;或取辦於各族公蓄,亦可。不得科派。

一、邑父母臨約,諸生出門外數步相迎,鄉紳候於門首,陪入門。約贊引拜《聖諭》牌,行五拜三叩頭禮。畢,鄉紳相揖,諸生稟揖,約正、副見,約史、贊、講見,保正、副見,甲長見,里長見,然後列立東、西。邑父母東,鄉紳西。諸人以次列東、西班後,其約贊唱各項禮,約講講約、讀律,約史宣言紀善、紀過,及各執事,俱如常儀。事完,辦一小飯,鄉紳陪。飯畢,揖別,鄉紳送出門,請登轎,如常儀,諸生鞠躬送,約正、副等稍遠送,俱如常儀。

聖諭衍義　　新安余懋衡演　兄余啟元校

聖諭:孝順父母　　尊敬長上　　和睦鄉里

　　　教訓子孫　　各安生理　　毋作非爲

大哉!聖謨。約而該,明而當,示天下人民以會極歸極之路。蓋帝訓也,夫孝敬和睦,生理也;不孝敬和睦,非生理也。出乎生理,則入乎非爲;入乎非爲,則速乎刑戮。汝不自生,誰能生汝,可不懼哉?凡爲祖父者,俱以安生理爲教;凡爲子孫者,俱以安生理爲學,則非僻之念自去,而嚮用之福可承。一家而遵守,一家之福也;一族而遵守,一族之福也;一鄉而遵守,一鄉之福也;一邑而遵守,一邑之福也;郡國而遵守,郡國之福也;天下而遵守,天下之福也。敬以《六諭》衍爲"六義",以便講貫,以便服行。凡我鄉族,願相與保極。

孝順父母第一章

《聖諭》言父母,則該祖父母,哀哀父母。生我劬勞;欲報之德,昊天罔極。忍不孝乎？服勞奉養，愉色婉容；定省溫清，出告反面，先意承志，知年愛日，皆孝之事也；生事之以禮，死葬之以禮，祭之以禮，皆孝之事也；立身行道，揚名於後世，以顯父母，皆孝之事也。孝道無窮，孝行非一，毫有不盡其心，即不得言孝。《詩》云："明發不寐，有懷二人。"又云："永言孝思，孝思維則。"繹二詩之義，敢頃步忘孝哉。不敢不孝親，則不敢不守身。《禮》曰："不敢以父母之遺體行殆。"又曰："不辱其身，不羞其親。"爲子孫者，欲孝親，須守身焉。

尊敬長上第二章

《聖諭》言長上，則該親伯叔兄與內外親尊行，迄官長、鄉老、師傅、父執，分誼所在，不可忽也。或徐行，或侍立，或隅坐，或稟命，或往役，或聽教，俱當歛容肅氣，以盡卑幼之分。不可謔浪倨侮，自開罪戾。凡干上礙下、損彼益此之邪說，及以是爲非、以曲爲直之幻辭，竝宜易心平氣，徐以片語定之，不得附和。有一於此，福去災生。長上有教，必非游言，多係閱歷世故，揆度義理之格論。所謂子弟從之，則孝、悌、忠、信者乎？宜加理會，以求進益，不得聽之藐藐。若視爲平常，漫不致思，愚心奚開？鄙質孰牖？彼童而角，實虹小子，宜行取咎，雖悔何及？虹，潰亂也。

和睦鄉里第三章

《聖諭》言鄉里，指同里同鄉者言也。推而廣之，同邑、同郡、同省，皆認鄉焉。今就同里同鄉者論之，吾人生同一里，處同一鄉，緣不薄也。古人鄉田同井之時，出入相友，守望相助，疾病相扶持，情不隔也。今得無有以刀錐相競者乎？得無有以氣力相雄者乎？得無有以機械相傾者乎？得無有以勢焰相陵者乎？是聖賢之所鄙也。孔子於鄉黨，恂恂如也，似不能言者。文王之邦，耕者讓畔，行者讓路，則聖賢之诶躬與動物可知矣。夫觴酒豆肉，讓而受惡，彼有遺秉，此有滯穗，伊寡婦之利，《禮》《詩》所載，何德讓也？何留餘也？人能勘破"利"字，將自身與鄉里之人一例看，不覺胸次油然，面前田地，放得寬闊，勝心客氣，於何投抵？我消其私，人亦黜其妄，即有強橫，久自媿屈，非臆說也。

教訓子孫第四章

《聖諭》言子孫，夫子孫未有不知所教而成者也。《易》曰："蒙以養正，聖功也。"《記》曰："禁於未發之謂豫。"夫自爲亂髫而教已行，與情竇開而後教、韶華長而後教者，功相百也，是人家興替之機也。教以何道？曰："父子有親,君臣有義,夫婦有別,長幼有序,朋友有信。"能盡此道,則爲人;不能盡此道,則非人。日以五倫之理提撕儆覺,俾其脉脉感動而已。然其要則在令子孫日親君子,慎擇師友,必以孝悌博聞、有道術者衛之,不令巧佞柔猾之流厠跡其間,則有薰陶之益,無蠱惑之損。子孫習與智長,故後來自別;化與心成,故中道若性。蓋與善人居,如入芝蘭之室,久而不聞其香,則與之化焉,是教子孫第一義也。

各安生理第五章

《聖諭》言生理,夫孝敬、和睦之人,其於生理無有汩也。以之事君,則必忠;以之蒞官,則必治,皆從此生生之機發焉。士、農、工、商、醫、巫、卜、筮,業不同,而生理同也。各習其生業,各安其生理。事父母,各盡其孝;事長上,各盡其敬;處鄉里,各盡其和。人與人相砥,家與家相摩,惟恐一失生理,不得比於人數。觀於里,里無忤逆暴慢强梁之人;觀於鄉,鄉無忤逆暴慢强梁之人。仁厚朴實之風行而嚚凌詬誶之俗變,吾里吾鄉,豈不居然三代也哉!風之所流,近鄉亦興;近鄉既興,遠鄉亦興,太和之氣,瀰漫充溢,寧有阻隔?特賴有倡之者耳。

毋作非爲第六章

《聖諭》言非爲,夫非爲者,不知孝,不知悌,不知和睦,而所爲非也,禮之所棄,刑之所收也。宗伯不能折,司徒不能閑,則有司寇之法在。如惡逆、强盜、竊盜、窩主、謀殺、故殺、毆殺、不孝、姦淫、詐僞、放火、發塚、行兇、搶奪、掏摸、啜拐、恐嚇、損誘、教唆、威逼、撒潑、圖賴、威力制縛、匿名文書、左道亂正、侵欺、詐欺、驅騙、假銀、賭博各犯,罪載律例,重者磔,或斬,或絞;次則永遠軍、終身軍;輕則流、徒,或杖、枷。刑書森然,縣之象魏,自非下愚,誰肯以身膏鈇鉞、縶圜土也。大者不保首領,小者不齒齊民。若鞭朴肌膚、桎梏手足,雖科下刑,亦所不免。夫豈無良心哉?物欲蔽之,邪黨煽之,而不意其陷於刑辟也,亦可悲矣。故凡不法之事,無論大小,一切不爲,庶免爲天之戮民。不爲戮民,則爲良民,去禍即福,何等快樂!

附勤儉忍畏四言

一夫不耕,必受其饑;一婦不織,必受其寒,是勤可以免凍餒。晝而力作,夜而休息;非心邪念,何自而起?是勤可以遠淫僻;戶樞不蠹,流水不腐;莊敬日强,無逸年永,是勤可以歷壽考。功崇惟志,業廣惟勤;周公待旦,大禹惜陰，是勤可以法聖哲。

醉醲飽鮮，昏人神志；蔬食菜羹，腸胃無滓，是儉可以養元神。奢則不繼，寧免營求；儉則易足，自無錢癖，是儉可以養德操。人生受用，自有劑量；惜福延年，於理所有，是儉可以養壽命。曾子敝衣，子思縕袍；人世紛華，視如壇土，是儉可以養聖胎。

七情之發，惟怒爲遽；衆怒之加，惟忍爲是。當怒火炎，以忍水制。如其不忍，傾敗立至。錄陳白沙先生語。

上畏天威，仰畏王法。明畏人非，幽畏神譴。弗畏入畏，遂成小人；臨深履薄，君子之心。

附儆聯
做箇好人，心正身安魂夢穩。
行些善事，天知地鑒鬼神欽。錄馮少墟先生語。

附勸戒三十一則
一、子婦善事父母、舅姑，孫婦善事祖父母、祖舅姑，一家大小，各得其分，其家必興。若誶語反脣，弗祗父事，大傷親心，其家必敗。若能推父母之愛，以撫父母所遺幼子；推祖父母之愛，以撫祖父母所遺幼孫，勿使饑寒衰落，此心何等仁厚！豈但鄉黨州閭敬之，即天地鬼神亦陰佑之。

一、祖墓乃祖宗體魄所藏，祭田乃祖宗烝嘗所出，一切公共祖墳、逼近之山及祭祀之田，不許盜賣，以犯不孝。若以近親侵葬遠祖墳側，是貽近親以僭冒，亦不孝也。諸有犯者，呈治，責令取贖起舉，斷不姑容。

一、徐行後長者，謂之悌；疾行先長者，謂之不悌。推一徐行之心，則一言一動皆徐矣。無躁無傲，氣象何雍容，意思何歙抑。寧獨長者重之？此等溫慎存心，終身當無罪悔。

一、額賦乃民間惟正之供，當依限完納，不得後期。即不給，須節縮衣食以濟之，毋至重煩官府催比，里役追呼。古人公事未完，毋許飲酒食肉，《家規》可法也。

一、慈幼恤孤，聖有明訓。孤子弱支，尤宜憫恤。若兄利幼弟之產，叔攘懦姪之田，則何面目見祖考於地下也？疎族之孤寡，尚欲冀其得所，矧至親乎？尅孤凌寡，自消其福；植孤憐寡，自厚其福。天道不爽，各宜省悟。

一、裂眦攘臂，咆哮兇毆，輕傷則杖、配，重傷則遣、戍，死則抵命。故聖人云："血氣方剛，戒之在鬭也。"大禍起於微爭，饒人不是痴漢。慎毋逞一朝之忿，亡身及親也。

一、人家偶有敗子，如好嫖、好喫、好穿、好賭、好鷹犬、好鞍馬、好趂戲、好踢毬、好打拳、好供雀鴿、好買古董、好餙土木、好狎佼童、好暱邪伴等事，皆足以傾家破產，致令父母無養、妻子無依、祖先無祭、自身無下稍，此是鄉里間第一昏愚之徒。約衆有聞，當匡救之，必令回頭乃已。毋得勾引幫閑、煽惑爲非，魆地蠱伊結債，勒伊寫產，以攘厚利於己，而貽大害於人。犯者，敗子棍損，一併呈治。

一、布衣蔬食，於身心家世，殊覺有益。人家子弟，不可悦華美之服、嗜甘脆之味，恐養成驕態，爲害匪細。夫怙侈滅義，奢麗敗化。《周書》娓娓申戒，讀之凜然。

一、節婦烈女，身任綱常，有皎然不淄，以死明志，家世孤寒，杯酌難辦，里排未及報、學校未及舉、官府未及聞者，不得坐視其沉埋，不得需索其紙筆。内行直道，外凛清議，公報於邑侯，聽其查覈。覈實通詳，俟年踰六十，直指使者爲請於朝而旌表焉。事關題請，兼屬風教，慎勿受囑濫報。一有不實，咎有所歸。

一、父母慶，乃飲酒；羞耇，乃飲酒；饋祀，乃飲酒，飲有時也。一獻之禮，賓主百拜，以去酒禍，飲有禮也。若無故群飲，使酒罵座，故作撒潑狀，蔑禮甚矣。豈不聞《酒誥》"喪德喪邦"之戒乎。屢犯，呈治。

一、人之異於禽獸，以其男女有别。古人爲宫室，辨内外，道路男子由右、女子由左，以遠嫌也。若犯姦之律甚重，一觸法網，國有常刑，誰能相貸？

一、爲夫者，不得寵妾凌妻，必存名分，戒比昵，以端夫範。若夫爲後嗣買妾，事非得已，其婦悍妒不容，百般播弄，必欲驅逐之；不聽，則非刑酷虐之，欲其速斃，是欲斬夫之嗣，得罪於祖宗者也，不止悖婦順而已。約正、副等正言諭之，至於再三不悛，則告祖廟，以無子又妒出之。夫有以妾爲妻者，一併公呈。

一、人家新婚，族中少年，不得仍薄俗，三三五五，三朝内以鬧新房爲名，戲弄新郎，飽看新人，脱鞋撒帳，粗惡無忌。新婦入門，宜教之以禮，本族焉得不自處以禮？故三朝鬧新房，類於戲謔，不可沿也。

一、人用一日之力，自可免一日之饑。何至惰其四肢，貪戀酒肉，甘爲鼠竊,自罹罪罟乎？父母羞以爲子,兄長羞以爲弟,何苦如是？浸假行强,身首異處,哀哉！耕田手藝,傭工治圃,何事不可度活,而爲此下流,以斷送性命也？戒之,戒之。

一、隱惡揚善,聖人深心。漢之張安世、宋之王旦,皆名臣也,平生長者,絕不言人過。若誣人曖昧,巘人名節,妄意詆毀,自壞本心。如捏造揭帖、匿名帖,皆惡業也。上帝臨汝,鬼神伺汝,明有王法,幽有天刑,何所逃乎？慎毋蹈焉。

一、善惡到頭有報,只爭來蚤來遲,天人感應之理微矣。人若爲善,何患無福？有等奸猾男婦,假托冥司勾攝,恐怖愚頑,誆騙財物,深屬可恨。以後,有造幻言惑衆者,呈治。婦人犯者,罪其夫男。

一、白蓮、無爲邪術,皆起於宵小之徒,三五結聚,假以建齋作醮、懺罪超生之説,煽惑蚩氓,而愚婦尤易惑。蓋因尼姑、齋婆出入無禁,多方哄誘故也。念佛不已,必至拈香；施財不已,必至拜僧。祝髮沙門,簪冠道童,或寄子僧道,因而歲時饋問,皆漸所必至。有一於此,廉耻盡喪,風化大壞矣。今後,尼姑不許住鄉村,齋婆不許入人家。左道亂民,律有重典。各宜做省,毋貽後悔。一切外來募化僧道,多屬奸細,各店不許容歇。犯者,呈治。

一、人有不平之鳴,多方勸釋,慎毋慫慂搆訟,就中觀望,因以爲利。諺云："官司悠悠,正好種芋頭。爭得一隻鷄,去了一條牛。"《易》曰："以訟受服,亦不足敬也。"好訟者與起滅詞訟者,可以省矣。

一、近奉上司明文,凡投河自縊、服毒圖賴人者,不給埋葬,欲人自重其生也。若真有冤抑,鳴於本約,本約從公處釋,斷不需索杯酒。本約不能處,聞於官府,曲直自分,枉死何益？

一、誑拐略賣,律有明條。丫頭小厮,亦人也,牛、馬不得盜賣,況於人乎。遇遘逃者,送還本家,彼自量謝,又得好名,毋得引誘轉賣,自干憲禁。

一、煉汞燒鉛,俗名"撲爐火",百無一驗。愚者被哄,往往傾家。以後有犯,呈治。若攙鉛雜銅,煎使三五成色銀,以致交易折本,商賈不通,亦併呈治。

一、因貪而賭,因賭而貧,因貧而賊。諺云："四貝相生,抽頭趂夥。"皆屬有罪,毋得冒犯。即鬪紙牌以博口腹,亦屬鄙俚,況酒食貪多折人福乎！立宜省改,免致責究。

一、鄉民有食力於官者,如吏、書、門、聽差、農民,及皂、快、禁子、應捕、弓兵、鋪兵、渡夫是也。庶人在官,所事不一,皆當小心守分,慎勿放膽妄爲。若舞文弄法,生事害人,萬一官府聞之,小則責革,大則徒戍。身且掛網,何暇顧家?諺云:"衙門中,好修行。"言不欺本心也。不欺,則飲水亦甜,餔藜亦適,宜知所處矣。

一、人麗土以生,凡陽宅、陰宅來龍山及向山、水口山,俱不得任意掘土取石,以致山脉摧殘,風氣剥落,人鬼不寧。以後有犯,罰所雇工匠,并罰雇工匠者,令修路或橋。若抗拒不服,一并呈治。

一、四山林木濯濯,不及今盡行付種,依期雇苅,嚴禁樵砍。將來房屋、什器,於何採造?以後,共業、各業砍過木山,不取信記錢,一意栽苗,毋抛荒,毋盗砍,毋延燒。犯者,呈治。若近墳庇木,律法尤嚴。如有侵犯,必不姑息。

一、數罟不入洿,池釣而不網。古人取物之中,實寓愛物之意。今後毋得密網竭澤,及放藥毒魚,令無遺類。犯者,公戒。戒而再犯,公罰。

一、搬演雜劇,聚觀長夜,不但糜財廢事,且爲姦盗之媒。今後,不得無故科歛搬戲。若目連鬼戲、西廂等淫戲,尤嚴行屏絶。

一、凡事謹之於始,始之不謹,其終未有不敗。出一言則謹,行一事則謹,交一人則謹,乃免後悔。《易》曰:"君子安其身而後動,易其心而後語,定其交而後求。"旨哉!言乎。

一、冠、婚、喪、祭,當以《會典》《文公家禮》爲主,貧家稱其有無,難以備物,要于無失禮而止。近時喪事,市錄修齋,殊屬不經。明者當曉示流俗,以禮慎終可也。

一、士者,民之望也。凡列辟雍、庠序之士,當以道制欲,以禮閑邪,砥厲廉隅,養成德器,以爲民表,以養席珍。進而孝廉,又進而縉紳,則王國楨幹、鄉間領袖也。敦本尚實,善俗維風,使民即之而鄙詐消、悍暴詘,自是責任,無俟叮嚀。

一、約正、約副,一約之事,就以裁酌,解紛息爭,是其本業,非行誼端謹,無以鎮囂。約史紀善惡,難容私曲。凡紀,必約正、副及約衆等議論歸一,然後公登,大要善善長、惡惡短耳,宜得直亮者充之。約講,文義通曉,音吐洪響,足供事矣;約贊唱禮;約糾糾儀。其掃除及設撤并鳴鼓,可四人,則於黨正、副下用其甲長可也。凡十五講約,黨正、副及甲長等俱與,不得托故不到。王烈居鄉,訟者或至途而返,或望廬而返,不敢使烈知之。彼何人哉!

願約中在事者，如王彥方焉。

附保甲三則免講

一、鄉約、保甲，法相表裡。鄉約以勸民爲善，禁於未萌；保甲以彌盜安民，防於已發。吾都有上、下保，上保，量其里巷迂直、人家多寡之數，可分編五保，每保編十甲，每甲編十家；若近有畸零不成一甲者，則并入甲內，編十餘家，亦無不可。下保亦然，本都可共得十保。計吾邑之各都，其廣者，如吾都例，可編十保；其次者，可編八九保；其狹者，可編六七保。每保十甲，每甲十家，或有畸零，多至十餘家，每家令具一防盜器械。編法，毋跳間，毋掛漏，甲與甲接，保與保接，都與都接，鄉與鄉接。城內亦然。聲勢聯絡，枹鼓相聞。無事詰奸慝，有警急策應，則內盜不敢生，外盜不敢入，而盜黨漸落矣。

韓韶爲嬴長，泰山賊徒，潛自解散；吾邑有賢侯，寇賊當無所容，亦須各鄉保正副、甲長、十家相與戮力，以共弭之，毋視爲文具，而致潢池之竊發也。黨正、副易爲保正、副，於保甲之名更切，保正、副宜得壯健有幹濟者充之；甲長亦捕盜人，綿弱者不任，責在保障地方，毋得凌轢細民。

一、保正、副置十甲牌，牌面內書本保十甲長姓名，并十甲下各家家長姓名，以便稽查。每夜督各甲長轉催各甲下，十家輪一甲夫巡夜，週而復始。每夜鄰近五甲，巡邏五甲夫，不分彼此，往來同巡。一更三點起，五更三點止，提鈴擊柝，口唱"謹防火盜"四字，即風雨無阻。甲長置十家牌，牌面內書各家長、家屬各姓名、各所務生業。其科甲、縉紳、舉貢不書，書其親屬；監生、生員及異途出仕者書字，餘書名。甲長列在十家之內，保正、副家若在該甲之內，俱書名。其科甲、縉紳、舉貢家夜巡，俱令僮僕代；監生、生員及異途出仕與約正副、保正副家夜巡，俱令親屬代。若廢疾寡婦之家，家無次丁，及十六歲以下、六十歲以上之家，家無次丁者，夜巡免派；若有雇工人則派，如本甲有畸零附入不止十家者，照家頭書牌派。

一、各保、各甲，竝以一、二、三、四、五、六、七、八、九、十編號，蓋一縣有東、西、南、北之四鄉，一鄉少者數都，多者十餘都，都名各殊，元不相混。如從都編保，必曰某鄉某都第幾保；從保編甲，必曰某都第幾保第幾甲，故不嫌一、二、三、四等號之同也，十家亦然。如從甲編家，必曰某都第幾保第幾甲第幾家矣。以縣爲經，以鄉爲緯；以鄉爲經，以都爲緯；以都爲經，以保爲緯；以保爲經，以甲爲緯；以甲爲經，以家爲緯。此編保甲之法。噫！豈獨吾縣可行哉？凡天下州縣皆可行也。

大明律共四百六十條，今揭八十三條。例共三百八十條，今揭三十二條。

凡謀反及大逆，但共謀者，不分首從，皆凌遲處死。

凡謀叛，謂謀背本朝、潛從異國，但共謀者，不分首從，皆斬。

凡謀殺祖父母、父母，及期親尊長、外祖父母、夫、夫之祖父母、父母，已行者，皆斬；已殺者，皆凌遲處死。謀殺緦麻以上尊長，已行者，杖一百，流二千里；已傷者，絞；已殺者，皆斬。若奴婢及雇工人謀殺家長及家長之期親、外祖父母，若緦麻以上親者，罪與子孫同。

凡謀殺人，造意者，斬。從而加功者，絞；不加功者，杖一百，流三千里。殺訖，乃坐。若傷而不死，造意者，絞。從而加功者，杖一百，流三千里；不加功者，杖一百，徒三年。若謀而已行，未曾傷人者，杖一百，徒三年；爲從者，各杖一百，但同謀者，皆坐。若因而得財者，同強盜，不分首從論，皆斬。

凡殺一家非死罪三人及支解人者，凌遲處死，財產斷付死者之家，妻子流二千里；爲從者，斬。

凡採生拆割人者，造意爲首，凌遲處死，財產斷付死者之家，妻子及同居家口，並流二千里；爲從者，斬。

凡造畜蠱毒，堪以殺人及教令者，斬。若造魘魅符書咒詛，欲以殺人者，各以謀殺論；因而致死者，各依本殺法。造意，斬；加功，絞。若用毒藥殺人者，斬；知情賣藥者，與同罪；不知者，不坐。

凡鬭毆殺人者，不問手足、他物、金刃，並絞。故殺者，斬。若同謀共毆人，因而致死者，以致命傷爲重，下手者，絞；元謀者，杖一百，流三千里；餘人，各杖一百。

條例

一、凡同謀共毆人，除下手致命傷重者絞外，共毆之人，審係執鎗刀等項兇器，亦有致命傷痕，發邊衛充軍。

凡以他物置人耳、鼻及孔竅中，若故屛去人服用飲食之物，而致成殘廢疾者，杖一百，徒三年；至篤疾者，杖一百，流三千里，將犯人財產一半，給付篤疾之人養贍；至死者，絞。

凡因戲而殺傷人，及因鬭毆而誤殺傷傍人者，死者，絞；傷者，驗傷，坐罪，各以鬭殺傷論；其謀殺，故殺人而誤殺傍人者，以故殺論。死者，斬；傷者，仍以鬭傷論。若知津河水濺泥濘而詐稱平淺,及橋梁、渡船朽漏而詐稱牢固,誑令人過渡,以致陷溺死傷者,亦以鬬殺傷論。

凡妻妾因毆罵夫之祖父母、父母,而夫不告官擅殺死者,杖一百。

凡祖父母、父母故殺子孫,及家長故殺奴婢圖賴人者,杖七十,徒一年半。若將已死卑幼及他人身屍圖賴人者,杖八十。若因而詐取財物者,計贓,准竊盜論;搶去財物者,准白晝搶奪論,免刺,各從重科斷。

條例

一、故殺妾及弟、妹、子、孫、姪、姪孫與子孫之婦,圖賴人者,俱問軍。

凡庸醫爲人用藥、鍼刺,誤不如本方,因而致死者,責令別醫辨驗藥餌、穴道。如無故害之心,以過失殺人論,不許行醫。若故違本方,詐療疾病而取財物者,計贓准竊盜論;因而致死及因事故用藥殺人者,斬。

凡因事威逼人致死者,杖一百,追埋葬銀一十兩。若威逼期親尊長致死者,絞;大功以下,遞減一等。若因行姦行盜威逼人致死者,斬。

條例

一、凡因事用強毆打、威逼人致死,果有致命重傷及成殘廢篤疾者,雖有自盡實跡,依律追埋葬銀拾兩,發邊衛充軍。

一、凡子孫威逼祖父母、父母,妻妾威逼夫之祖父母、父母,致死者,俱比毆者律,斬。其妻妾威逼夫致死者,比妻毆夫至篤疾者律,絞。俱奏請定奪。

一、婦人夫亡守志,別無主婚之人,若有用強求娶逼,受聘財,因而致死者,依律問罪,追埋葬銀,發邊衛充軍。

凡祖父母、父母及夫,若家長爲人殺,而子孫、妻妾、奴婢、雇工人私和者,杖一百,徒三年。期親尊長被殺而卑幼私和者,杖八十,徒二年;大功以下,各遞減一等。其卑幼被殺,而尊長私和,各減一等。受財者,計贓准竊盜論,從重科斷。常人私和人命者,杖六十。

凡知同伴人欲行謀害,不即阻當救護,及被害後不首告者,杖一百。

凡鬬毆折跌人肢體,及瞎人一目,杖一百,徒三年;瞎人兩目,折人兩肢,損人二事以上,及因舊患,令至篤疾,若斷人舌,及毀敗人陰陽者,竝杖一百,流三千里。仍將犯人財產一半,斷付被傷篤疾之人養贍。

條例

一、兇徒因事忿爭,執持鎗、刀、弓箭、銅鐵簡劍、鞭、斧、扒頭、流星、秤錘兇器,但傷人及誤傷傍人,與凡剜瞎人眼、折跌人肢體,抉人耳、鼻、口、唇、斷人舌、毀敗人陰陽者,俱問發邊衛充軍。若聚衆執持兇器,傷人及圍繞房屋,搶檢家財,棄毀器物,姦淫婦女,除真犯死罪外,徒以上,俱不分首從,發邊衛永遠充軍。

凡官司差人追徵錢糧、勾攝公事,抗拒不服,及毆所差人者,杖八十。若傷重,至篤疾者,絞;死者,斬。

凡爭論事理,聽經官陳告。若以威力制縛人者,杖八十;因而致死,絞。若以威力主使人毆打而致死傷者,竝以主使之人爲首、下手之人爲從論。

條例

一、無籍之徒,投托勢要,誘引生事,綁縛平民,在於私家拷打脅騙者,枷號一箇月,發烟瘴地面充軍。

凡奴婢毆家長者,皆斬;殺者,皆凌遲處死。若毆家長之期親及外祖父母者,絞;傷者,皆斬。毆家長之緦麻親,杖六十,徒一年;小功、大功,遞加一等,死者,皆斬。若雇工人毆家長及家長之期親若外祖父母者,杖一百,徒三年;傷者,杖一百,流三千里;折傷者,絞;死者,斬;故殺者,凌遲處死。

凡妻毆夫者,杖一百,夫願離者,聽;至篤疾者,絞;死者,斬;故殺者,凌遲處死。若妾毆夫及正妻者,又各加一等,加者加入於死。

凡同姓相毆,五服已盡,而尊卑名分猶存者,卑幼加凡鬬一等。

凡卑幼毆緦麻兄姊,杖一百;小功杖六十,徒一年;大功杖七十,徒一年半;尊屬又各加一等。篤疾者,絞;死者,斬。

凡弟妹毆期親兄姊者,杖九十,徒二年;傷者,杖一百,徒三年;刃傷及折肢,若瞎其一目者,絞;死者,皆斬。若姪毆期親伯叔父母、姑及外孫毆外祖父母,各加一等;故殺者,皆凌遲處死。

凡子孫毆祖父母、父母,及妻妾毆夫之祖父母、父母者,皆斬;殺者,皆凌遲處死。其子孫違犯教令,而祖父母、父母非理毆殺者,杖一百;故殺者,杖六十,徒一年。嫡繼慈養母殺者,各加一等;致令絕嗣者,絞。

凡奴婢罵家長者,絞。若雇工人罵家長者,杖八十,徒二年。須親告審實乃坐。

凡罵期親兄姊者,杖一百;期親伯叔、姑、外祖父母,各加一等。須親告審實乃坐。

凡罵祖父母、父母及妻妾罵夫之祖父母、父母者,竝絞。須親告審實乃坐。

凡投隱匿姓名文書,告言人罪者,絞。

凡誣告人流徒杖罪，加所誣罪三等，各罪，止杖一百，流三千里。若所誣徒罪人已役，流罪人已配，因而致死隨行有服親屬一人者，絞。

條例

一、誣告人，因而致死被誣之人，委係平人，及因考禁身死者，比誣告人因而致死隨行有服親屬絞罪，奏請定奪。若患病在外死者，止擬應得罪名。

凡子孫告祖父母、父母，妻妾告夫及夫之祖父母、父母者，杖一百，徒三年；但誣告者，絞。若奴婢告家長者，與子孫罪同。

凡子孫違犯祖父母、父母教令及奉養有缺者，杖一百。

凡教唆詞訟者，與犯人同罪，受財者，計贓以枉法從重論。

凡詐偽六部、督察院文書，套畫押字、盜用印信及空紙用印者，皆絞。詐爲察院、兩司、府州縣衙門印信文書者，杖一百，流三千里。其餘衙門印信文書者，杖一百，徒三年。若有規避，事重者，從重論。

條例

一、詐爲察院、兩司、府州縣及其餘衙門文書，誆騙科斂財物者，問發邊衛充軍。

凡偽造印信者，斬。

條例

凡描摸印信行使，誆騙財物，犯該徒罪以上者，問發邊衛，永遠充軍。

凡偽造金銀者，杖一百，徒三年；爲從，及知情買使者，各減一等，杖九十、徒二年半。私鑄銅錢者，絞，匠人罪同；爲從，及知情買使者，各減一等。

條例

一、偽造假銀及知情行使，俱依律問罪，仍於本地方枷號一月發落。

凡詐稱官司差遣而捕人者，杖一百，徒三年。

凡設計用言，教誘人犯法及和同令人犯法，或欲陷害人得罪者，皆與犯法之人同罪。

凡強姦者，絞，婦女不坐。和姦，杖八十；有夫，杖九十。刁姦，杖一百，男女同罪，姦婦從夫嫁賣。若媒合容止通姦者，各減犯人或和或刁或強罪一等。其非姦所捕獲及指姦者，勿論。若姦婦有孕，罪坐本婦。候產後滿百日，決杖。

凡妻妾與人姦通，而於姦所親獲姦夫、姦婦，登時殺死者，勿論。若止殺死姦夫者，姦婦依律斷罪，從夫嫁賣。其妻妾因姦同謀殺死親夫者，凌遲處死，姦夫處斬。若姦夫自殺其夫者，姦婦雖不知情，絞。姦夫，斬。

凡縱容妻妾與人通姦,本夫、姦夫、姦婦,各杖九十。若縱容親女及子孫之婦妾與人通姦者,罪亦如之。若用財物與人買休其妻本夫受財賣休其妻,和娶人妻者,各杖一百,離異,財禮入官;媒合人,各減一等。

凡姦同宗無服之親及無服親之妻者,各杖一百。若姦緦麻以上親及緦麻以上親之妻,若妻前夫之女及同母異父姊妹者,各杖一百,徒三年。強者,姦夫斬。若姦從祖祖母、從祖、祖姑,從祖伯叔母從祖伯叔、姑,從父姊妹,母之姊妹,及兄弟妻,兄弟子妻者,各絞;強者,姦夫斬。若姦父祖妾、親伯叔母、親姑、親姊妹、子孫之婦、兄弟之女者,各斬。

條例

一、凡姦內外緦麻以上親,及緦麻以上親之妻,若妻前夫之女、同母異父姊妹者,依律擬杖一百,徒三年,姦夫仍發衛充軍。

凡僧尼、道士、女冠犯姦者,各加凡姦罪二等。罪該絞、斬者,無可加。

條例

一、僧道、尼、女冠犯姦者,依律問罪。完日還俗,仍於本寺觀、菴院門首枷號一月。

凡文武官吏宿娼者,杖六十;媒合人,減一等。若文武官員應襲、應廕子孫宿娼者,罪亦如之,附過,廕襲日,降一等,於邊遠敘用。

條例

一、樂工私買良家子女爲娼者,不分買賣、媒合人等,問罪,俱於本門首枷號示衆,婦女發歸宗。

凡賭博財物者,皆杖八十,所攤在場之錢物入官。其開張賭坊之人,同罪。

條例

一、賭博人犯,若自來不務生理,專一沿街酗酒撒潑,或曾犯誆騙、竊盜、嚇詐、行兇等項罪名,及開張賭坊者,問罪,枷號二箇月。若平昔不犯,止是賭博,問罪,枷號一箇月,示衆。

凡放火故燒自己房屋者,杖一百。若延燒官民房屋及積聚之物者,杖一百,徒三年。因而盜取財物者,斬;殺傷人者,以故殺傷論。若故燒官民房屋者,皆斬;其故燒人空閒房屋及田場積聚之物者,各減一等,立計所燒之物,減價,儘犯人財產折剉賠償。

條例

一、凡放火故燒自己房屋，因而延燒官民房屋及積聚之物，與故燒人空閑房屋及田場積聚之物者，俱發邊衛充軍。

凡犯罪逃走，拒捕者，各以本罪上加二等，本罪應死者，無可加，罪止杖一百，流三千里。毆人至折傷以上者，絞；殺人者，斬。爲從者，各減一等。

凡寺觀、菴院，除見在處所外，不許私自刱建、增置。違者，杖一百，還俗；僧道，發邊衛充軍；尼僧、女冠，入官爲奴。

凡將田土移坵換叚、那移等則，以高作下，減瞞糧額，及詭寄田糧、影射差役，并受寄者，罪亦如之。笞五十至杖一百止。其田改正，收科當差。

凡盜賣他人田宅者，罪止杖八十，徒二年，產價各給主。

條例

一、告爭家財、田產，但係五年之上，并雖未及五年，驗有親族寫立分書已定，出賣文約是實，斷令照舊管業，不許重分再贖。

凡棄毀人器物及毀伐樹木、稼穡者，計贓准竊盜論，免刺，立驗數追償。若毀人墳塋內碑碣、石獸者，杖八十；毀人神主者，杖九十。若毀損人房屋、垣墻之類者，計合用修造雇工錢，坐贓論，各令修立。

凡以妻爲妾者，杖一百。妻在，以妾爲妻者，杖九十，並改正。若有妻更娶妻者，亦杖九十，離異。

凡居父母及夫喪，而身自嫁娶者，杖一百。其夫喪服滿願守志，非女之祖父母、父母而強嫁之者，杖八十，婦人不坐，追婦前夫之家，聽從守志。

凡同姓爲婚者，各杖六十，離異。

凡娶同母異父姊妹，若妻前夫之女者，各以姦論，並離異。

條例

一、凡前夫子女與後夫子女苟合成婚者，以娶同母異父姊妹律條科斷。

凡娶同宗無服之親及無服親之妻者，各杖一百。若娶緦麻親之妻及舅甥妻，各杖六十，徒一年；小功以上，各以姦論。其曾被出及已改嫁而娶爲妻妾者，各杖八十。若收祖父妾及伯叔母者，各斬。若兄亡收嫂、弟亡收弟婦者，各絞。若娶同宗緦麻以上姑侄姊妹者，亦各以姦論，除應死外，並離異。

凡娶犯罪逃走婦女爲妻妾，知情者，與同罪；至死者，減一等，離異。不知者，不坐。仍離異。

凡豪勢之人強奪良家妻女、姦占爲妻妾者，絞。婦女給親，配與子孫弟佮家人者,罪亦如之,男女不坐。仍離異。

凡妻背夫在逃者,杖一百,從夫嫁賣。因而改嫁者,絞。

凡私放錢債及典當財物,每月取利,不得過三分。江南二分爲率,江北有三分者。年月雖多,不過一本一利。若准折人妻妾子女者,杖一百;強奪者,加二等;因而姦占婦女者,絞,人口給親,私債免追。其負欠私債,違約不還者,具告官司,違三月,笞;每一月,加一等,罪止杖六十,並追本利給主。

凡牙行及船埠頭私充者,杖六十,所得牙錢入官,革去。

凡買賣諸物,兩不和同,把持行市,專取其利,及販鬻之徒,通同牙行,共爲姦計,賣物以賤爲貴,買物以貴爲賤者,杖八十。

條例

一、牙行及無籍之徒,用強邀截客貨者,不論有無誆賒貨物,問罪,俱枷號一箇月。如有誆賒貨物,仍監追完足發落。

凡有官及軍民之家,縱令妻女於寺觀、神廟燒香者,笞四十,罪坐夫男;無夫男者,罪坐本婦。其寺觀、神廟住持及守門之人,不爲禁止者,與同罪。

條例

一、凡僧道、軍民人等於各寺觀、神廟刁姦婦女,因而引誘逃走或誆騙財物者,俱充軍。

凡師巫假降邪神,書符咒水,扶鸞禱聖,自號端公、太保、師婆名色及妄稱彌勒佛、白蓮社等會,一應左道亂正之術,或隱藏圖像,燒香集衆,夜聚曉散,佯修善事,扇惑人民,爲首者,絞;爲從者,各杖一百,流三千里。

凡官民房舍、車服、器物之類,如《大明令》所載,各有等第。若違式僭用者,杖一百。若僭用違禁龍鳳文者,杖一百,徒三年,違禁之物入官。

凡陰陽術士,不許妄言禍福。違者,杖一百。

凡聞父母及夫之喪,匿不舉哀者,杖六十,徒一年。若喪制未終,釋服從吉,忘哀作樂及參預筵宴者,杖八十。

凡有喪之家,必須依禮安葬。若惑於風水及託故停柩在家,經年暴露不葬者,杖八十。其尊長遺言將屍燒化及棄置水中者,杖一百。

凡越度緣邊關塞者,杖一百,徒三年。因而潛出交通境外者,絞。

凡將馬、牛、軍需鐵貨、銅錢、段疋、紬絹、絲綿,私出邊塞外境貨賣及下海過番者,杖一百,物貨、船車並入官。若將人口、軍器出邊外境及下海者,絞;因而走泄軍機事情者,斬。

條例

一、私自販賣硫黃、焰硝,賣與外夷及邊海賊寇者,不拘多寡,比照私將軍器出境因而走泄事情律,爲首,處斬;爲從,俱邊衛充軍。若合成火藥,賣與鹽徒者,亦邊衛充軍。

凡私宰自己馬、牛者,杖一百。若故殺他人馬、牛者,杖七十,徒一年半。若計贓重於本罪者,准盜論。

條例

一、凡宰殺耕牛并私開圈店,及知情販賣牛隻,與宰殺者俱問罪,仍枷號一箇月;再犯、累犯者,免其枷號,發附近衛充軍。若盜而宰殺及貨賣者,不分初犯、再犯,枷號一月,照前發遣。

凡盜他人墳塋內樹木者,杖八十。若計贓重於本罪者,各加盜罪一等。分首從。

凡常人盜倉庫錢、糧等物,但得財者,不分首從,併贓論罪,竝於右臂膊上刺盜官錢、糧、物三字。

凡強盜已行,但得財者,不分首從,皆斬。若以藥迷人圖財者,罪同。若竊盜,臨時有拒捕及殺傷人者,皆斬。因盜而姦者,罪亦如之。

條例

一、強盜殺人放火,燒人房屋,姦人妻女,并積至百人以上,不分曾否得財,俱照得財律,斬。隨即奏請,審決梟示。

一、拏獲強盜,不許巡捕員役私自拷打,徑送掌印官追驗贓仗,責認失主,親摘口詞,五日內招詳。其有供攀窩夥,即令細開姓名、年貌、籍貫、居址,竝所分贓物,明白叙列。續有拿獲,必須隔別質審,委與原開人贓相同,方行成招。如果讎攀毫無的據,即與開釋,毋得濫及無辜及淹禁不結。此條萬曆十五年十二月二十日題奉,欽依。

一、奉單強犯,必須審有贓証明確及係當時見獲者,照例即決。如有贓跡未明,招攀續緝,涉於疑似者,不妨再審。問刑衙門以後鞫審強盜,務要審有贓証,方擬不時處決。或有被獲之時,夥賊供証明白,年久無獲,贓亦花費,而夥賊已決或故,無証者,俱引秋後處決。此條萬曆十六年正月二十二日題奉,欽依。

凡官司差人追徵錢糧、勾攝公事及捕獲罪人,聚眾中途打奪者,杖一百,流三千里;因而傷人者,絞。殺人及聚至十人,爲首者,斬;下手致命者,絞;

爲從,各減一等。

條例

一、凡官司差人追徵錢糧、勾攝公事并捕獲罪人,但聚衆至十人以上,中途打奪,爲從者,若係異姓,槌師打手,俱發邊衞充軍。

凡白晝搶奪人財物者,杖一百,徒三年,計贓重者,加竊盜罪二等;傷人者,斬;爲從,各減一等。流徒以下,立於右小臂膊上刺"搶奪"二字。若因失火及行船遭風着淺,而乘時搶奪人財物者,罪亦如之。

條例

一、凡號稱"喇唬"名色,白晝在街撒潑,及捴甲快手應捕人等,指以巡捕勾攝爲由,前二項人,各毆打平人,搶奪財物者,除真犯死罪外,徒罪以上,不分人多少,若初犯一次,屬軍衞者,發邊衞充軍;屬有司者,發口外爲民。

凡竊盜已行,但得財者以一主爲主,併贓論罪;爲從者,各減一等。初犯,立於右小臂膊上刺"竊盜"二字;再犯,刺左小臂膊並充警;三犯者,絞,以曾經刺字爲主。掏摸者,罪同。

凡盜民間馬、牛、驢、贏、豬、羊、鷄、犬、鵝、鴨者,並計贓以竊盜論。

凡盜田野穀、麥、菜、果,並計贓准竊盜論,免刺。若山野柴、草、木、石之類,他人已用工力,而擅取者,罪亦如之。

凡恐嚇取人財物者,計贓准竊盜論,加一等,免刺。

凡用計詐欺官私以取財物者,並計贓准竊盜論,免刺。若冒認及誆賺局騙、拐帶人財物者,亦計贓准竊盜論,免刺。

條例

一、凡誆騙聽選官吏及舉人、監生、生員人等,指稱買官賣缺及買求中式等項,俱問罪,不分首從,枷號三箇月,發煙瘴地面充軍。其央浼營幹,致被誆騙者,免枷,亦照前發遣。

一、凡指稱内外大小官員名頭并各衙門打點使用名色二項,誆騙財物,計贓,犯該徒以上者,俱不分首從,發邊衞充軍。情重者,仍枷號二箇月,發遣。

凡設方略而誘取良人,及略賣良人爲奴婢者,皆杖一百,流三千里。爲妻妾子孫者,杖一百,徒三年。因而傷人者,絞;殺人者,斬。爲從者,減一等。被略之人不坐,給親完聚。若略賣他人奴婢者,各首、從減略賣良人罪一等。若窩主及買者知情,並與犯人同罪,牙保各減一等。

條例

一、凡設方略誘取良人，與略賣良人子女，不分已賣、未賣，俱問發邊衛充軍。婦人有犯，罪坐夫男。

凡發掘墳塚，見棺椁者，杖一百，流三千里；已開棺椁見屍者，絞。若卑幼發尊長墳塚，開棺椁見屍者，斬。若棄屍賣墳地者，罪亦如之。其有故，依禮遷葬者，不坐。其子孫棄祖父母、父母，及奴婢、雇工人毀棄家長死屍者，斬。若穿地得無主死屍，不即掩埋者，杖八十。若於有主墳地內盜葬者，杖八十，勒限移葬。

條例

一、凡發常人塚，開棺見屍，除爲首絞外，爲從與發見棺椁爲首者，二項，俱發附近各充軍。如有糾衆發塚起棺索贖者，比強盜得財律，不分首從，皆斬。

凡強盜窩主造意，身雖不行，但分贓者，斬。若不行，又不分贓者，杖一百，流三千里。共謀者，行而不分贓及分贓而不行，皆斬；若不行，又不分贓者，杖一百。竊盜窩主造意，身雖不行，但分贓者，爲首論；若不行又不分贓者，爲從論。以臨時主意上盜者爲首，其爲從者，行而不分贓，及分贓而不行，仍爲從論；若不行，又不分贓，笞四十。若知強竊盜贓而故買者，計所買物，坐贓論；知而寄藏者，減一等；其不知情誤買及受寄者，不坐。

條例

一、凡諸色軍民，勾引來歷不明之人，窩藏強盜、竊盜，坐家分贓者，犯該流、徒，俱問發邊衛充軍。若有造意共謀之情，各依律從重科斷。窩、強造意、共謀，律斬。

一、各處無籍之徒，引賊劫掠，以復私讎，探報消息，致賊逃竄者，比照奸細律條，處斬。

凡盜賊曾經刺字者，俱發元籍收充警跡；該徒者，役滿充警；該流者，於流所充警。若有起除原刺字樣者，杖六十，補刺。

以上擇民間所宜通曉者揭之，令知所避。若欲精詳律意，備習刑章，則有《大明律例》在。噫！國家明刑以弼教，君子懷刑而懷德。若人人如君子也，則此屋可封，五刑可措矣。鄉里勉焉。

國風

關雎三章　周文王有聖德，得聖女姒氏爲配，官人歌之

關關雎音疽鳩，在河之洲。窈音杳窕徒了反淑女，君子好逑。

参初金反差初宜反荇菜,左右流之。窈窕淑女,寤寐求之。

求之不得,寤寐思服叶蒲北反。悠哉悠哉,輾音展轉反側。

参差荇菜,左右采叶此禮反之。窈窕淑女,琴瑟友之。

参差荇菜,左右芼音帽、叶音邈之。窈窕淑女,鍾鼓樂音洛之。

女曰雞鳴三章　賢夫婦相警戒之詩

女曰雞鳴,士曰昧旦。子興視夜,明星有爛。將翺將翔,弋鳧音符與鴈。

弋言加叶居之反何二反之,與子宜之。宜言飲酒,與子偕老叶吕帆反。琴瑟在御,莫不静好叶許厚反。

知子之來叶六直反之,雜佩以贈叶即之;知子之順之,雜佩以問之。知子之好之,雜佩以報之。

陟岵三章　孝子行役不忘其親之詩

陟彼岵音户兮,瞻望父兮。父曰:嗟!予子行役,夙夜無已。上慎旃哉,猶來無止!

陟彼屺音起兮,瞻望母叶滿彼反兮。母曰:嗟!予季行役,夙夜無寐。上慎旃哉,猶來無棄!

陟彼岡兮,瞻望兄兮。兄曰:嗟!予弟行役,夙夜必偕叶舉里反。上慎旃哉,猶來無死!叶想止反。

蟋蟀三章　唐俗勤儉,歲脱務閑,民間乃敢相與燕飲而作此詩

蟋蟀在堂,歲聿其莫。莫。今我不樂洛,日月其除注。無已大泰康,職思其居叶據。好樂無荒,良士瞿瞿句。

蟋蟀在堂,歲聿其逝。今我不樂,日月其邁叶力制反。無已大康,職思其外叶五墜反。好樂無荒,良士蹶蹶貴。

蟋蟀在堂,役車其休。今我不樂,日月其慆叨,叶侯反。無已大康,職思其憂。好樂無荒,良士休休。

小雅

鹿鳴三章　此周家燕賓客之詩

呦呦幽鹿鳴叶芒,食野之苹音旁。我有嘉賓,鼓瑟吹笙。吹笙鼓簧,承筐是將。人之好我,示我周行音杭。

呦呦鹿鳴,食野之蒿。我有嘉賓,德音孔昭。視民不恌他彫反,君子是則是傚叶胡高反。我有旨酒,嘉賓式燕以敖。

呦呦鹿鳴,食野之芩。我有嘉賓,鼓瑟鼓琴。鼓瑟鼓琴,和樂且湛耽、叶持林反。我有旨酒,以燕樂嘉賓之心。

皇皇者華五章　此周家遣使臣之詩

皇皇者華叶芳無反,于彼原隰。駪駪音莘征夫,每懷靡及。

我馬如駒,六轡如濡。載馳載驅,周爰咨諏。

我馬維騏音其,六轡如絲叶新齎反。載馳載驅,周爰咨謀叶莫悲反。

我馬維駱,六轡沃若。載馳載驅,周爰咨度入聲。

我馬維駰音因,六轡既均。載馳載驅,周爰咨詢。

常棣八章　此周家燕兄弟之詩

常棣之華,鄂不韡韡音偉。凡今之人,莫如兄弟。

死喪之威,兄弟孔懷叶胡威反。原隰裒矣,兄弟求矣。

脊令零在原,兄弟急難叶林沴反。每有良朋,況也永歎音灘。

兄弟鬩吸于牆,外禦其務音侮。每有良朋,烝之承反也無戎叶而王反。

喪亂既平,既安且寧。雖有兄弟,不如友生。

儐殯爾籩豆,飲酒之飫遇。兄弟既具,和樂音洛且孺。

妻子好合,如鼓瑟琴。兄弟既翕,和樂且湛耽、叶持林反。

宜爾家叶古胡反室,樂爾妻帑奴。是究是圖,亶其然乎。

伐木三章　此周家燕朋友故舊之詩

伐木丁丁爭,鳥鳴嚶嚶鶯。出自幽谷,遷于喬木。嚶其鳴矣,求其友聲。相彼鳥矣,猶求友聲。矧伊人矣,不求友生叶桑經反。神之聽之,終和且平。

伐木許許虎,釃師酒有藇序。既有肥羜苧,以速諸父。寧適不來,微我弗顧叶居五反。於烏粲洒去聲埽叶蘇吼反,陳饋八簋叶已有反。既有肥牡,以速諸舅。寧適不來,微我有咎。

伐木于阪叶孚臠反,釃酒有衍。籩豆有踐上聲,兄弟無遠。民之失德,乾餱以愆叶起淺反。有酒湑我,無酒酤古我。坎坎鼓我,蹲蹲存舞我。迨我暇叶後五反矣,飲此湑矣。

南山有臺五章　此周家燕饗之詩

南山有臺,北山有萊。樂只君子,邦家之基。樂只君子,萬壽無期。

南山有桑,北山有楊。樂只君子,邦家之光。樂只君子,萬壽無疆。

南山有杞,北山有李。樂只君子,民之父母。樂只君子,德音不已。

南山有栲叶口,北山有杻音纽。樂只君子,遐不眉壽。樂只君子,德音是茂。

南山有枸音矩,北山有楰音庾。樂只君子,遐不黄耇苟、叶果五反。樂只君子,保艾爾後。叶下五反。

菁菁者莪四章　　此周家燕飲之詩

菁菁者莪,在彼中阿。既見君子,樂且有儀叶五何反。

菁菁者莪,在彼中沚。既見君子,我心則喜。

菁菁者莪,在彼中陵。既見君子,錫我百朋。

泛泛楊舟,載沈載浮。既見君子,我心則休。

鶴鳴二章　　此陳善納誨之詩

鶴鳴于九皋,聲聞问于野叶上與反。魚潛在淵,或在于渚。樂洛彼之園,爰有樹檀叶徒沿反,其下維蘀託。他山之石,可以爲錯。

鶴鳴于九皋,聲聞于天叶鐵因反。魚在于渚,或潛在淵叶一均反。樂彼之園,爰有樹檀,其下維穀。他山之石,可以攻玉。

宋儒詩

題羅浮山　　周濂溪

紅塵白日無閑人,況有魚緋繫此身。

闕上羅浮閑送目,浩然心意復吾真。

任所寄鄉關故舊

老子生來性格寒,宦情不改舊儒酸。

停盃厭飲香醪味,舉筯惟甘淡菜盤。

事冗不知筋力倦,官清贏得夢魂安。

故人欲問吾何況,爲道舂陵只一般。

秋日　　程明道

閑來無事不從容,睡覺東窗日已紅。

萬物静觀皆自得,四時佳興與人同。

道通天地有形外,思入風雲變態中。

富貴不淫貧賤樂,男兒到此是豪雄。

寥寥天氣已高秋,更倚凌虚百尺樓。

世上利名群蠛蠓,古來興廢幾浮漚。

退居陋巷顔回樂，不見長安李白愁。
兩事到頭須有得，我心處處自優游。

天津感事　邵堯夫
着身静處觀人事，放意閑中鍊物情。
去盡風波存止水，世間何事不能平。

何處是仙鄉
何處是仙鄉，仙鄉不離房。
眼前無冗長，心下有清凉。
静裏乾坤大，閑中日月長。
若能安得分，都勝別思量。

安樂窩中自貽
物如善得終爲美，事到巧圖安有公。
不作風波於世上，自無冰炭到胸中。
災殃秋葉霜前墜，富貴春華雨後紅。
造化分明人莫會，榮枯消得幾時功。

首尾吟
堯夫非是愛吟詩，詩是堯夫喜老時。
明著衣冠爲士子，高談仁義是男兒。
敢於世上明開眼，肯向人間浪皺眉。
六十七年無事客，堯夫非是愛吟詩。

孝悌歌
子養親兮弟敬哥，天時地利與人和。
莫言世事常如此，堪嘆人生能幾何。
滿眼繁華何足貴，一家安樂值錢多。
奇哉讓果并懷橘，子養親兮弟敬哥。

觀書有感　朱晦菴
半畝方塘一鑑開，天光雲影共徘徊。
問渠那得清如許，爲有源頭活水來。

春日
勝日尋芳泗水濱，無邊光景一時新。
等閑識得東風面，萬紫千紅總是春。

題李氏遺經閣

讀書不見行間墨,始識當年教外心。
箇是儂家真寶藏,不應猶羨滿籯金。

敬義堂

高臺巨牓意何如,住此知非小丈夫。
浩氣擴充無內外,肯誇心月夜同孤。

日用自警

圓融無際大無餘,只此身心是太虛。
不向用時勤猛省,却於何處味真腴。
尋常應對尤須謹,造次施爲更莫疎。
一日洞然無別體,方知不枉費功夫。

明儒詩

松窗皓月　　薛敬軒

拂窗凉籟起秋聲,倚席流光皓月明。
却憶鄒軻談夜氣,此時心迹已雙清。
畫堂松月夜窗虛,燕坐澄心一卷書。
莫道畫前元有易,静中天理亦森如。

讀易軒

風滿幽軒净晚襟,韋編三絶在追尋。
方看龍馬分奇偶,又見羲圖轉古今。
細草初生春逕淺,芳花早落夜庭深。
畫前有易君知否,秖信尭夫最苦心。

長山懷古　　宋范希文讀書長白山寺

山廻長白重經過,十世懷賢意若何。
飯粥事空荒古寺,讀書聲歇暗烟蘿。
中朝德業應難及,西夏勳名更不磨。
向晚憑誰話憂樂,柏臺清夜月明多。

新濱書舍爲曲阜孔令賦

魯城南畔碧溪頭,結屋藏書事事幽。
入户日光浮野馬,隔簾波影漾沙鷗。

真傳已覺千年遠，大道還從六籍求。
聞說浴沂當此地，春風有約事追遊。

静軒次韻莊定山　陳白沙
崆峒道士出山頻，還入崆峒作主人。
當説夢時都是夢，未逢真處更求真。
團蒲坐破千峰月，信手推開六合塵。
無極老翁無欲教，一番拈動一番新。

示兒
俯仰天人不敢言，直持素履到黃泉。
兒曹勿問前程事，若個人心即是天。

示諸生
樹老藤枯始一扶，諸賢爲計得無疎。
定性未能忘外物，求心依舊落迷途。
閲窮載籍終何補，坐老蒲團亦是枯。
平生最愛張東所，只學堯夫也不孤。
江門洗足上廬山，放脚一踏雲霞穿。
大行不加窮亦全，堯舜與我都自然。
大者便問躍與潛，守身當以廉隅先。
世間膏火來熬煎，市朝名利相喧填。
百年光景空留連，丈夫事業何由宣。
昔者緑鬢今華顛，嗚呼老去誰之愆。

示諸生　王陽明
人人有路透長安，坦坦平平一直看。
盡道聖賢須有秘，翻嫌易簡却求難。
只從孝悌爲堯舜，莫把辭章學柳韓。
不信自心原具足，請君隨事反身觀。

別諸生
綿綿聖學已千年，兩字良知是口傳。
欲識渾淪無斧鑿，須從規矩出方圓。
不離日用常行内，直造先天未畫前。
握手臨岐更何語，慇懃莫媿别離筵。

題灌山小隱

一自移家入紫煙,溪林住久遂忘年。

山中莫道無供給,明月清風不用錢。

送蔡希顔

何事憧憧南北行,望雲依闕兩關情。

風塵暫息滁陽駕,鷗鷺還尋鑑水盟。

悟後六經無一字,静餘孤月湛虛明。

從知歸路多相憶,伐木山山春鳥鳴。

《風》《雅》諸篇及諸儒詩,有關於人道者多矣,不能徧録也,量録數首,以便詠歌。夫温柔敦厚,詩教也。諷誦之餘,善心寧無感動乎,放心寧無銷鎔乎。古人聽雅頌之聲,則志意得廣,願聽者審焉。

歌者,上如抗,下如隊墜、曲如折折旋、止如槁木,倨微曲中矩、句中鉤,纍纍乎端如貫珠。歌之爲言也,長言之也。説之,故言之;言之不足,故長言之;長言之不足,故嗟嘆之;嗟嘆之不足,故不知手之舞之,足之蹈之也。凡歌者,習焉。

——萬曆《沱川余氏鄉約》

第二章 綜合性村規民約與保甲規約

第一節 綜合性村規民約

明嘉靖婺源縣官源村沿革紀事

官源沿革事蹟

　　十一世祖淑達、淑通兄弟並挾地理，祖居雙溪橋頭，要改大源水溪隨東山而下，抱遶村心宅基。因朱氏有田在泥窟，不肯廢，二公因議遷於水口六十畝坵程田坦，築室爲家，置田貳千餘畝，畫棟雕梁，金釘朱户，以塋上爲場圃，以朗山爲養騾、馬、牛、羊之所，作鄉間之領袖。負此遨遊四方，廣開阡陌，興通水利，左處陰、陽二宅，因鑿水溝渠，反致陵替，損其陰隲，不滿七世而止。

　　一、官源横溪下，舊名朱□后山，原係朱氏所居之地，五季之時，子孫陸續遷出他鄉，田地、產業並歸洪族廿七公、廿九公將此住基改作花園。近代子孫某等賣與嶺東汪榮二公，始遷居此。枧頭橋下一派五十六公遷作水田，名曰竹下坵，子孫亦賣與汪宣五公，同吾曾祖鑿塞穿心水圳，其田乃坐閑地，即今汪允茂住前羊欄基坵是也。

　　一、官源横溪上，原係細間嶺葉村山頭各派宅基，近代賣與嶺東汪一公，始遷居此，即今汪功望、士寧、士文居址是也。

　　一、官源村頭一派，原係細樂會洪氏所居之遺址。元末，火焚屋廢，其地賣與汪宣三公遷居於此，即今汪士本住基是也。

　　一、官源村心路上，原係洪重四公宅基，曾孫餘慶□賣與汪宣五公作奉先庄基。其祖墓后存拜掃横路一條，直出通溪，以便子孫摽掛往來，今略基已略復之。

　　一、官源麻榨橋東一派，係是洪制幹己存口食田，伯十公兄弟賣與汪崇四公作庄基，即今汪仕和仕達住基是也。

　　一、下宅是謝坑大墓心，仰田、龍會山、塋上三處陰地頗美，人財頗旺。

又十一世祖廿四公，字汝爲，娶武口提刑王汝舟女，内助廣廈，置田貳千餘畝，子孫極其繁盛，爲一鄉之冠，即今孟禮、宗美住基是也。晚年造壽域於大墓心古宅園，及吾族始祖之地，四畔以石牆圍之，磚羅二塚其中，遷丑山艮向，立誓云："不許后代侵葬。"後因愷一公先葬，各房効之，今禁止不許。

一、官源水口路，古隨大溪而出，叔通改從馬鞍凹朱湖山，係汪竹塢汪氏始祖墓，令主子孫富貴，因穿此凹，世世木匠而已。

一、左坑源古無陂堨，係叔通新築鑿圳取水，上接區石堨，澆灌朱大坵田，下穿圳，從村心而下，至橫溪，搭梘澆灌竹林，下朱脣坵，洪族宅基因此穿通，致子孫不能顯達。太祖崇五公復行築塞，上有朱嘉坵、東湖坵兩處田，仍放此堨之水，不可盡塞。

一、程田坦古有佛寺一所，在叔通住宅之後，惡釋爲鄰，將寺遷入官源村末迨今，胡俟舊右基是也。其寺僅三百餘年，元至治間，此寺傾頹，改至東林塢，號"福庵"。壬辰，兵火，此寺仍存。洪武初，汪士儀廢之。

一、宋忠臣文天祥弟敬所公避難來婺，授業於下宅四伯公之門，數年而歸，後吾宗在九曲橋邊建立書屋，延以教里中子弟，號"仁里會"，今遺址尚名學堂坵是也。時胡雲先生作《純正蒙求》，公爲之序，謂作於星源書舍，即此地也。

一、官源始祖觀察公神道坊，原係歙西洪坑尚書恭靖公爲御史時過婺源，索官源舊譜觀之，與伊家乘相合，深以爲喜。至嘉靖丙戌年，擢都御史，合六邑之正派，在坊前建立神道坊，亦一時之盛典也，後因歲久傾頹。

一、洪氏宗祠，裔孫覺山自溫解綬，倡率族衆，將先塋以禮移葬於經綸公墓之左右，以便雲仍奠祭，乃開闢舊址，建立宗祠。因路道不便，將祠外右邊餘地對易，取大路，闊計八尺，從前望上而通大路，乃光前裕後之盛舉也。

此官源事蹟，雖不係於各派，然各派之由盛衰蓋相關也。因舊存之，使後人略知興廢之故云。

——嘉靖《新安洪氏統宗譜·官源沿革事蹟》（不分卷）

清雍正婺源縣上溪源程氏鄉局記規

鄉局記規

山川氣聚而成局，人居局内而成鄉，是人賴鄉局以奠安也。然其中形勢之偏全，氣化之盛衰，人事之得失，得其人而維持調護之，始可鍾地靈而致人傑,是鄉局全賴人以培助也。若不培助而戕害之,不過貪利以爲己耳!抑知鄉局真元氣斲喪,靈秀不鍾,災殃遞起,一鄉固罹其禍,彼非局内居耶,安能獨全其福哉?利己必害人,害人終害己,亦何益哉?夫鳥居尚固其巢,獸居亦堅其穴,人居鄉局而不思培助之,反欲戕害之,亦獨何心哉?世世子孫,其同爲記中所培助之人而留芳于千載,毋爲記外所戕害之人而積怨於百世,庶幾無虛是記也夫。

一、後龍、護龍朝山、水口,祖宗定界,立墨掌養蔭木,護庇鄉局,各宜凛遵。若斧刀入山者,罰銀壹兩;捉獲者,賞銀伍錢;折取枯枝、爬取松毛者,罰銀伍分,給賞獲捉人員;通同隱賙者,同罰。强梗,合族呈治。至將屋基賣出外姓者,逐黜。

一、後龍爲一鄉命脉攸関,朝山、水口爲一鄉関鍵所係,只宜培養助護,豈容剥削挖毁?以後,緊要處,恃其己業,擅行剥削挖毁,戕害鄉族者,立責培復,强梗呈治。

一、遇外變、兵亂,有財力者,有才能者,須協心維持調護,使一鄉安堵如故。若乘機勾引,殘害全族者,究治除之。

一、上、下橋爲往來切要津梁,因取樹無所,批助牛軒培山,付搭橋之家封禁掌養,永爲取用。如無知侵盗及縱火延燒,依後龍水口、朝山例罰,梗衆究治。

一、造石倉碣,注水上、下池,因水斷截,又助工食與上、下橋僕人,輪次作水,以期長流,爲鎮火星、毓財秀也。如仍截放,罰銀貳錢,强梗呈治。

一、搭橋田租及作池水工食,上、下橋僕分領,則家頭多寡不同。炤家頭分領,則丁口老弱多寡不一,勞逸不均,恐生廢弛。今衆議無論私僕、衆僕,二十歲以上、五十歲以下,住居村内者,勻領供應,小頭遞相總理,庶勞逸適均,永無廢弛之患。

一、橋田及水口神廟税糧,炤舊裝寄本仁祠例,交納僕貼。私役者,合族呈治。

一、水口神廟,惟聽本族窮民無依者立承約,住持食租,治廟事神,并巡守朝山、水口等處封禁蔭木。若勾引僧尼煽惑,傷風敗俗者,立行驅逐,强梗庇縱,合族呈治。

一、文會振一鄉之文運,義倉濟一鄉之困乏,義學啟一鄉之貧豪,皆盛舉也,倡首某輪助,某規條若何,逐一入記,以傳不朽。

一、前賢于橋路、埂印、亭碣之類,勝蹟雖存,芳名難查。族内有殘簡遺編,逐一檢出,編次成記,以表前徽。

一、凡興造、助護鄉局之類，某輸銀若干，輸工若干，某日起工，某日完造，某吉日特作某事，督造某，協助某，匠首某。事完之日，逐一入記。

一、鄉局有爲前人所已培助，有爲前人未培助者，有爲前人所已培助而復頽圮如故者。若能隨財隨力，隨時培助之，則山川靈秀固結而不散，鄉局福祥發越而不窮，世世居民，咸嘉賴之矣，是所望于有志鄉局者。

一、有事必記，記各爲篇，篇各立題，刻板續入，毋得因循積聚，刻貲繁重，致于廢弛，因失証據。

——［清］程昌：《新安婺源程氏鄉局記·鄉局記規》（不分卷）

第二節　保甲規約

清康熙四十六年八月休寧縣藤溪二十七都五啚王茂、金正茂等立保長議墨合同

本啚保長議墨合同　附約議

廿七都五啚立合同議墨王茂、金正茂、王正芳、王永昌等，公議輪流津貼保役以甦困累事。本村一、五兩啚，向係分充保役。後因烟户寥寥，乃兩啚合爲一保。近緣人心不一，且一啚所轄地方，遼闊寫遠，設恐奸宄竊發，安能覺察周詳？禍累匪輕，于是折議各管各保，但五啚半保，共止四甲，烟户稀少，且甲丁貧竄凋殘，不足以供衙門差費。若照古例，概取給于甲丁，則窮丁不堪復古。若委坐于輪役，則輪役苦累難支。于是四甲公議，而一甲王茂有上門、巷門，乃自愿克己趨義，認作兩門。今合共作五門，議得各門每年出銀壹兩，津貼本年當役之人。一門當役，四門共貼，週而復始，永遠遵行。如是則公費有辦，困累少蘇。但王茂本一甲而出兩門津貼，此乃急公趨義之擧。至于當役，仍止照甲，四甲輪當，上門、巷門共當一甲，日後不得反生異説。恐後無憑，立此合同議墨，各執存照。

再議得本啚鄉約，公報總名王道明，輪流隨保充任，各無推委。但十甲金正茂坐當木鐸，不能兼充充約，如值金正茂保長，其年鄉約王茂、王正芳、王永昌、金正茂四股朋當。再批。

康熙四拾六年八月　日，立合同議墨

王茂經議　王翰周　王公佩　王公遇　王又勳　王楚玉　王克聖
　　　　　王公執　王恭度
金正茂經議　金爾成　金君三　金良璧
王正芳經議　王永貞　王子厚　王漢臣　王天行
王永昌經議　王汝潔　王穀臣　王庭玉　王若薇　王養先　王衍奇

　　　　——《元至正二年至乾隆二十八年王氏文約契謄錄簿》，
　　　　　原件藏南京大學歷史學院資料室，編號000013

清光緒二十一年六月祁門縣十九都舜溪汪光烈等立同心整頓保甲合文

　　立同心整頓保甲人十九都汪光烈、汪肇鎔等，緣奉憲諭，近日竊案疊報，及遊民假稱逃荒過境，遁盜財物併附近鄰縣挖棺竊骨，實屬古今奇變。務須認真整頓保甲，晝夜梭巡，使匪徒不敢竄入。如有混迹在境，許隨時綑送至縣嚴辦等諭。是以我都各村公同商酌遵諭，認真防範，查詰面生可疑之人，不許窩留滋弊。今議聯絡一氣，如有前項匪徒，一經拿獲，傳知各村，公同禀縣，毋得退縮不前。此係利害切近，各保身家，萬難疎懈釀患。爰立合文拾六紙，各村收執壹紙。事宜集商，務須齊到。倘有推諉，公同議罰。恐口無憑，立此合文存照。

　　光緒式拾壹年六月初三日，立同心整頓保甲十九都舜溪：汪光烈 押
　　　　　　　　　　　　　　　　　　　　　　　序　和 押
　　　　　　　　　　　　　　　　　　　　　　　心　田 押
　　　　　　尚田：汪應瑞 押　神慶 押
　　　　　　金山：鄔子明 押
　　　　　　馬山：葉仲馨 押　明光 押
　　　　　　馬口：葉秀林 押　有才 押
　　　　　　低岑：葉洵川 押
　　　　　　倫坑：汪肇鎔 押　秋浦 押
　　　　　　上箬：王子璋 押　柳塘 押
　　　　　　下箬：王福九 押　鎮女 押　永卿 押
　　　　　　正冲：陳紀人 押　樹屏 押
　　　　　　淑里：黃大福 押　濟清 押
　　　　　　栗里：王本開 押　接財 押　仁進 押
　　　　　　插坑：方新起 押　王濟中 押
　　　　　　大滄：王琢成 押　胡用之 押

　　　　——散件文書，原件藏黃山市安徽中國徽州文化博物館

第三章　義莊、義田暨社會救助規約

第一節　義莊規約

宋淳祐九年六月至元至元二十三年正月休寧縣下東金氏義莊板榜規約及續增規條

下東金氏義莊贍塋

亡宋公據金朝散申照對英德知郡親從兄弟，昨英德弟家居之日，因聚話之頃，慨念寒宗子孫蕃衍，居貧者多，不可無以資給之，擬效鄉先達汪寺丞、許郎中剏立義莊之遺意。事未克竟，而英德弟遽爾捐舘。後嗣侄大鏞克紹先志，撥戶下田玖拾餘畝，計租壹千秤，以充義莊之用。本官嘗擄諸家規約條畫，宜刱造莊宇，悉已周備。但念垂遠之謀，非藉官府主盟，無以禁防後弊，申乞送案給據，以爲悠久之傳，則闔族俱拜盛德之賜。仍乞帖縣照會，奉判府煥章大監台判案，呈給使案，具呈。案官書擬，欲併備所申給據，仍帖縣照應，奉判府煥章大監台判行，除已帖縣外，須至給據者。

右給據付金知府宅收執照會。准此。

淳祐十一年十二月初三日給據。

　　使　　押

制參自序開具田畝鐫刻石碑

大鏞竊謂義莊之立，前賢言之詳矣。事有其原，故不紀述。粵自先考英德知府居逸之時，環視父族，有未優給，慨然有置立義莊之意。暇日，與伯父臨江判府商之，囑大鏞行之。適伯父開藩清江，而大鏞勿務，汨汨以故，罔獲訖事，此念未嘗少釋。會伯父解職來歸，而大鏞亦得休息故廬，遂撥田近頃，爲穀滿千，成於己酉之六月。適遇歲稔，田膏而穀實，若造物有以相之者。雖然無本不立，非人不行。經畫數年，成就一日，使大鏞得繼先志，以上慰九京之望者，實藉伯父判府張主之力也。所有田叚、稅錢具列于後：

忠孝鄉，稅錢肆貫玖百壹拾玖文伍分三厘；
安樂鄉，稅錢壹貫陸百捌拾文貳分陸厘；
由山鄉，稅錢壹貫玖百叁拾貳文叁分叁厘。
忠孝鄉田畝坐落：
一都楊村尚田肆畝叁角零二步；
　　　　尚田二畝二角零五步；
　　　　尚田四畝四十步；
　　　　尚田九畝貳步；
　　　　尚田一畝三角三十五步。
　　　右五項田內，各取一半，共上穀一百二十三秤。
靜村寺干口忠田二畝三角三十七步，上穀三十六秤；
雙干尚田一坵，內取一半計二畝零四十五步，上穀二十二秤半；
麥岐村忠田三畝三角三十八步，上穀三十秤；
胡墓充夏田一畝五十一步，上穀一十五秤；
一都十保靜村井坵忠田二畝一十步，上穀二十八秤；
靜村打石充夏田一畝一角四十八步，又
　　　　夏田二畝三十六步，又
　　　　次夏田四坵計一畝一十八步，又
　　　　次夏田三坵計一畝五十六步。
　　　右四項，共上穀二十六秤。
靜村西後塝尚田六畝三十步，上穀七十二秤；
靜村寺干尚田二畝五十步，上穀二十四秤；
一都富良坑忠田一畝一角三十八步，又
　　　　忠田三角五十八步，又
　　　　忠田三角三十四步，又
　　　　忠田三角二十步，又
　　　　忠田一角一十二步，又
　　　　尚田三角二十八步，又
　　　　尚田二角四十步，又
　　　　尚田一角三十步。
　　　右八項，共上穀六十五秤。

一都強坑尚田一畝,上穀一十三秤,又

　　尚田二畝一角,上穀二十八秤,又

　　尚田一畝一角二十一步,又

　　忠田一畝三十七步,共上穀三十秤。

安樂鄉田畝坐落:

二都董干尚田四畝一角二十五步,上穀六十秤;

三都小兒墩忠田二畝三角二十二步,上穀三十二秤;

三都石橋坑忠田四畝二角二十步,上穀四十二秤;

三都泉水干名羅圻尚田二畝四十步,上穀二十六秤;

三都泉水干名十六圻,内取東頭尚田二畝五十步,上穀三十五秤;

三都泉水干名攔絞圻尚田二畝三角一十步,上穀三十六秤;

長汀後村夏田三畝一角二十八步,上穀三十二秤;

三都十保古城忠田二角四十七步,又

　　古城南門充夏田三畝一角四十步,共上穀四十秤。

由山鄉田畝坐落:

易村下竹忠田四畝二角五十步,上穀四十八秤;

易村牛欄圻忠田二畝一角二十一步,上穀二十五秤;

易村笋圻尚田五畝零八步,上穀七十秤;

葉充夏田四畝零二步,上穀四十五秤。

　前項通共上穀一千秤。

　右具在前撥付義莊輸稅管業,其條畫并遵尊長臨江判府所立《規約》施行。

　淳祐九年六月　日,登仕郎大鏞謹書。

義莊板榜規約

　切見義莊之設,所以嘉惠族黨者甚厚;規約之立,所以維持義莊者備至。況莊以義名,尤望夫相與以義也。苟不篤規約,是遠而使利乎己之私,所謂百年成之不足,一日壞之而有餘,豈不辜前人刱置之美意哉?今義莊已定而規約未立,因披閱文正范公及諸家規約,擇簡易可行者,參之衆論,條列于編,庶可以永其傳。

　今具《規約》畫一于後。

一、義莊租額穀管一千秤有奇，逐年隨所收，除存留、輸納二税及修築、備水旱之費外，餘者斟酌支給，分作二次，當年十二月至次年四月各一次，不許私自擅支及假借。如有存剩者，照時價發糶，樁管價錢，以備支用。

一、義户人口，不問男女，以二十以上爲大口，二十以下爲小口。其小口所給，減大口之半，女出嫁勿給。遇有生長男女，各要半年内報掌事人注籍，違限不報，後年長不理爲口數。如審會了畢，即時附籍。若籍後一年内更不更改，或義户單身無妻兒住家者，許附親房口數内支請。如亡殁者，照口數銷落。

一、義户支請，若計口數，似於繁多。倘不論多寡，一等支給，又恐不均之患。今以口數多寡，分爲三等，庶可適平。

一、義户與本宗，並不許耕作義莊田，詭名者同。如違，閣支。其佃人或有抵頑負，不遵告諭者，參之衆議，亦與改佃，不受情輕易更替。其義莊佃户所合優恤，使之安業，不許輒有搔擾及私自役使。如違，議罰。

一、諸房嫁女，支會五十千；再嫁，減半。娶婦，支會五十千；再娶，不支。候婚姻有期，諸位保明申到，方許支給。如有妄冒，保明人閣支。

一、諸房喪葬，如是長上有喪，先支會三十貫。至喪事，又支會二十貫。卑幼二十以上喪葬者，通支會二十貫文。

一、今衆議委請掌管，凡有合行事務，亦要公心，同共區處，不許自立異見，引惹浮議。

一、委請本宗公當、爲衆所推服者掌管，其事所掌，看兒、收租、支給、修築、田畝損傷去處，遇水旱用工救户，輸納二税，及義莊内一切事件，凡出入支遣，並要公當，逐一具帳。如有侵犯及不公心管幹，許族人糾察，定當議罰。如將來願替者，許衆人推擇委請。

一、遇有《規約》不載及不盡事理，掌管人與諸位議定保明，申主盟尊長位，須待回報，方許施行。

一、所撥義莊田畝，並謄寫字號、畝步入《砧基簿》，經官印押，收在尊長位，永遠照用。如有添置田畝，續次編入。

右具于前，各宜循守。

寶祐元年三月　日。

今具續置田叚坐落于後：

一都五保忠田二畝，上穀二十四秤；

二十五都十保忠田二畝一角五十四步,計四垃,共上穀三十六秤;

一都富良坑新開田,上穀伍秤。

又增續贍塋義莊田段規約

亡宋公據今承金朝散公劄申述。夫贍塋之有田,其來久矣。載之《條例》,則曰"墓田";見諸典籍,則曰"祭田"。是田之設,豈特爲飲食、遊玩而已哉?亦以見孝子慈孫祭祀時思之義也。歷世浸遠,枝派益繁,其間不無貧富之殊、新疎之異。有力者吝於費而不肯爲,無力者憚於費而不能爲,由是此禮遂成湮廢,是豈子孫之忍於忘其親?亦其勢使然也。

吾族本系開封,自先尚書以詩書起家,澤流後裔。厥今門户寂寥,從宦者稀。文剛密藉祖宗遺休,竊升斗禄。先叔户下之産,盡遜與弟文輝承受,辛勤積累三十餘年,粗得溫飽,然亦敢忘所自?每恨宦輒奔馳遠去,墳墓不得以時拜掃,祇用歉然。今幸奉祠里居,得償素志。倘不勉强措畫,定立成規,何以盡奉先思孝之義?今自置田租二百秤,名曰"贍塋",令項拘樁,仍請族中之老成謹重者主掌之。每歲仲春,祇備觴豆,率子弟輩羅拜于先塋之下。或棟宇之有欹損,墙垣之有頹壞,得以措置而修葺之;或墓禁之有人侵犯,林木之有人斫伐,得以檢行而主張之,則知拜掃之舉,非以是爲虛文,其所關亦甚重也。今族中無常産者,既有義莊以周惠之,又有贍塋以供祭祀,是固存殁之幸矣。雖然創之非難,守之爲難,繼志述事,全在乎人。尚望族衆以根本爲重,以孝敬爲先,相與保守,罔俾失墜,此又卷卷屬望之意也。非藉官府主盟,無以爲垂遠之計,奉判府焕章大監台判:金知郡置田贍塋,爲族屬春、秋掃拜,用見示公劄,欲周家給憑,以爲永遠傳守。此舉甚偉,其慮尤長,誠可敬嘆。案呈僉廳,書擬欲備,所陳給據,奉台判給。須至給據者。

右給付收執照會。准此。

淳祐十一年十二月 日給。

今具贍塋田段、税錢具列于後:

忠孝鄉,税錢四百三十一文;

良安鄉,税錢四百單九文八分九厘;

安樂鄉,税錢九百一十三文二分;

吉陽鄉,税錢一百六十八文三分。

田段坐落:

忠孝鄉一都四保，月字一千六十號，又一千六十一號，夏田二坵，計一畝二角四十五步，在靈鳥湖，稅錢一百單五文三分。東葉榮地及葉縑衆山，西劉昕地，南自墳地及劉昀衆塘，見租穀五秤。此項係是元來衆家祖物。

忠孝鄉一都十保，月字一千五十三號，尚田一坵，在土名西坑水竹塘下，內取一半，計二畝二角一十七步，稅錢三百八文五分，上穀二十二秤；又塘二角一十三步，東陳超田，西汪植田，南水坑，北陳才山及塘，稅錢一十七文三分。

良安鄉二都六保忠田一坵，土名皁角樹，計二畝二角四十五步，稅錢二百七十文四分三厘，上穀二十八秤。東至葉榮田，西北至鮑紹田，南吳琢田，北畢三二太田。

良安鄉二都一保，月字一千二百九號，尚田一坵，計一畝二角六步，土名查干，稅錢一百九十五文二分，上穀二十二秤。東吳邦田，西、北至任慶逢田，南自田。

良安鄉二都十保，月字六百七十五號，夏田一坵，在古教場，計二畝四十三步，稅錢一百三十九文四分六厘，上穀三十秤。東至路，西至孫仁泰山，南至夏珍年田，北至金總幹田。

安樂鄉三都八保，字七百九號，忠田四畝三角二十（畝）[步]，在塘樵干，係二坵，稅錢四百六十四文，上穀四十五秤。東、西至葉大霖田，南至葉大禮田，北至葉大川田。

安樂鄉三都八保，字七百二號，忠田一畝二十步，土名麻鴨坵，在塘樵干，稅錢一百四文，上穀一十二秤。東至吳閔田，西至吳勝師田，南至任和田，北至自田及水塘。

安樂鄉四都七保，宇字六百八十號，忠田一坵，在地名西山，計一畝二角二十步，稅錢一百五十文，上穀一十五秤。東、西至汪晟田，南至金員田，北至汪元田。

吉陽鄉八都九保，日字二千五十號，忠田一坵，計二畝三十步，在郎源，承東塘湖水，稅錢一百六十八文三分，上穀二十六秤。東至自田及葉宗政，西至汪格田，南趙衍田，北陳德田。

增置義莊田畝、稅錢坐落于後：

三都十保，月字二千六十五號，尚田一坵，計四畝一角一十三步半，在泉水干，稅錢五百五十文二分，上穀五十二秤。東至汪千、乙秀田，西金提舉田,南義莊自田,北汪將仕田。

同處同字號,尚田一坵,計四畝五十一步,稅錢五百三十九文二分,上穀五十秤。東至曹新恩田,西汪將仕田,南曹元田,北自田。

同處,宇字五十號,尚田一坵,計二畝一角三十二步,稅錢三百四文,上穀三十二秤。東至汪千、乙秀田,西吳漕元田,南曹新恩田,北金學諭田。

三都二保,月字二百一十號,尚田四畝一角三十三步,在上塌,名和尚坵,稅錢五百六十一文六厘,上穀五十二秤。東至渠,西吳漕元山,南汪六三太田,北渠。

同處,月字一百九十四號,忠田一坵,計六畝四十六步,名張村,稅錢五百九十四文四分,上穀七十八秤。東渠,西程念二公山,南汪六上舍田,北漕元田。

三都三保,月字四百三十八號,忠田一畝一角五十四步,在社屋前,名四畝坵,稅錢一百四十一文六分。東至渠,西趙四十上舍田,南、北至吳漕元田,上穀二十秤。

同處,月字四百九十九號,尚田一坵,計三角,在上塌口,外有五十四步,水打沙漲不上,稅錢九十六文,上穀一十二秤。東至渠,西、南吳漕元園,北吳主簿田。

二都七保,秋字三百七十二號,尚田一坵,計一畝一角三十步,在新塘下,稅錢一百八十五文六分二厘,上穀一十八秤。東至吳教尉田,西程沂田,南程孝思田,北汪子宗山。

二都十保,月字一千九百三十九號,尚田一坵,計三角四十步,內取一半計一角五十步,稅錢六十一文八分八厘,地名曹村。東、北至韓家田,西、南至吳家田。

同處,日字二百五十號,忠田一坵,計一畝一十六步,內取西頭一截,稅錢伍十文五分。東至韓家田,西曹家田,北程家田。又同處瓦瑤基新開田一小坵,計三十步,稅錢四文六厘。以上三項,共上穀二十八秤。

吉陽鄉,日字一千二百二十五(文)[號],尚田二畝二十二步半,在京塘口,稅錢二百一十八文五分九厘,上穀二十二秤半。東至自山,西葉家山,南葉家田,北自田。

吉陽鄉,日字一百二十六號,尚田二畝二角二十三步,在沈村干并南頭水堀,稅錢二百九十七文一分一厘,上穀三十六秤。東至吳文與田,西楊家田，南吳家山及自水堀，北沈家田。

一都四保，忠田一坵，計一畝二角三十三步，稅錢一百四十九文四分六厘，上穀二十二秤。

壬午年續置規條係貴乙叔長親述

壬午年，義莊出納等事，以行列資次，合是千四兄長朝奉同某共管。但某思之影隻頗勌，恐心力有所不逮未免，與千四兄長商議，請千四兄長照前來體例，任提綱之職。某與衆位除在幼人之外，共一十二位，並請公心管辦莊內事務，仍依前硬租六分半，不以旱澇豐熟，永爲定例，庶得利害惟均，族黨輯睦，實爲悠遠之規，不負先尊長美意。謹逐一再行開具合當事件于後：

一、提綱掌管交收、支出及印鎖、倉敖等事，併掌簿籍。

一、管年一十二位，共管看兒、除放、輸納官賦及應丁科徵等事，內桂一弟一位，本任掌事之職，今亦只得俯從諸位管年，併掌簿籍。

一、管年一十二人，分爲東、西位：東位係是桂一弟、貝三弟、萬五弟、桂六弟、元三侄、懿侄，西位係是貴二弟、貴五弟、佛弟、元四侄、茂乙侄、元八侄，永爲定例，不許參差。

一、看兒一項，若一行十二人並往佃家，費其飲饌，必致虧租。今來仍依上年分東、西二倉掌管，每邊六人，須是從實，不許私與佃人通同以多爲少，瞞昧入己。提綱不測，前去覈實，如有敝倖，公共屏黜，不許干預管年。

一、除放，請管年將佃人報帳，擬數前來，提綱斟酌批放。如消折太多，請提綱親臨審實，方行批放。

一、租額硬還六分半之說，仍照前規。倘有消折，各以本身穀陪還。如不伏者，屏黜，不許管年。

一、交穀，除兒放外，顆粒並要入倉，不許於佃人名下折鈔入己，亦不許通同佃人坐欠，續行私取入己。如犯此約之人，定行屏黜，不許管年，併行閣支。

一、佃人或有坐欠些小，東、西倉各自齊心，及時催取。如有頑佃坐欠至次年，看兒時，先照例還足，方與看兒。

一、輸納一節，今年提綱同管年均行兌納，不許推調。如推調不應限納者，公衆便行屏黜，永不許管年。

一、自今年以後，定是存穀在倉，提綱同管年封鎖，候發糶、輸納，庶免臨時有敷先之撓。

一、支俵，照舊規，隨支遣，存留外，隨多寡分俵。其支遣數目，非提綱對衆公平批注，不在理筭。

一、祀先一節，自除贍塋正行支用外，每年仲春，仍請管年各將紙錢分去摽墓，庶子弟知有祖宗。爲子弟者，憚勞不到墓所，提綱覺察得知，准不孝不悌論，定行閣支。

右具如前，各宜循守。

至元十九年六月二十八日。

乙酉年終新置規條

佛孫等曾作簡申明，今年因支遣繁多，支請似覺太簡。蒙提綱尊長千四朝奉及貴乙宣議批注，別立《規條》，謹逐一抄白于後：

某偕月淑弟，承佛哥暨諸侄惠訊，言及義莊今年因支遣繁多，各人支請，似覺太簡，欲別立規模，從長區處，此說頗合某與月淑弟之意。緣某頭顧老甚，兼抱病耳聾，月淑弟又多爲學舘所繫，每年帳目不過據帳署名僉字而已，中間委折，不欲盡述，徒醜外觀。今截自至元二十三年爲頭，請族衆、弟侄輩皆預看兒及公私管幹收支，庶無欺隱之弊。某雖既老且病，仍居一族次長，有不容坐視者。在月淑弟，亦當共提其綱，不可辭責。貴二弟、元三侄兩位，仍着掌事之勞，但不必親去履畞，庶有體統。若諸弟侄輩或因看兒，通同佃人侵欺弊倖，請二位掌事采訪得實，報某與月淑弟，當公共別行議罰，以爲徇利傷義者之戒。所是應干公私收支帳目，望諸弟侄輩須是逐月見示，切不可因循過月。某老病不能親歷，只得令兒子楚老隨侍諸位，一同看兒、管幹收支，庶某與月淑弟皆知逐月帳目分曉。若夫每年佃人納到雞、酒微物，隨掌事及管年諸位分俵，某斷不較此。更望體認老者區區之意，切不可因此微利有傷尊卑、上下和氣，幸甚！仍望諸位便賜回報。

至元二十二年十二月十八日，某謹領某上啓。

再上尊長柬

廷輔等蒙尊長批示，令廷輔等自至元二十三年爲頭，一同管幹義莊贍塋事務。仰見主維公是，但每年雖有佃欠，至次年筭帳之時，只是鶻突。廷輔等卑見，欲得尊旨，索出今歲佃人欠穀細單，點差一人，前去理取椿管，准俗公私支用，逐月具帳申呈，方爲允當。謹再此拜覆，伏乞尊照。

廷輔、新孫、佛孫、懿孫、周孫、通孫、漢英等拜覆。

復柬

每年佃欠鶻突之弊，皆非於桂二弟、元三姪兩員固位不肯棄捨，所以如此。今擬乞請通姪主幹，仍令莊僕催索，隨多寡，吾二位封椿，以待用度。然此未敢懸便，伏取千四朝奉尊兄長裁旨。某拜覆。

又

至元二十二年，分佃人坐欠未交之穀，請通姪帶莊幹六七前去催取，仍逐時將取到數目見示。其鈔並椿管在通姪名下以待，此去公私用度，此係月淑弟立説。如此，極是，極是！又應于莊内事務，出入往來，凡支費須是有名色，當支則可，然亦不可借此多支。如無名色當支而妄支者，莊内斷斷不認此費。又無故自相與買酒炙共享之者，莊内尤分毫不認。同年月日，某再稟。

今具丙戌年新立規約于後：

一、衆共看兇，當來千四朝奉批云：若以行一十二人並往佃家，費其飲饌，必致虧租。仍依上年分東、西二倉掌管，每邊六人。今則思之，若分爲東、西倉，恐仍有弊倖。自丙戌年爲頭，隨有工夫能事者，只作三五日内並行看兇，其除放合到提綱宅，當面除放，書寫佃狀，併定數目，上簿分曉。如有私與佃人，通同以多爲少，瞞昧入己，提綱不測，前去覈實。如有弊倖，公共屏黜。其除放亦不許一人獨自擅權，定要參之衆論，方與批放。

一、掌事之責，徑依千四朝奉尊旨，不必親自履畝。或有私約，堅要攙前私去看兇，生事撈擾，在提綱亦斷斷不准，衆位亦合申舉，公共屏黜。

一、敖口斤頭，除族中俵送依前來舊規外，並行均分。其每年羡餘，隨多寡均分，提綱二員、掌事二員、管年九員外，餘者並不在均分之列。

一、田信雞，提綱二員、掌事二員，提綱人各六隻，掌事人各五隻，外管年九員，自行均分。其酒錢並與管年，以爲裹足之助，提綱、掌事不在沾分。俟取足日，於酒錢内合撥些小，爲提綱、掌事一盃之奉。

一、提綱、掌事支請，依舊規外，各員添支穀拾秤。

一、下倉交穀點心，自丙戌年爲頭，人各饅頭一雙、酒一盃，隨多寡，人員上帳。如有別行過支，莊内並行不認。

一、兑支鈔物，應于用度，合依近來《規約》，計月依例還息。若管年人内有本力者，通衆充兌支遣，連押簿籍，附兌支人照會。其帳目，定就月終結筭，請掌事批注，提綱僉過爲憑。候收成日，先撥還，兌支本息及輸納官賦了畢，然後方行俵送。

一、凡在義莊人員及管年等，並不許到佃名下私自收取分文穀鈔。如有此等之人，定行公共榜示，併行閣支，永不許管幹莊內事務。

一、自丙戌年爲頭，只行春季摽掛之禮。其秋季摽掛，年來時艱事阻，且行寢免。

一、每年族中有當行禮典，不可缺失。最是賀正之禮，久已虧廢，今已自丙戌年爲頭，團拜于都尊長宅，歲終亦合行分歲禮，以聚團欒之會，庶尊卑名分愈久愈明，式副義莊摽名之美號也。所立條目如前，永爲定規，毋更紛更，各宜體悉。

至元二十三年正月十五日具。

——正德《新安休寧文昌金氏世譜》卷末《附錄》

明弘治十五年七月休寧縣下東金氏宗族贍塋田租規約

下東金氏續置贍塋田租規約事實

蓋謂慎終追遠，此仁人孝子之事其親，而尊祖收族又賢子孫之弗忘其本也。丘隴者，先世體魄之所藏；祠廟者，祖宗神明之所依。故摽其墓以致展掃之誠，祭於家而盡時思之孝，禮之當然也。凡有血氣者，尚知報本，況於人乎？

吾家自始祖大三府君、三世至尚書少保忠肅公及通奉諸公，清忠亮節，史册流芳，丘墓垂三百餘年，松楸無恙，可謂君子之澤，雖遠益綿。厥後提舉公文剛、英德公文郁、制參公大鏞，思慕祖宗積德，以致子孫顯宦，感而相謂曰："昔先正范文正公義田之舉亘絕古今，吾今豈可獨享富貴，不念祖宗，不恤宗族哉！"遂共撥置負郭膏腴之田如干畝，立石於藥師院、覺林菴二處，以祀通奉、尚書二公。歲入稻如干斛，以備春、秋祭祀之費，餘貲以濟族之貧困者。凡婚姻、喪葬，資給有常數，皆倣范公遺意。嗚呼！盛哉。迨元延祐，經理罷去，存者無幾。僅有藥師院一處，幸我族子贖復獨存，據稅爲業，使前人尚義之規湮沒復起而無遺憾矣。後因裔孫追思先範之美，以祖宗根本爲重，斂財隨宜，措辦祭掃。成化癸巳，藥師院富瑯蔭木被風撼毀，鬻銀拾餘兩贏。

至成化壬寅，奉禮部爲建言事，會議奏准：凡有遠年近日功臣墳墓處所，務使附近人民用心守護，不許一應人等侵占毀伐。通奉公十一世孫、溆浦縣丞忠義，同弟清陽言于官，時邑侯安成歐陽公有景仰先賢、表章忠孝之盛心，即修忠肅公墓，并竪石牌坊表，乃爲文祭之。又石砌太淑人朱氏、恭人洪氏諸墓復新，而其前所贏之銀，除應支外，餘剩銀兩，忠義令弟侄希昂等輪流蓄利。已置田壹拾餘畝，每歲收穀壹百餘砠，以供清明各處墓所摽掛儀物。是設也，非爲酒食、遊玩而已哉！是俾吾族子孫登丘隴則思孝，撫松楸則思敬。遇有丘塋損壞，稟衆修理。或有被人侵害，則同理直，庶孝子慈孫尊祖之義也。若不定立成規，何以垂戒以圖久遠？今將所置田租，名曰"贍塋"，其稅糧欲以分收各户，恐有混失，遂於弘治十五年造册，以二都三啚立爲一户，名曰"金贍塋"。凡我同族之人，以祖宗爲重，孝敬爲先，相與保守，世世無艾可也。雖於前人義田賑族之舉邈然不及，而於一族贍塋報本之謀頗爲永範。於戲！古人云："創業難，守成亦難；起家難，保家尤難。"理哉，斯言！今吾等立此者，非一人之功，猶恐背之者在一時之誤，可不懼哉！如有各房子孫不肖盜賣，則理之，取贖還衆，仍以不孝論之，視如陌路，不許入族。今將所置田租坐落、字號、四至、畝步，并《摽掛條約》，逐一開具于後。直下子孫，勉之，戒之。

弘治十五年壬戌歲夷則月中浣，通奉公十三世孫智忠齋沐稽首拜書。

今將田畝坐落開具于後：

號字二千零八、二千零九號，計田叁畝零四厘，計租貳拾陸砠，重貳拾伍斤，系鉄砠，土名羊鵝坑。東、西至山，南路及吳家田，北林添德田。佃人曹福慶，脚酒四厘。

此號弘治十二年三月初六日，用價銀二十九兩七錢買到五都二啚夏孟清户下田，弘治十五年過稅訖。

號字二千四百二十八二十九三十號田，計二畝零九厘三毫；又同號共坵田計一畝。共計租二十四砠，重二十五斤，系鉄砠，土名野塢塘。東至劉家山，西渠及程家山，南劉家田，北夏、劉二家田。佃人每砠脚酒四厘。

此號弘治十二年三月十七日，用價銀一十六兩買二都朱永和同弟朱音華二畝九厘三毫，弘治十五年過稅訖。

正德九年六月二十九日，用價銀九兩買二都七啚程鳳田一畝。張字號田，計二畝有零，計租二十一砠，重二十五斤，係鉄砠，土名東干。東至王宅田，西吳宅田，南路，北路。佃人金社記，無脚酒。

此號正德五年二月十日用價銀三十五兩買二都六畾程思文户下田，正德七年過稅訖。

號字二千三百一十六號田，土名和斜。東至路，西金家田，南路，北高塝。又，號二千三百二十九號田，并前號，共計三分。東至渠，西曹成田，南、北路。佃人曹大囤，每砠脚酒四厘。

——正德《新安休寧文昌金氏世譜》卷末
《附錄·下東金氏續置贍塋田租規約事實》

清道光十二年十月歙縣大阜潘氏宗族蘇州支族松鱗義莊規條

松鱗莊規條　道光十二年十月定

一、義莊之設，奉祖父遺命，所以專祭祀而恤宗族也。吾潘氏子姓繁衍，吴郡、新安及他省散居者甚衆。今定《贍族規條》，斷自六世祖主政公始，凡主政公支下子姓貧乏者，量加賙贈。其非主政公支下者，不得濫行請給，亦不准捐田附入，以歸畫一。惟現當創始，經費未充，未能即援范莊成例，給發月米並一切不急等項煩瑣開支。所有詳細規條，統俟續定後呈官鈐印遵行。

一、叔父芝軒公奉叔祖光禄公遺命，捐田二百畝，爲貧族子弟讀書公産，於道光十二年三月，諭令從兄曾沂在籍遞呈各大憲立案。所有規約，亦俟議定後一體遵行。

一、主政公支下子姓，有自願捐田入莊者，不論多寡，均足以徵好義。若以中下之田託名捐設義産，實則冀免賠累者，難逃衆論，斷斷不可。至所捐田畝，一體歸掌莊子弟經管，捐田之子姓，不得藉此干預莊務。如捐在百畝之外者，得祔祀於莊，以昭敦本之意。

一、向來義莊俱有一定規條，惟聽掌莊子弟依規處置，以專責成。族人雖是尊長，不得干預侵擾。如日久玩生，掌莊人果有侵欺確據，許族中公同據實申官理斷，責令償納。倘有捏詐興詞，紊煩官府者，照《大概莊例》，官爲懲儆。

一、義莊不得典買族人田土，費用雖闕，不得向親族借墊。倘數年之後，蓄有羨餘，亦衹准添置田産，不得放債取利。

一、義田現衹壹千餘畝，爲數不多。倘遇歲歉，不敷所用，則權事之緩急,隨時酌減。豐收後,仍照規支發,要在調劑得宜,以免支絀之累。

一、凡莊內條漕、公用、春秋祠享及給發錢米,并零星雜用,俱分立計簿,逐月結算,年終彙造總册核銷,毋許稍事蒙混。

一、義田與大概私產不同,私產供一家之用,租缺尚可別挪。若義田缺租,錢糧、賙給、公用,何從挪補?嗣後,收租例限年清年款,不准顆粒拖欠。頑抗者,分限根追,呈官後,立與准行。

一、莊屋,族人不得占居會聚、借貯什物,莊內器具,不准移用。

一、現在所設義田壹千餘畝,業將官給方單以次黏連成册,註明"潘氏義莊田單"字樣,並詳造都圖、字圩、坵號、佃名、租額、條漕清册,一并呈官,逐紙鈐印,發還執守,以昭慎重。日後添置添捐田畝,即照此例,由莊內隨時造册,註明"義田"字樣,呈官鈐印執守,不得任意存貯,致有私行典賣之弊。

右共拾條。

掌莊遵祁、希甫謹志。

——民國《大阜潘氏支譜·附編》卷二《義莊規條·松鱗莊規條》

清同治七年二月歙縣大阜潘氏宗族蘇州支族松鱗莊增定規條

松鱗莊增定規條　同治七年二月定

一、義莊,自蘇垣克復以來,幸賴祖宗蔭庇,祠、墓繕修,俱已完備。嗣後,約計歲入所餘,足敷祭祀、修葺、賙給之用。謹推廣先人遺意,酌加規則,以公同族。所望子姓繁衍,各務本業,毋忘締搆之艱。倘日後度支日繁,凶荒偶告,遇有入不敷出之時,惟有照范氏成例,分別酌量裁減。俟經費復充,仍照規全給。

一、子姓讀書,最爲訓族第一事。族人無力讀書者,厯年雖有貼費,未見實效,亟應分別鼓厲,以廣栽成。嗣後,初識字,讀四子書,每節貼修金一千文;能誦經書,每節一千五百文;開筆作文,至二十四歲爲限,每節二千文。均由各支總查明,令擇師附學,據實具報,給與領據,按六節支付,全送塾師,不得留存別用,以致有名無實。每仲月朔日,各支總帶領本支學徒到莊,分別試以背誦、寫字、作文,優者加獎。如實係可造者,再酌加脩金,期得日新之益。其遠在鄉塾者,支總以時督查,不限何月朔、望,每年兩次到莊查課候獎。其學業荒落及規避不到者,分別停減貼費。

一、初從師者，報明後，由莊給與方字若干，以後讀書習經，隨時加給《四書》《五經》。仲朔赴莊，將所給之書携至，以憑查課。作文者，並帶課作來，不得託故遺忘。違者，亦停減貼費。

一、舊規：考費，縣、府試，各一千文；院試，二千文。今試院移建郡城，無舟楫、桌櫈之費，自應核減。惟縣、府試招覆者向無區別，未足以示鼓厲。今定縣、府正場，各給五百文；每覆一次及考性理，三百文；院試正場，五百文；考經古、性理，三百文；歲科試正場覆試，與小試同。以上均由支總於正案已發後，彙報各人每場名次，並以逐次浮票爲憑，按規給發，無票不給。其入泮、補廩及鄉、會試，仍如舊規。赴北闈者，倍給；留京應試者，鄉、會俱減半；五貢，視鄉舉十之六；掄元、大魁，倍給。此項仍不論有力無力，一概支給。不願領者，聽。

一、凡大、小試年分，莊中每月舉會文課，先期由司事邀訂，辰集西散。掌莊出題，集惜陰書屋，莊中備中飯四筵，過八人，則設兩席；早、晚點，每人各一次。窮日之力，課以一文一詩，臨場則加課一文，均不准給燭及夾帶書本。次日，將課卷送耆宿評定甲乙，優者酌與花紅。

一、習業謀生，足以自立，與讀書應試無異，亦應推廣成就。嗣後，子姓無力者，始習業，由支總報明，給錢四千文，備置鋪陳。進店後，至寫立關書，仍由支總查明，本店人作保再報，給錢十六千文，仍將關書送驗發還。或所習之業無需關書，費則於三年後由支總查明本店人作保再報，習業已成，給錢四千文，以示鼓厲。倘一習未成，改就他業，本不應重給。如在三年内原店停歇，咎非自取，準由支總覆查再報，給錢二千文。俟其習成，有無關書，費亦準如前查明報給。

一、喪葬費，前已酌增。今思亂後拮据，喪費事起倉卒，設措更難，再增斂費爲十六千文，葬費如舊。歉人旅櫬回里，增至八千文，以爲首邱者勸。

一、照規請給贍米者，於道光丙午加給棉衣，三年一換，莊規已備。遭亂以來，流離失所，贍米毫無，幸得族侄霱於癸亥秋捐廉貼贍，以濟困窮。迨乙丑，莊規復舊。又歷四年，此項本非常例，自應停止。惟念貧苦之况，驟難復原，定於己巳年起，凡得請贍米者，不論年歲，每月貼錢五百文，幼孤三百文，以爲薪水之資。於米據外，預先給與領據，單月初一日，持據到莊支領，失據不給，仍不准攝支補領，著爲例，此係在大概。莊規之外，再加存恤。倘力可稍寬，不願領者，聽。

一、族長年終奉米二石，以申敬老之意。其不願受者，聽。

一、支總，每支一人，事繁則兩人主之已，不患其不周。嗣後，人口增減及一切應報事宜，均不准逾月。倘有怠忽矇混等弊，掌莊不得瞻徇，即時秉公另易。舊例酬米，每年每人四石，今改爲十六千文，仍於年終支送報給。或有不實，在內扣賠。

一、祭祀理宜虔肅，春、秋二祭，業經分定，東西拜墊位次，叙班之人，於子姓到齊時，先排名次，俾得按照序立，長幼秩如。祭前一日，預派子姓四人，陳設祭品及一切器具。祭畢享餕，亦依長幼列坐，毋得紊亂喧譁。

一、先考理齋公，於道光壬寅奉旨崇祀鄉賢。癸卯春，製位送入郡縣學鄉賢祠中。咸豐甲寅，莊中於正祠東偏建祠，春、秋官爲致祭，子姓陪祀如例。其原奉神位在正祠昭祔位，家祭行禮如舊。

一、先叔文恭公神位，於咸豐乙卯入祀正祠穆祔位，與先叔樹庭公序次同室，行禮如舊。

一、中祠於同治甲子添設東、西兩室，東序西向，奉族曾伯祖蓼懷公、族伯祖雲莊公、族伯素岑公、族兄眉川公神位，以族侄燾捐廉贍族，並助修莊屋，又捐讀書田二百畝，故追祔其四世，以崇德也；西序東向，奉從兄功甫公及補之弟神位，以始與建莊有功也。

一、八世生祖妣劉太碩人，苦節四十八年，及今始得邀旌典。謹設祠於始祖祠東楹，奉太碩人神位，每歲春、秋，一體舉行家祭，以各支合例得旌者祔焉。漢先公配張孺人，近亦得旌，並祔，以歸一律。嗣後，續旌者以次祔祀，存者以奉准後，致賀十千文。無力呈報者，由莊助理。

一、粵逆之亂，族人殉難者，已核實報明請恤，及以孝行得旌者，俱由莊製位，送入忠義、孝悌、節烈公祠，以符典禮而誌褒榮。其力能自舉者，聽。

一、舊規，光福河亭橋墓祭埽，支裔到者，每人貼舟飯八百文，西跨塘萬禄山墓四百文。以子孫而展拜祖墓，本係分內之事，萬禄山又順道與雅宜山同，今改爲每人共貼錢四百文，於光福總發，以節浮費。

一、敷九公胞弟維倩公無後，其墓已重葺有記。今立齋公支雖有子姓，遠在蜀中，蘇地則僅有年近八旬之雪堂公妻顧氏一人；衛亭公亦無後；閑齋公胞兄學良公無後，葬地無考，胞弟進卿公子姓，僅有遵泉妻杜氏一人，敬遠公亦無後。以上四公墓，均如維倩公墓，歸莊祭埽輸課。又宗兀公，貢湖公胞兄也，其墓亦已重葺有記。以上共六處，每年由莊分詣祭埽一次，共支錢四千八百文,春、秋通融徧舉,毋使一年闕祭。此外,不能旁及。

一、同治乙丑,設立族墓一所,在光福河亭橋祖墓之南。凡各支下欲葬無地者,由支總報明,一體給與葬費,准照輩行,分左右挨次排葬,不得紊亂。春、秋由莊順便祭掃,各子姓以時展拜,或另自設祭焚鏹,悉聽之。日後有力遷葬,亦隨其便,不再給費。

一、亂後,子姓無力未葬者,業已陸續報葬。自來淹葬之禁,禮有明文,律有明條。嗣後身故,逾年始報葬者,察奪給費。

一、族人已卒,而譜中未詳葬地者尚多,不論有力無力,悉由支總錄附《現丁冊》後,隨時確查,已葬即註明葬地,未葬則敦迫葬期。一日之記載未畢,即一人之魂魄未安。觸目驚心,互相激勸。爲子孫者,尤當加做焉。

一、無子立嗣,除胞伯叔一定不移、照例承嗣外,餘必遵例邀同族長、房長及各支總報莊,公同按譜遵照律例議立。凡寫嗣書三通:一存莊中,一存嗣父母處,一存本生父母處,不得先嗣後告。倘有世次失序者,族人得共正之。

一、《禮》:"大夫冠而不爲殤。"又曰:"爲殤後者,以其服服之。"殤不應嗣,安得有後? 蓋言男子死在殤年,則無爲父之道。然亦有不俟二十而冠者,冠則成人,不可以殤禮處之。故爲之後者,以子爲父之服服之,此陳氏《集說》可正舊說之非,即可解俗說無母之惑。若在中下之殤,去冠尚遠者,自不當立後。又無子嗣孫,於義亦未協,前譜間有是病,今特正之。嗣後,不得復蹈此失。

一、凡男子不肖,爲父母、胞伯叔所屏;婦人不賢,爲翁姑、夫主所棄,則於譜中削之。祖宗不可欺,父母不可違也。其子姓行止不端,爲惡鄉里,屢戒不悛,則徧告族長、房長、支總,亦於譜中除其名。果能痛改,合族公允,再行補入。或其人故後,有子孫能幹蠱者,亦准補入。前已示戒,再申儆之。

一、祭田、義田、讀書田租,一律收納。此外,有續置中市租屋一處及莊中餘屋出租,所收租錢,綜歸入款。每年支用,逐款分別細數,於來歲春季造具《收支實存清册》,統計核銷,年清年款,不得積壓牽混。

一、義莊創於道光辛卯,遵祁偕仲弟恪遵遺訓,謹守掌莊之實,不設正、副之名,次第經營,歷有年所。咸豐戊午,仲弟去世,不數年,旋遭兵燹,棟宇僅存。同治甲子,重加修葺,一切規模,以次復舊,遵祁仍謹守掌莊,勉承先志。惟念久遠之謀,務在勿替,一人耳目,恐有未周。嗣後,照《大概莊例》,

設莊正一人，以貢湖公支下長房主祭子孫主之；莊副一名人，擇長房子孫之年壯能任事者主之。一切事宜，秉公協力，毋得稍有懈弛。莊正每年酬勞六十千文，莊副每年酬勞三十千文，以專責成。莊正出外，則託莊副代管一切，而另擇一人佐理，其酬勞即以次移贈；莊副出外，由莊正另擇接管。若莊正、莊副或有不公，致滋物議，各支總互相覺察，秉公理論，期於義澤長綿，家聲勿墜，是所望焉。

右共二十六條。

掌莊遵祁謹志。

——民國《大阜潘氏支譜·附編》卷二《義莊規條·松鱗莊增定規條》

清光緒十一年七月歙縣大阜潘氏宗族蘇州支族松鱗莊續訂規條

松鱗莊續訂規條　光緒十一年七月定

自建莊以來，及今幾五十年，先後於道光十二年、十七年、二十六年，同治七年，光緒三年、七年，歷次具有增定《規條》。今命觀保爲莊正，介繁爲莊副，並與老大房鍾瑞及各支總酌議參考，凡同治七年以後，事已舉行，尚未載入《規條》者，一并訂定二十四則，開列如左：

一、道光十七年《祭祀規條》：六世祖主政公塋，遠在新安，每年酌支祭埽費錢十四千文，嗣於光緒七年春、九年秋，支裔鍾瑞等兩詣大阜，敬謁各塋，並設立族墓一所。九年，并展祭始祖刺史公及歷代祖塋，體察情形，酌定於光緒七年爲始，將每年祭埽費錢十四千文，分作春、秋兩季寄歙，以勤展祀。族墓於每年春季祭埽一次，酌支錢七百文，仍由大阜支裔就近按時詣塋祭埽，即將致祭日期及與祭子姓名字專函報莊備查。每間二年，一春一秋，由莊酌訂子姓二三人，恭詣大阜各塋致祭一次，永申追遠之誠。所需祭祀經費及往來川資，照光緒九年用過錢數，由莊支發。如止二人同往，費亦核減，不得少至一人，以防疏懈。

一、道光十七年《規條》：九派子姓，有捐田百畝，或捐銀千兩，始准入莊祔祀。咸豐庚申，蘇垣被擾，贍族之費無出，支裔霈捐廉給贍，並助修莊屋；又捐田二百畝，用特追祔其四世祖考，以爲崇德報功之勸。嗣後，子姓願捐應獎者，今昔各有前事之師，多寡仍隨其心力，無需再贅。

一、道光十七年《贍族規條》：年終失業，歲給贍米四斗，其家有數口者，给六斗。今查有家口至六口以上者,酌按口数,每口各给赡米一斗,即以甲申年终发赡爲始。

一、道光十七年《规條》:主政公支下,现居吴郡者,得照规請給。惟念兵燹之厄,新安更甚於吴,主政公支下子姓,向居大阜守墓者,现在丁口無多,拮据尤甚,業已準照吴郡,各子姓凡婚嫁、卒葬、孤寡、廢疾等費,由支總報明,一體核給。至塾脩、習業、失業等費,勢難稽查,仍照范氏成例,不給。將來此支子姓繁衍,有能自樹立,庇其本根者,即致明吴郡,停止此例。其散居他省,已離桑梓者,仍不得援以爲例。

一、寡婦持家,情形尤苦。嗣後,九派寡婦,統由支總查報,一律給贍。其不願領者,聽。先不願領,後又請給者,即以補報到莊爲始,一體給贍,仍不準補前。

一、道光十七年《规條》:凡九派子姓,每年增減丁口,隨時告知支總。支總亦隨時報明,並即添注《現丁册》。現在婚嫁、卒葬等事,凡請給費者,皆由支總具啓,報莊而不領費者,並不具啓。嗣後,初生丁口及婚嫁、卒葬之不領費者,一律由支總分别具啓,隨時報莊彙存備查,以憑續修入譜,仍即添註《現丁册》。啓内應填字樣,務當詳細寫明,不得疏漏。

一、道光十二年《规條》:莊屋,族人不得占居會衆。自建莊以來,惟小白公因重纂《支譜》,延訂在莊總司編校。此外,不得援照。

一、道光十二年《规條》:義田壹千餘畝,業將田單註明"潘氏松鱗義莊"字樣,日後,添置續捐田畝,即照此例。今自庚申兵燹以來,三邑田畝,由官另給新單。添置續捐田畝,亦憑新單執業,節經陸續註明"潘氏松鱗義莊田單"字樣,照规執守。又於同治四年乙丑,奉旨減賦後,分别核減額租,當將都圖字圩、坵號、田畝數目,並減净額租、條漕數目,另造清册,以便勾稽,具詳《義田記》。計截至光緒十年十二月止,共義田三千二百三十五畝有奇。所有歲收租籽、出入一切,統歸義田項下通共收支。嗣後,添置續捐田畝,一律辦理。

一、咸豐八年,添置中市皋橋西市房一所,歷年所收房租,列入收款。庚申,燬於兵燹。同治八年己巳,重造,招租及莊祠餘屋、下岸餘屋,招有租户,歷年所收各户房租款目,併歸義田項下,通共收支,並將都圖、坐落、丈尺、間數詳細繪圖,附《義田記》後。

一、同治七年《增定規條》:中祠添設東、西兩室。現在西序東向,於光緒七年，增祔松泉公、竹橋公、梅垞公、菊如公、星齋公、桂林公各神位。十一年，又增祔緻庭公神位。凡我貢湖公支"遵"字行，皆始與建莊相助爲理，是以皆得祔祀。此外，自有崇德、報功之例在。

一、八世生祖妣劉太碩人節孝祠，向在後祠東夾室。光緒五年，於後祠之西建屋三楹，敬謹移奉爲節孝祠。而本支婦女以貞孝節烈得旌，向皆祔祀者，分爲東、西兩室，以奉旨先後爲序，重國恩也。同日奉旨者，仍以世次長幼爲序。嗣後，續邀旌表者，視此爲例。

一、吟齋公及秀嵒先後欽旌孝子，載在府志。至粵逆之亂，蘇、歙本支子姓殉難者，已核實報明，得邀旌恤，並製位送忠義、孝弟、貞烈官祠，均載志書。今謹編次爲《旌表附錄》，以誌國恩而彰至行。

一、其蔚公側室高太安人，舊有節孝祠，在光福鎮南大馬頭墓前。今本支立齋公支下子姓，遠在四川，吳郡無人。同治十年，由莊修葺，嗣後，歲修亦由莊經理。

一、婦女貞孝、節烈，朝廷有旌表之例，必由里鄰親族出具切結，呈請學縣層遞，轉詳督撫、學政，會銜題奏冊結，咨部彙核覆奏，準其旌表建坊祔祀者，送入各處總祠，官爲致祭，載入郡縣志書。所以闡揚潛德、襃崇苦行者，例至嚴，恩至隆也。然本人無力，或致壅於上聞，湮沒不彰。嗣後，主政公支下婦女，苦守貞節，族鄰咸知者，由支總取具里鄰親族切結，具啟報莊彙呈，以免向隅而遵功令。

一、《凡例》：妾無子者，不載。其有現在孀居，可希及歲請旌者，存記《現丁冊》。惟《現丁冊》必俟生子具報，或家長早故，守節至五十歲，合例請旌時，始行查明補註。既漫無稽考於前，恐易滋弊漏於後。嗣後，九派子姓，有無子之妾，準於《現丁冊》內半行旁註，如"女某干支生"字樣，則生子有所考核。其或家長雖在，身攖廢疾，無所仰食者，亦一體給贍，歿則分別得旌者入譜。

一、同治四年，設立族墓一所，又於《規條》內申明淹葬之禁。嗣於同治十三年，在光福澗上置有墓廬，爲春、秋祭埽子姓憩宿之所。其旁屋三楹，爲靈柩無可停放暫時安頓處，與殯舍不同，毋得誤會，轉滋淹葬。

一、莊中置備"十三經"、"廿四史"、《綱鑑》、《諸子》、《律例》諸書，凡九派子姓，學業已成，有志讀書者，到莊披覽，不准携出，亦不得塗抹。

一、莊中大、小會課，向於大、小試之年每月舉行。今自同治庚午爲始，改爲每年每月舉行，餘仍舊規。

一、莊中大、小會課，歷年按時舉行。幼讀從師，給脩費者，亦照章查課，而成材者尚不多。欲思造就人才，計惟尊崇師道。今於光緒丁丑爲始，延請名師到莊，每月三期，講貫竟日。凡願從學者，按期來莊請業，毋許曠誤，供饌一切由莊備辦，共資敦學之功，冀得觀摩之益。如能好學精勤，加以獎勵。其或鶩名浮慕，定別去留，由先生隨時進退之。各支總年終考覈之，以求實效，惟正月、十二月停課。

一、舊章，查課以仲月朔日，各支總帶領本支學徒到莊，分別背書、寫字、作文，按季一查，尚嫌疏曠。今改爲每月朔日，莊中亦訂定蒙師，屆期早到，分別查課，登記《課程册》，竟日爲度，供饌一切由莊備辦。其遠在鄉塾者，由各支總隨時督查，每逢仲月朔日到莊，聽候一同查課，餘仍舊規。

一、凡查課，立有《課程册》。逢期到莊者，註明背某篇幾頁、寫字若干，並生熟、優劣等字；作文者，註明某題，或起講，或半篇；作詩，或二韻，或四韻。有已作全篇者，亦按期查課，以期日進有功。其不到者，註明册中。凡查課之事，視給領塾脩與否爲進止。

一、凡屆課期，毋得託故不到，並不得遲到、先行。其實有不得已事，不能到者，須說明註册。若連曠二期，各支總即須查察；若曠三期，則暫扣脩費。四期不到，定行停給。其學業荒落，始勤終怠者，亦分別停減貼脩。質性愚鈍者，由師察實改業，毋任因循。

一、同治七年《增定規條》：祭祀理宜虔肅，排次序立。祭畢享餕，亦依長幼列坐。因思享餕爲祀事之終，即燕毛序齒之禮，自當整肅，共申餘敬。宗廟之中，以有事爲榮，執事子姓，均得分胙。掌莊及莊正、莊副、支總，皆常年敬承莊事者，祭前一日，陳設祭品者，自甲申秋祭爲始，均頒胙肉，族長及子姓之年六十以上者，亦頒以胙；不與祭者。不給。年至七十，不以筋力爲禮，雖不與祭，亦得分胙。

一、光緒丁丑，遵祁年登七秩，仰託祖宗之蔭，顧念族中月領贍米丁口拮据者，多爰於常例，外加發米半年，六月朔，隨據折錢分送。失業暫給者，六月望日，亦加送一次，由支總查明照送。此項由莊開支。嗣後，莊正、莊副循此爲例，非敢擅專用，垂久遠爾。

右共貳拾肆條。

光緒乙酉秋八月既望，遵祁閱定。

莊正觀保、莊副介繁謹纂輯。

——民國《大阜潘氏支譜·附編》卷二《義莊規條·松鱗莊續訂規條》

清光緒三十二年十二月歙縣大阜潘氏宗族蘇州支族松鱗莊續訂規條

松鱗莊續訂規條 光緒三十二年十二月定

《義莊規條》，自道光十二年至光緒十一年，歷次俱有增訂，承謀於光緒二十年接任莊正，協同莊副辦理，一切依規處置，無敢或踰。惟光緒十一年後，有事已舉行、尚未載入，及因時制宜、亟應酌定者。茲與莊副從叔志儀悉心商議，訂列如左：

一、先曾祖順之公偕先曾叔祖補之公，敬承先志，捐建義莊。補之公神位，前已入祀主政公祠西袝位。今於光緒二十二年，敬奉順之公神位入祀光祿公祠昭袝位，並移補之公神位同室袝祀。先祖考辛芝公、先叔祖椒坡公，實爲莊正、莊副之始，故於是年亦同入祀光祿公祠穆袝位，此後不得援照。其光祿公祠東、西四室原奉神位，俱敬謹序次推升。

一、季玉公神位，於光緒十四年入祀主政公祠西袝位，以始與建莊，亦相助爲理也。偉如公神位，於光緒二十三年入祀主政公祠東袝位，以曾捐廉贍族，並助修莊屋，又捐讀書田畝也。

一、向來嗣祧並不啟報，即有必經公議，不能不報莊者，亦係事前通告，事後並不具報。惟查嗣祧尤與譜系攸關，非得具啟報明，殊恐易滋紊漏。今凡嗣祧，統須啟報，雖經報莊公議者，業已通告於前，仍須具報於後，並將嗣書一分送莊，以憑續修載譜。

一、納妾亦向不啟報，前雖准於《現丁冊》內半行旁註，然《莊冊》總究無根。今定一律啟報，照前註冊存記，庶生有子女，抑或嫠居守節，貧老給贍，皆各有所根查。其後應否入譜，自有一定規例，統俟修時分別核奪。

一、得請贍米者，每月貼給錢文，起於同治癸亥。其時蘇城被陷，義田無收，贍米無出，偉如公有捐廉之舉，因以貼給。嗣贍米復舊，重念兵燹之後，貧苦者驟難復原，因又權宜其間，酌爲薪水之資，在《大概莊規》之外，再加存恤，實則本非常例，自應停止。同治七年《規條》即有是語，今此項錢文業於光緒十六年正月停止，自後不再貼給，以免濫支而昭慎守，其共諒之。

一、三年一給棉衣，原爲孤寡貧老隆冬禦寒起見，今自光緒十七年，始加給棉褲一條，以資溫煥，亦同棉衣，三年一給。

一、喪葬給費，節經酌增至十六千十千文，而於未婚嫁者，俱減半。但貧乏之家，婚嫁每遲，前於上殤查已准照全給，特未明著定限。今自光緒二十年始，凡十六歲以上，一體不減；未至十六歲者，照減，餘悉如舊。

一、贍米向係發米，即以確存租米應用，或有路途窵遠，間亦以錢折發。現田租早經改折色，而領米者亦多以折錢為便。今自光緒二十六年始，一律折發錢文，其價每年仲春月朔，照市核定，即作一年之準。倘遇歲歉，市價漲落過大，再行斟酌辦理。

一、光福河亭橋、西跨塘萬祿山、善人橋雅宜山三處祖墓祭埽，舟飯貼費，原規光福每人錢八百文，西跨塘每人錢四百文，同治七年《規條》改為每人總給錢四百文。茲以萬祿山雖與雅宜山同一順道，而子姓間有隨地附舟者，不能不量為酌貼，於光緒三十年秋祭始，詣萬祿山者，每人加給錢二百文；不到者，不給，在新建墓廬核發。

一、萬祿山，於光緒三十年，亦照光福澗上建有墓廬，為春、秋埽祭子姓憩息之所，惟不准停放棺柩。

一、義莊田產，例不得典賣。光緒三十一年，國家建築滬甯鐵路，凡路線所經田畝，官為給價收用。莊內義田計共用去四十畝三分四釐六毫，當將田單檢呈，分別繳註，並於《義田記》中按坵註明備查。嗣後，倘非公家收用，奉有明文，仍不得分毫擅動。

一、光緒十七年《規條》，內開義田總數，截至光緒十年十二月止，計共義田三千二百三十五畝有奇。今截至光緒二十九年七月止，又陸續增置義田二百二十五畝四分四釐四毫，除滬甯鐵路收用外，淨計統共義田三千四百二十一畝五分九釐一毫。所有新增田單，業經照規註明"潘氏松鱗義莊"字樣，而都圖、字圩、坵則、田畝額租、條漕，亦經逐一添載《義田記》中。至歲收租籽，仍歸義田項下通共收支，如前辦理。

一、自奉朝旨罷黜科舉，振興學堂，大概義莊多有族學之舉，因就莊屋西絡添葺齋舍，設立高、初兩等小學堂，專課本族子姓。凡年在七歲以上、十六歲以下，概許來學請業。果能學有長進，除按級升轉外，俟後畢業升送，抑或質難造就，察飭改習他業。倘若偭規越矩，桀鶩荒嬉，立時斥退，交其父兄、家長自行管束。總期認真切實，務勿姑容因循。

一、學堂經費，由義莊支撥，不論有力無力，一概不取學費。其飯膳、書籍等費，有力者照繳。如實係無力，為莊規合給塾脩、贍米者，憑支總具報，核准免繳。塾脩本停，即其應給贍米亦停。住宿臥具，悉歸自備，其餘細則，別具《學堂章程》。

一、義莊既設學堂，所有舊行查課、月課、大小會課，以及貼給塾脩，應即一概停止。

一、應試，舊有考費，試而獲售，又有獎勵之費。今科舉已停，亦應酌量變通，如應考外郡、外省中學以上之官立學堂，外郡照五貢給錢六千文，外省照鄉試給錢十千文。本在外郡、外省應考者，不給。如咨送京師大學堂，照北闈鄉試，給錢二十千文。不由本籍咨送者，不給。如咨送出洋游學，東洋照會試給錢三十千文，西洋照會試加三之一，給錢四十千文。自備資斧出洋者，不給。給而不赴，赴而無故退學者，追繳，至畢業考試取給。出身，如給優拔，照五貢給錢六千文；如給舉人，照鄉試中式給錢十千文；如給進士，照會試中式給錢二十千文。其小學畢業，獎給；廩增附者，亦照入泮給錢四千文。此項仍不論有力無力，一概支給。不願領者，聽。

右共拾陸條。

莊正承謀、莊副志儀謹志。

——民國《大阜潘氏支譜·附編》卷二《義莊規條·松鱗莊續訂規條》

民國十五年十二月歙縣大阜潘氏宗族蘇州支族松鱗莊續訂規條

松鱗莊續訂規條 民國丙寅年十二月定

一、庚申年，廷樅、秉鈞遵道光十七年"捐銀千兩入莊祔祀"《規條》，共捐銀四千兩，入祀翔圃公、子雅公、小雅公、桐生公神位於主政公祠之東祔位。

一、道光十七年《規條》，載"凡遇九派子姓，或捐田百畝，或捐銀千兩者，始準入莊祔祀"之語。現在時價，以田衡銀，奚啻十倍！嗣後，惟以捐銀千兩為準，願多捐者，聽。惟其人生平、行品為同族所屏者，不得收受其捐項。

一、今昔時趨不同，從前贍族各項，以錢文計者，自甲子年均改以銀圓計，喪費酌增為二十六圓，葬費酌增為十圓，幼殤在十歲以上者均減半，婚費、嫁費均改為十圓。旅櫬回歙費改為八圓，鋪被費改為四圓，關書費改為十二圓，仍將關書送驗發還。

一、前項給費，大抵事出倉猝，待款措辦。若事過期遠，便非急需，概不補給。

一、年來物價昂貴，度日維艱，月給贍米，酌量增加。凡貧老無依者，無論男女，自五十一歲始，月給米一斗八升；六十以上，給二斗五升；七十以上，給三斗二升；八十以上，給三斗八升；九十以上，給四斗二升。凡寡婦貧乏者，月給米一斗八升，至六十以上，照前規遞加；其守寡在三十以內者，月給米二斗五升，至七十以上，照前規遞加。凡幼孤貧乏者，十歲以內，月給米一斗；十歲以外，給一斗五升；男至十七歲成丁，女至出嫁日，俱停給。凡廢疾無人養恤者，十六歲以內，照幼孤例給；十七歲以上，照貧老例給。所有各項贍米，仍不得攝支補領寄存。

一、大阜春、秋祭掃及族墓春祭，改爲每年銀十圓，仍交在歙支裔敬謹承辦。

一、自德輔公以次至玉溪公，祖考妣先容一軸，爲仲芳公支裔一德齎送本莊供奉，每於歲首恭懸五日。嗣後，歲首及春、秋兩祭，凡屬仲芳公支裔，均得到莊謁祭。惟一切《贍族規條》，仍以九派爲限。

一、廷樅於癸丑年捐錢一千千文，壬戌年捐銀一千五百圓，爲貼助族人喪葬及年終贍米之用。此款另行存儲生息，以息支配，不得動本。

一、畢業獎勵。在高級中學或高級中學同等之學校畢業者，獎銀四圓；專門及大學畢業者，獎銀六圓；得學士位者，八圓；碩士位者，十圓；博士位者，十二圓，當將證書送驗發還。惟學校制度或有變更，得隨時酌奪。

一、支總年終酬米，先定四石，同治七年改爲十六千文。現今錢、米時價懸殊，仍改爲年酬米四石，於年終致送。

一、道光十七年規定：莊內設立司事二人，後來田畝日增，事務日繁，酌添一二人，助理收租、發款及學校一切庶務。

一、同治七年規定：每年酬勞莊正六十千文，莊副三十千文。今既統改錢文爲銀圓，每年酬勞莊正銀五十圓、莊副銀二十五圓，仍於年終致送。

右共拾貳條。

<small>莊正承謀、莊副家翔謹志。</small>

——民國《大阜潘氏支譜·附編》卷二《義莊規條·松鱗莊續訂規條》

第二節　義田規約

清乾隆歙縣東門許氏宗族新置義田規約

宗祠新置義田規約

一、春、秋二祭及清明祭掃各墓祀田，前人著有《條約》，載入譜中，立法甚善。後人不能遵守，至有十家頭名色。所收租息，全無稽考，諸凡祭祀，菲薄不堪。且不遵舊例，因無頒胙，以致闔族子孫與祭寥寥，僅十家頭支應故事而已。憶余祖志熙公於康熙辛未年爲一族長，倡率族人輸貲置產，加冬至一祭，頒胙閤族，而子孫老幼咸集焉。余宦遊四方，四十餘年，未獲躬親祭祀。但聞其頒胙而散，並無趨蹌奠獻之儀，叩其故，以人多無跪拜處。乾隆二年，余入覲過里，捐貲八千金，相祠基址，重建誥敕樓、拜堂各五大間，並建宗支文會舘、經蒙義學，高大門樓，四載告竣，計此堂可容千人跪拜矣。另置田產，春、秋二祭，亦如冬至頒胙。清查祀產，交族人之賢者與族長查收租息，眼同封貯，於祭祀之前五日糶價，備辦祭儀，務期豐潔。先日，族長、禮生、首事省牲，演禮祠中。正祭日，黎明齊集，序立行禮，擇年德俱尊者糾儀。如有參差攙越者，罰胙；慢侮不敬者，罰跪；抗執不服者，責懲；衣頂子孫，無故不與祭者，罰金入祠，以充公用。不受罰者，不許與祭。庶幾宗廟之中有事爲榮，大昭小穆，肅雝成禮矣。

一、宗祠進主，原有配饗中龕之條。我太傅文穆公當前明神廟之朝，九年宰輔，七疏建儲，去就爭而國本定，天下咸稱賢焉，可謂于宗有光矣。既已從祀宮墻，允宜配饗家廟。後來譜內定議：子若孫有登科甲、礪名行、入鄉賢、名宦者，悉如太傅公配饗，以示皷勵後人之意。余以爲功德未敷於社稷、利益未溥於生民如太傅者，遽膺斯典，未免太濫。此中禋祀，尚須斟酌，蓋嚴配饗正所以篤宗盟，非刻論也。

一、《族譜》舊例，譜牒刷印，分頒各支之後，即將原板燬去，以杜竊印、冒宗之弊。余以爲各支子孫，頒領多至數十百部，冒宗之人即妄自增註，亦止彼一家載其名號，我闔族諸譜無之也，可無過慮耳。且此版燬後，再欲重修，未免貲費浩繁，以致百十年無續修之者，職此故也。今議將此版印畢，置櫃鈐封，弆藏祠內。印譜既足，另立《草譜》，凡族中生子年月及殁故年月，於春、秋二祭時，交司譜者填註各支之下，以十二年爲率，續行刊入。至於一切刊刻工食及紙張、烟墨、裝釘諸費，俱一獨任，分頒閤族，上户每部三兩，中户二兩，貧户一兩二錢。此項價值，余不收領，封貯公處，置產以作春、秋祭祀頒胙，餘存爲十二年增修續刊之用，庶幾貲費不慮浩繁，可以行之久遠矣。

一、儒公爲東門開基之祖，另置田產，以供拜掃。每歲用船二隻，祭品、祭儀，俱照舊例，公同往祭。至於志熙公墓，族中衣頂子孫，有願往祭者悉聽。蓋此祭田爲志熙公孫所置，不可忘也。古云："公侯之子，必復其始。"大意固如此耳。

一、立經學一處，延請文行兼優者爲師訓導，每歲束脩，以三十六金爲率。供給十二金，族中能成篇者，願入經學，到祠，公同文會諸公面試准入。每月在舘，公立兩粥一飯火食，每日以二分爲率。三、八作文期，每位給肉四兩，外助諸生紙筆。應縣、府試者，卷貲三錢；院試者，五錢；鄉試者，四金。不在舘肄業者，亦助二金。立蒙學一處，延請老成盛德者爲師訓導，每歲束脩以二十四金爲率。供給十二金，外助諸童紙筆、書本，月試日程，歲有課習，庶幾成人有德，小子有造，吾宗文教日益振興也。

一、族中有志守節賢婦，及年老孤貧無依者，每名每月給以口糧五錢。歲暮，闔族貧士與親鄰，由親及疎，自四金起至五星止，皆送炭貲。其有婚娶無力者，查明，助以四金。殁而不能殮者，給棺一具，衣衾銀一兩；無力葬者，自置地葬，助以二金；無地葬者，置義塚二所，聽其安葬。自昔仁人君子於異姓孤寒，尚加賑恤，況同宗乎！於此宜留意焉。

一、冬月，量製男女布棉襖若干，查族中寒苦者，登簿給領，以三年爲率，四年再給，不得頻年冒領也。

一、每歲自五月起，至七月止，於宗祠門外，架搭凉篷，煎設茶湯，施及一切往來行人。茶用湖南安化陳茶，非徒解渴，兼可益人。每歲自十月起，至正月止，於宗祠門外，結茅搭廠，煎設薑塩茶湯，施及往來行人。蓋酌暑劑寒，施及行路，亦廣祖澤、溥仁心之一端也。

一、宗祠內，各家製匾張掛，固屬表揚善行。第是日久太繁，勢至無地可容，且非大家規範。今特製粉匾八扇，分忠、孝、節、義，以及科第、仕宦，凡我子姓有其人者，會衆登名于上，不必另行掛匾，既可表彰芳躅，又興仰企之思。揆諸大雅，似爲簡當。

以上諸條，俱從舊譜《規約》內擴充行之，匪敢獨出己見也。斟酌經營，似覺詳盡。蓋善作不辭善述，啟後即以承先，仍是率祖攸行之意耳。凡我族姓，尚其鑒諸。

蓮園氏登瀛謹識。

——乾隆《重修古歙東門許氏宗譜》卷八《規約》

清嘉慶十年歙縣棠樾鮑氏宗族宣忠堂敦本戶田記暨公議敦本戶規條憲示

敦本戶田記

啟運少承訓於先君，以謂一本之戚皆所宜敦，而其間孤寡及貧無食者尤為可念。他日苟能自給，庶有以顧恤焉，啟運謹識之，不敢忘。迨長，服賈四方，薄積所贏，因本先君之意，先其急者，置體源戶田五百四十畝，專以贍給族間四窮，歸諸宗祠而告之有司，用垂久遠。嗣恐經費不充，續增田一百六十餘畝足之。自此，吾族中有不幸煢獨者，可無慮於饔飧矣。第吾邑地磽，族丁繁盛，其間貧乏者，每屆青黃不接之際，眾口嗷嗷。一本關懷，疢心遺訓，亟又置敦本戶田五百餘畝，所收租息，以體源、敦本兩戶應納錢糧、營米作為價值，逢春糶與族人，每穀一升，取錢不過四、五文，已足完糧，而貧族不無有裨朝夕。其體源戶錢糧既歸敦本戶代納，敦本收租雜費，即向體源項下支銷，取其兩相維繫，久而勿墜。凡此皆所以仰體先君子敦睦素心，而欲以貽之於後者也。惟憶服膺先訓，今兹五十有三，髪種種矣，然後得次第勉行，而先君皆不及見，不亦悲哉？不亦難哉？所有敦本戶田并續增體源戶田，悉歸宗祠，即為公物，我後人不得過問，族人亦不得藉端擅賣。違者，呈官治之。兩戶田凡共一千二百餘畝，零星收置，歷十七載。啟運居家日少，而不憚煩勞以襄厥事者，從兄琮與有力焉。是為記。

州同族長鮑宜瑗、監生鮑廷璵、監生鮑繼述、捐資州同鮑兆松、署山西道監察御史鮑勳茂、生員鮑驄、監生鮑立名、生員鮑減、捐職布政司經歷鮑宜佩、捐職從九品鮑廷鈞、生員鮑廷淳、捐職從九品鮑鐘文、監生鮑元基、優生鮑駿、捐職布政司經歷鮑煊、監生鮑方至、監生鮑應鳳、捐職從九品鮑獄炯、捐職州同鮑致遠、監生鮑集曾、監生鮑集義、捐職從九品鮑兆本、候選司務鮑敬莊、捐職布政司經歷鮑產綱、附貢生鮑山崇、城候選刑部司獄鮑大智、捐職布政司理向鮑琮、捐職從九品鮑廷瑄、捐職鹽運使同鮑兆瑞、監生鮑鐘鶴、捐資從九品鮑鼎安、監生鮑聲著、監生鮑振是、捐職從九品鮑廷魁、監生鮑廷璋、監生鮑集成、議叙鹽運使銜鮑漱芳、候選縣丞鮑樹藝、監生鮑振恭、捐職從九品鮑尚貫、候選員外郎鮑均、候選鹽運司經歷鮑大彥,遵奉敬勒。

繁昌派震書丹,旌邑湯伊舟鐫。

大清嘉慶十年歲次乙丑孟冬月穀旦立。

——碑銘,原碑嵌於安徽省歙縣棠樾村敦本祠墻中

公議敦本户規條

一、春糶之設,以體源、敦本兩户錢糧、營米爲穀價,早完國課,永利族貧,仍儲穀備荒,法至善也。《規條》詳列於後,惟冀永遠遵行勿替,以無負謀者敦宗籌遠之苦心,舉族幸甚。

一、不論男女大小口,一例糶給。其小口,年至三歲准糶。

一、盜賣祖墳、公産,盜砍蔭木者,永不准糶。

一、聚賭,無論骰子、跌錢、看牌,概不准糶。改過,次年准糶。

一、酗酒、打降者,不准糶。改過,次年准糶。

一、男婦有干犯長上、品行不端,及好與人尋事争鬪者,停糶三年。改過,三年後准糶。

一、婦人打街駡巷、不守規法者,停糶一年。改過,次年准糶。

一、有用人者,不准糶。如出嫁女歸寧在家及妻之母相依者,不以用人論,女與妻母不准糶,本家聽糶。此外,另有親戚及幫工者,即與用人無別,該户概不准糶。

一、自宋住居本村者,方准糶。

一、族人貿易,來去無定,届期,親身報名,准糶。期後來者,不補。

一、本户田税,共計五百三畝八分七釐五毫一絲,塘税八畝五分九釐三絲五忽。

一、時租三千七十三斗九升五合。

一、硬租六千五十三斗八升一合。

一、《徵租章程》俱已載明《體源規條》,一體照辦。

一、租穀,訂定曬乾,八六折歸倉。

一、本户共該正則錢糧銀六十三兩六錢一釐、營米二石一斗一升八合,並體源户錢糧、營米,俱以本户穀價完納。

一、糶穀,定於二月初五日收錢,初十日發穀。應糶穀者,先於正月二十

五日，至倉所報名登簿。次日，司祠與文會將兩戶錢糧、營米算共需銀若干，查上年收穀實數，除應提備三十石外，計算每升應糶錢幾文、每人應糶穀若干，用紅籤條寫貼祠前，俾衆共知。已報名，屆期不交錢者，即將應糶之穀給與一半，仍一半聽司事變價完公。

一、糶出錢文，司祠與文會公同易銀，定於二月十五日以前，將兩戶錢糧、營米掃數完納。十五日，春祭之期，將執照交公驗看。倘無執照交驗，惟司祠是問。許族衆鳴官究追，以杜挪移扯空之弊。

一、本户修理水衝沙漲田業，及遇開堨、浚塘、禀租、修理筐簟，並收租使費，俱在體源餘穀内開銷，已載明《體源規條》。

一、每年租穀歸倉後，司祠與體源襄事人公同封倉，至次年二月初十日，驗封發穀。平日，如有擅自開倉及偷穀等事，查照《體源規條》警辦。

一、倉穀，議以二月十五日公祠祭畢，文會各分長公詣倉所，核簿盤查。倘有短少，循照《體源規條》，一例辦理。

一、存倉穀五百石，作爲老底，每年仍於租穀内提備荒穀三十石，陸續提至五百石，連老底共存一千石爲止。設遇荒年無租，次春再動存穀五百石，照例糶給，仍五百石存倉。

一、遇荒次年，糶用老底倉穀，每年又照例提備三十石歸倉，仍以一千石數而止。

一、每年總以陳穀動糶，新穀套搭存倉，免致陳積霉爛。

一、本户收租、糶穀一應事務，俱歸體源户督總、襄事人兼辦。

查交存各件：

一、《敦本户歸户》一本。

一、赤契、稅票共四十三宗。原來舊契、稅票隨。

一、《收置田塘稅業底簿》一本。

一、《立案田塘字號縣印簿》一本。縣印《田圖清册》二本，副本《田圖》二本。

一、立碑《府示》一張。

——嘉慶《棠樾鮑氏宣忠堂支譜》卷十七《義田》

憲示

特授江南徽州府正堂、加十級、紀録十次珠，爲增設義田、春糶貧族，公懇檄查恩賜、勒石垂遠事。嘉慶十年三月初一日，奉前督部堂陳批發：歙縣職員鮑宜瑗等抱呈、許全具稟前事。詞稱：竊職等籍隸徽州府歙縣，先於乾隆五十三年間，族中有今捐職道員鮑啟運，克承伊父贈通議大夫鮑宜瑗遺志，積置體源戶義田五百四十餘畝，贍給本族之鰥寡孤獨者。嘉慶二年，經八品耆老族長鮑世爵等稟，蒙安徽撫憲朱批飭徽州府確查稅數，取具該管冊書切結，通詳勒石在案。嗣恐不敷，又增體源戶田一百六十餘畝，亦經職等稟請府憲，查核附卷。今鮑啟運以族內四窮雖免饔飧之慮，而歙處萬山環繞，田少地磽，族衍丁繁，未能盡有恒產，每屆青黃不接，即多塵甑之憂，衆口嗷嗷，情堪軫惻。又體父志，置敦本戶田五百餘畝，歸之宗祠，歲收租息，以體源、敦本兩戶應納錢糧、營米作爲價值，逢春糶與族人，即以其值上完國課。計課取值，每穀一升，僅錢四五文，貧族常得半年食賤，而體源戶內無庸坐項完糧，孤寡益臻饒裕。職等查鮑啟運，家本寒素，身歷艱難，乃能恪體親心，勉圖義舉，先既積累儉持濟四窮之急，茲復樂施睦族賙一本之艱，前後共捐田一千二百餘畝之多，志固可嘉，心亦良苦。若不呈求恩庇，誠恐歷年久遠，難保無藉端盜賣情事。爲此，環叩大憲大人，俯照前案，賞飭確查鮑敦本戶內《田畝戶冊》，取具冊書切結，通詳立案，一體勒碑宗祠，俾義產長存，貧乏永賴，頂感鴻慈，實無既極矣。謹抄呈《敦本戶田記》并《稅畝字號清冊》及前稟體源戶田原案，伏乞大憲大人恩鑒施行，望光上稟。計粘呈《敦本戶記》等情。奉批：查職員鮑啟運前捐體源戶義田，業據徽州府詳經前部堂批司轉飭立案。茲據續置體源、敦本二戶田畝，承先贍族，古道可風。仰徽州府即飭確查，通詳立案，勒碑垂久可也。抄粘冊并發等因，到前署府鄒，奉此。即經行。據歙縣知縣曾佩蓮詳稱：卑職卷查嘉慶八年八月二十日前署縣孟令任內，據九品耆老鮑嘉會等具稟：續置義田一百六十六畝零，當經孟令飭取該冊書鮑于天不致勾通盜賣切結，造具清冊，具文申詳，前府附入前案，一併立案。奉前府珠批：據詳貢生鮑啟運續捐義田一百六十六畝零，連前次所捐，共有義田七百畝零，足賙族衆之不給，更籌荒歉之無虞。仁心甚普，樂善不倦，深堪嘉尚。候一併立案，以垂久遠可也，等因在案。茲奉前因，遵即飭令該管敦本戶冊書，將發來《清冊》田畝、字號查明稅數，核對無遺，并飭該管體源戶冊書，清查續置該戶田畝、字號、稅數，造冊去後。茲據該管敦本戶冊書謝楚良、該管體源戶冊書鮑于天出具不致勾通盜賣切結。結稱："東關二圖冊書謝楚良，今於與甘結事。實結得承管二十二都九圖三甲鮑敦本戶內收置各字號田畝，逐一按冊確查，共收上實田五百三畝八分七釐五毫一絲、塘八畝五分九釐三絲五忽，俱係身家承管，并無遺漏糧稅，日後不致勾通盜賣情事。如有遺漏、串捏、盜賣、舞弊等情，願甘治罪。所具甘結是實。嘉慶十年五月日，具甘結。册書謝楚良押。"又，"二十二都九圖六甲册書鮑于天，今於與甘結事。實結得承管鮑體源户内續置各字號田地稅畝，逐一按册確查，共收上實田稅一百六十六畝五分八釐一毫八絲四忽、塘稅二畝三分三釐五毫三絲八忽八微、地稅二畝四分六釐，俱係身家承管，并無遺漏糧稅，日後不致勾通盜賣情事。如有遺漏、串捏、盜賣、舞弊等情，願甘治罪。所具甘結是實。嘉慶十年五月日，具甘結。册書鮑于天押。"卑職復核無異。查鮑啟運恪承父訓，睦恤宗支，先從積蓄以贍四窮，兹又增捐而賙貧乏，力敦六行，孝義兩全，洵厚俗之良規，亦維風之美舉。理合造具《册結》，具文詳請，俯賜通詳立案，以彰孝義，以垂久遠，實爲德便，等情到府。據此，查此案先於嘉慶二年四月二十五日，奉前署撫憲朱批發：歙縣職員鮑世爵等禀，鮑啟運克承父志，捐置鮑體源户義田五百四十餘畝，以贍四窮等情。經前陛府峻守轉飭，查取《册結》，通詳各憲，勒石在案。嗣於嘉慶八年九月，據前署歙縣孟令詳據鮑嘉會等具禀，續置體源户義田一百六十六畝零等情，經前府珠守批飭，附入前案，一併立案。今據該縣造送《册結》，前來卑署府覆核無異，查鮑啟運克體親心，增田贍族，由儉約而成美舉，復推廣以濟貧艱，高義可風，良規足式，洵屬盛朝盛事，允爲仁德仁心。合將送到《册結》具文通詳，仰祈憲臺鑒核，批示立案，以彰孝義，以垂久遠。爲此，備由開册具申，伏乞照詳施行。奉兩江總督部堂鐵批：鮑啟運克承父志，捐置義田，以濟宗族，洵屬可嘉，仰安徽布政司轉飭立案，以垂久遠，仍候撫、部、院批示，檄《册結》存。安徽巡撫部院長批：查職員鮑啟運前捐體源户義田，據徽州府詳經前院朱批司轉飭立案，兹又續置體源、敦本二户田畝，惠賙貧族，好義可嘉，仰布政司轉飭立案，一併勒石宗祠，以垂久遠，仍候督部堂批示，檄《册結》存。署安徽布政使司楊批：職員鮑啟運捐田贍族，克承父志，深堪嘉尚。仰即轉飭立案，并飭立石宗祠，以垂永久，仍將碑摹通送查考，毋違，并候督、撫二院憲暨臬司、巡道批示檄。安徽按察使司楊批：查職員鮑啟運克紹前徽，增田贍族，允稱樂善不倦，洵屬高義可風。仰即轉飭立案，以垂長久，仍令該族公舉殷實誠信之人，妥爲經理，毋許該册書等勾通盜賣，致干查究，檄《册結》存。安徽分巡道宋批：據詳職員鮑啟運克體親心，增田贍族，殊屬可嘉，如詳立案，以垂久遠，仍候兩院憲暨兩司批示，檄《册結》存。又奉署安徽布政使司楊牌行，飭令遵照督、撫、部堂、院批飭事理,即便轉飭勒石該宗祠,仍將碑摹申送查考,毋違,各等因到府。奉此。合行給示,該職員鮑宜瑗等,勒石宗祠,以垂永久。須至碑者。

嘉慶十年歲次乙丑孟冬月立碑。

——嘉慶《棠樾鮑氏宣忠堂支譜》卷十九《義田》

鮑氏義田記

《周禮》:大司徒教民以六行,而任恤居其二。又於州黨之中示以相賙相救之法,凡以矜貧乏、通有無也。我朝聖聖相承,勤求疾苦,令有司朔、望宣講《聖諭廣訓》,諄諄啟牖,誠欲使各親其親、家給人足而後,民生以厚,風俗以淳。方今海內涵濡教澤,從風慕義之士,指不勝屈,乃或家本清寒,而能篤睦婣之舉,孜孜不倦者,尤爲難得。余忝任兩江,歲乙丑,有歙人鮑啟運,增設平糶義田五百畝,族人公請立案。余詳視之,蓋啟運幼承其父宜瑗之訓,以恤族敦宗爲務,長而篤志弗渝,積儉十年,先置體源戶義田五百四十畝,贍給族之鰥寡孤獨者。時朱南厓相國撫皖,爲文記之,而劉石菴相國書丹、刻石者也。嗣又增體源戶田一百六十餘畝,其恪承先志,好義樂施,亦足尚已。顧猶念貧族之饔飧弗繼也,又置田五百畝,以賙濟之,名其戶曰"敦本"。仿常平倉法,以歲收租息若干,視體源、敦本兩戶應完課數,作爲價值,逢春糶濟族人,每穀一升,取錢四五文以輸賦,而歲之所入,族之貧乏者可以食賤半年。通計所捐義田一千二百餘畝,稅分兩戶,條理井然。蓋體源所以賙惸獨,而敦本則凡族之貧乏者,得有以周逮而普洎之,於是而鮑氏可以無餒人矣。余考義田之設,始於范文正公,至常平賙族之田,未有行之者,啟運此舉,誠絕無而僅有,擬之古人,殆又過之。夫以其父隱居食貧而能舉此爲訓,似知其子必將可行也。而啟運次第勉成其志,於孝於義,復何媿歟!余奉命入都,行有日矣,不及爲請於朝,下其法爲四方勸,嘉其睦親敦本之道,義合古人,爰爲文以記其事,且使世之人知所以淑人心、厚風俗者,必自鄉里始也。

嘉慶十年春三月,賜進士出身、兩江總督、新授兵部尚書會稽陳大文撰。

賜進士出身、日講起居注官、翰林院侍講錢唐梁同書書。

鮑氏義田記跋

鮑子甓齋前置義田五百餘畝,余曾爲作記。今讀此文,更增至千二百畝，設爲春糶，取法常平，事不煩而一族之貧乏無告者可以永無凍餒。甓齋誠善於爲善，然亦勞意苦心矣。是舉也，得斯文斯書以表彰傳世，千百載後，使見者油然向善而則傚之，其有裨於聖朝政教者豈淺鮮哉！

嘉慶十年乙丑孟冬月，大興朱珪跋。

義田記跋

我祖尚書公傳我八世，世守清貧，篤于爲善，兩侄體先人夙志，如建世孝祠、重興兩書院、修橋平路、築水竭、置族田、設義塚，均次第爲之。大侄志道歿後，感荷君恩，崇祀鄉賢。次侄啟運，得朱相國、陳尚書作記褒獎，又得劉相國、梁侍講名書傳世，誠余家幸事。耋耄之年，親見之，更爲愉快。朱相國跋云"苦心勞意"，余亦嘉其不有私田半畝，而勇於爲義，爲識之。

嘉慶乙丑年季冬月，季父宜瑗跋，時年八十有八。

——嘉慶《棠樾鮑氏宣忠堂支譜》卷十九《義田》

清嘉慶歙縣棠樾鮑氏宗族宣忠堂體源户義田記、規條暨禁碑告示

體源户田記

體源户，田若干畝，塘若干畝，歲輸糧若干兩，入穀若干石，赤契、稅票若干紙，隸本啚六甲。籍其數，上我族尊長，歸諸宗祠，以其歲之入，養宗人之鰥寡孤獨者。籍既具敬，即族尊長而告曰："此啟運數十年懼不克竟之事，實我先君景玉公之意也。"記六、七歲時，侍先君側，家事初不裕，而動以錢應人急。或當食言，曰："我今日樂甚，某人窘而貸，適有貲，不虛所望，我與爾輩，雖疏食勝甘脆也。"稍長，先君時以道義誨，間與論古事，曰："晏平仲難能也，三族無貧乏者；范文正難能也，置義田以贍宗族；葉陽子可法也，哀鰥寡，恤孤獨，賑困窮，補不足。"因私心計之，先君所以分日用之貲以與人者，其意朒然可知矣。既長，又常聞先君言曰："宗族之誼，古人所敦，其難能者未易言，如孟子所謂'窮而無告者可憫'也，《禮》云'鰥寡孤獨有養'。計我宗人當恤者，約得田四五百畝，遂足資其生，俾無失所，誰與體我意而爲之者？"當其時，口不敢應，而有志焉亦未敢必，果能得先君之意而爲之否也？嗟乎！聆先君之訓誨有年矣，先君見背又有年矣，以先君之意爲志，亦復有年矣。蒙祖宗之休、先君之佑，少有贏餘，即累積以俟，以不克行先君之意爲懼，非一

日也。歲乙巳,吾鄉因旱歉收。明年春,米價騰貴,會自揚州歸省墓,幸薄有所蓄,罄以糴米,平其值,以便我族人,其窮而無告者并其值歸之。蓋本先君之意,姑以是試其端云爾。事訖,因收其入以置田,得三畝有奇,視先君向所約,計數不及百之一,未敢遽以是爲得行先君意,私名其户曰"體源"。於是,志益以迫。其後,歲有所入,即以置田,田悉歸體源户。至庚戌,歲可八十畝,計歲所入穀,益之以糴,可以給宗人之見在窮而無告者,因以行先君之意。然其事未竟也,如是者十有餘年,綜先後所置田,得五百四十畝有奇。謹體先君,意爲振窮,用歸之宗祠,一如田親奉先君,先君奉之祖宗,祖宗以田之入散而給之子孫窮而無告者,即在先君,不敢私也。户曰"體源",明其源出於先君,其子體而行之,獨是遲之又久,先君之意始克行而不及見。追溯宿昔訓誨,彌增感愴,不可不使我族人知。其事之出我先君意矣,常懼不克竟其事者,爲已久也。田既歸宗祠,惟宗祠主之。請與宗人約,凡體源户田,率以爲我族鰥寡孤獨者長久經費,不得藉祖宗公事移用侵削,我後人亦不得過問。違者,呈官治之,并擬列《條規》於左,惟我族尊長酌而行焉。

公議體源户規條

一、田税共計七百七畝二分八釐五毫六絲九忽,溉田塘税九畝五分四釐七毫五絲三忽八微,義塚、倉基地税二十畝一分四釐二毫,共該正則糧銀九十兩三錢五釐、營米三石一升。

一、時租計六千四百五十七斗五升。

一、硬租計七千二百五十一斗二升五合。

一、體源户錢糧、營米,概歸敦本户春糴穀價項下完納。其敦本户造册貼費并筐箄、徵租各雜用,盡歸體源户開支。

一、倉内存穀,呆存六百石作爲老底,每年再提收穀四十石專貯另倉,以備荒年給發。

一、每年租穀上倉,只歸收上年九月起至本年八月止支數。如遇閏月,照數一併歸倉,再提收備荒穀四十石。又給體源、敦本兩户造册費穀各三石,其兩户所用筐箄、租酒,并遇兩户稟租及兩户修理水沖沙漲田畝,即在本年體源租穀内開銷,外再餘穀,作五股均分,以作薪水,督總者得兩股,襄事三人各得一股。

一、年歲豐收,或中等年歲,總不論穀之多寡,除兩欵歸倉并給造册費穀，又開銷兩戶筐簞、租酒各費穀外，餘穀聽五股均分。設遇薄收之年，穀數僅敷歸倉，租酒無出，准於提備歀下開支。董事無穀分酬，豐薄相抵而已。遇全荒之年，襄事三人再各接管一年。

一、督總，以宣忠支下司敦本祠者管理，如宣忠支下不司祠總，則聽族長、文會議，僉以宣忠支下賢而能者承管。

一、襄事三人，在宣忠支下長、二、三房，每房各挨一人，連管四年，以年至二十歲能襄辦者承辦。輪換之年，以新穀見數封倉日交代下手。設遇老邁、年幼及廢疾不能襄辦，即以該房次人遞接，不得以挨輪強管。

一、穀數出入，設立大簿一本，逐年先將督總、執事人名登於簿首，每年以本年九月起、次年八月止爲一年。新穀上倉，公同查數封倉後，再於九月初一日開倉發穀。

一、徵租，設立大簿一本，先載田畝字號、土名、租額及佃人名字，再將實收穀數於佃人名下載明。倘遇佃人頂種，未換租批，徵租時查出，着令頂種佃人換寫收執，仍於前佃名下註明"某年某人頂種"字樣，以免失業。

一、徵租定於處暑日，督總與執事者會同族長、文會，約定分數，時租收幾分，硬租收幾分，書明，實貼收租所，俾眾佃共知。

一、租穀定以霜降日收楚。逾時不交，即屬抗欠，督總者即將抗欠人名、欠數彙單，照前縣主李公定案，於十月初一日呈追，不得狥延。

一、倉廒鎖鑰，交督總收掌，發穀日，協同執事人驗封開閉。

一、平日不准開倉。如有擅開，即屬私竊，許支眾舉首，罰穀十石，歸給舉首之人。設有人動穀出倉，查明穀數，以一罰十，原穀歸倉，罰穀亦歸給舉首之人，仍將擅動倉穀之人逐出祠堂。

一、倉穀，議以每年二月十五日公祠祭畢，文會各分長公詣倉所，核簿盤查。倘虧少至一二十石，惟督總及襄事三人是問；數逾三十石之外，則係舞弊，將舞弊之人究出，追穀償倉，另僉妥人接辦。其舞弊之人，逐出祠堂。

一、穀進倉以租斗，出倉以店斗，其所餘作備，量折鼠耗。

一、體源、敦本兩戶冊書，每年各給穀三石，作貼造冊費，定於新穀上倉日給發。

一、發穀日期，每月定於初一日。如次年正月，即先期於頭年十二月二十五日預發。

一、每人每月給穀三斗，閏月如之。

一、穀係給本族鰥寡孤獨四窮之人，須合例者，不得狥情濫給。

一、四窮及廢疾，與例相符，應給穀者，執事之人知會督總，給與經摺，孤子註明年庚，以備查考，再行給穀，以專責成。

一、四者之外，有自幼廢疾、不能受室、委實難於活命者，一例給發。

一、鰥獨年至六十歲，給領食穀。後有願繼與爲子者，亦一體給領，全其宗祧。其子年至十八歲停止，其父母仍照例給發。

一、孀居，有子，俟其子年至二十五歲停止。二十四歲有，二十五歲無。

一、孤子，年至十八歲，停止。十七歲有，十八歲無。

一、孤女，出嫁日停止。

一、族人或有流蕩他方，久無音信者，其父母、妻子不得捏稱物故，援例食穀。總以訪有實據，本家迎過魂後，方准給領。

一、食穀之人，有病故者，給穀三十六斗，以爲身後使用。孤子女，自十五歲以內者，給穀二十四斗；十歲以內者，給穀十八斗；五歲以內者，給穀九斗。其穀於下月初一日給領。

一、孀居，住居母家者，准其領給。寄居親戚者，不准領給。妾住母家，不准。

一、四窮，合例之人，總以自宋至今住居本村者，准其領給。

一、盜賣祖墳公產、盜砍蔭木者，永不准給。

一、孀居，年少時不願食穀，出村傭食，及至年邁歸家，再行請領者，永不准給。

一、鰥、獨、孤子，有干犯長上、行止不端者，停給三年。改過，三年後再給。

一、婦人打街罵巷，不守規法者，停給一年。改過，次年再給。

一、董事人分受餘穀，訂將新穀入倉後，再分陳穀，庶免陳穀霉爛，出陳入新之意。新穀未曾入倉，有先出陳穀者，貪圖賣價，即以舞弊論。出倉若干石，加倍罰出，歸入另貯備荒穀內公用。通同之人，概行另換。

一、收拾筐簟及開發租酒需用錢文，定以六月十五日，先行動支穀石，預爲備用，約數發穀，不得藉以多發。

一、倉屋日久修理，邀同族衆、文會確估，於提備穀內支用，不得藉端浮開。

一、赤契、稅票及府憲《禁示》、縣印《田圖清册》，封存祠匣。遇有事查看，督總、襄事公同開查，查後眼同封鎖。其《田圖清册》，另抄副本。設遇田稻受傷，應往蹈看，將副本交執事人帶去核對，以免刁頑佃戶妄指朦混。其副本亦不得遺失。

一、敦本租穀曬乾，訂以八六折上倉。所有徵租雜項使費，在體源租穀內開銷，前已載明。

查存各件：

一、《體源户歸户》一本。

一、赤契、稅票共一百五十三宗。原來舊契、稅票隨。

一、《收置田塘地畒底簿》一本。

一、《立案田地字號縣印簿》二本。縣印《田圖清册》四本，副本《田圖》四本。

一、立碑府《禁示》一張。

一、立案稟租《縣示》一張。

——嘉慶《棠樾鮑氏宣忠堂支譜》卷十七《義田》

憲示

特授江南徽州府正堂峻，爲恭籲恩庇、賞檄勒碑，以杜盜賣、以綿義產事。嘉慶二年四月二十五日，奉欽命安徽巡撫部院朱批發歙縣職員鮑世爵等抱呈，許全具稟前事。詞稱：竊職等籍隸徽州府歙縣，緣聚族而居，丁繁戶盛，執業安貧而外，亦多無告之人，困苦顛連，情堪憫惻。乾隆五十三年間，職等族中有貢生鮑啟運，善繼故父未伸之志，在本都本圖六甲立有鮑體源户，契置田畒，以贍四窮。向因其父贈内閣侍讀鮑宜瑗在日，殷懷桑梓，篤念扶危，視鰥寡孤獨之可憫，如疾痛顛連之在躬，常欲置田，以養無告之人。奈值處約，莫遂有生之願，於是垂爲《遺訓》，勉及後昆。今鮑啟運克承父志，室家置若後圖，睦恤切於隱念，逐年出其所蓄，隨數悉以置田。歷十年之久，得田五百四十畒有奇，盡數歸之宗祠。擇族中之公正廉潔者董其事，歲入租息，按給煢獨。復慮日久弊生，或致藉端擅賣，或本身後裔思將義產收回，自作《體源户記》，鳴之族衆，以冀久長，誠難能之義舉也。職等伏思，此項義田雖經鮑啟運自作户記，情願輸公。究恐日後賢愚不一，難保必無盜賣等事，必得仰懇大憲大人恩賜護持，方足以垂久遠。爰敢不揣冒昧，上叩大人，俯鑒一鄉之小善，四窮之可矜，賞檄徽州府轉行歙縣，查明《鮑體源户田畒户册》，并取具册書不致勾通族人擅賣甘結。倘敢有違，藉祖宗之名出賣，種種侵漁,以及本身後裔妄思收回入已者,准公族鳴治,即照盜賣謀買案斷追,詳覆備案。職等更將憲檄暨府縣詳文勒石宗祠,俾職等闔族子孫歲時出入,習見煌煌憲諭,觸目警心。既足興其感發之懷,又可遏其覬覦之念,庶義產得以長存,四窮永有攸賴矣。爲此,公瀝下忱,并抄呈《體源户記》及所捐田畝字號《清册》,伏乞興善大人賞准施行,實爲德便,頂恩上稟。計粘抄《體源户記》一紙等情。奉批:鮑啟運捐置義產,惠賙貧族,睦媚可嘉,仰徽州府確查,通詳立案,記、册并發等由到府。奉此。遵即發册轉飭歙縣,確查取結去後。據該縣知縣李堯文詳稱:遵即飭令該管册書,將發來《清册》田畝字號,查明税數,核對無遺。據該册書鮑于天出具不致勾通盜賣切結。結稱:二十二都九啚六甲册書鮑于天,今於與甘結事實,結得承管鮑體源户内現置各字號田畝,逐一按册確查,共收上實田税五百四十畝七分三毫八絲五忽、塘税七畝二分一釐二毫一絲五忽、地税十七畝六分八釐二毫,俱係身家承管,并無遺漏糧税,日後不致勾通盜賣情事。如有遺漏、串捏、盜賣、舞弊等情,願甘治罪。所具甘結是實。嘉慶二年五月日,具甘結,册書鮑于天押。卑職復核無異。查鮑啟運恪遵父訓,篤念族誼,不以家室爲先,措置義田,殫盡歲時之積,洵孝義之無忝,誠敦睦之可嘉。理合具文,詳請鑒核,俯賜通詳立案,以彰義舉,以垂永久,實爲德便。等情到府。據此,卑府復查,鮑啟運克承父志,篤念宗支,以生平蓄積之資,爲闔族無依之產,誠睦淵之善舉,洵孝義之良圖。茲據該縣取具册書甘結,詳送前來,卑府復核無異。合將送到《册結》,據情轉詳憲臺鑒核,批示立案。爲此,備由開册具申,伏乞照詳施行。奉兩江總督部堂蘇批:鮑啟運克承先志,捐產以賙宗族之無告者,高義可風。仰安徽布政司核明,轉飭立案。仍候撫憲批示,檄《册結》存。安徽巡撫部院朱批:鮑啟運克承父志,篤念宗支,捐置義產,惠賙貧族,洵屬善舉。仰布政司轉飭遵照立案,并勒石宗祠,以垂永久,仍候督部堂批示,檄册結存。安徽布政使熊批:鮑啟運捐產宗祠,惠賙貧族,深堪嘉尚。現府奉憲批示,業經轉飭遵照在案。據送各《册結》,仰候存查立案,并奉撫憲批示,業經轉飭遵照在案。據送各《册結》,仰候存查立案,并飭立石宗祠,以垂久遠,仍候臬司、巡道批示檄。安徽按察使司恩批:據詳已悉,仰候兩院憲暨藩司巡道批示,檄《册結》存。安徽分巡道宋批:據鮑世爵等稟,捐義田,惠賙貧族,殊堪嘉尚。既據通詳,仰候兩院憲暨兩司批示,錄報檄《册結》存。又兩奉安徽布政使司熊牌行,飭令遵照督、撫、部、院堂批飭事理,轉飭勒石該宗祠,仍將碑摹通送立案，毋違，各等因到府。奉此，合行給示，該職員鮑世爵等勒石宗祠，以垂永久。須至碑者。

嘉慶二年歲次丁巳孟冬月，立碑。

李縣主告示

特授江南徽州府歙縣正堂、加五級、紀録十次李，爲求示曉諭以杜吞租，以濟四窮、恩垂不朽事。據職員鮑世爵、監生鮑琮抱禀，家屬許全具禀前事。詞稱：竊職族鮑體源户義田，業奉撫、部、院批行府憲，轉行憲案。荷蒙確查稅數，取具册書切結通詳，並蒙飭令司祠董事，妥立《章程》，刊立《租批》版樣，着佃填寫交租，以杜輾轉退種、抗吞弊寶在案，闔族戴德靡涯。原可毋庸瑣瀆，特是田產收置，各村佃人，好歹不等，豐年收穫，佃應照額交納。偶逢實在歉收，自當酌數減讓。詎每值秋成，有等頑佃藉詞抗欠，理討不交。鳴保向論，復狡託親友，婉延拖至年終，仍屬無着。尤有藉以女流佃種，聽唆頑抗，任討不清。若不預爲杜患，竊恐積玩相沿，無所底止。更或日久弊生，勾通經討之人，將租捏飾朋吞。種種弊端，在所不免。今職祠公議：凡屬義田租穀，訂以風車下照數收清。有未清者，如逾九月終不掃數全完，即行禀追。若不禀追，闔族即惟經收者是問。如此，立定《章程》，庶免抗欠、朋吞之弊。職等雖經申約，恐有頑佃不遵。爲此具禀，伏乞賞准，給示曉諭，俾各佃咸知警惕，四窮日食無虞，闔族沾恩，上禀等情到縣。據此，合行出示曉諭。爲此，示仰各村租種鮑氏義田佃户人等知悉：爾等當秋成收穫之時，務照定額，于風車下全數交納清楚，毋得藉延時日。倘有刁佃邀違，佃婦聽唆拖欠，九月内有不全完者，許該司祠董事，將刁佃及主唆之人一併赴縣呈禀，從嚴究追，決不寬貸。該董事等如或狗庇，惟該董事經收者是問。各宜凜遵毋違。特示。

嘉慶三年六月初一日示。

鮑氏義田記

余再撫皖之明年，歙人鮑啟運克成其父宜瑗遺志，積資置義田，以贍族中之鰥寡孤獨者。族人合詞呈請立案，既嘉其義而許之，仍飭立石，以垂永久。因思《禮》曰"尊祖故敬宗，敬宗故收族"，是以族屬繁衍，困乏相酬，急難相救。至於鰥寡孤獨之無告者，則尤當矜恤之，使有以爲生。顧行之有難與易也,苟擁厚資,博樂善好施之名,推其有餘,以周不足,較之有其力而不行者,固曰賢已然而易也。若家不必素封,銖銖而積之,寸寸而累之,儉其口體之奉,分以均惠族之惸獨,咸利其利於無窮,則難能而可貴者矣。啟運之父,非有餘財,而惟日孳孳,終身不倦。啟運復恪承厥志,敦本尚義,圖究其事,前後凡十年,共置田五百四十畝,名其田曰"體源戶",蓋不忘其父之志云爾。夫啟運之志如此其堅,又如此其久而後成,非特今時之所難,即昔之范、徐兩公又何以加焉?後之子孫,其更體啟運之志可也。《書》曰:"表厥宅里,樹之風聲。"有守土之責者,欲化涼薄之風,成長厚之俗,非啟運其誰與歸耶?

嘉慶二年秋七月,賜進士出身、誥授光祿大夫、吏部尚書、署安徽巡撫大興朱珪撰。

嘉慶七年秋八月,賜進士出身、誥授光祿大夫、經筵講官、太子少保、體仁閣大學士、管理國子監諸城劉墉書。

劉石菴相國跋

余為鮑覺齋書《義田記》,覺齋刻石揚寄。余自視筆意不減古人,覺齋之義舉亦何讓古人哉?請質之南匪相國,以為何如?

——嘉慶《棠樾鮑氏宣忠堂支譜》卷十七《義田》

第三節　村族公益、慈善與救助規約

明嘉靖祁門縣善和程氏宗族仁山門支族《寶山公家議》之田地議

田地議

知創業守成之不易,由知稼穡之艱難,不知稼穡而能持久者鮮矣。是故《七月》之風,《無逸》之訓,志王業者尚惓惓也,況齊民乎!述《田地議》第四。

議曰:眾存未分田地,原以備戶役、祭祀等項用費,今議將韓村、方村、楊坑、青真塢、項源田租,盡貯五倉存積,以備戶役糧差。所有羨餘,置買便產。其中村田租,除備祭祀外,餘穀量分,各處暫分浮穀,照依舊則無過。

其暫分各處浮穀,倘眾有急務,俱要存積,以應眾用,各房毋得執拗。

韓村租田,原因水壞,寶山公應縣主獎召,不惜財力,造大圍堨五條,塞塹成田。恐後戶役繁重,用度不敷,故立文囑令五房子孫永遠存業以備,毋得變易。續置月山嘴山下、楊坑、方村等處租田，係是韓村等處積蓄所致。

韓村庄田，乃寶山公創業首地，原田壹畝，定租拾陸秤，每秤拾伍斤平稱。今之述事者，每秤以拾柒觔爲則，猶有加焉。且有數號畝步甚緊者，佃何以堪？況別處庄田，仍有賴於山地之利，以補其所不足。而韓村勤勞終歲，專望於田，而無他利。且如溪頭，乃田庄之尤者也，每田壹畝，計租不上捌秤，而韓村倍徵於彼。倘遇凶歉，又何以堪？今之管理，尚當體祖宗之意，存恤下之心，或監，或讓，公議寬之，庶佃人有所依歸，無懷異土之念矣。誠恐人心不古，各出其論。愚見度之，莫若將田丈量明白，定其租數，庶無虧損，公平兩服。

青真塢田，係正德十六年陸續開墾，其山麓仍可田者，宜隨墾以益之爲便，但毋許秩下子孫私墾以破衆業。有私墾者，宜曲處歸衆，毋許執拗入已。

許家坦田地，係寶山公取贖義男汪絃、汪新祖業，逓年雖交租不缺，管理者罕至其所，多爲地鄰佃種者侵占隱瞞。今已清查定界，以後每年須親往一勘。

正居前塘，五房原爲庇廕而設，其水所洩之渠，南行數十丈，由東繞大園而南達溪，所關甚切，宜時疏濬，日後毋得罩占侵廢。

續買正居後地，擬爲附祠，及路口瀕溪塘地。今造鋪屋拾壹間，其拾間各房浮分，其中壹間衆存租賃，俱毋許秩下子孫私業私賣。

凡遇水旱，管理者須分勘各處，輕重量助，令其救治。若有荒歉，或監，或讓，須親勘通處。其田原畝步緊者，亦須酌量寬減，俱毋得執一，以困貧佃。但不可受囑濫與，以私滅公，亦不許懷恨留難，以逞己忿。

各處田、塘、甽、堨，若有損壞壅塞，管理者當及時修治，毋怠情廢弛，以致荒蕪田畝。

在城寓宅，乃往來安駐之地，其關係同於正居，管理者宜加意修整。守者但令辦茶水及備修蓋之費，毋許狥私招歇多人，攪亂污穢。

各佃該納租雞，或衆存祀用，或管理分用，照舊開注。其各佃租膳穀品，亦照舊開注，俾後管理有稽。其未諳者不致各佃之隱瞞，而存私者亦不得過征乎各佃。此雖細務，亦革弊之一端也。

日後續買地，管理務要親臨查勘畝步、坵數、實租、稅糧、時價，必須的實相應，方許動支衆銀買業。其續刊田地歇下，開注某年某管理買受某人田，以驗賢否。接管者復勘，倘畝步、租數有名存實亡者，有田少稅重者，有濫增重價者，即係私弊，接管者即告家長家衆，將田退還原買管理，責令將原價加利還衆，仍罰。其接管狥情不舉，訪出一體同治。且買田須宜量力，不可勉強，倘係當緊，方可權處。

各處田地塘土名、租數，照保逐號開列于後。每年稱租之時，即于各號邊空行內，填注某年收完，或監，或讓，併佃人名目，逐一注明，以便查考。其字號、四至、畆步、坵數，查注各號下。其各保號後存有空板，日後續買，管理者逓年刊刻續上。

一保楊坑上坳等處田，各號土名、畆步、租數開後：

號字一號，洪岸塘內塘壹所，三分內該一分，共田八坵計拾壹畆，計分租伍拾肆秤，雞壹隻，佃；

一號洪岸塘下叚田一坵，計捌分，計租捌秤，雞壹隻，佃；

一號冷水塢田十坵，計貳畆壹分，計租貳拾壹秤，雞壹隻，佃；

一號冷水塢上邊沿山坵田一坵，計四分，計租肆秤，佃；

一號冷水塢下邊沿山坵田一坵，計四分，計租肆秤，佃；

一號桂家門下田二坵，計陸分，計租陸秤，佃；

一號小塘坵田二坵，計壹畆，計租拾秤肆勏，佃；

一號牛厄坵田三坵，計貳畆壹分，計租貳拾壹秤，佃；

一號橫路上方盤坵田一坵，計玖分，計租玖秤，佃；

一號含坵田一坵，計壹畆陸分，計租拾陸秤拾勏，佃；

一號大塘坵田一坵，計貳畆，計租貳拾秤，佃；

一號冷水塢口行路上路下，大橫坵、小橫坵共田三坵，計貳畆壹分，計租貳拾壹秤，佃。

前七號田與方家相共，計租壹百零叄秤拾肆勏，五大分買受內租伍拾貳秤。

一號塚林下田一坵，計貳分，計租貳秤，佃；

一號橫塔下田一坵，計柒分，計租柒秤，佃；

一號火爐坵田一坵，計貳畆，計租貳拾秤，佃；

一號小項坑大契塢小塘一所，四分內該一分，計田肆坵，原荒坦成田，計租柒秤半；

一號大契塢響塘灣田一坵，原荒地成田，計租叄秤；

一號王三得住畔神林下溪邊田三坵，原山脚成田，計租貳秤半。

前三號田共租壹拾叁秤，每秤貳拾斤稱，佃。
一號項泥冲田一坵、小塘一所，荒坦成田，計租拾叁秤，每秤貳拾觔稱，佃；
一號善壽住前田二坵，計肆分，內早租肆秤，佃；
一號善壽住廠田一坵，計陸分，計早租陸秤，佃；
一號下圳景韶公墳前田一坵，原地成田，計早租陸秤，佃；
一號下圳冲嶺下田一坵，計捌分，計租捌秤，佃；
一號林梅塢口田一坵，計壹畝陸分，原租貳拾秤，今減捌秤，佃。
二保巨字號方村等處田土名、畝步、租數開後：
一號土塝頭田一坵，計叁畝，原早租肆拾貳秤，今減貳秤，雞一隻，佃；
一號界上金盤坵田一坵，計壹畝，計租拾伍秤，佃；
一號太尉廟前田三坵，計肆畝貳分，計租陸拾秤，雞一隻，佃；
一號胥楊廟上葉虎住前田一大坵，內壹畝肆分五厘，該租貳拾壹秤拾觔，佃；
一號謝福禮門前田一坵，計捌分，計早租捌秤，佃；
一號萬初門前蓼沙坵田一坵，四分內該一分，計貳分柒釐，該租肆秤，今減壹秤，佃；
一號牌樓前田二坵，計陸分，計租玖秤，佃；
一號方村廠頭田，原仁分田貳畝伍分，內鋋、鏈分未賣，餘五大分買訖，因水推，未議租，計租秤，佃；
一號林家塢口田，內買鉛分籍，因水推，未議租，計租，佃。
二保巨字號林村等處田土名、畝步、租數開後：
一號䂵畔下田一坵，計壹畝，計租拾肆秤，佃；
一號磨房塝下中截田一坵，計伍分柒厘，計租柒秤半，佃；
一號牙家路下田一坵，計柒分，計租拾秤半，佃，
一號三畝坵田二坵，計叁畝，計租肆拾秤拾貳觔，雞一隻，佃；
一號沙坵田一坵，計貳分伍厘，計租叁秤拾貳觔拾貳兩，佃；
一號高岸坵名坦上小塘一所，田一坵，計柒分伍厘，計早租拾秤，佃；
一號粉壁叚田一坵，計貳畝捌分，原租肆拾貳秤，今減陸秤，雞一隻，佃；
一號松木叚共田一坵，計該貳分，計該早租貳秤拾肆觔，佃；
一號湖裏田一坵，計壹畝捌分，計租貳拾柒秤，佃。
三保闕字號中村等處田土名、畝步、租數開後：

一號文孝廟前路下長坵，田一坵，計壹畝玖分伍厘，計租叁拾捌秤，雞一隻，佃；

一號牌樓上甽頭田一坵，計租壹秤，佃；

一號廟前長坵界下田四坵，計叁畝玖分柒厘，計租伍拾陸秤，雞一隻，佃；

一號廟前橫路下塔上田二坵，計壹畝叁分，計租貳拾秤，佃；

一號廟前溪邊田一坵，計捌分，計租拾貳秤，佃；

一號廟前門下田三坵，共計壹畝叁分，該一半，該租柒秤，又買西房租貳秤，佃；

一號廟上左邊高田一坵，原山脚成田，該租半秤，佃；

一號行路上店邊田一坵，內早租壹秤陸舳，佃；

一號何家冲田一坵，計貳畝叁分，計租貳拾叁秤，佃；

一號下村橫路上田一坵，計壹畝貳分叁厘，計租拾捌秤，佃；

一號鯉魚塘塢塘下，田六坵，計貳畝，塘一所，該一半，共計伍分陸厘叁毫，外荒，計租拾捌秤，佃；

一號宣塢裏田二坵，計貳畝捌分，計租貳拾肆秤，佃；

一號張家叚上廠田一坵，計叁畝，計租肆拾陸秤，雞一隻，佃；

一號同處界下田二坵，計叁畝令，計租肆拾玖秤，雞一隻，佃。

三保闕字號楊坑等處田土名、畝步、租數開後（後附別保字號，便收租也）：

一號百花園墳前塘一所，田六坵，計　畝　分，計早租肆拾叁秤，因造庄墻減叁秤，佃；

一號方家墳前田一坵，計五分，計早租伍秤，佃；

一號方家墳前路下長坵田一坵，計　　，原租貳拾秤，今減貳秤，佃；

一號捕户門户共田一坵，計　　，計租拾　秤，佃；

一號張勝灣田一坵，計　　，計早租　秤，佃；

一號黃泥坵田一坵，計壹畝陸分，計租拾陸秤，佃；

一號禾場坵、牛厄坵共田二坵，該一半，計壹畝，計租拾貳秤，佃；

一號中八畝叚方坵田一坵，計壹畝，計租拾貳秤，佃；

一號中八畝叚曲尺坵，計壹畝柒分，計租拾柒秤半，共雞一隻，佃；

一號觀音堂前三畝坵田一坵，計叁畝陸分，原租肆拾秤，今減四秤，雞一隻，佃；

號字號上坳下馬坵田三坵,計肆畝,計租肆拾貳秤,雞一隻,佃;

號字號吳坑塢小塢高田一坵,小塘一所,田畔上下灣山一培,計早租肆秤,佃;

珠字號野塘并塘上田三坵,四分中該一分,計分租陸秤,監收,又買承祖半秤,雞一隻,佃;

珠字號野塘下田一坵,計捌分,計租捌秤,佃;

珠字號鵝頸坵田二坵,計貳畝叁分,計早租貳拾叁秤,佃;

珠字號麥塢口果兒坵田一坵,計貳畝貳分,原租貳拾貳秤,今減貳秤,雞一隻,佃。

四保珠字號村裏等處田土名、畝步、租數開後:

一號住前月山嘴下田二坵,計貳畝捌分,計租伍拾伍秤監收,雞一隻,佃;

一號胡家叚西長坵田一坵,計玖分,計租拾捌秤,佃;

一號同處連界田一坵,計貳分伍厘,計租陸秤,佃;

一號葫蘆坵田一坵,共計柒分玖厘,內租柒秤,佃;

一號廣濟橋頭田一坵,計柒分,計租拾肆秤,佃;

一號廣濟橋上田一坵,原塘地成田,計租拾陸秤,佃;

一號塘坑田十六坵,計拾伍畝伍分,原租壹百叁拾叁秤,今減叁秤,雞二隻,佃;

一號梓木坑方三塢口田二坵,計捌分貳厘叁毫,計早租拾秤,佃;

一號梓木坑田二坵,計壹畝陸分,計租貳拾秤,雞一隻,佃;

一號羊鵝坑楊家坦田十四坵,共計田肆畝壹分,東、北坑,西山,南社田,內租拾秤,又買西房叁秤伍廳,每秤拾捌斤稱,佃;

一號汪村園塘上田一坵共計叁畝,買受鎬,六分中一分,內早租監收,佃;

一號汪村園柿樹下塘成田一坵,計貳畝陸分,買鎬,六分中該一分,內分租監收,佃。

四保珠字號黃坑塢等處田土名、畝步、租數開後:

一號桂家塢口沿山錠坵界下田一坵,計壹畝陸分,內租玖秤;

一號汪記社住基裏外塘貳所,田十一坵,計貳畝陸分陸厘陸毫,內租拾壹秤。

前二號內,又買西房租陸秤拾勱,佃。

一號桂家塢口住畔下末田一坵,計壹畝玖厘,內早租肆秤半;

一號坑外路下沿山長錠坵田一坵，計陸分，內租貳秤；
一號住前坑上沿坑田二坵，計柒分陸厘，內租貳秤。
前三號內，又買西房租貳秤拾貳觔半，佃。
一號椑樹塢口田五坵，又坑下山嘴田一坵_{原荒}，內早租叁秤；
一號椑樹塢口中段橫路上田二坵，計柒分伍厘，內租叁秤半。
前二號內，又買西房租叁秤叁觔半，佃。
一號柹樹灣口沿山長坵田四坵，原山腳成田，內早租貳秤叁觔拾貳兩，佃；
一號石家大坵及界下官坵田二坵，內該叁分叁厘，內租叁秤伍觔拾兩，佃；
一號蘆家塢口田一坵，內早租叁觔拾貳兩，佃；
一號朝山下田一坵，共計貳分伍厘，內租半秤，佃；
一號黃坑塘塢塘一所，該一半，今成田監收，佃。
五保稱字號青真塢等處田土名、畝步、租數開後：
一號陳進住前裏外田坵，計租柒拾秤，雞三隻，佃；
一號炭竈塢口田五坵，計貳畝，計早租拾捌秤，佃；
一號炭竈塢頭田四坵，計貳畝，計早租拾捌秤，佃；
一號中塢裏中坦田四坵，計早租玖秤，佃；
一號中塢口田一坵，計租捌秤，佃；
一號中塢口淡竹山田坵，計租叁秤，佃；
一號吳云住前裏外田坵，計租陸拾壹秤，雞三隻，佃；
一號青真塢石匣裏新墾田二坵，計租秤，佃；
一號柘木坑馬培塢口田一坵，計　分，計租貳秤，佃；
一號柘木坑口田五坵，計柒分，計租拾秤，佃。
五保稱字號王舟山等處田土名、畝步、租數開後：
一號王家住上田三坵，計壹畝伍厘，計租玖拾觔，佃；
一號王家住外神林前田五坵，計柒分捌厘，計租壹百伍拾觔，佃；
一號紅林塢口田一坵，計一分，計租捌秤半，每秤拾捌觔稱，佃。
五保溪頭田承祖併買受字號、土名、畝步、租數各開後：
一五大分墾業併買受田租開後：
稱字一百一號內葉家坦田一坵，原地成田，計租伍秤，佃；

一百六、八號內石連坵、丈鼓坵，二號田，今平成一坵，共計壹畝，計租拾壹秤，佃；

一百六十七號塌頭、石倉坵田二坵，計壹畝陸分，計租貳拾秤，雞壹隻，佃；

一百八十號內交加塢、灣口田二坵，原地成田，內租貳秤，佃；

一百五十三號承天塢口田四坵，計叁分叁厘，計租叁秤，佃；

一百六十五號內承天叚田二坵，計陸分貳厘，計租伍秤，佃；

一百六十六號內承天叚田一坵，計貳分叁毫，計租貳秤，連前號共雞壹隻，佃。

一東、西房相共田租內，東房承祖壹半，併買受西房分籍開後：

稱字四十二號梘頭田一大坵，原地成田；

四十四號羊角坵田一坵，計貳分柒厘叁毫；

四十六號內汪留保住前田一坵，計壹分肆厘壹毫；

四十七號住前山塢口荒塘壹所，田二坵，計田塘伍分伍厘；

五十號汪留保門下田一坵，計叁分壹厘玖毫；

五十三號楊家坦田五坵，計肆畝壹分壹厘；

五十四號同處路下田四坵，計柒分貳厘壹毫；

五十五號行路下田五坵，計肆分肆厘肆毫；

五十七號路邊汪六住前田一坵，計陸分肆厘捌毫；

五十九號內葫蘆坵田一坵，計玖分肆厘壹毫；

六十號下塘塢口田一坵，計伍分；

六十一號窑坵田一坵，計玖分捌厘；

六十二號八畝叚田四坵，計壹畝貳分貳厘伍毫；

六十四號八畝叚田一坵，計壹畝零伍厘；

六十六號內同處月坵田一坵，計捌分伍厘肆毫；

六十八號八畝叚田一坵，計捌分肆厘肆毫；

六十九號同處田一坵，計捌分肆厘肆毫；

七十三號聖主廟下田三坵，計叁分壹厘肆毫；

七十四號同處廠頭田五坵，原地成田，計壹畝肆分陸厘；

七十五號黃土嶺背田八坵，計捌分；

一百二十三號南山下田六坵，計壹畝肆分柒厘玖毫；

一百二十四號李家住前田一坵，計壹分貳厘；

一百二十七號李家住灣田一坵，原地成田，計玖分陸厘；

一百二十八號李家住畔田一坵，原地成田，計玖分捌厘；

一百三十三號來富住基田一坵，計柒分叁厘捌毫；

一百三十五號程公三住後塢田一坵，原地成田，計柒分捌厘；

一百四十一號血茶坑口上田二坵，計肆分柒厘伍毫；

一百四十二號血茶坑口田三坵，計貳畝柒厘；

一百四十六號南源塢田，計壹畝陸分貳厘壹毫；

一百四十七號同處田，計壹畝肆分肆厘叁毫；

一百四十八號南源塢三號，共田五坵，計貳畝捌毫；

一百五十一、二號承天塢口田四坵，計畝捌分伍厘陸毫；

一百五十五號承天塢口一坵，計壹畝肆分壹厘貳毫；

一百五十七號林家住下路上田二坵，計壹畝叁分貳厘玖毫；

一百七十一號觀音堂前溪邊田一坵，計貳分捌厘肆毫；

一百七十五號深水坵田一坵，計壹畝貳分叁厘叁毫；

一百七十六號觀音堂前田二坵，計貳畝叁分玖厘陸毫；

一百七十七號黃土墈田四坵，計貳分伍厘捌毫；

二百三號廟下北乂口田五坵，計肆畝叁分伍厘伍毫。

前各號田共租叁百伍拾陸秤，與西房相共，東房該租壹百柒拾捌秤。又買受西房館租拾肆秤拾貳觔半，滴租柒秤陸觔肆兩。

上庄汪留保等佃前項土名、租數開後：

羊角坵、住前、楊家段、窑坵、葫蘆坵、下塘塢、路邊、八畝段、行路上下，共租壹百貳拾秤，共租雞陸隻；

梘頭，早租陸秤；

黃土嶺背，租捌秤；

聖主廟下，租拾秤；

北乂口廟下，租肆拾肆秤，租雞貳隻。

前項田租共壹百捌拾捌秤，汪留保等佃東房壹半，該交租玖拾肆秤，租雞肆隻。又該交買受西房分籍租壹拾壹秤壹拾壹觔肆兩。

下庄林天生等佃前項田土名、租數開後：

觀音堂前、深水坵、溪邊塌頭、黃土墈，共租肆拾捌秤，租雞貳隻；

承天塢口、血茶坑、林家住下、來富住基、南源塢、李家住畔，共秤壹百貳秤，共租雞肆隻；

前項田租共壹百陸拾捌秤，林天生等佃東房壹半，該交租捌拾肆秤，租雞叄隻。又該交買受西房分籍租壹拾壹秤半。

一、五大分買受西房載熙公秩下分籍田開後：

三十二號土名張家塢口下山溪邊田二坵，計伍分，計租伍秤；

一號土名汪家住上行路山邊田一坵，計租半秤；

四十三號內土名梘頭田一坵，計壹分肆厘捌毫；

四十五號內汪留保住前田二坵，計叄分柒厘柒毫；

四十六號內汪家住前溪邊田一坵，計柒厘壹毫；

前三號共田伍分玖厘陸毫，計租肆秤；

九十三號宋家塢口下山溪邊田伍坵，原荒田五分，計租叄秤半；

九十四號黃土坑高田壹坵，低田五坵，原荒田壹畝貳分五厘，計租拾秤；

一百一號內葉家塢田六坵，原地成田，計租柒秤；

一百一號內同處下仍山油麻坵田一坵，計租肆秤；

一百二號葉家叚田二坵，計玖分，計租玖秤；

一百六號內石連坵田一坵，計伍分，計租伍秤；

一百八號內小黃泥坵田一坵，計肆分，計租肆秤；

一百十二號葫蘆坵，又名直坵，田二坵，計壹畝陸分，計租拾陸秤；

一百十四號畝塘叚行路下溪邊田二坵，原田肆分貳厘，水推，計租壹秤；

一百五十三號承天塢口田二坵，計叄分叄厘，計租叄秤；

一百五十九號林家住前路下田二坵，計柒分壹厘柒毫，計租陸秤；

一百六十三號橫路上方坵田一坵，計壹畝叄分壹厘玖毫，計租貳拾秤；

一百六十五號內承天叚田二坵，計陸分貳厘，計租伍秤；

一百六十六號內同處界下一坵，計貳分伍厘，計租貳秤；

一百八十號內交加塢灣口田二坵，原地，計租壹秤。

前各號內田共計租壹百零伍秤拾貳籾，五大分買受鎗陸分中合得壹分，計租拾柒秤玖籾半。

一、五大分買受西房載興公秩下分籍田開後：

二十五號內張家塢口上坦上田四坵，內租叄秤；

五十一號內上塘塢田四坵，計叄分，計租叄秤；

五十六號胡坵田一坵，計玖分肆厘，計租玖秤；

五十九號內葫蘆坵界下，俗名狂坵田一坵，計捌分肆厘，計租柒秤半；

六十三號八畝段田一坵，計壹畝柒分叁厘捌毫，計租拾貳秤半；

六十五號同處各半坵田一坵，計捌分柒厘伍毫，計租柒秤半；

六十六號同處月坵界下溪邊田一坵，計壹畝，計租捌秤半；

九十四號宋家山田捌坵，計荒田壹畝零，計內租叁秤；

一百七號內葉家坦石連坵田一坵，計壹畝，計租玖秤；

一百十三號畝塘段狂坵田一坵，計壹畝陸分柒厘柒毫，計租拾叁秤；

一百八十號內交加塢灣口田二坵，原地捌厘，計租壹秤；

一百九十三號內鳳凰段下末址田二坵，計陸分捌厘，計租陸秤；

二百四十七號內北乂口田三坵，計租陸秤。

前各號內田共計租捌拾玖秤，五大分買受滴拾貳分中合得壹分，該租柒秤陸觔肆兩。

七保項源田承祖併買受字號、土名、畝步、租數各開後：

一、五大分買受田租開後：

光字一千六十六號櫃樹灣凌輝乞住上田一坵，計貳畝柒厘；

一千六十八號同處界上田三坵，計貳畝五分壹厘；

一千七十五號內同處行路界下田六坵，計貳畝柒分染厘。

前三號田共租柒拾伍秤，拾捌觔稱，雞貳隻，佃。

周家山田十二坵，許家柄田一坵，紙皮坵田一坵，柿樹背田二坵，中臼坑口田三坵，住前山下叚中田七坵，石印坵下叚田三坵，三角坵田一坵，石溪裏畊頭路下田一坵，橋頭橫路上田一大坵。

前十號田共該分租拾貳秤，係買受沙灣方榕分籍，雞一隻，佃。

一、東西房相共田租內，東房承祖一半，併買受西房分籍開：

一千一百六號楊樹堨低壟田六坵，計貳畝捌分捌厘伍毫；

一千一百七號湯三坵田二坵，計貳畝伍分陸厘玖毫；

一千一百八號同處田一坵，計貳分肆厘；

一千一百十一號湯四坵田四坵，計貳畝捌厘伍毫；

一千一百二十七號宋家山上邊田二坵，計壹畝伍分。

一千一百二十八號宋家山墳下邊田二坵，計陸分壹厘；

一千一百二十九號同處田三【坵】，原地成田，計伍分貳厘玖毫；

一千一百三十一號同處田二坵，計叁分柒厘伍毫；

一千一百三十二號宋家山田三坵，計肆分肆厘；

一千一百三十五號同處田一坵，計貳分肆厘；

一千一百五十三號住前田一坵，計伍分柒厘壹毫；

一號同處界上田一坵，原地成田，計叁分伍厘；

一千一百五十四號路下溪邊田四坵，計壹畝柒分陸厘；

一千一百五十八號汪住保見住基田二坵，計壹畝壹分伍厘肆毫，外地肆厘貳毫；

一千一百八十一號磜下王田冲田二坵，計捌分柒厘玖毫；

一千一百二十四號柿樹背及楊樹塌頭田，共叁分，俱水推損；

一號內磜下湯子坑口路邊長坵田二坵，計陸分。

前各號田共計租壹百肆拾玖秤伍勷，與西房相共，內東房承祖一半，計該租柒拾肆秤拾勷。又買受西房舘租陸秤叁勷陸兩、鏡租叁秤壹勷拾壹兩、啟租陸秤叁勷陸兩、謨租肆秤拾勷壹兩、夢霓租叁秤壹勷拾壹兩、三壽租壹秤捌勷陸兩，共計買受分租貳拾肆秤拾叁勷玖兩。

汪住保兄弟併萬保佃前項田土名、租數開後：

楊樹塌壟，湯三坵，湯四坵，溪邊路下，住保、萬保等住基田，宋家山，住前山下，共租壹百叁拾秤，共租雞肆隻；

王田冲、湯子坑口共租壹拾陸秤；

柿樹背、楊樹塌頭共租叁秤五勷。

前項田租共壹百肆拾玖秤五勷。

汪住保兄弟佃東房壹半，該交租柒拾肆秤拾勷，因造橫屋減租肆秤，實交租柒拾秤拾勷，租雞貳隻。

萬保佃西房壹半，內該交東房買受分籍租貳拾肆秤拾叁勷玖兩，租雞壹隻。

一、五大分買受西房載熙公秩下分籍田租開後：

一號宋家山田一坵，計壹畝壹分伍厘，計租拾秤；

一號陳家住上田一坵，原荒地成田，計租拾貳秤；

一號小石磜塢田四坵，原山腳成田，計租捌秤。

前三號田共租叁拾秤，內五大分買受舘租伍秤，鏡租貳秤半。

一號陳家住上及圳頭過水坵田二坵，原山地成田，計租拾伍秤。

前號內買受舘租貳秤半，鏡租壹秤叁勷拾貳兩。

八保項源果字號磜下等處田土名、畝步、租數開後：

一號七畝段廠頭田二坵，計肆畝伍分，計租肆拾秤，雞壹隻，佃；

一號七畝叚末田二坵,計貳畝,計租拾陸秤,雞壹隻,佃;

一號同處田二坵,計壹畝陸分,萬曆三年買,計租貳拾貳秤,佃;

四十三號內湯子坑口、路邊長坵田二坵,計陸分,計租捌秤,佃。

七保光字號章溪等處田土名、畝步、租數開後:

一號黃狗嶺田地山。俱是本家己業,因慎庵公與程彙和秀才讀書至厚,寶山公批取田地山一半送彙和秀才。後彙和轉賣與林文顯,後林文顯止將契內山賣與戴求保,後求保轉賣與方齊。今山本家與方齊共業,田地仍與林文顯子孫共業。其山裏至上塢口上培直上至降,外至行嶺。

前號田內租拾柒秤,因水推減壹秤,雞一隻,佃。

一百九十三號蔣村小腸坵田一坵,計伍分捌毫,內租叁秤,佃。

十保李字號岩山下等處田地土名、畝步、租數開後:

三百六十六號許家叚田一坵,係許節保住畔溪東,計壹畝壹分壹厘玖毫,東塝,西溪,南、北田;

一號同處界下田一坵,計伍分。

前二號田共租拾貳秤,每秤拾捌觔净稱,佃。

一號許家住後菜園地共七坵,東、西路,南墻及自地,北至大栗樹止,計租銀,佃;

一號許家住下墻外地五塊,又墻內高地一塊,計租銀,佃;

一號許家坦店前田畔上地拾貳塊,計租銀。

一都四保胡良田各號土名、畝步、租數開後:

一號朱乞孫門前下橫塔田一坵,三分中該一分,計捌分柒厘,內租捌秤拾肆觔半,每秤貳拾觔稱,後三號同,佃;

一號住前山塔頭田一坵,三分中該一分,計貳分,內早租貳秤,佃;

一號朱家墳前田一坵,計壹畝叁分,計租拾壹秤,佃;

一號程家塢口六畝坵田一坵,計貳畝貳分,該一半,又買釧分籍,計租拾壹秤拾捌觔肆兩,佃。

五都四保麗字號韓村田各號土名、畝步、租數開後:

巨字號大塔上方村界廠頭田一坵,計壹畝伍分,計租貳拾叁秤,監收,雞一隻,佃;

麗字二百號大塔下楓樹底,第一坵,又高田一小坵,計叁畝叁分柒厘伍毫,計租伍拾壹秤,佃;

同號第二坵田一坵，計貳皿柒分伍厘肆毫，計租肆拾陸秤，佃；

一號大墶下山邊田一坵，計陸分，計早租伍秤，佃；

二百十三號高岸名五皿里田一坵，計壹皿捌分叁厘貳毫；

二百十五號同處田一坵，計陸分伍厘；

二百十六號同處田一坵，計貳皿肆分伍厘捌毫。

前三號田共計租柒拾捌秤，佃。

二百三號舊住基橫路上田一坵，計貳皿，計租叁拾伍秤，佃；

二百四五號舊住基前田一坵，計貳皿玖分肆厘陸毫，計租叁拾玖秤，佃；

二百六七號呂家門前田一坵，計叁皿玖分玖厘貳毫，計租陸拾秤，佃；

二百九號新住基前田一坵，計陸分，原議租玖秤，佃；

二百三十一號方坵田一坵，計貳皿伍分貳厘玖毫，計租肆拾秤，佃；

二百三十七號窟坵田一坵，計壹皿柒分壹厘柒毫，計租叁拾秤，佃；

二百二十二號苧墶下田一坵，計叁皿壹分肆毫，原租肆拾陸秤，佃；

一百九十二號方家住下田二坵，計貳皿貳分，計租叁拾陸秤，佃；

一號舊住基田一坵，計柒分柒厘陸毫，計租拾貳秤，佃；

一號塚林前田一坵，計壹皿壹分零，計租拾柒秤，雞半隻，佃；

一號方家住畔大墶上低瀧，田一坵，原塞塹成田，計壹皿貳分玖厘肆毫，計租貳拾秤，佃；

一號高大坵田一坵，計壹皿，計租拾伍秤，佃；

一號方家住前大墶下低瀧，田二坵，原塞塹成田，計貳皿玖分叁毫，計租肆拾伍秤，佃；

一號上湖大長坵田一坵，原塞塹成田，計叁皿叁分捌厘柒毫，計租伍拾貳秤半，佃；

一號中湖大長坵田一坵，原塞塹成田，計叁皿叁分捌厘柒毫，計租伍拾貳秤半，佃；

一號下湖大長坵田一坵，原塞塹成田，計叁皿叁分捌厘柒毫，計租伍拾貳秤半，佃；

一號小長坵貓兒坐田二坵，計叁皿伍分貳厘，計租伍拾貳秤半，因去墶一截成田，加租貳秤，後因造屋取路，復減壹秤，佃；

一號榧坑口田坵，計壹皿三分，計早租拾叁秤，佃。

各處基地併園地土名、皿步開具于後：

一號正堂住後地壹拾伍步，原買仁分浚地；

一號住後下塢山地叁塊；

一號中村書院祠堂地，計貳畝；

一號書院前園地，係仁、義、智三分地，買受鉛鎯、分籍；

一號案山墻外地壹塊；

一號楊坑百花園墳前地五分；

一號青龍嘴轉角地壹塊；

一號住前溪邊鋪基地，原塘填成地造鋪，衆存壹間，餘拾間，五房浮分管業，計租銀；

一號庵口前汪可住上廠地貳塊，計租雞壹隻，中元祀神用，佃；

一號汪可住基併高塝園地壹塊，計租銀；

一號汪可住前截地，係程富孫見賃店基，計租銀，佃；

一號在城寓宅，嘉靖四十二年二月間，縣主孫爲起造常平倉查理官地，令保長方儒、周橋查理，方正潘定丈量，親注圖式，卷案可查。草圖廷器收，圖式具後。

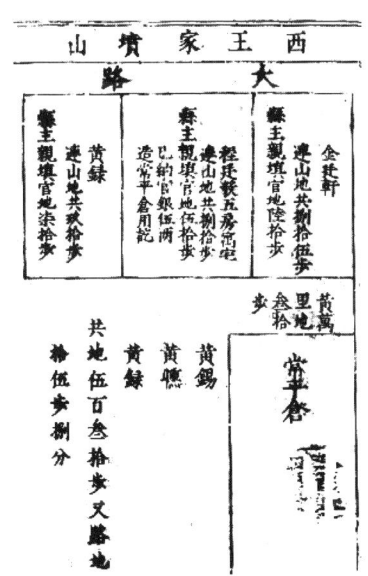

一號汪村園路邊柿樹下地壹塊，計銀租，佃；

一號羊鵝坑五保塢全塢坦地。

一號楊樹坦裏外灣坦地壹片；

共計租雞貳隻，請接管交帳用，佃；

一號溪頭觀音堂地共計柒分；

一號觀音堂邊地，計叄分，連前號地，嘉靖四十二年重立租約，王祖交銀叄錢六分，王富交銀貳錢六分。前項租銀，五大分該銀肆錢壹分貳厘。再興公分該銀貳錢六厘；

一號仁山公墓前白虎山嘴地壹塊，計租雞壹隻，墓祀用，佃；

一號仁山公朝山脚鳳凰坦外邊地貳塊，嘉靖三十六年，王銀保重立租約，每年交租銀貳錢肆分，五大分該銀壹錢貳分。再興公分該銀壹錢貳分，原有閣分合同係鋌收；

一號青真嶺外庄地貳塊，原係吳瓊住基，計租，佃；

一號項源佛塔塢坦地壹片，計租，佃；

一號章溪江村坦地，計租雞壹隻，墓祀用，佃；

一號薛家叚方家坦地一片，東路，西山，南墻、地，北甽頭，計租銀，佃；

各處田地租雞存分開具于後（每隻計租秤壹觔拾貳兩）：

韓村方英等四佃共雞拾隻半，衆存五隻，冬至祠祀用，餘分；

方村方記雞貳隻分；

林村潘新富粉壁坦雞壹隻分；

胡、潘二佃三畒圻，共雞壹隻分；

下村葉住鯉魚塘雞壹隻分；

中村張壽、乞保共雞肆隻，衆存貳隻，生、忌祠祀用；貳隻清明楊坑墓祀用；

塘坑雞貳隻，分壹隻，宰壹隻奠祠；

書院前菜園地仁、義、智三分地，内買鉛、鋂分籍，六年，輪該租雞壹隻；

楊坑汪金富、汪毛共雞肆隻，衆存，清明楊坑墓祀用；

下馬圻雞壹隻，宰奠墓；

上圠朱辛洪岸塘雞壹隻分；

桂壽等冷水塢雞壹隻分；

桂元保洪岸塘下叚雞壹隻，衆存，清明楊坑墓祀用；

黄坑塢汪記社等月山嘴下雞壹隻分；

插塢口汪住梓木坑口雞壹隻分；

羊鵝坑汪三富五保塢地租雞壹隻，衆存，請接管用；

林四保楊樹坦裏外坦租雞壹隻，衆存，請接管用；

青真塢陳進雞陸隻分；

溪頭各佃共雞玖隻，衆存五隻，中元祠祀用，餘分；

林壽交加塢口坑上地租雞壹隻，清明溪頭墓祀用；

項源汪住保等三佃共雞肆隻,宰雞奠墓,餘分;

三佃又備雞壹隻,清明項源墓祀用;

萬保雞壹隻分;

陳四春雞壹隻分;

櫃樹灣凌輝、凌佛共雞貳隻分;

黃狗嶺金千、金三共雞壹隻分;

章溪江村林法春坦租雞壹隻,清明江村墓祀用;

庵口前汪義坦租雞壹隻,中元用;

各處庄佃租膳開具于後:

韓村稱租:方英等肆佃共出銀貳錢付管理買敔,早辰,雞子湯壹次,酒、飯、腐、菜隨用。

方村稱租:方記備豬、牛肉、腐、菜各壹品,酒貳瓶,飯。

中村稱租:張壽、乞保共出銀貳錢伍分付管理買敔。宰雞奠祠開前,煎腐、菜各貳品,酒、飯隨用。每年中元、冬至祭日,管理雞子湯壹次。

楊坑百花園稱租:汪金富、汪毛備塘魚、豬、牛肉、煎腐各貳品,宰雞奠墓開前,酒、飯、菜隨用。

上圫稱租:桂壽、初孫備進門牛肉、腐、菜各壹品,飯,酒貳瓶;晚間,豬、牛肉、腐、菜各壹品,酒隨用;早辰,雞子湯壹次,不宿免,朱宰備,豬、牛肉、腐、菜各壹品,酒五瓶,飯。

青真塢稱租:陳進出銀壹錢伍分,付管理買敔,進門煎腐、菜各二品,酒貳瓶,粿五品;晚間,煎腐、菜各貳品,酒隨用。次早,雞子湯,不宿免,飯。

溪頭稱租:汪、林各佃共出銀叁錢付管理買敔,煎腐貳品,菜,飯,烏豆伍升,酒伍瓶。

項源稱租:汪住保三佃備進門牛肉、腐、菜各壹品,飯,酒貳瓶;晚間,豬肉、煎腐各貳品,宰雞奠墓開前,酒隨用;次早,雞子湯壹次,菜、飯。午間豬肉、煎腐各貳品,酒貳瓶;萬保備豬肉、煎腐各貳品,菜、飯,酒貳瓶;陳佃備豬肉、煎腐、菜各貳品,酒貳瓶;王六等備豬肉、煎腐、菜各壹品,酒貳瓶,爲租佛塔塢山脚坦地。

櫃樹彎稱租:凌輝、凌光備,豬肉、煎腐各貳品,菜、飯,酒伍瓶,雞子湯間年壹次;凌佛、住保備豬肉、煎腐各貳品,菜、飯,酒伍瓶,雞子湯。間年壹次。

在城寓宅酒一席。

（潘寧録，卞利校）
——萬曆《寳山公家議》卷四《田地議》

明萬曆元年六月祁門縣王源謝鉉立捐租助祭湛若水祠樓祭祀義約合同

　　王源謝鉉，年三十從一墩先生學甘泉老先生之學，特建祠樓三間，永奉泉翁神主，奉配一墩師、芊叔、慎德叔堂兄神主。祀典未立，鉉今病篤，同志知遠來議祀典，鉉批寫土名七公塢二保所種早租陸秤，内取貳秤，遠批寫土名山背拾保種，早租貳秤。自癸酉秋起，二家俱挑租付守祠人二保收，儧辦開後祭儀，候宗元、大生至元宵日齋戒，赴祠誠祭，少伸報德之思。二家子子孫孫，永遠遵守，遞年送租無違。如違，以不孝論。今恐無憑，立此義約合同，各收，候登誌，永爲照者。

　　一、儧辦
　　雞一只，重二斤五分；猪肉三斤六分；鮮魚，一斤四分；鴨（彈）[蛋]九箇，四分；索面一斤一分；飯羹米，五升四分；紙半斤、燭一對，錢銀一百四分；麻糖一斤、麻二升二分；常酒三（并）[瓶]，四分；腐，一分。共計銀二錢三十五分，租照時價六十三分六秤算，仍多銀二錢，另議。用前肴物，每品三碟，猪與骨六碟，共設三桌，務宜净潔，毋許虧宿。

　　萬曆元年六月初八日，立義約合同人謝鉉 押　約
　　　　　　　　奉書男宗元 押
　　　　　　　　同立人謝知遠 押
　　　　　　　　見侄宗周 押
　　　　　　　　宗正 押
　　　　　　——散件文書，原件藏南開大學歷史學院卞利處

清康熙八年正月婺源縣上溪源加石倉碣立水圳作水入池工食批約記

加石倉碣立水圳作水入池工食批約記
　　自辛卯造碣，後因碣脊低下，田旱則作入田，水滿則破入溪，池内無水，

火星屢祟。康熙丙午年，復加碣脊。助工嘉彥，督造暠。

碣脊雖加，田家肆害無窮。池挼無水，火星又祟。康熙丙午之後，丁未，批銀付太平、韻鼓二會生殖。又除二會常例戲銀，貼之爲小頭，作水工食。工食雖立，水仍斷絕。康熙己酉，又加批工食，編上、下橋家頭輪作，批約開後。

立批約族長、約里、斯文、糾儀等，原造新碣，取水進村，以鎮丙峰火星。向水路斷絕不常，今衆輪助紋銀壹兩陸錢，付太平、韻鼓二會，每會各置硬租壹秤，遞年將租銀付各會，輪充小頭巡察，作水工食。仍于太平、韻鼓每會遞年常例戲銀陸錢，永遠內扒壹錢，湊與小頭工食，遞年只將五錢付衆小頭，于水路不得斷絕。如違，公罰。恐後生情異說，特立批約四張，太平、韻鼓二會各執（二）[一]張，追遠會、甲震會各執壹張，永遠存照。

康熙八年正月初四日，衆議又將高岡、新路裡荒地津貼工食，一聽二會作種均收。二會常例戲銀，再扒壹錢，爲遞年浚池清圳工食。其作水責在小頭催促，現在家頭輪充，其浚水圳、上下水池，議定四工，遞年定期在立秋十日內隔水清浚。如再怠惰，以小水搪塞者，罰銀貳錢，決不容恕。

輸助銀人員開後：

榜輸銀壹錢，文炳輸銀壹錢，嘉胤輸銀壹錢，嘉礽輸銀壹錢，宗明輸銀壹錢，憲明輸銀壹錢，嘉彥輸銀壹錢，應明輸銀壹錢，沛輸銀壹錢，國與輸銀壹錢，嘉周輸銀壹錢，天與輸銀壹錢，應孫輸銀壹錢，雋輸銀壹錢，有功輸銀壹錢，日凝輸銀壹錢，共作紋銀壹兩陸錢正。

康熙六年三月初八日，立批約族長程汝侃

    鄉約程盛時 程國志

    里長程志昌

    斯文程榜 程（喜）[嘉]胤 程沛 程雋

    程熙贊

    糾儀程學遠 程弘宗 程志明 程欽元

修一路水圳，鑿通遠坑口石壁圳，時西板石水路由高儒、憲明、嘉禧田經過，田勢獨高無圳，嘉禧、憲明田皆讓圳，高儒田與遠祠田俱係姚仙女耕種，以祠田多讓，補高儒租額，始終能一路通圳至村。編上小橋家頭作水，如分家，長子當父家頭，庶子當新家頭。又加扒二會常例戲各貳錢，貼作浚池工，永爲定例。批助經理人暠。

——[清]程暠：《新安婺源程氏鄉局記·加石倉碣立水圳作水入池工食批約記》

清康熙十六年三月婺源縣上溪源程煌春等立批助牛軒培山搭橋合同

批助牛軒培山搭橋合同

　　立批助搭橋山合同程煌春、程汝同、程汝振、程文耀、程廷、程志昌、程爾熾、程時泰、程萬興、程鳴陽、程宜一、程留餘、程公立等，今因本村上、下兩橋及遠坑口汪村橋，往來緊關，農務尤重。源內杉木捫斫已盡，將來修搭橋杉木，無處可取。今衆議山後牛軒培山苗木，易于看守長養，有分數之家，情願樂批與上、下橋橋會內封禁看養杉木，以待搭橋取用。此係修理通村橋梁正經重務，久遠盛舉。自今批助長養之后，有分之家，再不得以己業爲辭，生情異説。其橋內人等，不得借公私取。違者，見一罰十。知情不舉者，同罰。內外人等，如有入山侵害者及放火野燒者，聽捉獲聞官理治，法在必行。今恐無憑，立此批助合同爲照。

　　壹張存衆追遠會收執，壹張付上橋太平會收執，壹張付下橋韻鼓會收執。

　　康熙十六年三月二十四日，立批助搭橋山合同

　　　　　　　　　　程煌春　恒旭　國安

　　　　　　　　　　程汝同　有功　繼武　鍾與　細春　周喜

　　　　　　　　　　程汝振　秉鉉　之英　秉鈞

　　　　　　　　　　程文耀　宗魯　伯任　盛時　文炳

　　　　　　　　　　程廷　　賓明　峻先　士養　士偉

　　　　　　　　　　程志昌　柱孫　志元

　　　　　　　　　　程爾熾　日凝　日新

　　　　　　　　　　程時泰　宜亨　嘉植　嘉福　紹宏　嘉澤

　　　　　　　　　　程萬興　登選　登金　光宗

　　　　　　　　　　程鳴陽　禄齊

　　　　　　　　　　程宜一　欽元　時芳　國振　聖保

　　　　　　　　　　程留餘　天榜

　　　　　　　　　　程公立　國宇　天與

　　　　　　　　　　書人程道昌

　　　　——［清］程嵩：《新安婺源程氏鄉局記·批助牛軒培山搭橋合同》

清康熙二十八年三月婺源縣上溪源復禁牛軒培橋山合同規條

復禁牛軒培橋山合同規條

竊念修理橋梁，律有明條。況我鄉上橋、下橋、麻榨坦橋、汪村橋、小溪口橋、遠坑口橋，尤爲本身出入、世世子孫往來必由要津，不可一日無者乎。向因取辦橋木，每致啟爭訐訟。康熙十六年，族內將牛軒培山有業者同樂輸付衆，公立合同，掌養苗木，永爲搭橋取用。此誠種德濟衆，世世無窮，一大盛舉盛心也。康熙二十六年，開山取木搭橋，將前合同加批，豎石定界，以伸前禁，亦可謂思弊預防矣。但山木既已成材，其中積弊多端，若不嚴立《規條》，共保永久，恐弊生木盡，依舊橋木無資。爲此，集衆嚴立《規條》于後。

計開：

凡一橋梁，爲出入要津，與後龍山、朝山、水口同一関切，所有牛軒培橋木，一概付托斜儀與後龍、朝山、水口一體掌理，每年上、下橋二會出旗，正月封禁壹次。

一、入山盜砍及巡獲者，照後龍、水口、朝山一體罰賞。

一、縱火延燒者，罰銀壹兩之外，再點所傷七寸以上成材苗木，照時價賠償樹命。

一、所罰侵害橋木銀兩，俱付上、下橋橋會生殖，終年壹分半錢行利，各年正月初七日，至本仁祠一結，存積以俻侵害橋木、呈治强梗、給賞巡獲費用。

一、橋板不定根數，只顧眼前壯觀，後必難繼。今查上橋捌板、下橋十板，俱每板拾貳根；麻榨坦橋板、汪村橋肆板，俱每板柒根；小溪橋三板，遠坑口橋肆板，俱每板捌根。照此爲定例，搭橋之家，靠有橋山樹木，橋板不行繼縛，利于洪水滔壞，借一砍十，是橋山須長數里，不毂巨浪數翻。今議只逢卯、酉報賽之年開山取木，改舊換新，其餘年雖遇滔壞，捴在搭橋之家各自辦木補搭，庶橋板各家耽心保守橋山，不致立畫如作俑。議開山取木者，明係貪利破局、毀壞橋梁之徒，照盜砍例，罰銀壹兩。

一、逢卯、酉年，搭橋之家接集族長、斯文、斜儀、約保，揀定日期，開山取木。若無斜儀登山雕號，計定根數，擅開斫者，照盜砍例，每人罰銀壹兩。

一、計算各橋該用若干根數，頭日雕號，次日開山砍斫。若頭日不先雕號,次日雖人多,任其等候。無號開斧者,照盜砍例,罰銀壹兩。

一、山木取大養小,方可恒足不絕。今議只許壹尺貳寸以上者,雕號取斫;一尺二寸以下者,存山中長養。如因根數不足,盡行砍斫者,每根罰銀壹錢。

一、壹尺二寸以上杉木,不足各橋板根數,先儘上、下橋照板均分,不儘麻榨坦橋、汪村橋照板均分,再儘小溪口橋、遠坑口橋照板均分。

一、壹尺貳寸以上杉木廣多,只許儘照各橋定該應用若干根數號砍,其餘存山掌養,以爲橋橋大用。若乘機盡斫者,照盜取例,罰銀壹兩,其木退出,作時價,付上、下二橋會領賣生殖。

一、開山無人監視,必恣行碎砍,搬入私家。今議月半前出帖,通知各搭橋家,如期齊集,開山砍斫。央斜儀四人,每人監砍一日,限定四日,盡挖出山界。第五日,定行封禁,雖未砍完,概不許復砍。

一、故將雕號樹木斫藏在山,託言難尋失落,希圖後斫肥己。今後,已經雕號,計定根數外,概不加補,墮其奸弊。

一、開山斫木,若無雕號,擅行泛斫者,照盜取例,罰銀壹兩,再將樹木追出,作時價,付上、下橋二會領生殖。

一、雕號一人,監視、斜儀四人,將壹尺二寸杉木,拔壹十五根作工食,衆議折銀,雕號壹人,執斧號者,每日銀壹錢,付斜儀每日伍分,在上、下橋二會扒付。此條斜儀議讓,不行。

一、生殖銀兩,除存備呈官治強梗、給賞巡獲費用外,仍有羡餘,壹尺二寸以上杉木,除各橋用外,廣多存積,亦只增補各橋各事,不得於橋外妄生他舉。

一、規條雖立,行之寔在乎其人。人縱不顧他人,未有不顧子孫者,況此橋爲子孫相關乎!縱有不顧子孫,未有不顧本身者,況此橋爲此身相関乎!願我同族,共保勝事於無窮也。

康熙二十八年又三月十九日,立議規條人族長程嘉福

程嘉極　高儒　國福
兆晟　志明　賓明
之英　峻先　振祥
志祥　日凝　士登
茂楊　士新

斯文程榜　紹宏　罛　廷桂
兆達　鵬　光相
糾儀程登選　振吉　志遠　士基
鄉約程遠

壹樣四張：右邊張，下橋會執；右中張，甲震會執；左中張，追遠會執；左邊張，上橋會執。

——［清］程嵩：《新安婺源程氏鄉局記·復禁牛軒培橋山合同規條》

清康熙三十年八月婺源縣上溪源婺源縣知縣禁橋山告示

禁橋山告示

婺源縣正堂張，爲懇恩賞示、嚴禁強砍、永養橋木、便農供課事。據十都三啚生員程兆第、程廷桂、程兆達、程鵬、程光相申，程煌春、程汝同、程汝振、程文耀、程廷、程志昌、程爾熾、程時泰、程萬興、程鳴陽、程宜一、程留餘、程集義等具呈前事，呈稱：生居溪頭，衆塈合聚，渡橋耕種。因杉木砍盡，搭橋無辦，族衆樂輸牛軒培山壹號，東至田坑田，西至金坑大降，南至降心石充路，壟脊中降，北至塢心下雙塢脊。四至內山，立墨編牌，付農巡養，永爲搭橋取用。詎料杉木成材，強徒橫砍，農民畏勢，箝口不報，橋木將盡，各處橋梁修搭，無所取資，妨農抗課，爲害匪輕。爲此，亟叩大賜鈞示，嚴禁強砍，俾橋木得以永養，橋梁得以永修，農務得以永便，國課得以永供，等情前來。據此，爲照牛軒培山一號，係程姓衆輸山業，養木搭橋，民無病涉。此良策所施，何物強徒橫砍，深屬不法。除已往不究外，今據前情，合行給示嚴禁。爲此，示仰該處居民人等知悉，嗣後，遵照事理，毋許強徒橫砍，牛軒培山苗木。如有不遵，仍蹈前轍者，許原呈人等指名赴縣呈稟，以憑嚴拿，按法重處，仍枷示衆，決不寬縱。各宜凜遵，毋貽後悔。特示。

康熙三十年八月二十八日給。

仰上溪頭各橋永遠張掛。印。

——［清］程嵩：《新安婺源程氏鄉局記·禁橋山告示》

清康熙三十一年七月婺源縣上溪源程榜等立聚秀會保局合同

立聚秀會保局合同

竊惟祖宗者,身所由來也;鄉局者,身所由安也。保祖、保局,即所以保其身也。我上溪源自始祖肇基以來,代有仁者,保祖、保局,啟佑後人,世食其德,傳祝不衰。今合族念切繼述,奈衆無儲積,以致仁孝之思未獲克展,是以會族公議,特立聚秀會,將局內山水無礙自然之利,遞年收貯,加以源源輸助,公舉賢能,經理生殖,俾財用豐裕,祖宗賴以保,鄉局藉以安,倚歟休哉!同志者,悉討芳名,協力料理,毋狥情,毋浪費,毋始勤而終怠,庶規模弘遠而大典有光。爲此,共立合同壹樣叁張,本仁祠、甲震會、聚秀會各執壹張,永遠爲照。

所有《規條》開後:

一、族樂輸,聽世世源源續入,標名傳後。

一、後龍、朝山、水口、牛軒培橋山,刀斧入山者,罰銀壹兩;捉獲者,賞銀伍錢。折取柴枝者,罰銀壹錢;捉獲者,賞銀伍分。其山中枯槁、風折各樹,許經理者砍取,貯祠賣銀,入會生殖。毋得在山出拚,致不肖借端牽連盜取。

一、溪河自上宅碓碣起禁,至大碣止,經理人遞年將魚出拚,現銀入會生殖。此因大碣傾頹,魚無潛所,故公議復行此舉。

一、會內本祠銀兩,的于正月十一日,經理人齊至祠,結箅帳籍,兌清本利,確不過期。拖欠者,衆討;強梗者,呈治。

一、創會批助生殖,原爲保祖、保局大典,凡遇祖墓、後龍、朝山、水口、橋山、溪河,倘有驚侵、盜竊等情,必須多方調攝。如不得已,經理人衆會公議,裁酌舉行,再拔會利支用。若再有不足,仍照舊例,敷開丁糧。其會內所批原本,不得妄拔。如拔會本,非但廢會,并廢祖宗、鄉局矣。若有恃會生殖,妄行私拔者,衆概不認。

一、會銀生殖,莫如田當爲穩。有實田來當,對佃收租者,議定每秤紋銀陸錢。

康熙三十一年七月　日,立合同人程榜　程嘉禧

程嘉極　嘉周　登選　高儒　國安

昌宗　㬙　佛生　志明　賓明　秉鉉

  之英 振吉 志遠 道本 鵬
  士登 士義 日凝 士基
經理人程兆晟 應炯 廷桂 兆達 兆來 兆昌 兆暉
  廷第 兆彙 程嘉極 士鰲 瓊先 之慶
  志上 志德 慶禎 振祥 百盛 振泰
  道允 志文 永禎 士樸 士晉 光相

——[清]程嵒：《新安婺源程氏鄉局記·立聚秀會保局合同》

清康熙三十三年八月婺源縣上溪源清水口廟寄新公常貯租記并新立規條

清水口廟寄新公常貯租記

  自寄新公交付明照之後，衆心渙散，住持數易。佃户欺其孤異，租穀有鯨吞過半者，有强霸全吞者，積漸至今，將歸無有。非但寄新公禋祀不保，抑且各廟香燈一併廢弛。今族衆目擊碑文，不忍寄新公爲神與親孝敬有名無實，照碑清租，酌立《常規註簿》二本，乙本貯本仁堂，乙本住持流傳。

  一、朝山下田八秤半、金坑口田七秤又外金坑口田四秤三號，寄新公原交單，共計佃租五秤零六斤。自明照經管時，佛生霸種，每年只交佃租乙秤十八斤。今族衆清查前文，僅償租谷十秤，作修寄新公并其父母墳立主之費，仍有餘欠，不能盡償。佛生央中，愿立永遠承佃約述後。

  立承佃人程佛生，今承到水口廟常貯田皮乙號，土名金坑口，計租七秤；又乙號外金坑口，計租四秤；又乙號，土名朝山下，計租八秤半，共三號。三面議共田皮永遠遞年交硬租肆秤正斤兩，不致短少。其田是身永遠耕種，不致荒蕪。今恐無憑，立此永佃存照。

  康熙三十三年八月十一日，立承佃程佛生
    中見人晉遠 豫趙 禹貽 漢梁
    我欽 馨如 煥章

  一、小溪田十二秤、盈山培下田陸秤、方丘田肆秤、金竹冲田十叁秤四號，寄新公原交單，共計佃租十壹秤零六斤。自明照經管時，明學兄弟四人耕種，只交佃租六秤。今族衆清查前欠，僅造寄新公并其父母墳碑貳箇，仍有餘欠，不能盡償。明學兄弟央中，愿立永遠承佃約抄後。

  立承佃約程明學兄弟，今承到水口廟常貯田皮乙號，土名金竹冲，計租十三秤；又乙號，土名盈山培下，計租六秤，已上肆號，三面共議作四皮，永遠遞年交硬租八秤正斤兩，不致短少。其田是身兄弟永遠耕種，不致荒蕪。今恐無憑，立此永佃存照。

康熙三十三年八月初十日，立承佃人程明學

　　　　　　　　　明立　　明文
　　　　　中見人晉遠　豫趙　禹貽　漢梁
　　　　　　　我欽　馨如　煥章

一、土地墩田五秤，寄新公原交單計佃租壹秤半，向係俞周成耕種。今子俞觀禄以田皮狹隘求讓四斤，愿立永遠承佃約抄後。

立承佃人俞觀禄，今承到水口廟常貯田皮乙號，坐落土名土地墩，計租五秤，三面議定，永遠遞年交硬租壹秤零八斤净斤兩，不致短少。其田是身永遠耕種，不致荒蕪。恐後無憑，立此永佃存照。

康熙三十三年八月十一日，立承佃俞觀禄

　　　　　中見房東程晉遠　豫趙　禹貽
　　　　　　漢梁　我欽　馨如　煥章

一、存溪邊屋三間，計地貳十貳步，係仲和、亨伯、泰民同理祠人經手出賣與明學兄弟，作價銀壹拾叁兩。據經手人帳，寄新公病終用去七兩，只存六兩在祠内，將桃源、梘坑田租三秤半、硬石、鎮坑三秤，遞年交硬租陸秤。

新立規條開列于後

一、每年常貯租，經衆掛祠砠，再發付住持人收，以杜水濕短少情弊。

一、住持人概不收僧尼，只許族内大小户五十以上有妻無子者主之。如族内無此等，外鄉同者亦可。

一、住持人各廟裝香，朔、望打掃境神廟、社壇。如墙壞屋漏，立即報衆修治。

一、衆封禁山坦，毋得恃近竊取侵害。如有，察出公逐。

一、麻榨坦菜園壹局，係合族衆存者，住持人毋得私賣。其界外俱係骸骨塚壘壘。如有借意開園者，以平塚屠骸究治。

一、寄新公神位，每逢時節祭請，至清明，備蒸菜、肉花、粿、紙錢、封包貳箇，至金坑入可莊，標掛寄新公并其父母墳墓。

一、常貯租不能供夫婦二人，向批月米者，不得借端有常貯推却。未批月米,月望加批,助以迓神麻。

一、住持人立約領簿,承家上、下手交家之日,接族衆眼同,不得私相授受。

一、寄新公常貯輪契壹道,付明照承管。交單乙道、程佛生承佃乙道、程明學承佃乙道、俞觀禄承佃乙道,俱入本仁堂鄉局墨内收執。

以上《規條》,爲一鄉水口神司所主,族衆各宜堅守,不得招留僧尼,蠱惑人心,以壞風俗。

康熙三十三年八月　日,族長嘉禧　嘉極　高儒
　　　　　　　　　　　國安　昌宗　應焜
　　　　　　　　　　　兆晟　有則　秉鉉
　　　　　　　　　　　志遠　士新　峻先
　　　　　　　　　　　道本　振祥　日凝
　　　　　　　　　　　士登　士晋
　　　　　　　　斯文冐　廷桂　兆達
　　　　　　　　廷第　鵬　鉞　光相
　　　　　鄉約程遠

——[清]程冐:《新安婺源程氏鄉局記·清水口廟寄新公常貯租記》

清雍正元年正月婺源縣上溪源重建水口橋帖文暨議約

重建水口橋記　督工兆樞手記

請建水口橋帖　雍正元年癸卯正月十一日兆樞具

嘗稽輿誌,形勝之地,必載橋梁;每詢形家,鄉局所關,首重水口。吾鄉水口,向有石橋,素稱形勝名區,已見人文焕發。不幸石橋一廢咸嗟,鄉局漸衰,橋之關於鄉局,固已彰明較著矣。建之唯恐不早,尚可因循自誤乎?向已大工冗費,無計可興;今則復積豐貲,有力易舉。歲支租利,橋可漸成;蹟復前人,會不虛立。非但鄉局之大觀永壯,抑且往來之利濟良多。伏候倡理,復續諸公;俯鑒輿言,共酌定議。先於水口相地卜基,即將橋工擇人任事,分作數年辦石,議定每歲存銀,積漸完工。既無傷於民力,因時經始,又可悦乎衆心,將見地利全而靈鍾秀毓,往蹟復而映後暉前。勒石紀功,復績會之芳名不朽;興工告竣,上溪源之屬望咸殷。言固蒭蕘,唯冀虚衷採納;樞

雖鄙吝，自願竭力捐輸。激切直陳《條議》如左。

一、舊橋雖年遠難稽，而遺言尚流傳在耳。往時三洞，因何而圮？洪水淌木，因何壅塞？蓋洞狹則壅，垛薄則圮，此一定之理，昭然可鑑也。今於舊址較量，河面共廣十二丈，水自洲分，中緩而旁急。若仍舊建橋三洞，則中洞兩垛直當急流，非但狹虞壅塞，猶恐薄易衝擊耳。應於洞尾水緩之所，中建一垛，大其外而堅其內，廣兩旁爲水道，則水性順而遏流直通，橋門闊而壅塞無虞矣。兩岸各築邊垛，架橋永垂利濟。是否妥協？高明酌行。

一、土木之興，勞民傷財，鑒戒昭然。本族人稠產薄，生計艱難，各會祀典，度支無餘。唯復續會豐貲厚積，可以力任橋工，獨成其美。議定後，度支應唯復續是問，不得敷開丁糧，以增科斂之累。伏候速議，立墨舉行。

一、空談闊論，漫無成功；示義沽名，君子恥之。兆樞狂念，原爲鄉局計，故不避猥瑣，妄肆陳請。深恐空言無益，愿竭捐伍拾金，以期有成。族內樂善好義，各隨其便，不敢量多較少，強爲勸募也，諒之是幸。

一、橋工難易，唯石之遠近是問。吾鄉水口，山皆蘊石，似可就易無難。然造橋原爲水口計，若於出面諸處開山取石，不且巉岩破局乎？求其攻取無礙、近便工所者，莫如栗木塢坑，俟議定後，同石匠審視開取。倘不合用，再酌他處，總以就近無礙處爲主。

一、架橋巨木，首以就近採取。現在麻榨坦暨廟後水口坮等處，大木森立，候族衆于採用日，公同選定。其運石橋筏、槓棍等項，松、雜木取于朝山水口，杉木取於橋山，候酌定依行。

一、運石、挑沙、伐木等工，本村大、小户，隨便應募。願助者聽而不強，其募工每工給銀伍分、酒半壺，助工給酒半壺。

一、橋工浩大，經理在人，今復續會內老成練達，英才濟濟，竚俟公舉，以董其事。樞雖不敏，願步後塵，不敢以薄捐塞責，束手旁觀也。

闔族在祠公立造橋議墨

立議合墨勢公支孫等，本族復續之興，原因住居朝山、水口而設，幸同心生殖，以致積累千餘。第恐日久人心渙散，或生覬覦，反失日前倡會經理之初意。今衆以輸貲立會，原爲鄉局而齊心。但局內應宜修造之處甚多，其最急者莫如水口。明時有橋，大川利涉，至今舊址猶存。是以齊集合議，將會內租利，每年於正月十八併包之日，先除交糧，又存匣拾金應用，餘銀盡付辦石興工。斯舉也，成之以漸，既無傷於財力，又有益於鄉局，且利涉便農，有裨王政,善莫善於此矣。所拔復績會貲,俟橋工告成之日,勒石垂芳,永傳不朽。所舉督理人員,務宜秉公協力,以勷厥成。今欲有憑,立此議墨,存本仁堂匣爲照。

會議得橋石先於栗木塢坑開取,如不合用,或用而不足,再另酌採取。其架橋巨木併工所需用各木,以及雇募工價各項,均如兆樞《條議》舉行,無得生端阻撓。

——[清]程曧:《新安婺源程氏鄉局記·重建水口橋記》

清乾隆十二年七月黟縣宏村邱嘉益、邱嘉鰲等田内掘泉灌漑農田議墨合同

立議墨合同嘉益、嘉鰲等,竊爲禾賴水濟,民以食天。苟若缺水,禾苗枯斃,西成失望,民不聊生。似此禾命相懸,關係匪輕,上供國賦,下活民命。急濟良方,無如扦堀。所以商議將嘉鰲田乙處,土名尖磨垪内扦堀一口,名曰"萬泉"。今已工成,當立議墨,以警各懷己見。若遇亢旱,公議始末,以每股晝夜爲期,日出爲定,上、下交接,不得將强攪越以及越分私借者,衆議罰車板壹佰片。每股不論年成豐旱,遞年硬交堀租籼穀拾貳觔,不致短少。今立議墨合同一樣五張,各執一張,永遠子孫存照。

計開:

打堀共四十三工,砌堀工銀貳兩貳錢正,神福起工,散工共銀陸錢。

再批:前議陸股,其議未果,有良璣合同一紙未繳,不得行用。

乾隆十二年柒月念二日,立議墨合同嘉益、甯、盂 押

嘉業 押

嘉鰲 押

嘉源海、溶澍 押

良倍 押

中見嘉詵 押

代筆良伍 押

——散件文書,原件藏安徽大學徽學研究中心特藏室

清嘉慶歙縣桂溪項氏宗族分給條規附不給規

分給條規

一、公議每人每季支乾穀四斛，定期三、六、九、十二月初五日，繳票領穀。又隨付下一季票，不預支，不積存。

一、乏嗣男婦，男年過六十五歲，婦年過六十歲，貧寒不能自贍者，給養終身。

一、男人年雖未合，若係篤疾殘廢，不能自食其力者，照給。

一、婦人喪夫，年在三十六歲以內，無子，守志者，給養終身；撫孤者，孤與母並給，孤照幼男式。孤年至二十一歲，並母亦停止不給，以孤成立當奉養也。孤或癡迷、篤疾，則不與成立者比，給發，照議隨時變通。

一、幼男三歲以下，八歲以上，半給，每季支乾穀貳斛交；九歲至十四歲，則全給；十四歲後，停止。扣存十五六七八歲該給之穀於公廠，候其娶妻有日，一薑給付，不准他事支借。

一、給穀男婦，設有病故，支穀八斛殯葬，繳票。

一、孤兒父母俱亡，貧寒無依者，有服屬收養，亦照給。

一、婦人守志乏嗣，繼族子承祧，關繫最大。所繼之孤，自應照規給養，然必告之祖廟，明諸族房，立有憑約，方為慎重。若僅女流口頭相許，類多翻悔，及長大乖離，則公家給養，繼母撫字，均成虛擲，為母者仍然無所依倚，豈能復按規給養終身耶？繼子不合例，不給。

計開今查明

門	世	某人	現年	歲	
門	世	某妻	氏現年	歲	年守志
門	世	某子名	現年	歲	年 月生

嘉慶　年　月　門長某　　親房某　　公同查開

附：不給規

一、本人豐足有力者，不給。或本人不願領，亦從其便。

一、男婦素行有虧，曾經祠廳革退者，雖合條規，亦不給。

一、婦人喪夫守志，有成人之子，不給；有子非篤疾而不養其母，亦不給；有翁姑而不侍奉者，不給。

一、婦人守志撫孤,給母子外,餘子半給,女不給。

以上各定規,各門自將本人按款核實,符合方可開送司事,然後給票發穀。

項氏義倉貯租穀,以贍族之四窮無告者,在村心函三堂之右。嘉慶元年,上門二十九世士瀛兄弟遵祖父遺命,建設倉屋,內進樓堂三間,置重牆,外兩廡,設廠六間,每廠可貯穀貳百伍拾石,又三間爲每秋佃户交穀之所。中門顔曰:"豐儲樂利。"又外爲義倉大門,兩傍店屋四間半,出賃收息,以爲歲時修理之用。所有緣起,另詳別幅,其基址號税開列于左。(以下略)

——嘉慶《歙縣桂溪項氏族譜》卷二十二《祠祀》

清道光十四年二月祁門縣桃源洪氏宗族永濟倉引

永濟倉引

天無恒足之歲,人有恒備之理。自古救荒無奇策,惟任事者因時與地熟籌其便而行之。成周之制,縣、都各有委積,以待凶荒。魏李悝始立平糶之法,漢耿壽昌請立常平倉,隋長孫平請立義倉,宋朱子議立社倉。明洪武間,令各處悉立預備倉。嘉靖中,王廷相言:"備荒之政,莫善於古之義倉,宜貯之里社,定爲規式。"吾族秩丁,鄉城分居,通計男婦、老幼、壯艾以及庄僕,不下九百餘口。有業者少,無業者多,豐則各可謀生,荒則(傲傲)〔嗷嗷〕待哺。且祁河一遇水旱,艱於轉運,江右之米,恐不接濟。因集衆在祠,公議沿古之名,建立義倉,先在文會、大衆兩房酌輸銀兩,以發其端,次及各支祀分以繼其美,次及各家子孫踴躍樂善捐貲,以玉其成,共聚樂輸銀貳千兩,設倉,買穀積貯,以備荒歉平糶,咸稱善舉。理可恒備,第備之有道,不在穀數充盈爲急務,在任事得人爲先。各宜秉公竭力,不得懷私狗情,弊則除之,利則興之。所有董事三人,共給穀六十秤,因義倉初立,未便支銷,係清、澤兩家自願分輸田畝,已歸文會收穀過税,永遠管業。每年在文會發穀,給與管事者。爰將樂輸輸銀、輸屋、輸田芳名詳細敘次於左,一切公議《條例》,咸附載焉,俾世世子孫永知法此規模,而凜守遵循。倘有因革損益,果能恢宏先緒、克昌厥後者,是在相時與地而裁之爾。

道光十四年歲次甲午春二月上澣,清撰。

——光緒《桃源洪氏宗譜》卷一《永濟倉引》

清道光十七年三月歙縣大阜潘氏宗族蘇州支族松鱗莊贍族規條

松鱗莊贍族規條 道光十七年三月定

一、吾潘氏系出新安，自六世祖主政公始遷於吳，爲遷吳始祖。現在支下子姓繁衍，或務本治生，克承堂構；或懷清履潔，不屑他求；或年富力強，自能謀食。間有貧老無依及孤寡廢疾不能自養者，自當酌籌矜恤。惟經費未充，歲收有制，恐周急不繼，難垂久遠。今定創始《規條》，悉從簡易，所以示限制而量出入也。《規條》既定，呈官鈐印，然後遵行。他日能續捐豐裕，再議擴充，是所幸焉。

一、吾族久無全譜，惟主政公支下九派子姓經從兄曾沂，於道光辛卯奉叔父芝軒公命，纂集"大略"并"傅""志""序""記"等，彙爲一編。今欲議贍族之事，必先詳訂《支譜》，方足以資區別。但子姓既繁，周知匪易，茲擬每派支下專屬一人，分司詳校，名曰"支總"，以專責成。校定後，彙存莊內，再議付刊。

一、支下子姓最繁者，以支總兩人共司其事。間有一二支子姓甚少，或現已無人者，就近歸別支支總兼理。

一、義莊例設莊正、莊副，綜理諸務，遵祁、希甫敬承遺命，經始一切，得叔父訓示，諸兄贊助，粗有規模。深懼弗克勝任，致負先人遺意，爰避正、副之名，謹守掌莊之實，所當夙夜盡心，以期無忝前修者也。日後《規條》詳備，或議輪當，或籌接辦，屆時續議。

一、《支譜》既定之後，彙造兩冊，又造《現在丁口冊》二本，俱一存莊內，一分存各支總處。凡九派子姓每年增減人口，隨時告知支總，支總亦隨時報明，並註冊內，於春、秋兩祭會集之時，彙齊繳莊，以免舛漏。倘有不遵成例申報，或支總怠忽，不爲註明，致本莊將來無冊可稽，殊非鄭重譜系之道，務各留意焉。

一、各支總均由掌莊者託定辦理，嗣後，凡遇各支貧乏子姓，例合請給者，即由各支總核實報莊，以杜冒濫。如支總年高，不能任事，亦憑掌莊者秉公擇人接辦。

一、凡貧老無依者，無論男女，自五十一歲爲始，每月給米一斗五升；六十以上，給二斗；七十以上，給二斗四升；八十以上，給二斗八升；九十以上，給三斗。

一、凡寡婦貧乏者，每月給米一斗五升，至六十以上，照前規遞加。其守節在三十歲以內者，每月給米二斗；至七十以上，照前規遞加。

一、凡幼孤男女貧乏者，十歲以內，每月給米八升；十歲以外，每月給米一斗二升。男至十七歲成丁，女至出嫁日，俱停給。

一、凡廢疾無人養恤者，十六歲以內，照幼孤例給；十七歲至六十歲，每月給米一斗五升；六十以上，照前規遞加。

一、凡成丁男口，自十七歲至五十歲，理宜勤力營生，非孤寡老疾可比，本不在應給之例。惟間有勢處極貧，一時失業，並非素不安分之人，不得不於常例外暫籌酌給。因仿《范氏規條》，於每年十一月初報莊給據，十二月二十日，憑據歲給贍米四斗。其家有數口者，給六斗，不准預支。五十一歲後，照常規按月支給。

一、喪葬、嫁娶無力者，均宜酌濟。茲照范氏"經費不敷，先支喪葬"例，凡無力成殮者，給殮費錢八千；無力安葬者，給葬費錢六千。未婚嫁者，俱減半。十歲以內，不給；停厝，不給。倘有領費不葬者，查出後，照例議停月米。

一、以上請給錢米者，俱由本人開列事由，呈送本房支總查核確實，加用圖記。不論尊幼，例用副啟轉報掌莊，核定給發，以昭畫一。無支總圖記者，莊內不得受理。請加給者，同。

一、給米用部頒斗斛，所給米色，即隨本年租米確存應用，或以錢折算，即隨市價核給。如付銀洋，亦隨時價合算，以杜攙合、尅扣諸弊。

一、以上給米者，每人預給領據一紙，定於雙月初一日赴莊支領。屆期發米後，加用"某月分付訖"印記，仍發還收執，次期依前支給。其據一年一換，即於十二月初一日收回舊據，重給新據。凡發米之期，風雨不更。

一、應給月米，不准攝支，不准逾期補領，不准寄存併發，以杜出入蒙混之弊。

一、臨期給米，先尊後卑，同輩則先遠後近，不得喧嚷爭先，有妨規則。違者，議停月米。

一、支給錢米，惟婦女、幼孤、疾病及家有要務，方准託近房持據代領，無據者不給。餘悉親自到莊，不准轉託他人，亦不准將據抵押於人。犯者，永遠停給。

一、主政公支下，現居吳郡者，得照規請給。其散居他省者，勢難稽查，照范氏成例，不給。

一、應給月米，如本人因事出外，暫行停給。俟歸日，本房支總核報再給，不准補前。

一、凡照規請給者，註明現年幾歲，以便按譜核發。倘支米丁口中有身故者，當時即將領據繳莊，憑給斂費，毋許稍事蒙混。

一、向年無力，後可自養者，不復給。

一、族中有取異姓爲後者，例所宜斥，不准入譜，不准冒請給米。將自己子女出繼外姓者，同。支總毋得通融徇庇。

一、各支總每年酬米四石，年終支送，不得預支，亦不得寄存。

一、凡請給錢米，須實與前項《規條》相符，方准支發。如或徇情冒濫，必致支絀頓形，而貧苦者反無實際。各支總務存此意，秉公查核，設有濫報，即於酬米內扣除。

一、莊內設立司事二人：一專司收租貯廠、完銅條漕等事，一專司錢米出入、登記細數等事。每遇發米之期，一專司驗據，加用印記；一專司查看米數。兩人辛膳，視其事之繁簡酌定，按期支送。莊內一切事件，公同照管。其餘幫辦之人，隨時酌增議辛。

一、收入租米，篩扇純潔，先將二米出訖，收價入帳。净米除完漕外，碓白存廠，以備給發。其有贏餘白米，准即糶出，歸價耕用。其粞糠等，亦變價入帳，掌莊者隨時查察，毋許任意短浮。

一、所存錢米，掌莊者謹慎收管，不准立票借出生息，不准私行挪動分毫。

右共貳拾捌條。

掌莊遵祁、希甫謹志。

——民國《大阜潘氏支譜·附編》卷二《義莊規條·松鱗莊贍族規條》

清道光二十六年六月歙縣大阜潘氏宗族蘇州支族松鱗莊續增贍族規條

松鱗莊續增贍族規條　道光二十六年六月定

一、子姓應試：縣、府試，各給錢一千文；院試，二千文；入泮，四千文；歲科試，二千文；補廩，四千文；鄉試十千文，中式十千文；會試，三十千文，中式二十千文。此項不分有力無力，俱憑支總報明，由莊支送。其有不願領者，聽。領而不赴試者,查出追繳,永不再給。

一、無力婚嫁者,各給錢十千文。領費不辦者,由支總追繳。

一、喪、葬,向給八千、六千文,今物力昂貴,改爲斂費給錢十二千文,葬費錢十千文。未婚嫁者,仍減半。歙人寓蘇,旅櫬回里者,給錢五千文。冒支者,亦由支總追繳。

一、六十後加給之例,原因本欲給冬季棉衣,以米代之,聽其自備也。然思貧寡之老,每月所加之米,不過隨時用去,棉衣仍歸無著。今於十一月初一日,每人另給新做青布棉衣一件,幼孤同。不願領者,聽。自給之後,隔三年再給一件,以爲例。

右共肆條。

掌莊遵祁、希甫謹志。

——民國《大阜潘氏支譜·附編》卷二《義莊規條·松鱗莊續增贍族規條》

清道光二十九年黟縣屏山朱氏宗族上黃祖墓開湖放水引暨議條

上黃仙人獻掌祖墓前修理明堂開湖放水引

溯我族聚居屏山五百餘年,蓋廿世於茲矣。始祖及各房祖墓在上黃者,十得七八,子孫承蔭,代有傳人。前明嘉靖年間,洪水爲患,陰、陽二基被衝洩。延至萬曆八年,族祖廷理公等倡議築修。十一年,起工。十六年,復呈請縣憲發給印簿,定立《章程》,使富者解囊,貧者助力,且有"自遭洪水以來讀書者無科名之顯,爲商者鮮囊橐之充,人心渙,家業澆"等語,足知祖墓宅基之所係者,重且大也。迨至萬曆二十五年,復被洪水衝擊,賴族祖大鈇公、財公、廷璋公出面督修。三十七年,又經孟夏公、廷璣公、元曜公等一番佈置,閱其條目,有栽蔭木、塞新溪、完星辰形勢、堆方位砂土、改中石橋舊路、安大石橋新樑等款,無不知前人費幾許心力,經營三十餘年,始能完固。嗣後,我族掇巍科者有人,爲顯宦者有人,爲工、爲商者亦莫不出類拔萃。顧陰、陽二基之蔭庇、前人之惠澤爲何如哉?觀此益見祖墓、宅基之完與缺,應子孫之榮與枯也明矣。乃日月推遷,滄桑幾變,自古昔之規模,歷年久而漸弛,幾何時而至於今,今者上流之水不由故道矣。墓前之水,環帶者反弓矣。村中之水雨即溢於途,晴即圻乾見底矣,陰、陽二基均被水患。爲孫子者,可弗亟講之乎?蓉與諸同志躊躅已久,思欲疏通大河,使上流之水復由故道,砂灘之中掘一平塘,庶村中之水有所注積,不至泛濫,又可作祖塋明堂,免反弓之弊。但工程浩大,難計日月,非眾心如一,嚴立《規條》,恐難奏厥功也。爰爲之引,請三大房諸尊長及眾支丁會議之。

道光己酉春月,鏡蓉謹具。

議條列後:

一、議被衝沙灘,不無東缺西長,似毋須議價。其現在應用熟地,查明誰家之租,應令輸眾,毋得藉口完糧。

一、議現在挑掘,應用菜地,公酌給價。

一、議挨班監工,公酌派定。

一、議司事之人,秉公辦事。若不肖支丁從中挾私弄播,公議究處。

一、議修理費用。

附議族眾列後:

殿臣　舜卿　光華　鼎臣　錦堂　御珍　作霖　茂初　壽堂　紹庭
照祿　殿英　緯雲　錦章　用修　榮庭　聖瑞　毓珍　華堂　公執

——民國《屏山朱氏宗譜》卷八《譜後·修上黃祖墓開湖放水引》

清光緒八年四月績溪縣霞間高氏宗族厚生計緣啟暨例言

厚生計緣啟

蓋聞上古之民,耕田而食,織布而衣,有土有財,無窮生計。是故內無怨女,外無曠夫,俗厚風淳,未有俯仰無資者矣。吾績爲安徽末屬,山多田少,地瘠民勞。凡居農業,作田一畝養數口,"衣食"二字,每多艱難,且田值倍蓰於他邑,夫非枯力,不得收成。歲荒則凍餒無計,所以男多工賈,女盡農丁。時未及暑,家之稺子皆赤體不依,則購布之艱、生計之薄,亦由男不知耕、女不織耳。國幼習賈業,每見同里農民衣衫襤褸,半擔負於長途,知謀食不遑,安求衣備,此吾績從前之苦況也。乃自遭兵燹之後,人烟稀少,布帛反貴於從前,食雖頗敷而衣或不足,恐將來人丁蕃衍,衣食又多艱求。國以謀衣食賈,貿易東壩,歲每販布歸,輒見壩地之民男耕女織,一夫受田數畝,則三分種棉,經年紡織之聲不絕於耳。男女皆衣自布,婚嫁、喪葬之費,咸以餘布易資儀。國因慕其生計之厚,有然於心,竊願吾績家家效之,則風俗變遷,將使凍餒之民不可轉而爲飽之民乎?是以不揣鄙陋,由東壩辦機器,聘織司,倩木工,並購棉紗花種,運載旋里,隨照樣作機數張,皆經紗。其招人學織,遠近來觀者,不惜寸舌,諄諄誠勸。兩月以來,男若婦前後就學者,無不得心應手。大抵敏者、魯鈍者,十日皆神而明之,可作織司矣。蓋其業正於經、緯二事,一日可見而知,朝經見紗之端緒,暮緯知布之伊始。其最顯而易見、淺而易學者,無論男婦,但只有心學之,由粗而精,則手熟自能生巧矣。至於種棉收花,絞綿彈花、紡紗之事,分列於後。在農家,一年所作田地,但以十分之二種棉,則可半耕半織,而全家之衣有餘裕也。惟人生"衣食"二字,皆養命之原。試觀赤【子】誕生,必先為之衣,可見衣在食先,尤為切要。吾績數萬户,凡寸絲寸縷皆購於市,市之布多出外地,而外地男女以衣之餘者販吾績,其兩得利,因大饒,吾績兩失利也。況以歷年衣食相較,衣之費必倍蓰於食之費,則衣之裨益於人者,不更得力於食哉!若夫種桑供蠶,亦屬大好生計。但種桑田地須要有實産,又必數年而得葉,貧民固難辦。供蠶辛苦,須要好年成,又慮絲價而愁賣,貧民更難待。且或晴雨不順、寒暖不和,及至桑葉食竟,而蠶盡壞,則絲成歧望,勞瘁皆空,男女相對欷歔。誠不如處處種棉,貧民亦不可假地;家家紡織,女工不礙農忙。不但衣不愁添,餘者可以易粟,可以市錢。縱遇凶年花歉而布亦貴,較之蠶桑,輕且微,穩且實矣。人安可薄而不為耶?國所備機器具在,舍而不棄者,儘可來學。欲備則依樣仿作,所費無多。伏仰四鄉仁人君子,存心利濟,廣勸徐興,將紡織之風遍於閭里,則俗自厚而利無窮,斯生計綿長,不亦俯仰無憂而效上古耕織之民也乎?

光緒八年歲在壬午清和月上澣之吉,梁安九都霞間高彰國穀豐甫謹言啟。

穀豐宗侄厚生計題詞

興利由來有大功,心存利濟羨報豐;勸人種棉學紡織,厚生長計布同風。赤子誕生衣先食,養命之原然或通;耕田之家兼紡織,"衣食"二字無匱空。不耕之家專紡織,"衣食"二字在其中;蠶桑有利利難恃,紡織年年利自隆。招人學織不惜費,實乃好義而急公;惟願吾鄉善此舉,風醇俗厚利無窮。

宗愚侄浩養民敬頌。

例言

一、種棉須求鬆泥地,先以灰糞打底,耕耙分林,通溝去水,壠之橫直,須隔一尺以外，下種不須蓋壤，苗出提幹，疎密相均，鋤草以多次爲貴。俗云："棉花見錢，如同吸血。"蓋欲鬆也。

一、收花須晴天，午後見開應者折之。花果不可觸傷，只須婦女、小子隔日一收，極便可攜。完日，即拔其鋪地，曬乾可抵草柴，炊飯且香而有味。

一、絞綿可打夜作，只須使幼女坐而絞之，雖無燈火，而暗中月下皆能爲之。其棉子除當花種，餘者可榨油，點火甚明亮。又可打碎飼冬牛，食之則不畏寒。

一、彈花或倩彈工，彈一百，可紡二三月，如自學彈，則亦常式辦棉彈弓一張，低櫈一隻，無論男婦，可坐櫈而彈之，自能應手，學之更不難矣。

一、紡紗，在總角、幼女就而教之，皆能舉手，雖最慢者，每日少則二三兩，一年可紡織十斤。若無幼女，則農婦雖忙，或冬紡紗、春織布，亦不礙農工也。

照辦絞車、綿弓、紡車三具，所費工料錢約在千百文之數，備機器亦不過三千錢文。

錄種綿紡織歌

穀雨種棉花，立夏划花草。五月棉花開，八月棉花老。
花開天下暖，花落天下寒。紡織無窮利，飽暖萬鄰安。
收花揀曬乾，絞綿乘夜作。彈透搓花條，紡紗容易學。
總角女嬌兒，低坐學不厭。左手紗勻牽，右手車旋轉。
一日紡一兩，一月有二斤。一日二三兩，一月五六斤。
繪計一年來，織布可百丈。一家人做衣，止消一人紡。
經紗煮漿曬，梳清旋上機。朝經暮可緯，學織不難幾。
敏者五日能，鈍者十日曉。粗而漸至精，熟則能生巧。
織出青藍染，裁剪做衣裳。自家衣自布，紡織勝蠶桑。
不愁買布錢，反有餘布賣。賣布主顧多，更比賣絲泛。
奉勸吾鄉人，男耕須女織。衣食養命原，衣比食得力。
年有百丈布，可以保饑荒。家家能紡織，生計最綿長。

——民國《績溪霞間高垂裕堂支譜》卷四《紡織論》

清光緒績溪縣南關許余氏宗族愴叙堂義倉序暨規約

義倉序　周贇子美

我江南言樂善好施者，必曰徽人；言多財善賈者，必曰徽人。徽人遂好施善，賈名天下。周子美曰：此朱子遺風也。朱子大賢，奈何好施善賈瀆之？夫朱子一貧士，借官粟數百石，以時收放而取其息，以濟貧民之急，數年歸其本；餘粟數百石，復以時收放而取其息，以賑貧民。此社倉所由昉，非即多財善賈、好善樂施之風所由開歟？然而後之善賈者，與朱子異。即後之好施者，亦與朱子異。後之善賈者，謂某地獲數千金，某物獲數百金，是獵人之利以爲己有也。朱子取人之利，即以濟人之急，於己無所私也；後之好施者，必謂某事捐幾百金，某事捐幾千金，是出己之財以與人也。朱子因人之財以賑人，於己無與也，此其所以異也。至其好施之道，則又大異，後之好施者以建修寺觀、布施緇黃爲大宗，其用心最誠，故其用力爲最鉅，將以求福而免禍耳！朱子以人濟人，於己無與，曷嘗有禍福之見存哉？且夫古來崇奉異教，其心誠而力鉅者，孰若梁武帝？以萬乘之尊而捨身空門，舉南郊九廟皆不血食，竭億兆之力以建佛寺、造浮屠，而設水陸道場。世之臣民雖極富有，罄其財產，摩頂放踵以投之，曾不能希冀其萬一然，而其身餓死臺城，子孫離叛，國祚以促。朱子從祀學宮，比肩閔、冉，子孫世守其祀，與魯、鄒並延。佛如有靈，豈專心求福者則立報以奇禍，而無心免禍者反陰錫以無窮之厚福哉？然則古來新安之好施而善於求福者，莫如朱子；古來天下之好施而不善於求福者，莫如梁武帝。今新安之人雖富，萬不及梁武帝，即不富而不善賈，其差勝朱子者多矣。乃不學朱子之求福，而動欲學梁武之好施，豈不大可哀耶！歙於徽爲首，績溪，歙之東鄙所分置者也，其土於徽爲最厚，故其產人多古樸質直而耐勞苦，其俗安土重遷，雖賈於千萬里外，而不忍失其宗。城南許、余，績之望族也，族有宗祠、報功祠，有譜牒，有文會，外有顯宦、富商，而獨無義倉。予恐其好施善賈名天下，而不善於求福也，因以朱子求福之法爲之序，而勸立義倉焉。

一、義倉倣朱子社倉法，苟誠心樂善，雖寒士亦能爲之。

一、先捐己資爲倉，存祠堂公屋内，而後捐穀。其捐錢者，亦代爲買穀而記穀數。有不願捐而願寄者，約以不論久近，年荒還本。

一、所收之穀，無論爲捐爲存，一概春糶秋糴，夏放秋收，稍取其息，四五年，穀必倍之。

一、穀多之後，非特賑飢備荒，凡一族之鰥寡孤獨及親老子女，多一人力作，事畜不贍，與夫遇水火災病、告貸無門者，皆有以賑濟之，務求一族之人無飢寒愁苦、流離乞丐、輾轉溝壑，及不得已而男爲盜賊、婦女失身者，而後興立義倉之心，庶幾無憾。

一、本族既保其鰥寡孤獨，仰事俯畜，水火災病，皆有以賑濟之，而不至飢寒愁苦、流離乞丐、輾轉溝壑、爲盜失身等事。本族既贍，而有餘力則以推恩於族之鄉鄰親戚，使本族之義倉子母相生，而延恩澤於無窮，且使他族慕而倣之，愈以行良法於靡盡，自近而遠，同登仁壽，倡首者之子孫何患不富貴綿遠哉！

——光緒《續溪縣南關許余氏惇叙堂宗譜》卷八《序·義倉序》

第四章　鄉村生態環境與經濟規約

第一節　生態環境保護規約

明正統四年六月婺源縣上溪源水口橫山坃封禁合同

水口橫山坃封禁合同

　　十都程奴義、程生亮、程道成、程祖成、程隆生、程茂成、程留成、程運成、程松茂、程允興、程存成、程魯齋等，共用價銀，買得茂成闔分得承祖原買程允和土名橫山坃，又名平山坃一片，經理係吊字六百六十七號。其山東至大溪，南至社壇前大碣頭水碼頭壟心，直上至降，西至降尖，北至存誠兄弟承祖爲界，內程子文該二分，程允和該二分。今惠茂將原承祖買允和二分，立契出賣奴義等一十二人名下同共管業，遮庇水口。誠恐衆心不一，入山砍斫木植，驚犯本村。今除子文分數外，衆議將所買惠茂分數作一十三分，立議合同，各執一本，子孫永遠公同管業，毋許私自入山剗砍、出售等項，務要同心掌立杉、松、雜木，遮庇水口。倘有興旺不同出售者，務盡同分人知會，不許外向。如有不遵此文者，執此經公追回共業，或有內外人等入山私討柴薪、犯木植，亦務要協力捉獲理治，不許容情。今恐人心無信，立此合同文約爲照者。

　　正統四年已未歲六月十五日，立議合同人程奴義

　　　　　　　　　　　　　　成　程生亮
　　　　　　　　　　　　　　成　程道
　　　　　　　　　　　　　　茂　程祖成
　　　　　　　　　　　　　　齋　程隆生
　　　　　　　　　　　　　　　　程方
　　　　　　　　　　　　　　　　程留成
　　　　　　　　　　　　　　　　程運成
　　　　　　　　　　　　　　　　程松

程允興
程存誠
程魯
程惠茂

其山原買程恭進、復、一進、汝恭户程安邦、程能秀、承鼎五進等分數山，來租契四道，俱係允興收執。日後要用，將出照証，程允興批。

前項所買山契，係福善孫收執。日後照証批領爲照。

——[清]程䍩：《新安婺源程氏鄉局記·水口橫山坋封禁合同》

明弘治十年十月祁門縣六都程復用善和村風水説

風水之説，由來尚矣。自陶【淵明】、郭【璞】、曾【遄】、楊【救貧】以下，諸君子著書立言，已有證驗。如吾善和，號多佳山水，其應驗尤可信也。昔洪武、永樂間，吾鄉諸公酷信其説，故於溪南出值鷥茅田降一帶高地，栽蒔株木，蔭護一鄉。又立券約，以圖永久。後人見利忘義，不知所重，而其故實尚未泯没也。至宣德間，吾祖寶山翁於前山下開塘一所，蓄水養魚，繚以垣墙，本圖有益，而術者乃謂似爲囹圄之狀。吾祖聞之，立爲改正，無待人言。又至正統間，彙貞公兄弟於案山濱溪鑿路若干丈，村中人家，凡見其處者，無不受禍。既有其驗，人猶不省。彼石山碣頭山壟，堪輿家號爲禽星，至成化庚子，吾同居用衡兄鑿平其山，造屋於上，應時先兄布政公得暴病而卒於官。又不幾時，族叔憲副公感風症而殞於家。於是一鄉之人大駭之，以爲風水之驗，有如是也。遂集衆毁其屋，而復其山。用衡兄乃不自咎，反奏告多人，經年不解。天災屢見，數歲不甯，此尤見風水之驗不誣也。吾兄用本公大懼風水之損，復鳩一鄉之賢達，重立《議約》，申明前言，俾各家愛護四圍山水，培植竹木，以爲庇蔭。如犯約者，必并力訟於官而重罰之。凡居是鄉者，當自思省，務守前人之規，悟以往之失，載瞻載顧，勿剪勿伐，保全風水，以爲千百世之悠久之業，不可違約，以取禍敗於後來也。《詩》云："殷鑒不遠，在夏后之世。"可不慎歟？故爲之説。

大明弘治丁巳冬十月之望，程復用初識。

——光緒《祁門善和程氏仁山門支修宗譜》第三本卷一《村居景致》；又見光緒《善和鄉志》卷二《風水説》

明正德十年四月婺源縣上溪源復後龍朝山水口封禁合同

後龍朝山水口封禁合同

竊謂人藉山川之氣以鐘秀，山川藉乎人力之培植，相須之功大矣。蓋山川之勝本天然也，其不足者，自非人力培養以全勝概，曷克山川之秀以鍾人之傑哉？彼我居溪源，山水固雖不勝，其相傳以來，衣冠奕葉不替者，是亦培養山川之固然耳，況草木者觀乎氣運之盛衰也。邇者人不自察，但徒知其災禍薦至，誰謂戕賊之所致歟？我輩當此剝雜之秋，仍不知其保養，是將又使後人蹈其覆轍哉！故痛心率衆立議合同，將後龍、水口護衛，及朝對山場栽植雜木溝封，掌養蔭庇，庶得幹旋山川之氣，福自駢臻。斯時也，非惟步武前人，抑惟流裕于後，當各以培植爲心，更相告戒，毋許戕害。如仍前不悛，致山川復露，構禍者非吾族也，定行聞官究治，罰銀貳兩公用。雖然合同者不過以爲憑據，實在乎人立志以爲子孫悠久之計也。謹立此合同爲照。

計開：

一、後龍、護龍、水口、朝山，四處山場，不拘各家契稅，并將公同新立四至，栽植雜木，蔭庇鄉局。日后，毋得狗私，執契執稅砍斫，以違規畫。如違者，罰銀壹兩公用。

一、後龍蕉坑山四至：東至田及路，南至田直上，西至垓，北至裏壟心直下至荒坦。其四至內有程靖生、程奴等原栽菓樹，聽自管業，餘毋許侵犯。

一、護龍山四至：東至坦及坑，南至欄培，西至上平降直上，北至蕉坑直下。其四至內山，是程垒、程廣等衆房，山內栽有栗樹及竹，聽自管業砍用；山內雜木，毋許砍斫。如違，罰銀叁錢公用。

一、水口平山垃山四至：東至溪，南至湖頭水圳壟腳直上，西至大降，北至坑心直下。

一、裏朝山四至：東至小塢，南至尖，西至社凹嶺，北至坑。

一、外朝山四至：東至社凹嶺，南至壟心直上至尖、直下至泗洲堂通溪，西至麻榨坦，北至溪爲界。

一、凡獲盜砍培植柴木之人，就于砍木之下罰銀內，追取銀貳錢賞之。若獲得，相爲容隱，私放不首者，訪知的實，一體甘罰。

一、爲首收執合同者，其間有人侵犯，是無叮咤告戒之勤，將侵犯之人照依親疎督責,爲首者罰銀叁錢。

一、麻榨坦社壇前後栽種雜木四至:東至程保同坦直出,抵程昭低基,南至山脚,西至程應互等坦直出,至鬼神垓通溪,北至溪直上,至本塍頭爲界。其北至上,有程用圭等田,不在種木之限。

一、凡盜劚柴蕆之人,罰銀壹錢。獲來首者,賞銀伍分。

一、應有內外人等侵害各處柴木者,獲不服理,收執合同人等務要協同究治,毋得狥情托故,視爲故紙。其間,一有不遵,衆惡叱,罰銀壹兩公用,追出合同,另付公正之人收執。

正德十年歲次乙亥夏四月初一日,立議合同人程頊

程靖生　程德厚　程啟明

程淵　程玘　程亢　程珉

程珍　程昭　程御

程保童　程晚生　程岩賜

程鼎　程琮　程塤

合同七張,收執人員開具于左:

程琮　程德厚　程珉　程淵　程保童　程岩賜　程晚生

——[清]程矞:《新安婺源程氏鄉局記·後龍朝山水口封禁合同》

明嘉靖十八年三月婺源縣上溪源通衆山場并後龍朝山水口封禁合同

通衆山場并後龍朝山水口封禁合同

長城里程友堅、程頊、程敏通、程德立、程質等,因見近局山場年久荒廢,虛解糧差,民生難度,衆議以四十公、四九公支下子孫,凡于鄉局山場從土名栗樹塢坑、朱將山、長塢坽、江大塢、下邊山、後龍山、蕉坑、高岡、吳太柏塢、碣頭塢、外板石、外吳坑、野猪窟、裡吳坑、花兒壟、庄門前、欄魚石、陰家塢、茶培塢、莊上、石倉、大塢、石倉前山、大降石、屎岡、板石、橋頭、水竹凹、紙錢嶺、跽石、長潭、芭蕉葉塢、斫樹坪、遠坑口、苦株山、禾坦培、黃荊塢、高寒頭、鷄麻窠塢、下坑降、王家山、瓦瑤山、蕎草塢、梘嶺降、小岑、栗樹降、虎兒岩、金竹灣、燕石大塢、火焰冲、小姑坑、百丈冲、死人垓、棧岑、張家山、山後、牛軒培、茶園、整頭塢、盈山培、苦株樹塢、茆檜塢、金坑、敏公坎、金竹冲、漆樹塢、小塢、外朝山、水口山、平山坎,四圍山場內,原有苗木者,及今可栽種者,

聽自各照契墨管業。無分之人，不得侵害。其不能剗作去處，務要混同長養柴木，以供日用，毋許各業占吝争擾，以傷和氣。自今立合同禁止之後，賢愚不肖當相勸勉遵守，不致放火燒毁柴薪及竊取杉、松、竹木等件。如有此等，照其所犯輕重行罰，輕則壹錢，重則加倍。外各家園圃、菜、麥、田場，亦毋許砍斫杉松、夾籬、簽插、搭架等項。若或如前，止將成功物件折毁、牛畜踐害一節，原有合同禁止，再不開述。其後龍、水口、朝山，不拘有分無分，混養雜木，庇蔭鄉局。日後，毋得稱其有分擅取。違者，罰銀壹兩。倘外族不安本分者，妄到各處掌立山場，侵害之時，各可齊聲追究，毋許徇私不理取辱。今恐無憑，立此合同一樣拾本，各收一本爲照。

嘉靖十八年己亥歲三月初十日，立議合同程友堅　程頊
　　　　　　　　　　　　　　　程敏通　程德立　程質
　　　　　　　　　　　　　　　程用民　程瑞　程珉
　　　　　　　　　　　　　　　程岩珍　程燰　程玘
　　　　　　　　　　　　　　　程洪　程早　程漢佑
　　　　　　　　　　　　　　　程玉　程貴　程文真
　　　　　　　　　　　　　　　程魁　程獎　程岩沾
　　　　　　　　　　　　　　　程鰲　程晚生　程寄善　程琮
　　　　　立議合同程曉

——[清]程昺：《新安婺源程氏鄉局記·通衆山場并後龍朝山水口封禁合同》

明萬曆八年至天啓三年黟縣屏山朱氏宗族議修水口等合同規約

議修上黃仙人獻掌祖墓明堂及水口引

嘗聞諸父老云："吾家祖墳前後被屋礙，本村水口被水衝，以致丁弗旺、財不均。雖曰人事，豈非地利之不明哉？"余聞斯言，與族人共憂之，乃願輸己地，移屋以保祖墳。又欲修水口以防水泄。奈功非淺近，獨力恐難奏其成也。爰置簿請印，負衆以興，願富者助財，貧者助力，庶幾相與有成。功成之日，同立碑勒名，永垂厥後云。

萬曆八年十二月吉日，朱廷理謹識。

——民國《屏山朱氏宗譜》卷八《譜後·議修上黃明堂及水口引》

輸工名目

萬曆十一年十二月二十一日，朱廷理協衆同造新墳林水口印墩，周圍三十二丈，高三尺五寸。

廷瑞，出銀十兩正，又工二十。

廷璉，出銀九兩正。

廷璘，出銀五兩正，又工二十。

濟民，出銀貳兩整，又工二十。

濟世兄弟三人，出銀十兩正。

濟寬，出銀一兩五錢正，又工二十。

存仁父子兄弟，出銀十兩正。

廷瑁，出銀三兩五錢正，又工二十。

廷琰，出銀貳兩正，又工二十。

廷璇，出銀一兩正，又工二十。

廷瑗，出銀一兩正，又工二十。

濟興，出銀一兩肆錢正，又工二十八。

鉞，出銀一兩正，又工拾三。

濟經，出銀三兩五錢正，又工三拾。

廷璞，出銀一兩五錢正，又工三拾。

廷憲，出銀五錢正，又工二拾。

廷琊，出銀五錢正，又工二拾。

濟月，出銀五錢正，又工二十。

天則，出銀三錢正，又工二十。

廷瑚，出銀三錢五分正折工。

廷萬，出銀一錢五分正，又工十二。

廷瓘，出工五十。廷璘，出工三十。

廷珪濟善，出工二十。濟成，出工二十五。

濟達，出工二十。廷塋，出工二拾。

廷理，出工十五。廷高，出工拾。

廷琉，出工八。廷琊，出工拾。

廷寶，出工拾。廷燦，出工拾三。

廷望，出工三十。廷用，出工三拾五。

廷珖,出工拾。元亨泗取,出工二十。
濟會,出工五。廷瑜,出工三十。
廷璞,出工二拾五。廷玞父子,出工廿五。
朱永晃户内各丁出工:
貺,出工七十。則子涣潢,出工三十五。
濬,出工五十五。涮父子,出工九十九。
贈父子,出工五十。滿父子,出工三十五。
元富父子,出工三十五。椿,出工三十。
尚盾,出工十五。潤,出工七。
元耀,出工三十。元勳,出工五十。
尚經,出工十。元光,出工三十。
元普父子,出工七十。元萬父子,出工三拾五。
元佐父子,出工四十。尚傑,出工二十。
阿胡,出工四。貽父子,出工拾五。
岩榮父子,出工四十。元旦父子,出工三十三。
尚容,出工拾。良表父子,出工二拾二。
顯名父子,出工十五。大旺,出工拾。
元善,出工廿五。良貴,出工二十。
宗倫,出工二十五。宗頎,出工二拾。
良杰,出工廿五。良爵父子,出工廿五。
元保,出工十。宗許,出工十五。
宗誼,出工二十。尚文,出工二十。
尚海,出工十五。崑,出工二十五。
宗啟,出工十三。元會,出工十。
元吉,出工二十。
中門各丁:
大鑑父子,出工七十五。大鈇父子,出工八十五。
大釗父子,出工七十五。文佩父子,出工七十五。
文秀父子,出工三十。文遇父子,出工三十五。
文斌,出工銀五錢。文修,出工銀七錢。
文傑,出工十。文瑄,出工十。

存德,出工二十。鳴雷,出工拾五。

正色,出工三十。天禄,出工十。

進,出工十。福周,出工三拾。

福元,出工二拾。文景,出工十。

文達,出工拾。文見,出工拾。

文理,出工十五。文積,出工二拾。

文遷,出工拾。文龍,出工二拾。

文瑄,出工五。文法,出工七。

天時,出工七。永中,出工十。

文滿,出工七。文喬,出工七。

——民國《屏山朱氏宗譜》卷八《譜後·輸工名目》

請給印簿公呈

遡紫陽之裔,居屏山之陽。練水聚堂,琴山列案;雲仍葉奕,丕振人文。因川岳之鐘靈,成新安之巨族,其所由來者遠矣。詎時異世殊,今來古往。至於嘉靖年間,陰、陽二基,突遭水患,山之拱者顛之,水之聚者洩之。村之人讀書者,無科名之顯;爲商者,鮮囊橐之充。家業澆,人心渙,此無他,實由於祖塚之蔽悍、明堂之走泄、水口之低塌而致之也。支丁朱廷璉、朱廷瑞、朱廷璘、朱廷理、朱涮等目擊心傷,同營協議,議照丁糧修理,以補不足,以完舊規。竊恐人心向背,功業難期。爲此,環叩公庭,籲賞金印,庶幾《章程》定條準立,富者解囊,貧者助力。既集腋以成,亦衆擎而舉。感憲天甘棠之遺愛,存没兩沾,永垂不朽。其有奸愚暗計、蠱惑群心者,族之人指名乞究,以彰法律,以保祖塋,以安族處。戴德上禀。

萬曆十六年二月二十二日。

批附:貧而爲工者,照例每秤四工,毋得多索推惰。如有前項,許朱廷理等呈禀,以前登簿者,仍照簿出。

——民國《屏山朱氏宗譜》卷八《譜後·請給印簿公呈》

萬曆十六年二月二十六日衆立合同

立合同朱廷璉、朱財、朱大鈇等,今因族請給印文簿,造作水口,恐人心不一,以私誤公。爲此,合族公議:編定首事十八人,分作三班,每日六人,輪換督工，毋得暫離，致工人怠惰。如值日首事之人輪期不到者，衆議罰銀叁分，入衆公用。如司事之人有違延推委者，聽首事之人指名呈究，以警奸頑。如内外有人挾兕欺阻者，合族齊力相攻，幸勿觀望。自立合同之後，盟心協力，各宜遵守。完工之日，照出財多寡，立碑刻石，以垂永遠。立此合同十八張，各執一張存照。

編定首事之人，分作三班，每班六人列後：

首班六人：廷昌　廷璉　財　長六　元耀　棟

二班六人：廷琰　廷璘　大鉄　宗倫　孟冬　尚志

三班六人：濟經　廷理　文運　宗誼　文憲　椿

——民國《屏山朱氏宗譜》卷八《譜後·萬曆十六年衆立合同》

萬曆二十五年衆立合同

立合同族衆朱大鉄、朱財、朱廷璋等，原因祖塚葬上黄，後被洪水衝壞，水口走泄，明堂不聚，所係匪輕。衆請地師相定基址，業經具請官印文簿，造作水口神廟，羅星保障一方。今復被水衝頹，羅星沙土傾泄。若不協力復行興工，挑土填塞，誠恐前功盡棄，村居難固，祖塚難安。爲此，復議興工造作，衆立合同，每家編銀壹兩，權派銀五分，買辦灰石墁砌。每一壯丁，權出十工，挑土填塞。恐有人心怠惰，成功難計，議將廟前空地畫作三段，人丁均分三股，各依股數，協力催督填完。如有延誤，罪坐首事。内有各股支丁違阻不前者，聽首事呈官究治，以棄祖論。立此合同三張，各執一張存照。

再批：水口各照畫段填平，栽養雜木，永遠蔭庇陰、陽二基，毋許私自盜砍及侵損椏枝。如違，聽衆呈究外，罰銀壹兩入公，修理水口。批此存照。

萬曆二十五年八月二十九日立合同族衆

朱大鉄　棟　孟冬　財　新萬　椿　廷璋　濟興　枋　調元　尚志
運生　廷瑗　尚賢　濟忠　文憲　祥然　濟今　文瑚　文修　廷琰　宗啟
鳳　濟寰　尚傑　鴻　濟遠　宗倫　鵠　濟德　濟吉　濟隆　尚貢　九州
貴兆　應鶴　炳陽書

——民國《屏山朱氏宗譜》卷八《譜後·萬曆二十五年衆立合同》

萬曆三十七年衆立合同

立合同三大房人朱孟夏、朱廷機、朱元耀等，原祖構基黟東屏山，安葬祖埜。上黄,麻榨,俱賴下沙彎阜樹木森茂,培植二基。後因洪水衝洩,木析沙崩,致陰、陽二基俱壞,族運日微。衆等議各捐貲書簿,大加修理,共立合同,詳開《條款》,務期踴躍,鼓舞成功。如有臨事不前,旁觀違衆者,許首事之人指名呈究,以棄祖論。立此合同一樣十六張,各執一張存照。

萬曆三十七年三月　日,立合同人三大房

朱孟夏　倫成　存義　應周　廷機　一棟　志貢　則寶
元耀　濟興　存智　鶴鸞　調元　濟今　德長　應祥
文瑚　佑明　濟隆

——民國《屏山朱氏宗譜》卷八《譜後·萬曆三十七年衆立合同》

議修水口挨次條款

一、塞新溪。雖不在水口內,乃改路拆橋之源。

一、起手堆方位砂土。

一、拆中石橋併路。後術士看此橋不宜拆。

一、安新橋腳跺。

一、捲完橋梁。

一、造橋亭。

一、改中石橋路。做完即拆,中石橋路至牌坊外止,其新路務要與舊路般高。更造之日,舊路面旁邊石,聽拆湊砌,但面石候新路造完之日方拆,墁面路心泥,聽倒填田,約水上堂路田存衆。

一、完星辰形勢。

一、拆大石橋。

一、栽植星辰樹木。

一、完大功之後。倘其局內有缺陷者,填補;有(防)[妨]礙者,拆毀。各家毋得違衆。

——民國《屏山朱氏宗譜》卷八《譜後·議修水口挨次條款》

天啟三年衆立合同

立合同朱廷寶、朱湘、朱文瑤三門人等,本村水口,蓄養松木,蔭庇一村,陰、陽二基,攸賴非輕。近被無知小人盜砍,業立訪帖《禁約》。恐後人心懈怠,仍被竊害。今衆議立合同,日後,倘有牛、羊入塹及竊取松毛、樹片、草薪者,合衆呈治。費用銀兩,廷寶九房,每拾兩出銀五兩;朱湘六房,每十兩出銀叁兩;文瑶中房,每十兩出銀貳兩,永以爲則。臨用出備,無得推延誤公。議立合同三張,各執壹張存照。

天啟三年正月初六日,立合同人朱廷寶　朱湘　朱文瑶
　　　　　　——民國《屏山朱氏宗譜》卷八《譜後·天啟三年衆立合同》

清康熙三十三年三月徽州某縣張允傳等立嚴禁侵害本家墳山禁約

　　立公禁約通族張允傳、允位、明桂等,今有本家來龍墳山,此係一姓命脉所關。昔上祖栽種樹竹,蓄養柴薪,無非蔭庇屋基風水。向來嚴禁,註簿賞罰,咸遵無違,是以人丁茂盛,財産豐隆。近來人心更異,不繼前人之志,抛棄《祖規》,違禁減例,莫能培植,反縱婦女登山,强行侵害,終日爬柴挖腦、砍根剥皮。動山泥而溝渠溢塞不通,樹根暴露,悉咸枯朽,不能得生,柴、笋勿能得養。况朝暮驚動,祖宗神靈不安,以致人稀財寡,利害匪輕。有分者輸課無辦,無業者獲利榮家。衆等目覩心傷,不堪之甚。今通族復行合議,立約嚴禁,召人看守。如有仍前不悛,許守人拿獲公罰。若恃强不服者,齊集公呈,送官理治。倘坐視不理,狗私容庇者,神祖鑒之。

一、禁本山不許爬柴,如有犯者,罰銀叁錢。
一、禁本山不許挖笋,如有犯者,罰銀叁錢。
一、禁本山不許剥樹皮、挖樹根、撿枝椏,如有犯者,罰銀伍錢。
一、禁不許放牛登山,如有犯者,罰銀伍錢。
一、婦女登山,罪坐夫男,亦罰銀伍錢。如違,公呈理治。

康熙三十三年三月　日,立公禁山約張允傳押　明燦押　允位押　明鴻押
　　　　　　　　　　　　　　明桂押　世裕押　明綬押　兆熊押
　　　　　　　　　　　　　　明旦押　起翔押　明岸押　兆龍押
　　　　　　　　　　　　　　明實押　起翊押　明成押　兆昇押
　　　　——封越健主編:《中國社會科學院經濟研究所藏徽州文書類編·散件文書》,第四册,社會科學文獻出版社,2017年,第45—46頁

清乾隆十一年十二月歙縣正堂詳禁飛布山盜礦開窯以保龍脉告示碑

飛布山保龍禁碑

江南徽州府歙縣唐，爲詳禁飛布山盜礦開窯，以保龍脉事。案奉江南徽州府正堂明、轉奉分巡安徽寧池太等處地方兵備道按察使司副使李、署理安徽等處提刑按察使司奉恩將軍宗室都，江南江寧、安徽等處承宣布政使司陳，巡撫安徽等處地方提督軍務、都察院右副都御史潘，太子少保、兵部尚書、總督江南、江西都察院右都御史、協理河務尹批：飭勒碑嚴禁，取具遵依報查等因。合行遵照，建立禁碑，保龍杜害。照得飛布一山，爲郡邑之屏藩，結營鎮之基址，鐘靈毓秀，實與黄山、紫陽遥相聯絡，不特東北兩鄉數十村落墓門、第宅倚此山爲來龍，即闔郡之學宫、神廟，以及先賢祠宇、文武官署，皆藉此爲保障。凡兹官民人等，皆宜防護，不可使少有侵損者也。祗緣山脉多出礦石，可以煉灰取利，由是附近山民招集多兇，鑿礦傷龍，殊屬不法。查昔年郡邑諸先達深謀遠慮，將此山來龍自大尖下以至白額、厚山等處，蟬聯二十餘里，或用價契買，或將産易換，錙銖積累，集腋成裘，以永保護。其爲益也甚深，而用心亦良苦矣。無如山僻，兇頑竟將公買之山屢肆戕害。雍正年間，有匪徒鄭時貴等盜礦開窯，業經前府責處嚴禁。乾隆九年，其子鄭煌、鄭求以及江德、江貴、鄭旺壽、王滿生、程五生、鄭萬林、江社福、江六壽、程四保等，又夥招礦黨無賴之徒，藐違禁令，復肆鑿燒，傷龍絶脉，禍延萬姓，此紳衿、士民所由以聚兇盜礦、慘絶地脉具控也。再查，飛布後脉，原係柴山，不輸礦税，豈容恣意盜礦？况此山幽深僻遠，結黨成群，奸民不一，尤當爲之防範。且歙邑出灰村坊八十餘處，儘供農用，原不藉此數窯之灰。兹遵各憲檄飭，勒碑嚴禁。嗣後，近山居民人等，各宜凛遵，自大尖下至白額、厚山二十餘里，不但公買龍脉要脊在所嚴禁，即凡與公業毗連有關來脉之處，亦不得開鑿。仍仰該地保甲、巡山人等，每月稽巡，取具並無燒鑿甘結。倘有不法之徒再敢違禁開鑿，立即指名呈報，以憑嚴拿詳究，並將受僱礦匠一同拿處。其有在該禁地方買灰者，即將灰價入官。爾等慎毋以身試法，致貽後悔。須至禁者。

乾隆十一年歲次丙寅十二月　日立。

——乾隆《橙陽散志》卷十《藝文志上·碑記》

清乾隆三十七年十月歙縣正堂遵憲勒石永禁飛布山開煤燒灰以保龍脉告示碑

飛布山保龍禁碑

江南徽州府歙縣李奉江南徽州府正堂張，爲遵憲勒石永禁，以保龍脉事。照得郡北鎮飛布山相連鷹尖、王林尖、牙山、引嶺、椰槌山、白額龍、厚山等處，峰巒叠峙，岫嶺㐖長，其龍脉起伏，實爲郡城營基障護，且係東北兩鄉先賢祠墓、居人廬舍，風水攸關。誌禁採伐，勿斷山根，由來已久。衹緣山產煤礦，附近山民每致違禁斲鑿。先經郡邑紳士將飛布山至厚山等處契買歸公，以永保護。乾隆九年，復奉督、撫、藩、臬各大憲檄飭，勒碑永禁，載明自大尖下以至白額、厚山二十餘里，不但公買龍脉要脊在所嚴禁，即凡與公業毗連，有關龍脉之處，俱不得開鑿，已極周詳。乾隆三十四年，又有近地人民汪八福、葉崐山等在山挖煤鑿礦，開窰煉石。復據紳士公呈，安徽巡憲批飭憲審，勘究詳議，以烏夢坑出豐溪口溪河爲界，溪東無關要脉，照舊燒灰，溪西概行禁止，批飭勒石，永禁在案。詎汪八福等夥黨汪汝三、汪君爵因前所鑿紫荆灣未曾注明碑記，遂以該處開鑿不在禁内飾詞上控。批府勘訊。本府親詣，勘得紫荆灣、楊梅塢等處，皆與飛布龍脉相連，而現在汪汝三等挖煤鑿礦之處，即在大尖之下，離飛布更近。從前《碑記》内未將紫荆灣一併叙入者，蓋因正脉數十餘里，沿山土名甚多，原難盡載。而所稱公業毗連有關龍脉，不得開鑿，已屬概括無遺。今以現勘之情形，合前人之成議，自飛布大尖以至厚山一帶，相連諸峰，實皆保龍應禁，斷不可再任穿鑿。議將汪汝三等重懲，并請如歙縣所議，議溪河爲界，溪以西概不得侵犯，將圖一並鐫勒碑旁，以垂永久。詳奉分巡安徽寧池太等處地方兵備道劉、安徽等處提刑按察使司璫、安徽等處承宣布政使司楊批飭發落，並勒石永禁等因，合行勒石永禁。嗣後，闔郡人等，務遵憲禁。凡在烏夢坑出豐溪口溪河以西紫荆灣、楊梅塢、坦頭山、寒木塢、天心塢、子和山、陽龍等處，無論離飛布正脉之遠近，及山税之是否公業，一概不得挖煤、採石、燒灰。倘敢故違，該地保即指名稟報，立拿，從重究擬，並追礦煤灰價入官。其招集之煤礦工匠，與在禁山挑取石灰者，一並嚴拿究治，斷不輕貸，各宜凜遵毋違。特示。

乾隆三十七年歲次壬辰十月　日立。

——乾隆《橙陽散志》卷十《藝文志上·碑記》

清乾隆四十年五月歙縣正堂奉憲嚴禁飛布山挖煤燒灰告示碑

飛布山保龍禁碑

江南徽州府歙縣楊，爲公籲賞禁等事，奉護理江南分巡安徽寧池太廣道、本府正堂張，署本府正堂、池州督糧分府江，牌奉兵部侍郎兼都察院右副都御史、巡撫安徽等處地方提督軍務裴憲批：據進士江廷泰等，禀禁飛布一案，批仰徽州府查明，照案飭禁，具報圖、碑摹並發等因，並奉發抄詞。內開：具禀進士江廷泰等禀爲公籲賞禁、保城保民事，徽郡飛布一山，關係府縣城池、營基及東北兩鄉億萬生靈命脉，歷朝嚴禁挖鑿山根，載在府縣志書，由來已久。乾隆年間，又奉督、撫、藩、臬、道、府各大憲屢次申禁，卷案碑摹叠叠。無如山匪冥頑貪心不熄，聚衆藏匿深山，抗禁挖煤鑿礦，以致石裂山崩，地脉剗斷，人户凋零。似此愍不畏死，屢抗府縣，非求憲恩賞禁，終難保全。爲此，粘呈碑摹，恭錄禁案，環叩恩憲大人，俯念郡邑城池、營基攸關，萬姓生靈托命，爲國爲民，恩准勒石嚴禁，除害安良，留蔭千秋，世感不朽，到府行縣。奉此，卷查飛布一山，關係府縣城池、營基及東北兩鄉億萬生靈命脉，歷朝嚴禁挖鑿山根，載在府縣志書，由來封禁已久。乾隆十一年，前任唐前府憲明又將飛布來脉通詳請禁，奉前藩、臬二憲會詳，督、撫二憲嚴檄勒石，切實載明。自飛布大尖下以至白額、厚山，蟬聯二十餘里，不獨公家所買之山在所嚴禁，即凡己業與公業毗連，有關龍脉之處，亦不得開鑿，勒碑永禁在案。三十四年，礦匪汪八福、葉崐山等招集外省群兇，抗禁燒鑿。經前任張勘訊，詳奉江南分巡安徽寧池太廣道俞批：既據查明，飛布等山，議以山溪爲界，將溪西煤宕、灰窑概行折毀，永禁挖鑿私燒，照圖立碑示禁，取各遵依。並取東北鄉各地保按季輪巡，各結備案，均屬妥協。仰即如詳轉飭遵照，立碑永禁，以杜訟端，仍取碑摹送道，毋遲緻。三十七年，餘黨汪汝三等貪心不滅，復集多兇，在於溪西禁內違禁燒鑿。又經紳士控禀，現奉府憲張親勘訊明，繪圖詳禁。奉江南安徽等處提刑按察使司瑭批：如詳斷結，勒石永禁，仍候藩司批示錄報，繳圖存等因。又奉江南安徽等處承宣布政使司楊批：據詳甚屬妥協，仰即如詳遵照繳等因。業奉府憲張出示勒石，永禁在案。今奉前因，理合查案嚴禁。爲此，示仰合屬人等知悉，自示之後，務遵憲禁，自飛布大尖下至白額、厚山，凡在烏夢坑出豐溪口溪河以西，皆屬禁內，無論離飛布正脉之遠近及山稅是否公業，止許栽竹種樹，一概不得挖煤鑿礦、煉石燒灰。倘敢故違，許該輪巡地保指名稟報，從重究擬，並追礦煤灰價入官。其招聚至礦煤工匠，與在禁山挑取石灰者，一並嚴拿究治，斷不輕貸，各宜凛遵毋違。特示。

乾隆四十年歲次乙未仲夏月　日示。

——乾隆《橙陽散志》卷十《藝文志上·碑記》

清嘉慶二十五年績溪縣胡里村績溪縣正堂告示禁碑

特授績溪縣正堂、加十級、紀錄十次清，爲截斷氣脉等事。據生監周廣輝、周邦鎮、周嘉銘、周玉振、周宗樸、周啟京、周鍾、周元茂、周承治、周啟沛、胡辰、胡善芳、胡璬、胡光暎、胡炳坤、胡埈垣、胡翰培、胡賓、胡東來、胡國榜、周維模、周之冕、周錦、周襄，耆民胡道輝、周秉薰、周立崚、周行通、周祖星、周再渭、周生壽、汪觀應、汪觀志、汪觀灶、汪正寶、汪廷順等，具稟，詞稱：緣府龍自大障山至問政山，一路艮脉，委蛇而來，起伏而至，是以先賢擇處府基，卜遷府學。六邑之富貴式憑，闔郡之生靈攸寄。支分幹別，有名村落綿綿，世族葬墳纍纍，俱賴地脉盤旋，生氣貫注，丁繁派衍，福禄攸降。邇來不法之徒打取石炭，鑿取石礦，燒灰運販，利己損人。石爲山骨，骨不盡不休；石爲山脊，脊不斷不已。穴穿無涯之洞，隔山彼此可通。陵鑿莫大之窩，仰面高低一削，闕陷難堪，崩頹實甚。截氣斷脉，召禍致殃，所係匪淺。今府龍土名虎壩嶺，係周、胡二姓祖墳出脉之處。間坑汪姓掘土打石，周、胡理論，忻然信從。所有行字、染字等號等業，已業價賣護墳，衆業議不復打，一同踴躍請示嚴禁。切山林以資興養，儘可落寔而取材；工力無限營謀，奚必搜山而鑿穴？東源嚴禁挖（不）〔取〕，各憲屢禁開山。念切護龍不容侵損。爲此，僉叩恩賞給示勒碑，永禁嚴禁打石，以保地脉，諭令植木以需民用，殁存戴德，頂祝上稟等情到縣。據此，除批示外，合行示禁。爲此，示仰該處居民人等知悉，爾等毋得鑿石燒灰，販用射利。如敢故違，一經訪聞，定行提究毋違。特示。

右仰知悉。

嘉慶二十五年　月　日。

告示

——碑銘，原碑嵌於安徽省績溪縣胡里村胡氏宗祠前門左壁磚墻内

清道光二年七月黟縣正堂頒示屏山龍山禁碑

龍山禁碑

特授黟縣正堂、加十級、紀錄十次詹，爲籲恩賞示、勒石垂禁、永保龍脉水口事。據族長朱永敬，耆民朱元瑞、朱樹詵，恩貢朱華，監生朱元試、朱雋，恩貢朱振極，生員朱文立、朱光閱、朱學濤，廩生朱輅，生員朱榮煦、朱承輔、朱培文、朱燮、朱瑶，州同朱光宅，監生朱元普、朱元昭、朱榮薦、朱振琹、朱振豪、朱榮譚、朱光屏、朱大順、朱增謙、朱承禧，職員朱榮許、朱鳳棲、朱大綱，耆民朱元鼎、朱振岐、朱元順、朱振焜、朱有柱、朱學焜、朱世洲、朱瑛、朱振栢，民人朱社興抱呈，朱繼善稟稱：生族世承闕里，派衍屏山，闔族祖墓，合葬上黄、麻榨，頂上蓄養古木，來龍坦業，前人原有禁議，毋得轉售他姓。尤恐扞葬，致傷來脉。村外水口，關攔下首一帶蔭木，本爲闔族陰、陽二基丁命攸關，亦屢有禁約，戒勿剪伐，世守無異。近有無知之徒，罔顧來脉攸關，打挖黄泥園塽，蔭木魃肆盜砍，剝皮挖根，搬竊枝椏。種種擾害，深堪痛恨。不急請示，肆害胡底？爲此，闔族具呈籲恩賞禁，庶使宵小寒心、賊匪斂跡，則來脉固而祖塚有安土之敦，蔭木茂而水口無傾瀉之虞。伏乞賞示嚴禁，永勒金石，德澤及於枯骨，雨露遍於甘棠。闔族蒙庥，奕世戴德，上稟等情到縣。據此，除批示外，合行出示嚴禁。爲此，示仰居民及支丁人等知悉，自示之後，毋許在朱永等合族祖墓上蓄養古木，來脉坦業，陰、陽二基，打挖黄泥園塽，蔭木亦不得魃肆盜砍，剝皮挖根，搬竊散枝椏。倘敢故違，許原稟、捕、保等指名赴縣具稟，以憑拏究，各宜凛遵毋違。特示。

右示嚴禁。

道光二年七月初八日。

——民國《屏山朱氏宗譜》卷八《譜後·龍山禁碑》

清道光五年六月祁門縣箬坑村奉祁門縣正堂嚴禁墾山種植苞蘆保護環境碑

奉憲嚴禁

署祁門縣正堂加五級、紀錄五次王，爲籲請示禁，以裕國課、以阜民財事。案據貢生汪會渠、生員汪德滋、耆民汪德種、監生汪新澤、職員汪尚清、生員汪元灝等呈稱：竊以樹木爲十年之計，興山垂百世之規。故約有明條，宜敦法守乎宗祖；而禁因廢弛，端賴作主於賢侯。生等西鄉十九都七保合塢山場，向來禁種苞蘆，興養苗木。有山業者，積十餘年，蓄養成材，可登貨殖之書；無山業者，盡一二日苦辛採樵，亦備家人之給。無問富貧，俱沾利樂。邇年人心不一，風俗漸漓。或縱火焚燒，或私行偷竊。查出行罰，强者恃其頑梗，弱者因而效尤。舊規不振，前禁盡捐，坐使有用山林，斧斤不時而橫入，遂令滋生物産槎蘖不萌於高岡。生等目擊心傷，事難再緩。是以合族商議舊規前禁，重立合文，禀請賞給，永遠遵照。將見仲冬、仲夏斬伐鮮勝用之憂；植陰、植陽，生長具向榮之象。國課不至虛供，民財亦得漸裕。爲此，敬呈合文拾壹紙，伏叩賞准給篆並出示曉諭，俾各凜遵。合族沾恩，奕世戴德頂祝上禀。等情到縣。據此，除批示外，合行給示嚴禁。爲此，仰該族人等知悉，自示之後，毋得縱火焚燒，以及私行偷竊。如敢故違，許即指名禀縣，差提究處，決不寬貸。各宜凜遵毋違。特示。

右仰通知。

道光五年六月初六日示。

告示

——碑銘，原碑嵌於安徽省祁門縣箬坑鄉八一倫坑敬敷堂墻上

清咸豐七年六月績溪縣龍川村奉憲績溪縣正堂嚴禁開礦燒灰告示碑

署績溪縣正堂、加十級、紀錄十次田爲僉叩給示、勒碑永禁事。據恩貢生胡炳坤、教諭銜池州府訓導胡湛覺、羅官學教習胡泮、布政司經歷胡洪溥、浙江即補府經歷胡祥麟、翰林院孔目胡成訓、貢生胡沇林，生員胡銘浚、胡華照、胡鳳儀、胡佩蘭、胡大瑩、胡琦、胡霈、胡克健、胡良□、胡良鴻，監生胡嗣懷、胡沇沛、胡沇□、胡德馨、胡天燾、胡照、胡茂輝、胡勝輝、胡烜、胡名翰、胡瑞祥、胡成琨、胡俊卿、胡志謙、胡藍廷、胡□齡、胡柏齡、胡洪澤、胡良本，職員胡作楫、胡沇光、胡明藻、胡洪照、胡良經，耆民胡金相、胡瑞發等，禀稱：生等統祖晋散騎常侍炎公世祖、宋提幹念五公暨德慶公、伏音公安葬土名虎林坑，派衍丁繁，寔爲發祥之地。該處祖墓來龍，屬《鱗册》資字、事字等號，自龍鬚山發脉，及土名正班塢金紫山一帶左右山場，均爲來龍出脉處所。自宋

元迄今，子孫附葬者不可悉數，是以世代相沿。凡屬資字、事字等號産石山場，無論衆業、己業，俱不准取石燒灰，亦不得私賣他姓，所以保祖墳而庇丁命，疊奉前憲示禁有案。兹因派丁無知，不識禁令之嚴，希射取石之利，業經生等控奉提究。蒙公處息，情願受罰伏罪，並安醮祖墓，勒碑永禁，嗣後不再掘損。爲此，復申前禁，僉叩恩賞給示，勒碑永禁，没存銜感上禀。等情到縣。據此，除批示外，合行出示嚴禁。爲此，仰該處人民知悉，查得龍鬚山係郡城來龍正脉，自此分枝，及正班塢、金紫山一帶左右山場，悉爲該祖墳要脉，仍遵前禁。無論衆業、己業，概行禁止，不得開礦掘損。嗣後，如有不肖派丁勾通頑梗石工，膽敢破禁開礦情事，許該主等指名禀縣，以憑立拿嚴究，按律重辦，決不姑寬，各宜凛遵毋違。特示。

咸豐七年六月　日示。

告示

——碑銘，原碑嵌於安徽省績溪縣龍川村胡氏宗祠内西墻壁内

第二節　封山育林規約

明嘉靖二十八年六月祁門縣三四都詹天法等立興養山林合同議約

三四都詹天法同潘萬昌、劉記保、劉周、詹天濟、天澤、汪華、汪球、謝釗、謝勝等，今買到一都汪先貴山場，俱坐落潘、張村一號，土名巧塘坑，外截八分中該得壹分；又一號裡截東、西二培叁拾貳分，該一號；又一號會頭拾六分，該得一分；又一號小椒坑北培肆分，中該得一分，南培併天井窟拾六分，中該得一分；又一號小塢四十八分，該得一分。前山共六號，又買得汪祥承繼汪吉分籍山場巧塘坑會頭、小塢、小椒坑、南培、天井窟。今衆人心不齊，各人自立合同議約壹樣叁紙，汪華、汪球、謝釗、謝勝收壹紙，潘萬昌、劉記保、劉周收壹紙，詹天法、詹天濟、詹天澤收壹紙。自立約之後，各人早晚務要周心照管，長養樹木。成材之日，務要與衆商議，或賣或砍，照前拾分均分，無得争論。議約之後，各人不許入山砍斫。如違，砍斫壹根，聽自衆人理治，甘罰銀貳分與衆用，無詞。今恐無憑，立此合同爲照。再批：買受汪先貴、汪祥文契貳紙，係是詹天法收貯，日後要用，費出照証，不許執逼。

嘉靖廿八年六月初七日,立合同議約人詹天法 押　劉記保 押　劉周 押
　　　　　　　　　　　　　詹天濟 押　詹天澤 押　汪華 押
　　　　　　　　　　　　　汪球 押　謝釗 押　謝勝 押
　　　　　　　中見人詹文宦 押

——散件文書,原件藏南京大學歷史學院資料室,編號000055

明萬曆十四年二月祁門縣王詮卿同江西浮梁黃相玉等立禁伐封山議約

十二都王詮卿同梓舟廿都黃維玉、相玉等有黃西坑合得山場,東至黃坑大降,西至大源頭直上抵葛坪,降裏至烏莊尖隨一登仙坦,降外至山坑口,大四至內,用工栽養杉松竹木,屢被本庄及外人不次盜砍,不惟坑費工本,抑且虛賠糧稅。今請里鄰爲盟,議立《禁約》。自今以後,四至內杉松竹木,毋許仍前肆爲盜砍。如本庄盜砍者,外人有能舉報,定行重謝。庄人見一罰十,仍責置酒封山。如外人盜砍者,聽庄人舉報,亦見一罰十,置酒封山。同業之人,亦不許私砍,違者,罰亦如前。有賣放互相容隱者,訪出鳴衆,與盜砍之人同論。或恃強抗約不服罰者,通衆鳴官理治,決不輕恕。

　萬曆十四年二月廿六日,立約人　王詮卿 押
　　　　　　同約人　黃維玉 押
　　　　　　　　　　黃相玉 押
　　　　　　見年里長汪任道 押
　　　　　　遞年　趙正 押
　　　　　　　　　趙良惟 押
　　　　　　　　　趙守儒 押
　　　　　　　　　汪漢 押
　　　　　　鄰人趙清 押　黃豸仙 押
　　　　　　　　王堯春 押　黃金枝 押
　　　　　　　　黃榮仙 押　黃金明 押
　　　　　　　　黃青仙 押　洪順一 押
　　　　　　庄人閔靖 押
　　　　　　　　閔賢 押
　　　　　　　　閔倉 押

  吴岩仙 押
  汪受保 押
  関長 押
  ——王鈺欣、周紹泉主編:《徽州千年契約文書》,宋・元・明編,第三卷,花山文藝出版社,1993年,第162頁

清康熙四十二年二月祁門縣安山謝崇善秩下謝正謨等立封山育林禁約合同

  立禁約合同安山謝崇善,禁爲蓄養苗木,以供國課、以培風水事。原承吾祖簽業續置等號山場,向有《條例》,歷來遵守無異。近因人心不古,變壞祖制,屢行入山竊取,不惟將作己用,抑且變賣他人,以致材木空踈,國課難供。今率衆等重立《條規》,復行嚴禁,簽首斂資,扮演文戲乙臺,咸使預立。嗣後,再不得仍前不矩,魆行盜砍,許諸色人等有能拿獲者,衆賞銀壹錢。如有狥情容隱者,犯一(陪)[賠]九,其竊取之人送官理治,仍行罰戲一臺。法在必行,斷不輕恕。自立禁約之後,大小户人等,各宜凛遵,毋視泛常。恐後無憑,立此禁約合同存照。

  計開條例于後:

  一、禁朝山及桐子坐、焦坦、石壁塢塢口、大王廟背,併上下二洲,原係二門水口,尤爲要緊,蓄養柴木,以爲本宅風水庇蔭。如有入山竊取,不時有人獲報者,衆議賞銀壹錢,竊取之人罰戲乙臺,永爲定例。

  一、禁各處墳塋,蓄養柴木,以爲庇蔭,安妥先靈。仍有入山盜砍者,除(陪)[賠]樹(命)[木]外,定行醮謝,仍罰戲一臺。

  一、禁裡至源頭,外至水口,各號山場,只許砍斫雜柴,其杉樹一概蓄養,毋得違禁竊取。如有犯者,罰戲一臺。

  一、禁各處青山,成材杉木,日後照標分併買受契書出挵,毋得狥情任意。違者,定行呈官理諭。

  一、禁日後有分之家,倘或竪造,必行通知共業,公同商議確定,再行砍斫。如不預爲通知,許衆賫文呈官理治。

  一、禁各處有縱火燒山者,罰戲乙臺,究(陪)[賠]杉木樹價。倘燒燬墳塋者,悉聽本家公論。合同一樣式紙,各門收乙紙爲照。

康熙四十二年二月　日,安山謝崇善秩下正謨　正福
　　　　　　　　　共有廿七名花押
——《康熙謝氏謄契簿》,原件藏南京大學歷史學院資料室,編號 000133

清乾隆二十二年二月休寧縣某村張宗房等立合村公議朝山等處不得私自盜砍合墨

立議合墨張宗房、吳德英,本村有朝山及後龍金字面,并水口、中洲末塅、梅潭、溪洲等處,向行嚴禁以護鄉局無異。近因人心不一,以致橫行盜砍,敗壞鄉局,深爲痛恨。今合村公議,照前復行加禁。杉、松、雜木,上供國課,下護鄉局,共四號業次,日後長養成林。倘有出挣樹木之日,言定拾分之内,取叁分與業主,以供國課,其柒分合村存衆公用,無得異説。餘山各自管業,亦不得借端等情。自今復行嚴禁之後,各宜凛遵,日後不得私自盜砍。如有再犯者,罰戲壹臺。知風捉獲來報者,謝銀壹錢,決不食言。恐後無憑,立此議墨一樣四張,各執壹張爲據。

乾隆二十二年二月　日,立議閤墨張宗房 押　吳德英 押
　　　　　　　　　張明遠 押　吳德蛟 押
　　　　　　　　　張伯勳 押　吳文起 押
　　　　　　　　　張茂如 押　吳德嚴 押
　　　　　　　　　張攀富 押　吳希聖 押
　　　　　　　　　張寧萬 押　吳民望 押
　　　　　　　　　張繩武 押　吳德生 押
　　　　　　　　　張心怡 押　吳德佐 押

——封越健主編:《中國社會科學院經濟研究所藏徽州文書類編·散件文書》,第四册,社會科學文獻出版社,2017年,第37頁

清乾隆三十九年八月休寧縣張宗房等立合村四圍山場加禁合同

奉憲示嚴禁約人張宗房、吳德英等,向行議有合同爲據。今因吳國雄、吳德宰等犯禁後龍山併朝山,今承衆位親友江泉廣、張永彩、吳致先、保長吳聖儀等情講,合村依息,四圍山場,照前嚴禁。日後,男婦不許入山,枝椏不

得私取。倘有知風來報者，謝銀伍錢；捉獲贓者，謝銀壹兩。（亦）［若］有容情，同罰。如有恃強不遵者，呈官處治，決不徇情。特此通知，各執存照。

乾隆三十九年八月　日，立議加禁合同張宗房 押　吳德英 押

中見江泉廣 押　張永彩 押　吳致先 押

保長吳聖儀 押

——封越健主編：《中國社會科學院經濟研究所藏徽州文書類編·散件文書》，第四冊，社會科學文獻出版社，2017年，第38頁

清乾隆四十六年七月祁門縣嚴禁召異鋤種挖椿等告示

特授祁門縣正堂、加五級、紀錄五次吳，爲懇恩示禁事。據生員汪懋珍具稟前事，詞稱：生係三四都居民，生等四姓，原有本都八保土名盤坑、美坑、田坑、晏坑等處山場，各號山脚接連稅田，各姓山内葬有祖墓，蓄養柴木，冀圖出産，上供國課，下資民生。接連以來，召異租佃，效尤不息，訟瀆繁興。擾官害民，深爲患慮。誠恐不肖子弟私將山場或召異民鋤種苞蘆，貪利肥己；或縱火燒山林，圖挖椿腦。一經召異鋤挖，不惟卸沙塞田，坑租無産，抑且恐藏奸宄，釀禍滋事，難防不測。若被挖去椿腦，柴根盡絶，并萌櫱不生，課資生而皆失望。種種貽累，爲害不淺。非叩示禁，居民莫寧。爲此，叩乞恩賞金示，嚴禁召異併禁挖椿，裕課寧民，望光上稟。等情到縣。據此，合行出示嚴禁。爲此，示仰南鄉三四都業户人等知悉，所有本都盤坑、美坑、田坑、晏坑等處山場，毋許召異鋤種苞蘆，縱火挖椿。如敢抗違，許該地保人等，指名赴縣具稟，以憑拿究，決不姑貸。該地保人等，亦毋許藉端滋事。稟之毋違。特示。

右仰知悉。

乾隆四十六年柒月初十日示。

告示　仰

——王鈺欣、周紹泉主編：《徽州千年契約文書》，清·民國編，第二卷，花山文藝出版社，1993年，第22頁

清乾隆四十九年七月祁門縣嚴禁於橫塢等處蓄養山內砍伐薪木、掘挖樹椿、焚燒山草告示

　　特授祁門縣正堂、加五級、紀錄五次吳，爲懇禁縱火、叩除挖椿事。據胡日貞、葉孔章等禀稱：伊有土名橫塢等處山業，上至磨坊碣，下至老樹塢，合塢山場，歷蓄禁養，以作烟火柴山。詎有強橫地棍故意縱火焚燒，砍柴挖椿。不獨山柴樹木遭砍難興，抑且椿根遭挖，無種生發，將來山成荒廢。本年三月間，被汪興等剗燒田草，將身等山柴焚燒，致身等以縱焚破禁等事叩案。沐恩票飭該地保鄰查覆。續蒙地保胡魯侯、馮瑞成等調息，令汪興代身等加禁封山，具息在卷。奉批准息結附。切思身等地內，惟賴山場蓄養柴薪、樹木裕課資生，若不請示嚴禁，叩除惡害，誠恐地棍□日復萌，其時柴遭火焚，椿根遭挖，無種生發，閤地遭害非淺。身思憲天閤邑咸稱清廉福主，仰□愛民之至，賞示嚴禁，俾強橫地棍得以視文知儆，縱火挖椿得以永禁，山場柴木得以興養。身等閤地居民感頌憲德，勒碑載道，永垂萬世。爲此陳禀，公叩憲天太爺一邑之主，恩賞示禁，以彰愛民仁政之本，閤邑咸頌，永垂萬世。上禀。等情到縣。據此，除批示外，合行示禁。爲此，示仰南鄉十四都鄉保、居民人等知悉，自示之後，毋許在于爾等土名橫塢等處蓄養山內砍伐薪木，掘挖樹椿，焚燒山草。如敢故違，許該村約保人等指名赴縣具禀，以憑拿究，決不姑寬。各宜凛遵毋違。特示。

　　右仰知悉。
　　乾隆四十九年七月十四日示。
　　告示　　仰

　　　　——王鈺欣、周紹泉主編：《徽州千年契約文書》，清·民國編，第二卷，花山文藝出版社，1993年，第39頁

清乾隆五十三年四月休寧縣三都十啚與二都二圖吳文選等立養山封禁合同

　　三、二都十、二啚立議合同人吳文選、查兆聯、查高福，今因荒字貳千四百零一號見業山主吳姓祖塋坐落土名蛇塘山，東至田界，西至山降，南至七畝塥，北至水坑。本山向有柴薪、樹木屢被人盜砍，今吳姓本家戊申三月揀

選大者樹木,已經議挤,應有現存大小者共計伍佰餘株。邇來被人所害,今本家立禁,復央原上首查兆聯、查高福承管。自立承管之日,憑中議定每年清明前三日,風雨無阻,硬交山租足錢壹佰四拾文,另立有摺,見摺付錢,以貼錢糧之項,聽從承管之人加蓄樹木。倘以後成林,本家出挤之日,議過四六均分,本家得六分,承管之人得四分,兩無異説。自立合同之後,毋許一姓私砍。倘有被人竊取,承管之人隨即報知本家,呈公究治。若承管之人私行竊取樹木,察出,公議罰元銀拾兩,封山請墳。倘以後開挤之日,一應樹木丫枝,俱坐四六均分,開山神福、人工一應等項,俱作四六,兩姓派認。其封山神福,吳姓本家獨認。倘後承管之人推欠山租,聽憑吳姓另央他姓,再無異議生端等情。今恐無憑,兩姓公立合同,各執一張,永遠存據。

乾隆伍拾叁年四月　日,立合同人吳文選 押　查兆聯 押　查高福 押
　　　　　　　　　　憑中查西浦 押　潘光福 押　方廷標 押
　　　　　　　　　　金百川 押
　　　　　　　　　　代書吳顯揚 押

——散件文書,原件藏南京大學歷史學院資料室,編號000058

清乾隆五十六年十二月徽州某縣姚永芬等立蓄養山場合同議墨

立合同議墨人姚永芬等,今買上坑山壹業,土名、字號、稅畝在契,不另開載。其山稅寄入姚永芬户辦納糧差,其買契並稅票、簽業票俱存在姚永芬收執。每年議定首家二人蓄養山場照應。如有盜斫柴薪者,議罰封山十八人神福。知名不報者,同例。倘有盜砍樹木者,革出除名,立追合同入衆。其稅糧管年收討,照二月初一日定期交納,不(至)[致]拖遲。倘有外人侵害,鳴衆理論。如有恃强不服,敷(廢)[費]十八股公出,不得推捱。今欲有憑,立此合同一樣十八張,各執一張,永遠存照。

乾隆五十六年十二月　日,立合同議墨人姚永芬同程立芳 押
　　　　　　　　　姚永菁 押　姚純忠 押　程雲高 押　方福壽 押
　　　　　　　　　吳朋遠 押　張桂春 押　余公旺 押　吳文勉 押
　　　　　　　　　依口代書余可珍 押

——散件文書,原件藏南京大學歷史學院資料室,編號000058

清乾隆至道光年間婺源縣花橋吳氏宗族聚居村
歷年成規禁約暨外村附約條規

本族歷來山案示禁并條約

我族山多田少，上供國課，遠保祖墓，下濟民生，長養竹樹，永禁挖種，先人立法善矣。在字二號起，至一千九百六十八號止山場，計稅四頃七十五畝一分零，俱係吳姓清業。子孫有盜賣者，以不孝論。所以杜覬覦而思保聚者，原非爲一身一時之計，詒隨諸君子後，亦嘗經營盡瘁矣。顧良法雖垂而頹風難挽，在昔佳林茂蔭，而今禿岫童岡既多崩竭之憂，大有水潦之患，能不觸目而怵心哉！謹述歷來成規，以俟後之興者。

乾隆五十七年，宋青遠串謀吳秉龍盜賣山稅一案，蒙縣主彭公訊斷，追還原業，給示勒石。卷宗存秦九公祠匣。

特授婺源縣正堂、加十級、紀錄十次、記功二次彭，爲謀盜埋侵等事。案據吳光照等控宋青遠串同族匪吳秉龍盜賣祖山一案，業經吊契核查，訊明在字號實係吳文高戶衆業，久經立碑禁賣。吳秉龍膽敢違禁盜賣，殊屬不應。除將吳秉龍當堂懲責、盜契塗消、取結立案外，合行嚴禁。爲此，仰附近居民人等。知悉，嗣後，如有搆串吳姓支裔，盜賣吳文高戶內山地、祀田，一經該族具控到案，除契價斷追入官充公外，定將盜賣謀串之人各照本律，從重治罪。至在字號山場蓄養樹木，吳姓本族及外姓人等，亦不得砍挖柴木，裝簰出境，圖利殘害，致滋訟端。倘有抗違，許該族衆指名赴縣具禀，以憑嚴拿重究。各宜凛遵毋違。特示。

右仰知悉。
乾隆五十七年二月十九日給。

嘉慶二十三年闔族禁止開山

署婺源縣正堂、加十級、紀錄十次周，爲保課資生、粘籤示禁事。據北鄉十四都花橋監生吳綸誥、吳宗淦，族耆吳連生、鄉約吳芳遠等，以前事呈稱：生等族居花橋地方，路界江、浙三省，有祖遺在字二號起，至一千九百六十八號止山場，計稅四頃七十五畝一分零，向植竹木、茶叢，上供國課，下濟民生。乾隆十年，生等先人立有成規。五十七年，又沐前任彭憲示禁勒石，抄粘叩察。邇來人貪私利，不顧大患，棚山挖種，土瀉山頹，墳墓傷殘，川竭田壅，供課無資。尤恐鈎黨竊害，苗木盡廢；或託幫鋤，招異聚種。該號山場佈遠，憂防莫及。仰瞻德政，除弊寧民。爲此，略擬《規條》，公籲恩賞示禁，勒石飭遵，杜漸防微，永垂不朽，世代呼恩祝稟。等情到縣。據此，除批示外，合行出示嚴禁。爲此，示仰花橋地方内外居民人等知悉，嗣後，該地在字二號起，至一千九百六十八號止，吳姓祖遺管業山場，止許遵照部例，種植竹木、茶叢，永禁佈種苞蘆、挖掘柴腦，以及將山頂賣外姓，招異聚種，鳩黨竊害等事，以除民患，以資國課。如敢故違，許該族保、山鄰人等指名禀縣，以憑嚴拿究治。該約保等亦毋徇隱，致干察究。各宜凛遵毋違。特示。

計開禁條：

一、禁挖種苞蘆，致墳墓傷殘、川田被壅，有害地方。

一、禁挖掘柴腦，致萌蘖不長、供爨無薪。

一、禁將山頂賣外姓，致鉤引異民、侵占滋事。

右仰知悉。

嘉慶二十三年三月二十九日給。

特授江南徽州正堂、加十級、紀錄十次吳，爲保課資生、粘籲示禁事。據婺北鄉十四都一圖花橋監生吳綸誥、吳宗淦，生員吳秉詒等，以前事呈稱：生等族居婺源北鄉花橋地方，路界江、浙三省。該地山場在字二號起，至一千九百六十八號止，生族祖遺，共計山稅四頃七十五畝一分零，向植竹木、茶叢，上供國課，下濟民生。乾隆十年，生等先人立有成規。五十七年，又沐前任彭縣主示禁勒石。邇來人貪私利，不顧大患，棚山挖種，蔓植苞蘆，土瀉山頹，墳墓傷殘，川竭田壅，供課無資。甚至雇工鳩黨，明託幫鋤，暗招異類。不叩嚴禁，弊端日甚。本年三月，生等呈禀本邑，蒙署任周縣主給示，永禁挖掘之害，業經勒石。該號山場佈遠，緊界休寧，仍恐居民褻處，違例越占，有害地方，憂防莫及。爲此，並粘條規，籲叩憲天恩賞金諭，勒石宗祠，共知警惕杜害，興利除弊，民生世代呼恩祝稟。等情到府。據此，除批並行縣一體查案禁止外，合行出示。爲此，示仰該處保甲居民暨吳族人等知悉，前奉部議，徽屬山場，若非本地匪徒私行召租，外來棚民何所托足？是山主私租之罪，浮於棚民，故盜租主佃俱擬軍流，栽植苞蘆，更干重罪。嗣後，如有私將山場租與棚民開墾者，除棚民究擬嚴辦外，將私租之人照例發邊遠充軍。其在字二號起，至一千九百六十八號止，吳姓祖遺管業各山，止許遵照部例，種植竹木、茶叢，永禁墾種苞蘆，挖掘柴腦，以及將山頂賣外姓，招異聚眾，鳩黨竊害。至連界休邑山場，裏處無分之人，更應一體遵照，不得占侵滋害。山稅關係國課，墳墓尤當保護。如敢故違，許該約保、族、房長人等指名聲稟，以憑按律嚴拿究治。該約保及族衆人等，亦毋徇隱，致干察究。各宜懍遵毋違。特示。

右仰知悉。
嘉慶二十三年四月十八日給。

吳公祖，諱邦基，字筱南，江蘇青浦人，實我族義七公房裔也。乾隆己卯進士，授主政，陞工部郎中、寶泉局監督，外任徽州府知府。臨婺道，過花橋，詒等晉謁，頗加青許，規勉讀書，以圖上進。詢問家世，即有首邱之誼，贈宗祠"廉讓家風"匾額。曹太傅文正公爲公題"真異數也"。先是，從伯繼群公亦以進士簡放徽州分府，贈宗祠以"澤衍雲礽"額，擬來祭祖，後以調任太平府分府簡命在身，未及停車故里。前後輝映，發蹟他鄉，而各房之喬遷而嚶鳴者，正復不少，惜未能沿門而訪之。

特授婺源縣正堂、加十級、紀錄十次孫，爲杜漸防微等事。據花橋耆民吳延光等以前事稟稱：身承祖供課全業在字號山，界接休西，徑通三省。邇來地匪頗多效尤棚種，每恃窮蠻，衆稅私墾。且有無業橫徒籍踞山脚，不顧身等祖墓，只圖花利肥家。叠經控案，叠沐斷明，並沐前憲暨府憲賞示勒石，合族沾恩。群幸片石千秋，不但所葬棺骸永保無虞，抑且幽僻奸邪不致窵埋生事。殊詹福壽、宋之誌等暨族匪吳西等，仍招異棚種，上干法紀，雖已改過，難免西外無西。現奉憲查寺觀山棚，嚴禁面生可疑、窩藏出入竊匪。該山野曠，實係宜防，不得不公籲嚴示約保，時行查察，以杜混迹借種埋奸之漸，賞恩示禁，長享太平，祝稟。等情到縣。查棚民久經嚴禁，如果該地民敢違例禁，復在各山招異搭棚，自應責成約保嚴查稟首。兹據前情，除批示外，合行出示嚴諭。爲此，示仰花橋約保知悉，嗣後，在字各號山場，務須時加查察，毋許該地居民人等招異棚種，恃蠻私墾。倘有故違，立即指名赴縣稟首，以憑嚴拿究辦。該約保毋得徇隱違延，致干併究。各宜凜遵毋違。特示。

右仰知悉。
道光元年三月十五日給。

嘉慶二十三年，吳綸誥等具控詹福壽、詹天月、詹廷等違禁抗踞，禀縣主孫。又以厝火釀凶，禀府憲吳。奉府憲批：發縣主提究取，永遠不敢開種，甘結存案。

嘉慶二十四年，吳宗江、吳秉詒具控宋之誑、宋冬九等陣挖戕祖。蒙縣主孫吊僞契，取管押。之誑等情虧畏訊，挽程森甲、程澤代求熄訟，并立永遠不得挖種《戒約》。

嘉慶二十五年，吳宗淦具控吳酉藐例橫種，禀縣主孫。酉旋服首，挽族長吳炳南等求情，立"永遠不敢再犯"字據，存衆免究。

嘉慶二十三年歲在戊寅三月初十日延光堂公議加禁

知事人名：

族長吳連生　長房房長吳傳鐸　三房房長吳富寶　四房房長吳光曜　五房房長吳雙龍

鄉約吳芳遠炳南輪值　保長吳慶長錦秀輪值

衿耆

長房興祝　嘉德　宇魁　昭魁　露魁　敏悌　嗣錚　嗣鑣　淑顯
　　應澤　宗淦　嘉意　宗澄　榮元

三房世全　餘慶

四房綸誥　允光

五房永鍈　永鋒　應源　宗澍　僉押

立議墨延光堂，公議在字號供課山場，《祖訓》不許挖掘柴腦、盜賣山税。乾隆五十七年，曾沐彭縣主示禁，今又叠沐府、縣兩憲給示勒石，炳如日星。猶恐賢愚不等，日久玩生，是以復立《條規》，永垂善後。支下人等，各宜凛遵憲示，恪守《祖訓》。如有違禁，鳴官究懲。爰立議墨存據。

條規：

一、嗣後，山場如有墾種苞蘆，責令盡行耙去，仍會集各房支丁自十五歲以上至六十歲止，齊至該處，將山釘牌歸公，長養柴薪，以供樵採。

一、嗣後，各房責在房長稽察。倘有違禁，照例辦理。如仍抗拒，本房呈官，餘房協助。

一、四庄人等，再有違禁，併鄰近侵占蔓害，房長、約保協同各房辦理，不得苊推諉。

一、遇拘山釘牌等事，支丁自十五歲起至六十歲過，均要齊集。如有事故，准雇親朋代住。不到者，罰銀壹錢充公。

嘉慶廿三年十一月初六日，立議墨延光堂族長吳連生 押

房吳唯受　旭如　富寶　聖三 押

司匣吳廷揚 押

外村附約條規

一、嗣後，山場有墾種苞蘆，一經捉獲，即令自行耙除，仍報明約內，將山釘牌歸公，長養柴薪，以供樵採。

一、嗣後，捉獲挖掘柴腦、有傷墳墓者，鳴官究處，餘則投明約保，將山場照前條釘牌入公。倘有田磅坍瀉，責令畚沙砌築鞏固，仍將該田交還業主，另給人種，不得以佃皮為詞。

嘉慶廿三年十一月　日，立約規，花橋約保吳芳遠

慶長

依議人詹家山　詹三民

品

木林硜詹起福

梅

洪道

界首吳長孫

長寶

三十

白石坑汪友富

福社

福初

福有

福榮　僉押

休甯中段退山租約

立限期約人周社一、長孫長春、時運等，今限到吳宅文高户内在字號淡水坑黃土降山場，向日是身租種。今奉憲禁止開種苞蘆、挖掘柴腦等，因有礙田場、風水、河道，概行禁止。身等因本年六陳已經下種，情商限期一年，期滿退還吳宅，無得異說。立此限約存照。

嘉慶二十三年三月　日，立約人周社一等　押

代書周如豐　押

嘉慶二十三年二月初八日，楊家山朱嘉生、百俊、茂盛、錫章、江雙梅五人到本村延光堂，見族、房長，申明伊等均遵例禁，在字號内山永遠不敢墾種苞蘆，挖掘柴腦。如有犯禁，伊等必來通報，任聽耙除。

——光緒《環溪吳氏家譜》卷四《山案禁約》

清嘉慶二年十一月祁門縣環砂永禁盜砍樹木等事碑

永禁碑

特授祁門縣正堂、加五級、紀録五次趙，爲懇恩示禁等事。據西鄉十七都民人程加燦、之瑶、延芳、元順等禀稱：環砂地方，山多田少，向賴蓄養山材，河通江右，以活民生。近數年來，非惟材木少覯，則即採薪亦艱。揆厥弊端，總因燎原莫撲，本根既絶故也。今幸合境人心深感憲化，悠然丕變，演戲公議，立約定規，縱火挖椿，在所必禁，松、杉二木，在所必蓄。違者，罰戲壹臺。但恐日後犯規不遵，硬頑難制，謹粘《養山合墨》，呈叩恩賞示禁，永垂警後。始振文風，繼興地利，世世被澤。等情到縣。據此，合行示禁。爲此，示仰環砂地方居民人等知悉，嗣後，該山挖椿及私砍樹木縱火等情，概依合文例禁；倘敢故違，許業主人等協同地保查明，赴縣具禀，以憑拿究，決不姑寬。該業主亦不得藉端滋訟。各宜凜遵毋違。特示。右諭通知。

嘉慶二年十一月　日示。

告示。

立養山合墨文約人環砂程之璞、起來、發秀等，蓋聞本立道生，根深枝茂，盈谷百木叢生，條枚可供採取，即長養成林，而供課、資用亦大有益。迺緣人心不一，縱火燒山，故砍松、杉兼之鋤挖柴椿，非惟樹盡山窮，致薪如桂。

且恐焚林驚墳，滋事生端，爲害匪輕。似此人人嘆（惜）[息]，所以不謀而合，共立合文，演戲請示，訂完界止，所有界內山場，無問衆己，蓄養成材。自後入山燒炭、採薪，如有帶取松、杉二木兼挖柴椿及縱火燒山者，准目覩之人指名鳴衆。違禁者，罰戲壹臺。如目覩存情不報者，查出，與違禁人同例。倘有硬頑不遵，定行鳴官懲治，仍要遵文罰戲。議至三年之後，無論衆、己山業，出拚之日，每兩內取銀三分，交會湊用。如自山自取正用，併風損折者，俱要先行出字，通知在掌會首事，務要進出分明，勸成美舉，有始有終，慎勿懈怠。沿門簽押，子孫遵守。如違《規條》，合境賫出此文，同攻鳴官，費用議作三股均出。如犯何山，該山主認費二股，衆朋出一股。追賠木價，亦照三股均收，仍依是約爲始。恐後無憑，立此養山合文一樣二十四紙，各執存照。

一、養山界。七保，裡至九龍堨，外至環砂嶺；八保，裡至□家堨，外連七保界止，東至風浪嶺、羅望嶺，西至八保上嶺、七保羅家嶺。

一、中秋神會演戲。程村社併門下迭年架火松柴，准七月議期，一日採取；五村社迭年八月初九日，則規交納松柴，准八月議期，一日採取。以上所辦之柴，除墳山庇蔭及二尺圍成材之料不砍，仍准按期節取。

一、縱火燒山者，罰戲一臺，仍要追賠木價。

一、挖椿腦者，無問松、杉、雜植，罰戲一臺。

一、採薪帶取松、杉二木併燒炭故毀，無問乾濕，概在禁內，違禁者，罰戲一臺；舉報者，賞給錢一百文。如目覩存情不報，查出，與違禁人同例。

一、自山自取正用併風損折者，要先行出字通知。

一、材山出拚者，無論衆、己，每兩內取銀三分，交會使用。

一、山場，自後有砍鑿興苗者，先行出字登賬，准種花利五年。違者，定行處罰。

一、公議首事支持進出賬目及一切違禁之條，務要巡查明，鳴衆議罰。

大清嘉慶二年正月　日，立養山合文約人環砂首事程之瑶、發曙、元順、延芳、元愷、元僖、元祝、加燦、加信、加珣、開暢、延松、延邁、張貴、沈祖、汪廷玉、汪有祥、凌明旺、吳光起、凌接生、張成初、汪有經。

——碑銘，原碑立於安徽省祁門縣彭龍鄉環砂村叙倫堂前西牆上

清嘉慶十八年五月祁門縣葉源永禁砍伐林木和賭博等事碑

勒石永禁

合族公議濱右扶禁合源規條，違者照約處罰。如有恃強不遵者，聽憑經年出身之人取丁會祀内支橐，鳴官懲治。所有各項禁條開列於後：

一、墳林、水口庇木，毋許砍斫。違者，罰戲一部。倘風吹雪壓，鳴衆公取，或正用，告衆採取。

一、境内毋許囤留賭博，違者，罰錢壹仟文；夥賭者，罰戲一部；拿獲者，給錢二佰。知情不舉，照窩賭罰。

一、丑肉，毋許私買入境。違者，罰戲一部。

一、己、衆苗山，毋許耘斫。違者，罰戲一部。

一、失火焚山過截者，罰錢貳佰文，至燒滿筒粟子不救者，罰錢錢伍佰入庫。

一、各家猪，毋許散放殘害青苗。違者，初次鳴衆，貳次罰錢五十文入衆。至殘害三五次者，田園内聽憑打斃毋詞。各家有門前住後田園，照舊夾籬遮槎，以免殘害。

乾隆五十乙年間，嚴禁文約三帋：廷育一帋，廷憲二帋，應選三帋。

嘉慶十八年收五帋：廷茂一帋，廷佳一帋，文興一帋，文清一帋，應選一帋。

皇清嘉慶拾捌年仲夏月，合源公立。

——碑銘，原碑立於安徽省祁門縣新安鄉葉源村聚福堂内

清嘉慶十九年祁門縣箬溪王履和堂養山條規

環溪王履和堂養山會簿

序

從來地脉之廢興，關乎氣運事業之成敗。端在人爲，貽謀不臧，雖望成而終敗；有基勿壞，自轉廢而復興。《易》曰："革去故，鼎取新。"所宜力挽乎頹風，乃得丰。觀夫盛象，如我環溪，基遷於宋，跡發於明，聚族而居，歷年有所。向來田少山多，居人之日用、飲食，取給于田者，不敵取給于山。當年興

養成材,年年挤取,絡繹不絶,所以家有生機,人皆樂利。今則兩源山場荒蕪已極,東鋤西掘,日耗月虧,陸道良田,堆沙累石,致使烹茶水淺,舉爨薪稀。事害于人,莫此爲甚。抑且山各有主,業失難稽。兹乃便種者,私爲己有;未便者,召佃收租。此界彼疆,幾難辨識。以故知山之業而不知山之名者有之,知山之名而不知之業者又有之。保無有外人侵佔者乎?保無有後日争競者乎?雖曰始作俑者之咎,抑亦尤而效之者與有責焉。更可傷者,吳大、後山二塢,其山爲閤族來龍,其水爲一村血脉,屢歲洪水瀑漲,人則栖遲無所,物亦漬濕難堪。且祠内污泥壅積,靈爽何所憑依?沿坑屋宇,長在水中,居者寧無痛恨?由是思之,與其日削一抔之土,爲今時之被害者多,孰若歲興半畝之山,爲他年之獲利者廣?及今早圖,庶有興復之日。弟幸同人合志,美舉共襄,齊入家廟,合議成規。欲令本境山場漸次興養,盡將《章程》訂立,可否同參先行鈔粘,遍告族内,彼此周知,衆皆首肯。于是,登諸簿書,庶可垂之久遠。伏願族房代有賢裔,同心協力,相與維持,則前人之基業于以不忘,而異日之本根,安有不固者哉?事係由廢而興,均無忌成樂敗。時當伊始,因承族長諸同事命而叙之,以弁其首。

時皇清嘉慶十九年歲在甲戌夏五月中旬之吉,履和祠秩裔兆瑚

同族弟沛金　　謹譔

合同文約

立齊心興養合族山場合同文約人王履和祠秩下啟鐙、啟展、啟緑、啟遺、元煇、元禪、國用等,緣承祖居下若溪,山多田少,地窄人稠,昔年未經開種,無不衣食餘饒。自乾隆三十年以後,異民臨境,遍山鋤種。每遇蛟水,山崩土裂,石走沙馳,堆積田園,國課永累。且住後來龍山,一族公業,盡皆鋤種,人居其下,命脉攸關。此日坑河滿積,一雨則村内洪水横流,祠前沙石壅塞。目擊心傷,人皆切齒。若不早議止種,生死難安。雖災變自有天意,而禍患實咎人爲。於是公同商議,出邑請示,止種興苗,所有興山各項《條規》,另載《養山會簿》。今欲有憑,特立興山合同文約一樣十二紙,各房收領一紙,永遠爲據。

嘉慶十九年閏二月初三日,立齊心興養合族山場合同文約王履和祠

良傑公秩下	元煇	元珊	文部	文炳
良俊公秩下	啟鐙	啟遺	元端	元景
	元容	元轍	元敞	應兆

　　　　　　　　元始　逢元　兆貐
良偉公秩下　　元禪　文筆　蟠桃
伯清公秩下　　國用等
彥救公(公)[秩]下　啟展等
仕濟公秩下　　啟綠等
養山會首　元禪　元雯　元導　體元
　　　　　　　　龍慶　元才　逢元　元琮
　　　　　　　　應兆　發子　德發　元榮
　　　　　　　　文照　文筆　文理　二户
　　　　　　　　喜發　兆瑚　重春　沛金
　　　　　　　　兆貐　仙子　春香　開泰
　　　　　　　　國用　開發　蟠桃

編立十二支字號各股分收名目：

　　子字號，履和祠，存元琮處；
　　丑字號，養山會，存沛金處；
　　寅字號，清公股，存國用處；
　　卯字號，救公股，存仙子處；
　　辰字號，濟公股，存啟祿處；
　　巳字號，亨公股，存重春處；
　　午字號，傑公股，存開泰處；
　　未字號，俊公股，存元始處；
　　申字號，偉公股，存蟠桃處；
　　酉字號，武公股，存兆瑚處；
　　戌字號，周公股，存啟鏜處；
　　亥字號，錫公股，存逢元處。

以上人名，俱已花押。

條規

一、合族山場，無論公私，合議《條規》，以期畫一。

一、興養東、西二源并本村前後山場，公議每名出樂輸銀貳兩，照名數另登《山簿》共計若干兩，盡歸履和祠新立養山會收領，所有費用，取備於此。

一、族人各將所種之山，開立大小土名并號頭入祠登簿，公同承佃。

一、承佃之山，准以六年，邀同養山會首看苗，八年齊苗，毋得寸土拋荒。如年滿苗乏，一經養山會首查出，則將該山力坌減半罰出，歸入祠內，登時註明《山簿》，以便日後查驗。如故意貪種，全無苗者，照故火例處罰，該山聽憑另自召佃，不得恃強霸種。

一、棚民現在所種族內之山，俱要入祠承佃，扦插苗木。自今以後，秩下人等再不得私自召種。如違，定行禀究。

一、山既成材，聽從力坌出捸先取，每兩加一，中資歸祠，永遠為例。再將山價作主二力八相分，其主得二分，內取一分歸樂輸入，照名數（灘）〔攤〕派二次，不得入分，仍一分歸該山業主，照股坌分收。倘有山界不清，公同驗契清理。若股坌無確據執照者，悉歸祠內管業。

一、公山私種，現在有樹將成材者，亦有僅經年扦插者，俱要入祠承佃，另從寬議，均作主一力九相分，其主得一分，照前例減半分收，其中資照例公領，不得減少。

一、東、西二源荒山，有與鄰里公共之業，亦召人承佃興苗，候成材出捸之日，先期出帖告明，照契分價。其中資力坌，照例取給，後屆歸原主管業，《條規》另議。

一、山場無論成材與未成材者，不經祠內承佃，注載《養山會簿》，日後，倘遇火、竊二事，本家自理，祠內不得招認。若公、己墳山遇事，仍照保蔭會例行罰。

一、現在成材之山，准以兩年內概行掃砍，祠內不取分頭。逾年掃砍，則以出捸例論，公估山價，作主一力九相分。或有樹木不齊之山，實系殘林，該佃欲抽砍應用，必須告明養山會首，當面點樹估價，內取十分之二歸公收領，准以五年為止。若不告明，私自抽砍，罰錢一千五百文，贓樹歸養山會收，演戲全部，加禁。拿獲報衆者，給錢伍百文。外人盜竊，照例處罰，贓樹歸本佃收。若所竊樹過十株以上者，加倍處罰。

一、公山既捸頭屆，該山業主邀仝養山會首驗契清業，先儘原佃承苗，另議分頭。否則，聽憑業主另自召佃，不得恃強霸種。

一、公山先年私佃私種，內有往來頂受山皮浮租字約，日後撿出，不得行用，務遵原買老契為據。

一、當年未上樂輸者，日後子孫受業分收，山價每兩取銀壹錢，歸養山會公用。若公祖已輸，而本身仍有已買未上輸者，不得藉公祖有輸扯蓋，二次勿論。

一、砍柴燒炭，除衆已墳山併從前已經興養成林者，其餘雜柴，聽憑採取，至于松、杉二杋，乾者勿論；如新鮮者，准頂上五層以下者，聽憑採取。如違，以本樹所值加罰一倍。

一、松、杉二木，族內挑挖，入境務要來歷報明。如來歷不明，計樹所值，加罰一倍，買者一體行罰。村外人搬來買賣，勿論。

一、杉樹、柴椿，勿論大小，族人毋許砍挖入村。如違，見柴罰錢五百文，買者同罰。外人挑此等柴樣入村者，毋許收買。如收買者，見柴所值，加罰一倍。

一、興山之後，各家秩丁必須謹慎野火。倘有不測，無論故誣，公仝將火路驗明查出，罰銀十兩，演戲全部；如不遵罰，即令本家房長入祠，以家法重責三十板，元旦，祠內停餅十年。婦女失火，照例減半，咎歸夫子；如無夫與子，咎歸房長，公同處罰。外人，另行理治。

一、救火人，養山會每名給錢一百文；未成丁者，雖去不給；報信者，給錢五百文，儘先報者給。

一、本村稅田，其塝畔并靠山腳，無論公私，凡鋤挖有害于田畝者，概行止種，亦不得興養樹木，致防禾稼。如違，聽憑拔毀無說。若係沙積，按其多寡，酌計挑復工食，處罰錢文。恃強不遵者，呈官處治。

呈詞

閏二月十五日，邑尊到村，村內沙積之處並東、西二源盡皆稟勘。

具稟狀人十九都下箬溪監生王元琮、王逢元，生員王沛金，耆民王啟鏜、王元煇、王元禪等，稟爲懇恩賞示、興養山場，嚴禁鋤種，以杜後害事。生等祖居下箬溪，山多田少，地窄人稠。昔年未經開種，無不衣食餘饒。自乾隆三十年以後，異民臨境，遍山鋤種。近日，地方效尤已甚，每遇蛟水，山崩土裂，石走沙馳，堆積田園，國課永累。且住後來龍山場，合族公業，亦盡開挖鋤種。人居其下，命脉攸關。此日坑河滿積，一雨則村內洪水橫流，祠前沙石壅塞。目擊心傷，人皆切齒。若不叩恩賞示止種，將來生死難安。生等公同商議，僉立合文，止種興苗，所有住居前後，並東、西二源，無論公業、己業及鄰里公共之山，概插苗木，候成材出拚之日，出帖預知，照契分價。生等仰體憲心愛民如子，凡遇興利除害之事，莫不令舉政行。今幸駕臨，爲此，賫呈合文十二紙，伏乞憲大父師恩鑒賞示，併懇合文給印，則合族生歿沾恩無既矣。上稟。

閏二月十八日批：開山鋤種，既損龍脉，又害田畝，實爲閭閻之大累。該生等目擊心傷，公同立約，議將下箸溪山場無論公私，概插苗木，不得開種，誠爲善舉。既據具呈，准給示禁，所有合約十二紙，候蓋印給領。

告示

署祁門正堂、加五級、紀錄五次張，爲懇恩賞示、興養山場，嚴禁鋤種、以杜後害事。據監生王元琮、王逢元，生員王沛金，耆民王啟鏗、王元煇、王元禪等稟稱：生等祖居下箸溪，山多田少，地窄人稠。昔年未經開種，無不衣食餘饒。自乾隆三十年以後，異民臨境，遍山鋤種。近日，地方效尤已甚，每遇蛟水，山崩土裂，石走沙馳，堆積田園，國課永累。且住後來龍山場，合族公業，亦盡開挖鋤種，人居其下，命脉攸關。此日坑河滿積，一雨則村內洪水橫流，祠前沙石壅塞。目擊心傷，人皆切齒。若不叩恩賞示止種，將來生死難安。生等公同商議，僉立閤文，止種興苗，所有住居前後，並東、西二源，無論公業、己業及鄰里公共之山，概行興苗，俟後成材出挵之日，出帖預知，照契分價。生等仰體憲心愛民如子，凡遇興利除害之事，莫不令舉政行。爲此，賫呈合文十二紙，伏乞恩鑒賞示，并懇合文給印，合族沾恩。上稟。等情到縣。據此，除批示外，合行給示嚴禁。爲此，示仰十九都下箸溪人等知悉，所有該處前後東、西二源，各號山場，嗣後，無論公山己山，概照合文條議，止種興養。倘有恃強不遵，許即指名赴縣具稟，以憑拿究，決不寬貸。各宜凜遵毋違，特示。

右諭通知。

嘉慶十九年三月初六日示。

　　　　廷魁

　　刑房王加升承

《山簿》立定，因即其事集四十字而次之以爲分收字號，以昭統序。

興山止種，簿據落成，合文條例，款段標清，呈詞告示，嚴切著明，共四十部，編定弗更，照人執領，永遠遵行。

令字號

　　養山會首校刊

　　　　——嘉慶《環溪王履和堂養山會簿》，原件藏安徽省圖書館

清嘉慶二十三年三月祁門縣謝村等謝、葉、周、胡四姓同立禁山合同議約

　　立議《合同禁約》，謝善眼同葉、謝、胡、周四姓人等，今將復立《禁約》條列于後：

　　合源山場，裡至查木塢橫兩戕相對，外至將軍磧兩對河止，所有各人己養山場竹木，毋許盜砍私斫。候成林之日，公同出捁，價銀貳八均分，本善祀得貳股，興養人得八股，無得異說。各姓己養竹園，照依塊數，每年清明前五日，每塊交納本、善祀祖錢，葉、周、胡拾陸、謝叁拾貳文，不得短少。源內山場，無許縱火焚燒及在燒灰，之後，毋許挖椿。如違，查出，罰戲乙台。恐後無憑，立議合同五紙，各執乙紙，永遠存照。

　　清嘉慶二十三年三月初六日，立禁合同謝本善眼同葉、周、謝、胡四姓人等
　　　　　　　經手謝文廷 押　眼同謝正福 押　葉文興 押
　　　　　　　啟樞 押　周正紅 押　謝正楊 押
　　　　　　　啟栽 押　胡文林 押　謝正清 押
　　　　　　　代筆胡文竹 押　葉振茂 押　謝應元 押
　　　　　　　　　——散件文書，原件藏南開大學歷史學院卞利處

清道光三年十月徽州某縣項士吉等立禁養長塢頭青山合同

　　立議禁養青山合同項士吉等六人各租一股，姚廷來租兩股，總共八股，同租到土名長塢頭柴山壹業，士吉等六人各立租批，議定每年每股于冬至前一日，各交山租足錢弍百文，與祠蒸會內收。如至期或有那一股山租未交，其股停山，聽憑會內另召他人，不得攔阻，日後開山，其柴無分。其姚廷來兩股，當自立租批，議定每年山租自交二畾項名下收，不與祠會之事，但蓄養柴薪。奈風俗不古，恐乘隙竊採者，同租之人必須協力逐日巡邏。抑恐人心不齊，是以邀同項、姚同租人等，立此合同一樣七紙，各執一紙存照。其議定《規條》開例于後。

　　一、議派定閬搭巡山，如有不到者，公罰。
　　一、議各股山租，各人自交祠會。
　　一、議倘獲刀杖，投保理論。或遇恃強不服，必致呈官究處。其所費用，

八股均派，不得延期誤事。違者，罰山，其費七人派用。前之山租設折，以後山租七股派交，日後開山，其柴七股均分。當日議定，並無反悔。

一、議養山之人，設有自行竊採者，亦係罰山。前所交過山租錢設折，以後山租七股派交。開山之日，其柴無分，亦係七股均分。

一、議派定月分，載明人名、日期，巡山于正、七、十一、十二月此四月為緊。各租山人輪巡之日，務要日巡數次，不致被人偷竊，亦不得容情放走。巡滿日期，交與下肩，週而復始，毋致推諉。

姚廷來，正月前半月。

項士吉，正月後半月。

項光遂，正月前半月。

項兆森，正月後半月。

姚廷來，正月後半月。

項光遂，正月前半月。

項添金，正月後半月。

項之信，正月前半月。

道光三年拾月　日，立禁養山人項士吉 押

項光遂 押

姚廷來 押

項兆森 押

項添金 押

項之信 押

——散件文書，原件藏安徽師範大學圖書館

清道光八至九年婺源縣暨徽州府頒示花橋禁山碑并條例

道光八年，(揚)[楊]家山朱、江兩姓盜買山稅一案，蒙休、婺兩縣主關提訊明，塗銷偽契，申詳臬憲、府憲，立案給繳。卷宗存匣。

特授婺源縣正堂、加十級、紀十錄次朱，為籲恩賞示，永昭世守事。據北鄉十四都花橋耆民吳延光，生員吳秉詒、吳秉禮，監生吳仲鈺、吳澋詞稱：生族文高戶在字號山場，自清丈以來，遵守《祖訓》，照《鱗冊》供課守業，叠沐前憲示禁在案。近因休甯(揚)[楊]家山朱濤、江雙梅等串買無業之宋明周，捏造在字號山業僞契兩紙，致生等以陡橫捏占等情具訴在案。茲蒙憲恩訊斷，得托燃犀之照，遂邀合浦之還，數十年之僞謀，遇一朝而昭雪，凡屬生族，莫不銘恩頌德。猶恐支丁人衆，鄰村逼處，日久廢弛，不知警守。爲此，籲叩賞給示禁，勒石宗祊，永垂不朽，銜結上禀。除批示外，合行給示。爲此，示仰花橋支丁人等知悉，嗣後，爾等不許因鄰村逼處，日久弛懈，不知警守。倘蹈前轍，將在字號山場賣與外姓，許該生等指名禀縣，以憑拿究，決不稍貸。毋違。特示。

右仰知悉。

道光八年七月初一日給。

署江南徽州府正堂、直隸滁州正堂、加十級、紀錄十次敦，爲籲恩加禁等事。據婺源縣十四都一圖花橋地方耆民吳延光、生員吳秉詒、民人吳炳南、吳接魁等赴府，詞稱：生居婺北花橋地方，有在字號山業四頃七十五畝有零，上葬祖墓千塚。自宋元迄今，歷照《鱗册》，納糧急公，户總名吳文高。叠沐憲示，山稅不許出賣，子孫若違，以不孝論，所以裕課保祖，意至深也。詎上高塘等處山場冤落休西楊家山肘腋，朱衍慶、江雙梅等涎山廣僻，易招棚種，盜串無業之宋明周，捏造假契，初則譎蓄機關，近則横肆霸佔，致生等以陡橫捏占等情訴禀。已蒙朱縣主核斷明確，僞契塗銷，詳覆在案。衍【慶】恃訟能，架詞朦翻，致奉前憲檄飭復訊。又沐劉縣主齊集人証，斷核申詳，請銷在案。雖蒙叠訊明確，憲批注銷，誠恐後患復萌，致生等於前月二十三日匍叩憲軺，籲請示禁，粘單附。第案蒙縣訊明，比經給示，惟衍慶等恃山蠻，竟敢違藐，勢難保無後患。爲此，再擬《規條》，伏懇恩賞示禁，勒石永守，俾衍慶等及附近鄰邑居民知警，以保祖業而杜盜侵，闔族銜恩上禀。等情到府。此案前據吳延光等赴府具呈，業經檄縣示禁在案。據呈前情，除批示外，合開《規條》，給示嚴禁。爲此，仰該處附近居民人等知悉，自示之後，如有不法棍徒將吳姓在字號山場鉤串盜賣，墾種苞蘆，以及在於該號業内挖掘柴腦、竊砍樹木，種種侵害，許該族人等指名赴府呈禀，以憑嚴拿究辦。捕保人等，尤宜實力稽查，務使棍徒斂迹。倘有容隱不報，定行一併究治，斷不姑寬。各宜懍遵毋違。特示。

計開各禁《條例》：

一、禁在字吳姓山場，永禁盜賣。異姓人等，尤不得妄生覬覦。

一、禁在字吳姓山場,不許墾種苞蘆、挖掘柴腦、剝削山衣,以杜崩瀉,防傷田墓。

一、禁外姓及鄰邑附居山脚鄉民,毋許在於吳姓供課、樹木、茶叢內暗行竊害。

右仰知悉。

道光九年二月十二日給。

是年,衍慶等復捏砌翻控,奉臬憲恩大人檄飭休甯縣芋公復訊明,確具詳文。批:查此案既據該縣訊明,吳仲寬等並無越界強砍樹木情事,朱衍慶何得砌詞翻控?殊屬刁健,仰徽州府飭即將案註銷,毋任延累,以清塵牘。此繳。

——光緒《環溪吳氏家譜》卷四《山案禁碑》

清道光二十六年二月休寧縣吳樂善等各甲養山議墨條約

立議養山閣墨人一甲吳樂善,二甲余敦本、吳中和,四甲吳務本、六甲朱敦義、八甲吳寶慶,通內五排人等,今議養洪干坑山場一號,自洪干坑口和順垾山嘴起,裏至蛇形壟止,上至墩畝坳,下隨大水坑直下。又金輪廟外黃茅嶺山場一號,裏至裏發客塢起,外至毬栗樹嶺脚墳墓裏首,當小培直上,上至降,下至路。其兩號山場,四村合議共行蓄養樹木、柴薪,上供國課,下資民生。候日後成林之日,各甲照句公同品搭抽分。自今蓄養之後,不論內外、長幼、大小、男婦人等,概不得入山侵害,竊取柴薪、樹木。如有入山侵害,倘被拿獲或經察出,從重議罰。如敢故違不遵,公同呈官究處,決不輕恕。今欲有憑,立此一樣閣同三張,各執一張存照。

各樣條欵列左:

一、議倘有外侮,所需使費,各甲頭首出身,散股公派,毋得畏縮推諉。

一、議如有背議者,罰銀壹兩,仍將本股革出,永遠不許入養。

一、議開山之日,樹木立養,俟下輪成林之日,公議出挵,照古例三七分業,主得七分,養山人得三分,以為輸納有賴,不得違議。其柴薪作養山人辛資。

一、議有能獲刀一把者,給賞錢貳錢;獲鋤頭一把者,給賞錢叁錢;傳信者,給賞錢壹百文。

一、議每年燒火路，准于正月初十日爲則，頭首出爲邀立，散匀每匀貼錢拾文。倘遇天雨，逢晴即立，庶免野火之虞。

一、議禁山内，已開墾者，只許種本年爲止；未開者，不得再撥。倘有不遵，齊集至向理論，毋得藉事推諉。

一、議倘遇野火，齊集登山救撲。如無男人在家者，求倩人抵工，或貼錢文，公議定奪，不得執拗。

一、議該山議養拾年爲期，挨年滿之日，再行酌議。開山照匀分柴，公（古）[估]拈匀爲定。倘有好歹，毋得争競。

一、議新開塢、英居塢兩處山場，余姓梅標房業産。衆議開山之日，公衆另撥出柴四匀，貼梅標房支丁，其一切雜費不派。此批。

一甲頭首：吳壽祥、的元、廣寧、春元、九仂、遇林、進才、長寧、陽元、春林、天順、起順、高林、加元、有壽、錦元、咸寧、八斤、七仂；地僕：程時林、徐寶林、萬順。

二甲頭首：余志成、志德、台昌、秀章、榮壽、西清、台璧、明遠、馨遠、殿邦、社福；地僕：排超、重陽、成林、九寧、成義、唐保。

四甲頭首：吳有富、文鎮、乘九、百通、林寶、九力、百士、社基、發丁；地僕：汪發九、唐加才、花力、加旺。

又六甲頭首：朱足喜、春林、年力。

八甲頭首：吳昌榮、成武、昌作、夏力、宗周、六指、社喜、巨川、福龍、社發、社保、喜保、銀力；地僕：趙翠松、文力、德成、觀旺、長財。

一甲散股：吳壽祥、進財、八斤、春元、高林、連生、廣寧、有壽、九仂、陽力、長寧、得元、天順、起順、鼎林、起林、玉廷、咸寧、正修、加元、錦元、遇林、春林、七力；地僕：程時林、永壽、永進、發林、保林、萬進、萬順、進保。

二甲散股：余達洙、敬隆、台璧、台昌、殿邦、旺力、龍祥、社福、旺斗、秀章、英華、明遠、延壽、志德、志成、志奇、金起、榮仂、馨遠、西清、康云；地僕：排起、成龍、成義、重陽、加榮、唐保、又能、萬春、九能、唐高、加才。

四甲散股：有富、通仂、志保、百士、春九、林寶、百益、九力、加福、社基、志力、志松、君山、冬至、百路、百善、發丁、福元、來富；地僕：汪發九。

又六甲散股：春林、言力、招成、足喜、貴力、紅力、連順；地僕：花力、加旺、加才、加榮、唐高、唐保、發林叟。

八甲散股：成武、有力、社福、社壽、社保、紅福、萬寧、啟英、五叟、順福叟、萬亭、社貴、觀九、社發、社喜、松壽、紅發、紅盛、衆力、景力、成保、億寧、新保、明叟、喜保、夏力、天丁、巨川、六指、新力、銀力、福壽、萬全、昌作、進保、富力、寶慶、得林、旺才；地僕：翠松、觀旺、長才、文力、得成、永成、百萬。

一甲散股，共計柒十貳勺。

二甲散股，共計乙百拾四勺。

四甲散股，共計五十七勺。

又六甲散股，共計四十乙勺。

八甲散股，共計玖十九勺。

四村頭首，共計七十叁名，計柴乙百四十六勺。

上例外貼梅標房支丁柴四勺，捴共四村頭首并散股，另貼梅標共計五百叁拾叁勺正。

道光貳拾六年二月　日，立閣墨養山四村人道光貳拾六年二月　日，立閣墨養山四村人

　　一甲吳樂善堂　押

　　二甲餘敦本堂　押

　　四甲吳務本堂　押

　　又六甲朱敦義堂　押

　　八甲吳實慶衆　押

　　又吳中和堂　押

——散件文書，原件藏南京大學歷史學院資料室，編號 000055

清道光二十六年十一月績溪縣正堂竹里村封山育林告示

署績溪縣正堂、加二級、紀大功二次范，爲給示封禁，以杜混爭而免盜砍事。案據周啟高具控周啟恒等盜砍伊山蔭木等情，據經提集到案訊，緣周啟高祖手于雍正年間，置買周子尚等政字七百九十號土名塘邊山荒山一畝二分正，計税二分四厘，東至中門山界，南至山脚田邊，西至思福田界，北至洪岱田。該業安葬祖塋，相傳至今世守無異。旋因周啟恒等查閱《鱗册》所載，業主係伊遠祖周江嵩名目，疑爲祖業，輒行砍伐樹木。因此，周啟高不甘，具控。現經集訊明確，且核周啟高所呈契税，載明四至，均屬相符，是業與周啟恒等毫無干涉，已無疑義。至《鱗册》所載業主，乃係征丈時執業原名。嗣因

業易其主，以致册列户名，今昔不符，自應仍歸現執契税管業，以杜争訟。除當堂斷令周啟高照契管執，並令周啟恒即將所砍樹木給還、取結附卷外，合行給示封禁。爲此，示仰該處居民人等知悉，所有周啟高祖遺政字塘邊墳山，應聽子姓蓄養蔭木，以庇祖塋，爾等毋得覬覦，盗砍混争，致干查究。各宜凛遵毋違。特示。

右仰知悉。

道光二十六年十一月初三日示。

告示。仰寔貼竹里老屋門外。

——散件文書，原件藏安徽省績溪縣竹里村

民國二十四年八月績溪縣大源村曹聚星堂禁山規約暨民國三十六年閏二月閤村禁約

禁山規約

全體催開禁山公益會議序言

本族鑒於現代文化之普及、風俗之改良均已完善，惟吾宗祖自建祠以來，立律條之森嚴，以教後世，傳至現在，無不恪守凛遵。近有無恥之徒，私行違犯禁山法令，妄行越軌。雖前既立有禁章，尚未分等次，取罰之輕重，理應具別。今由保長、族長、年長召集各房祠首領，提議討論改革《禁山規約》，爲謀人民之公益，糾正治安地方之風化，乃本族應負之責任，促其實現。經公衆議決，恐仍有不法行爲之人陽奉陰違，故特傄午餐，由各房祠首率領各家長到席，評議罰款，議決簽字，宣誓遵令，當即施行公佈。

民國貳拾四年捌月初七日，立訂。

今將《禁山規則》開列于後：

一、墳山、水口及各蔭木，每株罰大洋拾元，全村平伙一餐。

二、縱火焚山，公議估值賠償。

三、茶葉，罰大洋拾元，全村平伙一飡。

四、禾苗，罰全村平伙一飡。苞蘿，每穗罰大洋壹元。

五、杉樹，每株罰大洋五元。杉樹藤不在此例，另有《附約》聲明。

六、竹春、冬笋，每根罰大洋叁元。各業主挖笋時期，另有《附約》聲明。

七、松樹,每株罰大洋叁元。

八、襍木,每株罰大洋壹元。

九、菜蔬、瓜菓、土產等項,公議取罰,由壹元以上、拾元爲限之取罰。

十、私毀《禁約》牌,罰全村平伙一湌。注:以上罰全村平伙,均由每家一名爲限。

附約

一、以上各條之罰欵,以不成提出,爲酬勞報告証實者。

一、摘野茶,要過各户摘茶下山,許可開禁。

一、春笋要過立夏,或挖或養,再可由業主自權。

一、凡斫杉樹藤,要預先通告,該山主許可。否則,依該條論。

一、外村及本村客姓違犯者,加倍取罰。

一、故意放牛、馬損害禾苗者,公議取罰。

一、本族祠首及簽字全體,欲違犯者,重重取罰。

一、公報私仇,栽贓誣報者,希圖害人,候各首事密查明瞭,以証確實爲標准,勿爲大怠而取罰。

族長　智和　押
年長　炳云　押
保長　效法　押
　　　根財　押
長房　繼妙　押
　　　亭華　押
　　　登亮　押
　　　文伯室　押
　　　妙土　押
　　　繼海　押
　　　春法　押
　　　根賢　押
　　　覠賜　押
二房　妙元　押
　　　宏志　押
三房　云苟　押

賢根 押
宏榮 押
宏善 押
宏安 押
宏椿 押
臨瑞 押
觇正 押
明發 押
順章 押
熊安 押
根發 押
妙黃 押
妙鏡 押
五房　科弟 押
吉祥 押
妙景 押
壽星 押
松閃 押
觇福 押
華安 押
華樟 押
華生 押
定祥 押
祚順 押
琴寶 押
根喜 押
妙恒 押
觇祥 押
妙水 押
欽根
云德

第四章　鄉村生態環境與經濟規約

云根
云恩 押
萬生
永生 押
金昌 押
根九 押
根水 押
金定 押
祝棠 押
禹生
六房　樹祥 押
兆安 押
宏祥 押
云標 押
根鏡 押
德鏡 押
永順 押
發春 押
鴻均 押
文定 押
文錦 押
文鐸 押
妙華 押
德根
林善 押
智賢 押
智龍 押
宏喜 押
老二房　銀奎 押
三奎 押
玉發 押

時定 押

玉定 押

祚發 押

勝發 押

效生 押

義生 押

順輝 押

勝閃 押

宏發 押

宏灶室 押

民國三十六年閏弍月十四日,節值年祠首及維本、大中、祚雲等立議《禁約》底稿。

閣村禁約

一、禁墳山、水口蔭木,如有偷竊,公議重罰。

一、縱火焚山,公議估價賠償。

一、偷摘茶葉,公議重罰。

一、踐害禾苗,估值賠償。

一、松、杉、雜木,公議重罰。

一、蔬菜、菓實,公議重罰。

一、毛竹、劈柴,公議重罰。

一、故意廢毀《禁約》牌,公議重罰。

如有違犯《禁約》屬實者,罰全村平伙一飡。蔭木、松、杉、雜木、毛竹、茶葉、劈柴、果實等物,照昔錢倍取罰。報者賞四五萬元。知而不報者,一同取罰。不許公報私仇,栽贓誣告。如違,取罰。

嚴禁

來龍水口、墳山蔭木、松、杉、雜木、茶葉、毛竹、青苗、菓菜、縱火焚山,一律嚴禁,毋許偷竊。倘有無恥之徒,違背公約,公議重罰,決不徇情。特此通告,仰各週知。

——《民國二十四年八月績溪縣大源村曹聚星堂禁山規約》,原件藏南開大學歷史學院卞利處

第三節　維護經濟秩序規約

明嘉靖十四年正月休寧縣十二都汪壽定等栽種山木均分合同

　　十二都住人汪壽定、永福等，今衆商議，面立合同，將祖地首字七百八十八號住基外邊共地三畝五分，照依分數，丈量均分，各自粘閻管業。在地桐木乙根，衆存地長養。日後倘有酒水存衆，毋許爭論。又首字七百八十九號山二分七厘，同地毗連，在山松木乙根、楓木式根存衆，寄山長養，日後砍斫，照依分數均分。此山東邊，永福、永甫、永節鬮得；西邊，壽定五人乙分，敬邊乙分，安遲乙分，各自栽種管業，以後子孫毋許爭論。今恐人心無憑，立此合同乙樣三張，各收執存照。

　　永安乙張，永福乙張，永甫乙張。

　　嘉靖十四年正月二十九日，立合同人汪壽定　永定

　　　　　　　　　　　　　　　　　　　　永福　永甫

　　　　　　　　　　　　　　　　　　　　永節　永敬

　　　　　　　　　　　　　　　　　　　　永遲　永玘

　　　　　　　　　　　　　　　　　　　　永規　寄高

——《明萬曆汪氏合同簿》，原件藏南京大學歷史學院資料室，編號 000027

明嘉靖二十一年十一月休寧縣十二都朱永志同汪安等立山稅合同

　　十二都住人朱永志同汪安等議合同，爲土名汪遷坑口民山六分有零，永樂十年，是永志祖將本號山內取三分三厘三毛，賣與朱永貞。伊户將此號山取乙分三厘三毛，賣與汪仁功户；又將本户山式分賣入本縣八都五啚吳明户。伊户子孫吳遲壽兄弟取八厘，賣與汪陽户。于嘉靖十一年間，有八都五啚吳旭户將本號山內取四分八厘七毛議受價，賣入汪安户內。本年，汪安將原買吳旭户將山四分八厘七毛議作價銀六兩，將山轉賣入朱永志户。永志彼時欠汪安名下山價銀式兩，汪安向取山價未還，以此不甘，投狀里老。永志將本號山查明，內有虛稅三分六厘七毛虛解糧差，不甘以此未還山價。今來憑中勸諭，兩下不願繁官，其虛稅併本號該裁，查明實山稅共四分八厘七

毛。今永志將本號虛實山取乙分六厘七毛，内實山稅只有四厘，議作價銀二兩，轉立契還賣與原賣主汪安等名下，隨即憑中釘坐西南邊爲業，掘溝爲界。永志仍有虛實山稅三分二厘，内實山只有八厘爲業。今來議合同之後，兩家各無悔異。如有悔異者，罰銀三兩，與衆公用。今恐人心無憑，立此合同一樣二張，各執存照。

　　嘉靖二十一年十一月廿四日，立合同人汪安　汪遲
　　　　　　　　　朱永志
　　　　　　中見人何班　何啟　汪永玘　李九
　　　　　　依口代書人程記
——《明萬曆汪氏合同簿》，原件藏南京大學歷史學院資料室，編號000027

明嘉靖二十四年十二月休寧縣十二都汪永安等立墳山拚松木合同

　　十二都住人汪永安同弟永遲、永玘、永規等，今有本家承祖墳山一處，土名黃干坳，係黎字三百卅二號，共山七分九厘二毛。因本家人心不一，今年出拚松木，照依承祖併各前後續買分數木價分訖明白。倘以後子孫強蠻不遵，今衆商議，眼同查出，各人承祖併前後續買分厘，各人多少，計開于後。以後，子孫毋許爭論，在山長養松木、雜木蔭墳。倘後出拚，眼同照依合同各人分數均分，毋許私自強蠻，變賣外人。如有此等不遵者，赴官理治，不孝論罪，仍依此文爲准。今恐人心無憑，立此合同一樣四張，各執存照。

　　汪永安共該山貳分一厘六系九忽八微七塵五。

　　汪永遲、永璣、廷明三人共該山稅貳分三毛五系八忽四微一纖五塵三，永遲己又買永法邊七毛一系一忽三微九纖二塵二。

　　汪永玘共該山乙分六厘八毛一系一忽八微三纖七塵五。

　　汪永規共該山乙分六厘八毛一系一忽八微三纖七塵五。

　　程坑宋廷俊、廷玘二人共該山一厘六毛五系，原買汪壽瑄山。

　　廟降汪雲鳳同弟共該山乙厘六毛五系，原買汪永墩山。

　　汪仕興該山乙毛三系七忽，原買汪永墩山。

　　嘉靖二十四年十二月十七日，立合同人汪永安　永遲
　　　　　　　　　　　　　　永璣　永玘
　　　　　　　　　　　　　　永規　廷明

中見人汪雲濟　汪汝　汪仕祖　程黑佃
代筆人汪廷冕
——《明萬曆汪氏合同簿》，原件藏南京大學歷史學院資料室，編號000027

明嘉靖祁門縣善和程氏宗族仁山門支村族《寶山公家議》之銀穀議

銀穀議

夫利者，義之和也，能和義而後能治利。義者何？銀穀出納分明，酌量盈縮而無所私也。斯乃持家之大節，立心之切要。人之賢不肖，即此可觀。經理者，幸爲其賢，毋爲其不肖。述《銀穀議》第七。

議曰：稱收各處租穀，多有以愛憎爲低昂之弊，令議較鑄鐵祖如天平樣，以對針爲率，庶革此弊。此係衆事第一緊要，當即行之，不可姑待。

將收穫之先，曉諭各佃，務要穀色乾燥，以防貯積壞爛。

凡出入銀穀，衆備有天平、頂秤併鐵祖天平，無得更易。

該收銀穀，毋許各佃坐賒，務令依期交納，有見銀坐者聽。

凡糶穀，管理者眼同將銀兑明，方照時價稱發，記筭明白，庶免混錯。或本房人告糶，亦照時價稱發，毋得過與變亂。

係衆銀穀，管理者毋許擅行賒借與人。犯者，立時追復。

每年七分清明墓祭，百花園正旦墓祭及清明墓祭，生、忌二辰祠祭，遞年祭穀，共陸拾陸秤，稱發輪辦之人，豐歉之年皆同。百花園清明墓祭猪，坐穀拾伍秤，付佃汪金富兄弟養辦。中元祠祭猪，坐穀叁拾陸秤，付佃張壽、張乞保兄弟養辦。冬至祠祭猪，坐穀叁拾玖秤，付佃項源、青真塢養辦，内多穀叁秤，存肉拾勅，付中村佃醃臘，以備楊坑清明墓祭用。其前三項祭猪，隨穀稱用。議定《例則》，各祭酒醴，中元、冬至、正旦、生辰、各墓清明，例用穀叁拾伍秤，付管理先造，惟忌辰買備。其餘祭物，俱管理者支銀買辦，《例則》開後。

管理者收糶，一年事完，將收支過銀穀，逐一明白開注于後各欵下。中元以前，管理者備酌，約會接管者眼同結筭。每年租穀，管理者務要盡完，不許開未完。倘倉有見穀，亦要盡糶見銀。若過七月，則新穀又至，無可糶之期矣。其各處租銀，亦不許開未完。其餘事有未完者，方許開注于後本年未完款下，復開注于接管《手册》上年未完款下，總計俱無差錯，至中元祭日，將

《手册》呈告家长,遍示家衆。查刷收支無弊,家長大書"事完無弊"四字于當年《手册》上,方收入匣。其接管《手册》,即付接管者收貯,以便查考。

收支銀穀,分列欵式,凡遇收支,即時填注。如收欵下注某月日收某處銀穀若干;如支欵下注某月日支銀穀若干,某事用;其見在銀欵下,注有、無、若干。其餘事未完欵下,亦照式填注,庶便會計據此查刷。

年分稱收各處租穀共計。

貯韓村倉,計穀;

貯方村倉,計穀;

貯楊坑倉,計穀;

貯青真塢倉,計穀;

貯項源倉,計穀;

五房均分計穀。

收各項銀,共計。

糶穀銀計;

賣木銀計;

地租銀計;

雜行銀計;

支過穀共計;

支過銀共計;

見在銀計。

本年未完事件,不許開穀銀併租銀,如無未完,其欵下注"無"字。做田、做堨、修理、木銀、帳銀、貨物。

上年未完事件,亦不許開穀銀併租銀,此係交代時,于新册内各欵下。如無未完,注"無"字,使接管者便查處。做田、做堨、修理、帳銀、木銀、貨物。

今將衆存物件開具于後:

寶山公親書《謄契文簿》一本,收;

寶山公親書《買業流水文簿》　本,收;

大匣一箇,銅鎖併匙,内謄《新買文契簿》一本、《祭祀簿》一本,謄《租約合同文簿》一本、《各處山場草册》二本,逓年填注《手册》　本、《山場佃約文書》一本、未注《手册》　本;

中匣一箇,銅鎖併匙,内新買文契　紙,租約并合同文書　紙;

天平租秤一付,内鐵祖併盤、針共四件;

租秤一把、穀印一箇、封條板一塊；

各倉鎖匙　箇，鎖俱在各倉上；

契籠一隻，內貯舊契并舊業《流水文簿》，收；

大錫香爐花瓶一付、高鐵燭臺一對，收；

銅鈸一付并鈸及架，大鈸一面及架；

大板厨二桌，鎖二把併匙，內《家議》刊成板　片，盟神誓詞板一片，空板　片；

高桶二隻，鎖二把併匙，內磁爵三箇，磁小爐瓶一付，磁碗百十箇，磁杯百十箇，磁碟百十箇；

書院門鎖一把併匙。

（潘寧錄，卞利校）

——萬曆《寶山公家議》卷七《銀穀議》

明嘉靖至順治祁門縣善和程氏宗族仁山門村族《寶山公家議》之山場議暨合同文約

山場議

昔議山場，管理兼之，今祖山皆合，更置五人，專治其事，而管理考其成焉，其加意於山場者至矣，治山者其敬承之哉！得人共濟，不出二紀之餘，當獲無窮之利；苟非其人，則今日之更置，寔山場之蠧螟也，可不戒（與）[歟]？述《山場議》第五。

議曰：寶山公承祖未分山場，東、西存留以備軍裝，茲不及論。其摽分併買業山場，充斥本都十保併外都者，難以枚舉。親書《謄契文簿》，尚存可考。但失業頗多，衆存無幾。除摽分各房各業外，其餘各房混業者，嘉靖丁未，衆立《合同文約》，其各號內除先葬墳各業外，各房不許侵害，其餘山場，盡行歸衆合業興養，呈縣蒙批云云。附照。誠義舉矣！數十年來，未見遵行，徒廢心力，為義不終，良可太息。今衆慨然復興前議，遵行前文。但各號山場浩繁，必須得人司治。若併責之管理，不免有事煩不給之虞；若欲另置五首，不免有政出多門之弊。為今之計，莫若將今年管理之人，事完之日，仍委專治山場一年，庶事兩無相礙。其治山者，務要不時巡歷，督令栽養，毋為私身之謀。其管理者，務要不時檢點，給與饋餉，毋為秦越之視。如此則合異統同，栽培甚便；協謀併力，保養無難，將來材木不可勝用矣。所有合同文書併《青真塢禁約》，錄刊于後，以便衆覽。

前議已得其概矣，而未及其弊也。蓋山木與田租不同，田租歲有定額可考，非若山木之無常數而難稽也。治山者往來經理，情弊多端，必須法制嚴明，賞罰必信，此議方爲有益。苟逐年因循，互相容隱，則一法立，一弊生，且虛糜衆穀，反爲懷私者之資矣。戒之，慎之。

栽坌興養，治山者必要佃與近山能幹之人，便於防盜防火。間有計酒食之豐嗇、餽送之有無，乃舍此而之彼者，斯人惟顧花利，不思栽苗。縱有所栽，火盜難防，猶無栽也。治山者衆罰，仍追出佃山者逓年花利，另人興養。

治山者所獲火盜，輕則投治，重則告鳴，賠還木價，盡行歸衆。間有捕獲之時，多方恣取，以充私橐，志得意滿，交相隱匿。及至發覺，聊將所得一二歸衆，以掩衆口，是治山者一火盜也，查出，衆罰。

治山者巡行各處，務要視爲己事，着實舉行。間有往返無益於事，或有承此機會反竊取大木以爲己利者，是治山者甚於火盜也，訪出，倍罰。

倘有鄰山砍木過界，治山者查明理説，通知管理。賠納木價，盡付管理收貯，毋得受囑私處，訪出，倍罰。

衆存租穀若干，專備治山支用，管理收貯某倉。治山者巡行之日，每人日給飯食穀叁勺。跟隨伴僕，每人日給工食。如苟且塞責、虛應故事者，不給。凡山佃有事來見，治山者酌量輕重管辦酒食。每月終照數開報，管理查勘，給散前項食用併酒食穀。如虛捏工帳、冒支衆穀者有罰。其治山者所用紙筆併所用物件，管理者每年共給銀壹兩應辦。

凡嶄撥苗木、湊買力坌等項支用，治山者務要與管理商議，管理查實，方動支衆存銀穀，眼同交付山佃。治山者不許私用銀穀，亦不許擅借銀兩。倘有此情，其弊甚大，管理即時究正，衆不認還，仍加罰治。

凡杉木成材捭賣，治山者告於管理，同家長、家衆一齊商議，務要至山親視圍徑、數目，合衆評品應值時價，毋背衆私行，以招物議；毋低價賤售，以取衆怒。如違，定行照價倍罰。所得木價若干，盡付管理收貯，以應衆用。各房不許分析，治山者不許收價。

治山者捭賣各處雜柴，亦要與管理同議其價，付管收貯衆用。

前治山者等項支用，管理稱時給發。若應給而不給，及不應給而濫給者，家長家衆即時究正。

今時山場率皆荒廢者，其弊由於山主刻山佃，揹與力坌，以故山佃惟思花利，不肯栽苗。今議各處山場杉木成材捭賣之日，務照鄉例，主、力相分，毋許短少，務與佃約相符。則佃人有所利而專心在是，不惟盡力栽養，而山無曠地，抑且盡力防護，而無火盜之慮矣。

田地俱有定租，《家議》開注，逐年一冊可也。山場長養，逐年功效不同，必須遞年治山事績萃於一冊，方有稽考。衆議山場另立《草冊》二本：一本收貯衆匣，管理遞年填注存照；一本輪給遞年治山者，開注本年某處栽坌杉苗若干，某處嶄撥杉苗若干，某處凑買力坌若干，某處大苗若干，某處小苗若干，某處挵賣砍木若干，某處挵賣柴價若干。先期十日，逐一開明，交與管理。管理查實，填注匣內《草冊》上，併注《家議》手冊上，至中元日，一齊交遞。其《草冊》即付接管治山者收領，開注下年事績。接管者承領《草冊》，續行查勘。倘有不實，告家長、家衆，管理與治山者同罰，仍令將《草冊》所注改正。其《草冊》，治山者逐年輪傳，毋得損壞、失落。如有損壞，不許接管者承領；如有失落，罰銀一兩，責令照依匣內《草冊》，謄錄逐年事績，付接管治山者。

寶山公山場係外户占業年久難復者，與墓山不同，治山者不可一例生事。其有倡言爭復者，即係私弊，日後利歸於己，害及於衆。往事可鑒也。

青真塢合塢山場，乃寶山公志意所在，後裂亂淊業，蘭峰先兄率衆復合爲一，闢立田庄，興養苗木，承其志意，甚盛舉也。續立《禁約》，毋許樵採擅入以損木植，毋許生販爲名以擾守僕。向知遵守，故得成業，近年衆用，賴以取給焉。今則舉目皆濯濯矣。近有合山文書，其各處山場，悉照《青真塢禁約》，一體施行。自後，敢有不遵《家約》，恃頑故違者，乃忤逆祖宗志意，以不孝論。

青真塢山場儘廣，恐守僕力少，興植不遍，治山者宜令韓村、中村、百花園庄佃同栽爲便，此外不許概令他人混佃。日後，力坌照例給與，毋得短少。治山者仍要督令依時栽插，併提防火盜，不許坐玩廢事。

韓村庄傍，未有山場，芻蕘無資，庄佃未便。管理者訪有近庄相應山場，買業以便庄佃。

木峹坐，即綠袍峰，乃住居水口巽方秀曜，關係匪輕，寶山公爲風水買業，毋得興養樹木，參差遮蔽。

住後來龍山、水口山、前案山，關係住居、墳墓，山併庇蔭樹木，管理照防掘挖損伐，輕者戒責，重者理治。

衆山甚多，只要興理，後再不宜濫買，恐衆艱於管業。倘有緊急及凑片者,方可買業。

　　寶山公秩下子孫,伴僕甚多。間有專畜暴悍之徒,結黨連兇,不顧有業山場,白晝恣行砍伐,或盜取小木以充柴薪,或盜取大木以鬻酒貨,山佃理說,狠打隨之。毒橫若此,孰敢誰何？爲之主者,任其所爲,若罔聞知,及至事覺,反護前飾非,庇奸窩盜,猶虎傅翼也。治山者逓年所養,曾不足以供伴僕旦旦之斧斤。如此而不加禁,欲杉木之成材也,得乎？昔《青真塢禁約》内開伴僕盜砍衆木并私入山討柴、種作、侵害等項,其罰銀痛責,已有定例,今一遵此約。如後有故犯者,治山者告家長、家衆,即將所犯伴僕併本主一齊照例罰責。若五房子孫躬犯此者,罰責加伴僕一等。此禁一行,則餘議自舉。此輩既治,外且遠者又惡敢犯哉！

　　田之所出,効近而利微；山之所產,効遠而利大。今治山者逓年所需,不爲無費,然後利甚大,有非田租可侖,所謂日計不足、歲計有餘也。其治山所需,管理即當逐時給與,不可怠情遲延。

　　治山者倘因火盜,不得已在縣告鳴,管理者務要同心共治,毋得推托。其使用并飯食,管理者即時應辦,不可誤事。

　　寶山公山場在本都十保併外都,不能盡載,俱有契書及經理可查。但失業頗多,日後查出明白,再續于後。

寶山公摽業併買業山場各保字號、土名、畝步開于後

　　一保號字號：三百三十七號吳坑,計山三十七畝,該一半。

　　二保巨字號：二百九十三號綠袍峰,計山貳畝,東降,西灣心,南高尖,北鄭山；七百六十六號方村塘坑老水塢,計山伍畝,東自田,西高降,南山嘴,北至田。正灣心直上。

　　三保闕字號：一百十七號蘭香塢,計山貳畝壹角,東程田,西尖,南方山,北程田；三百廿三號江坑嶺裏行路,計山叁畝；五百八十九號中村住後塢,計山叁角肆拾步；六百九十五號楊坑程乞住居東邊併住後山、百花園等處山,共計壹畝,五大分,分得百花園山一片,住後山、石那樹、鐵爛竿樹,直上至尖,西邊山一片；一號百花園青龍山；一號白虎山；一號享堂前對面竹山；一號百花園來龍山及青龍嘴外培山,該一半；一號吳大塢頭山；一號何家冲冷水塢山,買程伯分籍；一號中村傍雲山。

　　四保珠字號：九十五號茶園塢,計山壹畝貳角,壹拾伍步,東降,西田,南灣,北高尖；九十八號峽山外高培,計山捌畝；一號羊鵝坑山,裏至水菜塢口小灣

弦壟直上，外至斫梘塢裏石墈直上至降，上降，下田及坑；一百二十五號羊鵝坑，計山拾伍畝；一百三十五號同處大培，計山柒畝伍分；一百五十八號下東山葉福慶住後，計山地壹畝；三百九十五號朱家源石嶺塢，計山壹畝；三百九十八號同處，計山壹畝三角肆拾步；六百四十五號塘坑，計山貳畝三角；六百六十一號塘坑直塢頭，計山拾肆畝壹角；七百三號黃坑神林下塢，計山壹畝壹角，東雙坑口，西、南、北降；四百四十八號降背塢，計山壹畝貳角貳拾步，係住後來龍山，分心直上，隨降繞過下塢，東邊山一片，直至石嘴，係買程添輔兄弟山，祖妣查氏墓葬其麓西。隨降繞過降背塢右支山降直下，全塢山係祖標業，合塢地係標與仁、禮、智、信四分管業。

五保稱字號：一百十一號溪頭長嶺下，計山陸畝壹角；一百四十八號楓林塢，計山拾貳畝肆拾步；一號胡三塢窄樹場，上、下山，裏至八畝段彎心直上，外至住後塢口，上降，下田；二百七十七號張家嶺，計山柒畝貳角；二百七十九號同處，計山陸畝叁角；二百八十五號大山，計山柒畝貳角；二百八十九號元祖住後，計山貳畝；二百九十七號塘塢，計山壹角肆拾步；三百四十八號乾田塢，計山貳拾畝貳角；三百五十二號蒸皮塢，計山柒畝叁角；三百五十三號同處，計山柒畝貳角叁拾步；三百六十二號茄子坑，計山壹畝；四百一號茄子坑，計山玖畝叁角；四百二號同處，計山叁畝叁角；四百七號同處，計山伍畝貳角；四百十號同處，計山陸畝；四百十三號同處，計山貳畝；四百十五號同處，計山玖畝壹角；同四百十八號茄子坑，計山貳畝壹角；四百二十五號汪家山，計山玖畝貳角；四百二十九號方家山，計貳拾壹畝壹角；四百三十號同處，計山拾壹畝，東自山，西嶺，南坑，北降；四百三十二號元祖住前，計山叁畝貳角；一號南岸塢合塢山，裏至血茶坑口，外至木頭灣，上降，下田；一號血茶坑合塢山，裏至住後塢口，外至南岸塢，上降，下田；五百五十五號畝段，石礫下，計山貳畝，東嶺嘴及田，西灣裏壟心直上，南自地，北降；五百五十六號畝塘塢，計山柒畝，東坑，西降，南石礫，北降；五百五十八號同處，計山柒畝貳角，東坑，西程山，南、北自山；三百五十八號白茆山，計山柒拾一畝，東壟，西、南、北降；同五百六十三號畝塘塢，計山三畝壹角廿步；五百六十九號汪三塢，計山肆畝壹角；一號承天塢合塢山，東隨下培至程松巳山，西至塢口碣山，上降，下田；六百十五號承天塢口，計山貳畝，四十步東、南自山，西住基，北程山；六百六十九號高家塢，計山叁畝，東塢口，西塢心，南程山，北灣；六百七十四號水塘塢，計山貳角，東灣，西、北王山，南坑；六百八十四號張公塢，計山陸畝；七百七十一號北乂口，計山壹角；七百八十三號同處，計山肆畝；七百八十四號同處，計山肆畝；七百八十六號楊舟灣，計山叁畝；七百九十二號同處，計山玖畝叁角；七百九十六號橫山，計山壹畝；七百九十七號毛栗樹塢，計山壹畝；八百五號同處，計山伍畝貳角叁拾步；八百二十一號黃爪嶺，計山壹角；八百二十二號同處，計山壹角，東降，西自地，南程山，北山；八百五十七號丁子塢外段，計山貳畝壹角；一號丁子塢山，東壟，西程山，南降，北小坑，摽與義分一半，衆存一半；八百六十八號丁子塢口，計山貳畝；八百六十九號同處，計山壹畝壹角；八百七十一號同處，計山壹畝叁角；八百七十三號橫山殿前，計山貳畝壹角；八百七十四號同處，計山壹畝貳角；八百七十七號佛子嶺，計山拾壹畝貳角；一千七十一號栗樹塢，計山柒畝貳角；一千一百七十一號石壁叚住基，計山壹畝肆拾步；一千一百七十二號林家塢，計山壹畝貳角肆拾步；一千一百八十二號同處，計山叁角肆拾步；一千一百八十八號甜珠塢，計山肆畝；一千一百八十九號同處，計山壹畝；一千一百三十四號洪尾塢裏，計山肆畝；一千一百三十五號杉木灣上灣，計山拾貳畝；一千一百三十六號同處，計山陸畝；一號青真塢合塢山，東至官坑，隨降直出至石匣止，西至長嶺，隨嶺直下至青真塢口程墳，當壟直上至降止；一千四百七十一號程七婆源，計山貳畝貳角；一千四百七十三號椒木塢，計山柒畝貳角；一千四百七十四號同處，計山叁拾畝；一千四百九十三號江家塚背，計山壹畝，東路，西，南，北山；一千四百九十四號同處，計山貳角肆拾步；一千五百三十七號宋廣坑，計山肆拾畝；同號，計山肆拾畝；一千五百四十一號板石源，計山捌畝；一千五百四十六號草培，計山拾貳畝壹角；一千五百五十三號龍舌嘴，計山拾玖畝。

　　寶山公分得塲長養竹木：一、林保住後上下山一片，上至程顯宗山界，下至塢口；一、降背塢全塢山及全塢荒熟地，上至程永得山，下至程道同山；一、江家冢背張記娘墳，外壟心直上至降，裏截一片及竭下塢山一片，上至竭下塢心下培，下至汪七塢口過。

　　六保夜字號：一號殿前，計山拾伍畝；九號方家坦，計山伍畝；十二號上塢口，計山伍畝；一百九十九號殿下，計山捌畝貳角；三百七十號葛流坑塘塢裏，計山玖畝；五百十五號葛流坑口坐上，計山貳角。

　　七保光字號：九十四號胡溪嶺下，計山壹畝肆拾步；一百廿一號江村庄基，計山叁角，地伍拾伍步；同號，計山叁角，地伍拾伍步；同號，計山叁角，地伍拾伍步；一百廿五號麻榨塢，計山貳畝叁角，契內土名住畔，共該地肆分；一百廿六號同處，計山壹畝；一百八十四號胡溪嶺下，計山壹角肆拾步；二百二十六號胡里源，計山貳角叁拾步；二百五十六號金盤坑，計山拾柒畝；二百六十七號竹林塢,計山貳拾畝;二百八十六號蕨萁塢,計山壹畝肆拾步;二百九十一號白石堀,計山叁畝;三百二號洪水塢,計山玖畝貳角;三百九號胡里源,計山拾貳畝貳角;三百十一號磜坳裏,計山柒畝貳角;三百二十七號蔣村前山,計山壹角;三百二十八號同處,計山貳畝;三百三十九號葉聾坑,計山伍畝;三百四十二號茗坑口,計山伍畝貳角;三百四十四號同處上,計貳角;三百六十八號蔣村榥坑,計山柒畝貳角;四百九十八號羊棧石,計山貳畝;一百七十九號鄭大塢,計山壹畝叁角;同號,計山叁畝貳角;一百八十一號鄭東塢,計山壹畝;一千一百九十號黃狗嶺裏,計山貳拾壹畝;一千二百七十七號楊坑,計山壹百壹拾畝,該一半;四百四十三號梅樹塢,計山壹畝壹角拾柒步;四百六十七號石曹塢,計山壹畝貳角;二千四百二號舊舍塢,計山貳拾柒畝;二千四百八號魚氹塢,計山拾伍畝貳角;一號大西坑山,裏至報慈庵、青柴塢,外至庄背塢,原謝家山,上降,下坑;二千四百五十一號石磜塢,計山玖拾畝;二千四百八十四號王廿公塢,計山柒畝貳角;二千四百八十五號牛角灣,計山柒畝貳角;二千四百八十六號黃土尖,計山貳畝叁角;二千四百八十七號同處,計山玖畝貳拾步;二千四百八十九號黃土尖,計山貳拾伍畝貳角;二千四百九十號同處,計山拾捌畝;二千四百九十一號同處,計山拾畝;二千四百九十二號黃土尖,計山貳畝;二千五百號楓樹塢,計山叁拾畝;二千七百二十七號黃岐嶺,計山伍畝叁角,四分中得三分;二千七百二十八號杉木嶺,計山伍畝;二千七百四十三號坳背,計山伍畝壹角;二千七百四十四號天倉塝上,計山貳畝壹角;二千七百四十五號佛塔塢,計山拾柒畝;二千七百二十九號石磜坑上培山,內買館六分中該一分;一號小磜坑出,裏至深坳嶺,外至石磜塢口,上降,下坑;二千七百六十二號程東坑,計山叁畝;二千七百六十三號同處,計山伍畝;二千七百六十七號茅栗科,計山貳拾畝;二千七百七十六號黃沙塢外截宋嘉山,計山陸畝;一號章溪江村墳後茶園塔山;一號張家塢,內眾存裏截金字面山一塊;一號榧樹塢,內眾存大聖堂裏截小灣山一塊;九十七號胡溪嶺下,計山貳角;一百四十六號江村,計山壹畝;一百九十號胡溪嶺下漆樹塢,計山壹畝壹角。

八保果字號:七百五十三號南源塢鮑家坦,計山伍拾畝。

一都一保:一號胡良田,西山塢南培山,東、南宋山,北謝田,西道正桂竹灣口直上至降;一號正灣山,內地貳塊,東謝田,西道正山,南桂竹灣口,北坑及正塢;一號擔水坑,東道正灣心直上,西大降,南降,北宋地;一號陳家住後山,併地,係原買程理,毛乞墳山及地二塊,七分中合得一分,經理可照。

本年治山頭首程　　程　　程　　程　　程　　，經理各處山場事績，逐一開注于後。

一、佃與某人某處山場興養杉苗開後。

一、山佃某人嶄撥某處山場苗木開後。

一、收買某人興養某處力坌苗木開後。

一、抪賣某處杉木若干、得價銀若干開後。

一、青真塢禁約

六都程旺、程昇、程杲、程時、程暘五大分人等，共有青真塢汪八舍基、插樹嶺、淡竹山、裏神林塢、外神林塢、炭竈塢、大中塢、小中塢等號山場，其山新立四至：東至光坑嶺降直出，西至長嶺直下，外至石匣并青真塢口，裏至插樹嶺，橫過至尖。原上年間自曾祖故後，各栽各業。近因人衆心異，前山杉木聽隨伴僕亂砍，并作柴薪，有負前人創業之意。今同五大分弟侄商議，將前山各人栽坌大小苗木并管業空山及山脚地，盡數歸衆，五大分均業，召人到山住歇，栽坌鋤養苗木成材，開墾山脚成田，以爲子孫永遠之計。自立合同文書之後，五大分子孫，永遠遵守，務要以心體心，時行照管。其杉木并松竹雜木成材，並係五大分眼同共賣均用，毋許占悋混砍，并縱伴僕私自入山盜砍。其田並係五大分遞年收租均業，毋許占悋。如違衆議，重罰不恕。如有恃頑不服者，遵文告理，甘罰白銀五十兩，入官公用，仍依此文爲准。今恐無憑，立此合同文書一樣五紙，各收一紙，永爲照者。

再批：如砍小木壹根，罰銀五分，壹尺者罰銀壹錢，貳尺者罰銀五錢，叁尺者罰銀壹兩五錢，其木仍歸衆用，永遵此例。其五大分伴僕，不許一應私自入山討柴、種作、花利、侵害等項。如故犯，伴僕痛責三十，其本主罰銀五分。其山見在杉木，止除原衆號分老木數根未砍者，聽隨時砍去，不在此例。

再批：其田并山杉木等物，五大分人等，毋許私相變賣冢外人等。如違，將價入衆公用，其所賣田産并山杉木，買者、賣者俱不許入分。其力坌杉木等物，毋許私買入己；違者，將價入衆公用。其杉木苗並衆業，其召住人，亦不許私買彼物件并借與等物爲由，尋非侵害；違者，甘罰銀壹兩，入衆公用，仍依此文爲准。批此爲照。

正德十五年五月二十六日，立合同文書人程旺　程昇　程杲　程時　　　　　　　　　　　　　　　程暘　程昆　程昇　程普

程昌　程煦　程昱　程暐
程昜　程易　程晁　程曇
程星　程睌　程魯　程皥
程曾　程曙　程冕　程鎛
程鍠　程欽　程鉦　程金
程釜　程鐈　程鉛　程鈞
程鏊　程鈍　程録　程銖
程鐳

書合同人程鏐

一、衆立合山文書

善和程時言同弟侄程煦、程暐、程鋌、程銷五大房人等，仰念我祖寶山公啓疆創業，凡以裕後者，無不周至。今踰五葉，尚資姘幪。爲子孫者，宜上體我祖惟艱之心，務思培植，允爲不替之圖，斯我祖屬望之意也。然田産衆存以備户役者，率有《規條》著《家議》，遵行已久。但各處山場甚廣，原爲各房混業，寔畜弊端。近來不惟人繁力怠，抑且短競長争，日惟不足。況所産漸微而禍萌，浸長議培植之方，公私必將俱無所益，而有負我祖裕後之計也。今會衆議，俱各情願照青真塢事體，除曾摽分各業外，但係寶山公名下承業、買業、佃業各處山場，盡行歸衆，合一興養，以備衆用。其見在山并力分大、小苗木，各房大略相侔，義難細計，以嘉靖二十七年正月初一日爲始，俱係衆業，毋許占悋。自立文之後，敢有悖義異言、不遵《規議》及故縱奴僕侵損者，許管頭首告於家長、家衆，輕則於二祭日鳴鼓，各聲其罪於寶山公神前，重則鳴之於官，以准不孝論。乃各秉公勤以收成效，毋惑近小之利以昧遠大之謀。其各號山内，有堪扦造風水者，除先葬各業外，各房毋得侵害。今所合山，仍聽各人安葬親屬。禁步之外，仍係衆業，各人毋以霸占杉木爲由，虚設土堆混亂。敬對寶山公之神，同衆立此義約文書壹樣拾壹張，五房各收貳張，衆收壹張，永爲照者。其各處各號山土名開具于後，其字號、畝數、四至，各有各保經理并契書文約可查。其後開各處各號山場土名，已開具于前。

縣批：看得程氏存産奉祀，寔天理人心、報本追遠至意，仰子孫永遠世守，毋得侵損變賣。付照。印。

嘉靖二十六年七月初二日，立合同文書人程時言　程煦　程昱　程暐

程晁　程星　程錫　程鍠
程金　程鋭　程錀　程鋌
程鎰　程鐈　程鉛　程鈞
程鎳　程鏧　程鈴　程鈍
程釧　程銖　程鐳　程鋒
程銅　程鋂　程銷　程鈇
程鑯　程錯　程錦　程釴
程鉋　程鐏　程銈　程釴
程鎒　程鏈　程濟　程澍
程浚　程涯　程瀾　程漸
程漢　程涣　程溴　程淙
程浹　程松

一、遵行舊議合山文書

善和程鎳、程鈴、程鉼、程銅、程銷五大房人等，思念我高祖寶山公因軍役煩重，存立軍裝，以爲裕後之圖，遺文嚴切。倘有違者，准不孝論。但田産遞年各房頭首輪管，注之《家議》，遵守無失，已賴缾㠪。惟各處山場甚廣，多有未經摽分，實我祖欲存留以滋日後軍役不替之用。不意各房子孫不體此心，混業專利，弊不可言。若在不義之家，禍已不可測矣。幸蘭峰公先義同衆將青真塢立文，合衆保守，至今獲利，已有成效。其餘各號山場尚多，仍皆占悋執業，各懷不平。故和溪公復申明寶山公創業艱辛，改立祭祀規制，以致孝思，并將我祖承業、買業、佃業各處山場，盡行歸衆，照青真塢事體，合一興養，以備衆用，以絶争端，此莫大之福也！況經具告縣主孫，將文用印批照，限一年内各砍木還山，實係義舉。不期因循日久，狥私作弊。若不申明合一歸衆、興養保全之意，將來衆山俱不可保，而争競之禍亦不可息矣。爲此，衆議：凡我祖之山，除摽分久業者，其餘承業、買業、佃業各山，悉開號數，合一興養，以備軍役衆用。五房照田產議，另立五人爲首，資其饋糧，用心巡管。敢有悖義異言占悋，不服歸衆者，許有分子孫入山盡砍，將山歸衆，及不許故縱奴僕侵損。如違，照青真塢事例，一體行罰。倘有秩下子孫私相賣買并私賣外人，以破衆議，治山者并管理頭首告家長、家衆，賣者、買者俱不許認業，仍行送官，准不孝論。自立文之後，毋得狥私輕縱，以紊《家議》，則將來之福衆所均沾，程氏之義無有渝焉者矣。但所合之山，倘有風水，仍聽各人安葬親屬,周圍各十丈,毋許侵葬有損;如違,衆叱改正。其外杉木並係衆業,毋許虛巒土堆,霸占杉木,以混衆議。今恐人心不齊,復立合同義約一樣五紙,各收一紙,永爲照者。

萬曆三年七月初十日,立合同義約人程鏌　程鈴　程鉼　程鉧　程鋂
　　　　　　　　　　　　　　　　　程銦　程鈁　程鉎　程錢　程渼
　　　　　　　　　　　　　　　　　程法　程淶
　　　　　　　　　書合同文書人程清

前各處杉木成材,毋許賣與秩下子孫,恐有乘此陰竊連界大木,亦有拴同外人出名因而拾取,又有攔阻外人因而賤吞。以後倘有違文謀買及狗情賣與者,均是私弊。訪出,重罰,其價入祠公用,其木仍衆另賣。此關甚大,不可輕恕。

衆立保業合同文書

善和程鏌、程鈴、程鉼、程鉧、程銦五大分人等,承祖新春公辛勤創業,各處田地、山場并各處墳墓,子孫世守未怠。近因各分子孫繁衍,人心不一,衆同議立合同文書,永遠遵守。各處墳墓、享堂、書院,務要同心保護,以時祭祀,毋許侵葬,并各處來龍及左右朝對,毋許扦墳挖損。如違,聽衆人立時將柩舉起,乞損處所,如舊平歿,仍令備猪、羊,同衆酬謝。墳墓上并來龍左、右朝對四圍庇蔭樹木,毋許盜砍。如違,賠還木價,仍備猪、羊,同衆醮謝。墓前享祠并四圍空地,亦不許厝柩挖損占悇、堆塞穢汙;違者,衆令移正。除墳墓外,衆共山場,各分子孫已葬者,不許侵害;未葬青山,聽扦風水,毋得互爭侵損。如違各項,罰白銀百兩入祠公用。近墳山場,聽有墳者養木蔭墳管業。如係衆人費工栽養成材樹木山,須先告衆斫木,然後葬墳。其葬墳山與空閑山,俱毋許私賣及將不用棄穴獻賣外人。違者,衆令取贖,仍計賣價倍罰銀兩衆用。其收租田并各庄衆業等地,毋許開墳扦葬。如有葬者,衆議出銀貳百兩入祠公用,如不愿出銀,即令立時改正。且我祖深慮軍戶人衆,軍餉難敷,置買田租衆存,以爲軍產,已有世守合同,至今存業。其收租價銀、續買田租,逓年分給各分子孫,以濟不敷,亦宜永守,毋許將田并浮租開寫分截,私賣家外人及私當銀使用。違者,先告我祖,治以家教,責令取贖。如不聽,送官懲治,不許入祠收分衆租。以前數項,五大分子孫,各宜遵文永守,庶祖墳、祖產可保,各分亦不致有流落之人。爲此,衆同議立合同拾壹紙,呈官印信,五分各收貳紙,衆收壹紙,付匣存照。如失落壹紙,罰白銀伍拾兩。

衆收壹紙，爲首五人檢點交付，如有失落，各罰白銀拾兩，仍抄錄壹紙，付匣存照。恐後無憑，寫立合同文書壹樣拾壹紙，永爲照証。縣批附照。印。

隆慶四年十一月十五日，立合同文書人程鏌　程鈴　程銖　程鉼　程鉫　程鍊　程鎆　程銷　程鏞　程鈇　程錯　程鈁　程鉋　程錠　程鏄　程鉍　程鋒　程鉎　程鎧　程鏗　程鉐　程鋒　程鏈　程錢　程清　程渼　程湜　程洌　程渙　程浙　程法　程潔　程渠　程沽　程洢　程河　程洛　程溉　程沛　程溧　程深　程洵　程淶　程潙　程泓　程濡　程潼　程潭　程洲　程泮　程汝　程添　程潢　程洪　程潤　程㳌　程洋　程松　程杞　程樺　程蘇　程樍　程橋　程森　程根　程桂　程彬　程校　程櫌　程栻　程梗　程樓　程植　程策　程夢龍

（潘寧録，卞利校）

——萬曆《寳山公家議》卷五《山場議》

寳山公秩下五大房子孫程錯、程錠、程鏈、程錢、程潮等，思念我祖原承祖并買受各處山場，具載《家議》，并續買未刊者，取其利以供軍餉，以備支費也。節立文約保守，代有嚴禁。向因捭木多出管理，以致懷私利己者，一遇當年爲首，隨即搜尋各處山苗，毋問大小老嫩，一概捭砍無遺，其價大半入私囊，而衆家僅存虚名。四山濯濯，軍餉等費何資？甚可寒心！本欲查舉，指名呈治，但係已往，難容盡究。今集衆議，共立《保守文約》，自萬曆二十五年七月起，凡各處祖墳、塚林、江村等處，永遠不許捭賣。其青真塢、項源、章溪等號蓄木山場，止許管理逐一照點，督令栽養，依時給工蔪撥，毋許管理私自捭賣。倘各號内山木果係成材，有重費奠支，當賣者，各分管理務先期告明各分家長、斯文，集衆庭議，到山驗明；不堪捭賣，復集家長、斯文，同家衆眼同計木估價，捭賣他姓，不許秩下子孫承買。如他姓不買，許令各房子孫分砍做賣。其捭木價錢，悉聽各房公議兌出，歸寳山公買田公用。秩下子孫，毋得違文另生異議，與衆矛盾。如當年管理假捏公事，陰濟私謀，違悖前文，

覬覦塚林,私挤苗木,并秩下私買及以他姓出名而內陰買者,毋問已成、未成,即時攻擊保全,追木歸衆外,許秩下子孫呈官理治,准不孝論罪。不問挤木多寡,仍行罰銀二十兩入祠公用。如不服罰,立文逐出衆祠,永遠不許管理,不給本身分穀。再有興山并伴僕人等魆入砍斫衆山苗木,管理不行細察及私受財物,因循不舉者,查出,一體同罰。今恐無憑,衆立合同文書一樣十九紙,各收一紙存照。

縣主劉爺批:程宅遞年存留山場,以備墳墓祭掃之費,此報本追遠,子孫世世有同心也。准照議世守。

萬曆二十五年七月十五日,立合同文書家長程錯　程錠　程鏈　程錢　程潮
　　　　　　　　　　　家衆程溱　程渠　程淶　程光祖
　　　　　　　　　　　　程溟　程森　程木
　　　　　　　　　　斯文程大藩　程登瀛　程敬之
　　　　　　　　　　　程良彝　程良謀　程雲鵬
　　　　　　　　　管理程鏗　程藥　程潢　程良貴
　　　　　　　　　　程文焻

重建寶山公寢廟并祠旁屋青真塢庄屋序

嗚呼!亢宗長世之盛,豈不以人哉!不有前者,誰爲其作;不有後者,誰爲其述。故承先啓後,端有藉于鼎革之勞、振蠱之力也,我祖寶山公之事是矣。公勤稼穡,課子若孫以詩書,所遺祀産暨續置山田祀産,衆貯存積,以應不給。慎庵公之立文垂訓昭然也,至和溪公復繼嗣而修明之。其載諸家序,最宜興復者四:一青真塢之田山,一韓村之庄田,一百花園之墓祠,一中村之柯堂,皆我祖精神注念處與魂魄所依焉。閱世既多,久而滋敝,非獨其時也,勢也。管理視《祖訓》爲具文,子孫坐食其先世之田疇而不知覺,致有以歷年衆存暫分之浮租久假不歸,不知其國課果出何人之供,庄田果屬何人之産也夫。我祖之法,非不可謂森嚴,而積習相沿,繼序弗逮,嗚呼!痛哉!他不暇具論,即如中村饗祠暨青真塢之山田、庄屋,事孰有大于此者?乃青真塢之荒也,自庄廢始也。庄既廢,則守庄種植之無人;守庄種植無人,則因利乘便,斧斤之不時且旦而伐之者多有,而況其不惟是也。奸佃之豪黠,率有托興養爲名者,花利成林,攘竊起家,而我祖山之苗木濯濯如故。昔人過牛山泣下,信然。爰集同人,用襄厥志,立有《禁議》申飭之。其有前佃之破我祖、

荒我業、擾我家法者，罰無赦。罰之所自出，則我青真塢之山田、庄屋興復所自來也。既成青真塢之役，繼及饗祠之舉。饗祠之庄屋日圮，寢廟幾危，人其安乎？神其饗乎？興作寧不議舉哉？如築舍道旁何？竊將供課、存祀以外之浮租，立議衆貯，支吾公費。其無事則分給子孫也，祖宗之澤也、權也；有事則衆司出納也，祖宗之制也、經也。經不廢私，權不廢公。是役也，蓋閱經年而功成，君子猶于此不無三致幸焉。幸其能承先也、啟後也，革故鼎新之義在此，而干蠱明作之功皆在于此也。其餘百花園之墓祠并各山田、廨寓諸項，將有所漸及。後有作者，其尚無忘乃祖乃父之勤今日之舉哉。

是爲序。

順治十四年孟秋月中元日，嗣孫程衡、程進、程甡、程喆、程文象、程書、程襄、程思兼、程式、程思光、程元勳、程思皇同百拜謹識。

衆立重造青真塢庄屋并禁山保業合文

寶山公秩下五房家長程宗武等、斯文程衡、程甡等，爲嚴禁青真塢合塢祀山，以供國課、以保祖祀事。我祖寶山公創業辛勤，所遺祠墓山田，刻載《家規》，歷年遵守保全，于今不替。惟青真塢祀山，尤我祖精神注念處，向來立庄置僕看守，興養苗木，上供國課，下濟公需。邇因庄屋圮廢，看守無人，管理不行糾察，至被雜佃山之人假公濟私，專利肥己。佃人桐樹襟帶成林，而祖山之苗木萌蘗無遺矣。因而秩下子孫垂涎，奮臂强種接踵，將來弊竇，不可勝言。及今不行嚴禁，後雖咄嗟亦無及已。爲此集衆，僉議立文，申飭禁約，着令本年管理督同各庄衆僕，無論秩下、家外人衆等，凡有在山桐樹，一概掃砍無存，管理狗私者罰，梗衆破阻者倍罰。其已前佃山之人，原爲祖山興養苗木，供裸存祀，而竟久假不歸，獨肥佃人私橐，季富于周，情理不平，衆議酌罰其佃種爲首擅利專且久者數人，即時追利歸衆，重造真塢庄屋，另行招人居住，看守興養。以後，秩下子孫不得入山强種，及大家、小户僮僕人等，不得以旦旦斧斤竊取柴木。如違，照秩下子孫强種者一體行罰，着令宰猪、鳴鑼，聲罪加禁，父兄不得庇其子弟，家主不得庇其僮僕，而家長、斯文、家衆等不得狥情容隱，致公議不伸，無以爲將來者之戒。倘有秩下不肖子孫違禁破阻，不服衆罰者，家長、斯文、家衆等連名呈官理治，准不孝論。官費取用衆銀，管理共司出納。日後，挤山苗木、雜柴各項，眼同祠内出契，管瑚不得獨專其任。所有挤山柴木價銀，入衆貯匣公支。再有入山失火人等，管理糾出鳴衆,從公重罰,斷不輕恕。凡我秩下人等,各宜遵守保全,毋得明知故犯,庶國課可以常供,而祖祀得以永存矣。今恐無憑,立此《禁議》存照。

附刻前任縣主邊爺批:通族祀山、祀田,合遵《遺文》《家規》,輪管共理,以憑斯文察核,庶祀產不致乾沒,而祀典得以永傳。毋許族中飽利肥私。印照。

順治十二年十一月長至日,家長程宗武　程孟驤　程良遜　程敬德
　　　　　　程良寧同立議文
　　　　　　　斯文程衡　程進　程甡　程喆　程文象
　　　　　　　程書　程襄　程思兼　程式　程思光
　　　　　　　程元勳　程思皇同立議文并爲首督理
董事程英　程文賓

衆立提輪穀重造寶山公寢廟并祠旁庄屋合文

寶山公秩下家長程宗武、斯文程衡等,爲衆議饗祠、墓庄、廨寓修理諸費,暫取供課、存祀外浮租,量行衆支,以昭世守事。我祖寶山公創業艱難,遺有祀田三千餘秤整,刻載《家規》,除供國課、存祭祀之外,仍有壹千伍百秤。議定無事則各房管理照房均派浮租,惠給子孫;有事則衆貯出納公費公支,永爲定額。歷年多所遵行無異。近因積習既久,人各沾祖惠而不知誰之賜,坐視墓庄日圮,廨寓荒廢。而寶山公饗祠,猶先靈魂魄所依者,風雨牖户之患猶不忍言,爲人後者將何如,其各無仁孝誠敬之思乎?爲此,集衆僉議,暫收供課、存祀外浮租外,輪穀者拾分中之貳,衆貯公支,先後次及,足以補葺其當務而綢繆于無虞,此係追遠報本至意,人各有心,《祖訓》《遺文》班班可考。竊恐秩下人衆,賢愚不等,有敢狥私破公、強梗拗衆者,即准不孝論,聲罪鳴官,仍依此文爲准,以見承先啓後之有人,而堂堂大義,不終撓于秩下之不肖一二人也。今恐無憑,立此議文存照。

具呈,蒙縣主張爺批:准照《家議》行事,族人毋得執拗生端。如違,赴禀,定以不孝論罪。印照。

順治十三年四月初十日,家長程宗武　程孟驤　程良遜　程敬德
　　　　　　程良寧同立議文
　　　　　　　斯文程衡　程進　程甡　程喆　程文象
　　　　　　　程書　程襄　程思兼　程式　程思光

　　　　程元勳　程思皇同立議文并
　　爲首督理
　　董事程佐聖　程文焯　程文賓　程汝璉
　　　　　　　　　　　　（潘寧録，卞利校）
　　　　　——順治《寳山公家議》卷五《山場議》

明萬曆十三年正月歙縣十六都二三圖王勝護等立看守柴山合同租約

　　十六都二、三圖立看守柴山人王勝護等，今自愿攬到十八都蓮塌名下山一業，土名、坐落相公山，計税壹畝壹分壹厘有零，於上三面埋過東、西、南、北界至石八箇，并原長養松、雜等木三百八十根。其山東至吴賓山降直下埋石爲界，西至鄭本併吴良澤山界水斜下埋石爲界，南至鄭本山脚埋石爲界，北至程家山頂埋石爲界。自立租約之後，本山樹木、柴薪，毋許賊盜併閑雜人等侵害。如有監守自砍者，及私自賣放、不報本家知者，訪出，見一罰十，决不輕恕。雜木、柴薪等項，每年砍斫，當面對半均分，其本家柴担，身等即送上門。其山上有空缺樹木，議定守山人栽補，每百根工食銀壹錢，身等自行栽養成林，當面照筭，除前原樹數目領銀。今恐無憑，立此爲照。

　　言定封山銀壹錢正。

　　萬曆十三年正月　日，立看守租約人王勝護
　　　　　　　　　　　程景賜　汪九文　程景禄　王五壽
　　　　　　　　　　　王岩法　王岩松
　　中見人金春
　　　　——《明正德十四年至弘光元年汪氏置産簿謄録簿》，
　　　　原件藏南京大學歷史學院資料室，編號000035

明萬曆十六年閏六月歙縣十六都四圖程景法等立看守山場林木合同

　　十六都四圖立看守柴山人程景法等，今守到十八都五圖程名下山一業，土名坐落楊一伯塢，計山税二畝四分七厘六毛九系，地税九分五厘六毛六系，於上三面埋東、西、南、北界至十八箇。其山原長養松木、柴薪等項，眼同點明，計樹大小五百五十根。其山東至　　，西至　　，南至本家山小墩，北至　　。其山身等看守，自立約之後，本山樹木、柴薪，如有盜賊、閑雜人等侵害，身等拿獲，即報本主禁治，亦不得監守自砍及私自賣放。不足原數者，訪出，見一罰十，聽憑經公理論無辭。樹木、樹枝、柴薪等項，每次砍斫，眼同對半均分，各自挑回。今恐無憑，立此爲照。每次開山封山銀壹錢五分，再批爲照。

萬曆十六年又六月　日，立看守山人程景法
　　　　　汪九壽　楊太遲　謝太保　汪九文　程景滿
　　　　　程景苗　程景鳳　程景相　程景成　程景春
　　　　　張社義　方春祥　吳文寵　吳文亮　吳相貴
　　　　　吳云虎　程來義
中見人金椿　程景禄

——《明正德十四年至弘光元年汪氏置產簿謄録簿》，原件藏南京大學歷史學院資料室，編號000035

明天啟元年四月歙縣十八都汪杓心等立賣田土取贖事宜合同文約

立合同汪杓心、汪伯亮，今于萬曆四十三年十一月十三日，伯亮賣黎字、首字等號田地、山塘一契，得價柒拾壹兩；又一契得價四十六兩；又於萬曆四十八年正月十八日賣育、首字等號一契，得價叁拾伍兩，內取贖過育字五百五十一號，土名塘坵田併塘堀小塘塝，共計稅壹畝壹分零六四七五，計價銀拾壹兩。已上三契，仍共價銀壹佰肆拾壹兩。又得小買銀叁兩，共銀九八色九五折，通共銀壹佰肆拾肆兩正。三面議已上賣過田地、山塘，今冊年聽買主過割入户解納。又議聽賣主原價過叁拾年取贖，管業過割，不致留難。如取贖自用，聽憑取贖。倘要取贖變賣他人，不准取贖之限。其銀係蕪湖白布天平兑。今恐無憑，立此合同一樣二張，各收一張存照。

內付過價銀四錢乙分，再批爲照。又租半秤，價銀伍錢，除過付四錢乙分，仍共九八色九五折，共壹佰肆拾肆兩零玖分正，再批。

合同內于天啟元年，將育字五百五十一號田并塘共乙畝乙分零六四七五，價拾壹兩，賣與十八都三啚六甲程文進户丁程子儀爲業。日後取贖，除此田并價仍乙百四十四兩零九分，照此批。

天啟元年四月十五日，立合同汪杓心
　　　　　　　　汪伯亮
　　　　　　代筆見人汪信之
　　　　　　　　汪熙文
　　　　　　　　吳舜卿
　　天啟七年七月，又將首字三千〇五號土名蓮堨平樓，計稅乙分零玖毛五系，本身合得地稅貳厘柒毛四係，交頭層房壹間，四至照契；又首字三千〇二號蓮堨東邊菜園一片，計地稅壹分捌厘壹毛五，四至照契；又首字三千〇二號碓壓樓上維新橐房貳間，三共價九八銀九五折叁拾壹兩。又德乾二子得銀壹兩，約至叁拾年原價取贖，過期不行取贖，聽憑買人改造。如贖轉賣，不准贖，立此照。

　　　　　　——《明正德十四年至弘光元年汪氏置產簿謄錄簿》，
　　　　　　原件藏南京大學歷史學院資料室，編號 000035

明崇禎十年四月祁門縣謝村謝孟善等立住後山蓄養松杉竹木禁約

　　立禁約人謝孟善、謝起鳳等，今有本家住後蓄養松、杉、竹木，以蔭宅基，向來人心不一，將後山笋、木砍挖不堪。又因周旺法又擅自入後山香火，後盜砍大竹壹根。今同衆懲重，齊心嚴禁。本堂秩下子侄人等，如有入後山私自挖笋、盜砍竹木等情，聽同分人遵文呈官，理治不恕，仍聽衆罰銀叁兩入祀。日後，松、杉、竹木成（才）[材]之日，照分均分。自立合同之後，各宜遵守。如違，定以不孝罪論。今立合同壹樣叁紙，玘、璉二分各收壹紙，衆匣收貯壹紙，永遠存照。

　　崇禎十年四月初四日，立禁約人謝孟善 押
　　　　　　　　謝起鳳 押
　　　　　　　　謝記善 押
　　　　　　　　謝見鳳 押
　　　　　　　　謝應憲 押
　　　　　　中見康思泉 押
　　　　　　代書謝德彰 押
　　　　　　——散件文書，原件藏南開大學歷史學院卞利處

清順治三年正月休寧縣九都一圖還珠里鄭積盛等立十排買稻穀合同

十排買稻穀合同

　　立議合同里排鄭積盛等，今奉本縣徐爺發買稻穀。今十排公議，每拾石現里自買壹石，仍穀九石，拾排炤糧均派。其一應房科使費，俱係現里自認，不涉九排之事。自議之後，凡有買穀，不拘多寡，俱照此例爲準。今立合同拾張，各執一張。以後，現里炤依此例爲炤。

　　以後，凡買稻，如自拾石以內者，不得扳扯排年。外如多壹石，俱炤合同依糧均派。再批。

　　順治三年正月念八日，立合同里排

　　　　一甲鄭積盛、二甲程世和、三甲程上達、四甲陳世芳、五甲程思祖、
　　　　六甲陳泰茂、七甲汪辰祖、八甲陳琛、九甲陳樑、十甲陳世明。

　　——《康熙陳氏置產簿》，清抄本，原件藏南京大學歷史學院資料室，編號000132

清康熙十五年九月休寧縣程和仲等立嚴禁盜砍樹木禁山合同

　　立禁山合同程和仲、程伯思等，今有土名牛安宕墳山，于上蓄養松木及各色雜木，經今百有餘年，俱已合抱，屢被盜砍，責戒不悛，深爲可恨。今衆合議嚴禁，查明本山共存大木貳百零捌根，俱係合抱。自今以後，概行嚴禁，不許盜砍。其剃椏及挖松根，俱以盜木論。即本家有分法人等私自上山盜砍，亦以盜論，不得藉口橫行。如有此情，衆共呈官究治，斷不狥情。今恐無憑，立此合同存照。

　　康熙十五年九月　日，立禁山合同程德明 押　程和仲 押　程伯思 押
　　　　　　　　　　　　　　程濟之　程來彥 押　程青紉 押
　　　　　　　　　　　　　　程瑞侯 押　程子執 押　程子宣 押
　　　　　　　　　　　　　　程不匱 押　程星子 押　程無咎 押
　　　　　　　　　　　　　　程玉節 押　程子策 押　程俗永 押
　　　　代書程履先 押

　　在山樹木，俱已點明註數。如有盜砍，拿獲之後，經公理論，仍要照數查還數目，每缺壹根，賠銀叁兩無辭。倘有拿獲未報者，本家先行給賞，斷不貽

累報人。再批。

——封越健主編:《中國社會科學院經濟研究所藏徽州文書類編·散件文書》，第四册，社會科學文獻出版社，2017年，第42頁

清康熙十六年二月休寧縣黄茅胡、陳二姓至婺源縣考坑燒炭戒約

黄茅胡、陳二姓至考坑燒炭戒約

休寧縣二十八都黄茅胡青等，今自不合，帶領多人，越界至婺源上溪頭考坑封禁山，誤砍蔭木燒炭，今被地方捉獲呈官。身等知虧，不欲聞官，情願立戒約，隨設封山，培養苗木。今立戒約之後，如有仍前入山盜砍及放火燒山、故害等情，一聽執此戒約，指名呈官究治，身等甘罪無辭。今恐無憑，情願立此戒約爲照。

康熙十六年二月十五日，情願立戒約人胡青　胡錦

見陳本先　陳友之

代書朱華元

立約人陳本先、五先、友之，今因身等至考坑，誤砍程宅養木燒炭，蒙念眷義誼，不願聞官，身等日后不得入山侵害。如若仍前盜砍，一聽聞官理治無辭。今恐無憑，立此約爲照。

康熙十六年二月十五日，立約人陳本先

陳友之

陳五先

代書人朱華元

——[清]程矞:《新安婺源程氏鄉局記·黄茅胡、陳二姓至考坑燒炭戒約》

清康熙五十三年四月祁門縣應盛思賢禀請頒布嚴禁妄行盜砍汪家坦等處山場告示

祁門縣正堂加一級陳，爲懇恩賞示，以杜盜伐、以保民業事。據盛思賢具禀前事，詞稱：祁邑山多田少，蓄木上供國賦，下賴資生，現奉各憲頒示嚴禁。身有山場，土名汪家坦住基後山幷鮑家塔，蓄有樹木。但身居住鄉村，

地僻人孤，誠恐盜伐。爲此，懇叩憲天賞示嚴禁，以保弱業，萬代陰功上稟。據此，閤行出示嚴禁，仰地鄰保甲人等知悉。嗣後，本業主蓄養樹木，一應人等不得妄行強伐盜砍。如敢有違，即鳴鄰保赴縣呈稟，究治不恕。各宜凜遵毋忽。特示。

毋得藉端侵占。

康熙伍拾三年肆月初六日示。

仰

——散件文書，原件藏安徽省祁門縣博物館

清雍正九年九月祁門縣嚴禁強捕版潭河河魚告示

祁門縣正堂、加三級于，爲懇憲賞示，嚴禁剪棍強捕、裕課正業事。據康兼伯等具稟前事，詞稱：身等祖居南鄉十三都地方住屋門前土名版潭河，係身等康、凌兩姓陞科供稅，係律字一千九十三號，計稅一畝，《鱗冊》載明四至，向係本地漁戶交租，上供國賦，下資民生。近因以來，塞遭罡棍胡惟光等一黨不法凶徒日駕鴉船，成群結黨，強捕河魚，恣橫行兇，無敢理阻，以致河窮魚少，漁戶不肯交租，坑累身等河稅虛供。幸際憲天福星榮任，百度維新，情急號究，剪棍杜害。金批：是否官河，抑係康協誠、凌務【本】衍陞科承丈之業？着約保同公正確查稟覆，並賷《鱗冊》驗奪。鄉約康誠一、公正康萬全、保長胡雷以奉批查明，賷冊呈驗事。金批：既係康、凌二姓陞科之業，胡惟光等何得捏詞誆瀆，殊屬刁健。本即重處，姑念無知，寬免銷案可也。事関承丈稅河，荷蒙天斷，明燭萬里。無如棍徒慇不畏法，更橫強捕，擅捉河魚，累稅虛供，不叩賞示嚴禁，民業莫保。似此不法烹國屠民，莫此爲甚。爲此公籲，伏乞憲天作主，釐奸剔弊，興利除害，恩准給示，嚴禁杜棍，毋容強捕擅捉河魚，得蓄取租，以濟稅賦，公私兩感，頂恩上稟等情。據此，合行出示嚴禁。爲此，示仰版潭河地方保甲、居民人等知悉，嗣後，倘遇不法鴉船入境強捕河魚者，許即立拿赴縣，以憑大法究處。各宜凜遵毋違。特示。

雍正玖年九月卅日示。

仰

——散件文書，原件藏安徽大學徽學研究中心特藏室

清道光四年五月婺源縣洪村光裕堂公議茶規碑

公議茶規：閤村公議演戲勒石，釘公秤兩把，硬釘貳拾兩。凡買松蘿茶客入村，任客投主。入祠（較）[校]秤，一字平稱。貨價高低，公品公買，務要前後如一。凡主家買賣，客毋得私情背賣。如有背賣者，查出，罰通宵戲一臺、銀伍兩入祠，決不狥情輕貸。倘有強橫不遵者，仍要倍罰無異。

一、買茶客入村，先看銀色，言明開秤。無論好歹，俱要掃收，不能蒂存。

一、茶稱時，明除净退，並無袋位。

一、茶買齊，先兌銀，後發茶行，不得私發。

一、公秤兩把，遞年交值年鄉約收執，賣茶之日交衆。如有失落，約要賠出。

道光四年五月初一日，光裕堂衿耆約保同立。

——碑銘，原碑嵌於江西省婺源縣清華鎮洪村光裕堂東墻角

清道光九年十月黟縣十都豐登方嘉樂等方、江、胡、蔣衆姓立山場經營管理合墨

立合墨衆姓，公議列名七成堂所買朱宗元山一處，土名北山，坐字貳千五佰六十五、六、七、八，四號毗連，計山稅一畝式分，正契載胡姓名下，稅議收入胡國珍户內丁七成堂名下輸納。所買山價費用，俱係衆姓出資，永爲煙火山場。在議者，流芳千古。議外之人，不得混入山場割柴，以及割柴在山曬者，不得魃擔。如違恃強，鳴衆理論。仍存餘剩錢文，眼同註簿發領，公議週年式分行息，永遠裕課保山，植茂養生之源。立議之後，拈鬮輪流接管，契據稅單、糧票、簿據貯匣，及受領錢文，逐項不得遺漏等情。遞年六月初一，風雨無阻，例行仙姑之期，值年者三日前具帖，通知各股，早晨在豐登社內齊集，眼仝開匣，筭賬登簿，本息一併交付下首收領。如遇期未歸者，公舉照錢倍罰。倘有一股不到，附議罰錢乙千文充公，無得推委誤衆。恐後無憑，立此合同一樣拾壹張，各執一張，永遠存照。

各姓出錢列於：方嘉樂，出錢式千文；方大義，出錢式千文；胡善慶，出錢式千文；蔣餘慶，出錢式千文；王仁德，出錢式千文；江嘉慶，出錢壹千叁百

文;謝致義,出錢陸佰文;青龍磞,出錢柒佰文;汪光烈,出錢叁佰文;散姓,出錢陸佰文;吳承德,出錢肆佰文。

道光九年十月　日,立合墨七成堂等方嘉樂 押　大義 押
胡善慶 押　蔣餘慶 押
王仁德 押　吳承德 押
江嘉慶 押　謝致義 押
青龍磞 押　汪光烈 押
散姓 押

衆委書筆胡兆麒 押

衆姓曰:押合同一紙、本村輸錢《賬簿》,一本兆麒收執。

(陳雪明錄,卞利校)

——劉伯山主編:《徽州文書》,第一輯,第五冊,廣西師範大學出版社,2005年,第143頁

清道光二十五年八月績溪縣竹里村周天閃立禁盜砍山林合同議約

立合議天閃、有光、啟高、華玉等,今有土名一帶山場塘邊山,及五畝培黃砂破止。又楊家塢口等共四至之内,近被無知之徒(忘)[罔]顧業各有主,縱行侵害。爲此,公同嚴禁。嗣後,如有内外人等入山盜害者,一經撞獲,照議公罰。倘有違議不遵,定即呈官究治。所費錢文,照山畝公派。違拗不遵者,一山興養之樹木、柴薪,聽衆砍斫,收取公用。恐口無憑,立此合議爲據。

一、拿獲柴斧,賞錢四錢。
一、拿獲刀、鋤頭,賞錢弍錢。
一、指名報信,賞錢壹錢。
一、盜砍樹木,罰戲乙台并酒酌。
一、間日毋許内外人等扒松毛以及刁椏。如違不遵,罰錢叁錢。
一、班内倘有憑公理論事,違拗不遵者,公罰錢壹錢。
一、盜砍柴薪及刁椏,挖取樹樁,罰戲一日。押。
一、班内人私放,查出,照盜同罰。

道光廿五年八月初十日,立合議人周天閃 押　啟安 押,存乙紙

　　　　有光 押　三德 押
　　　　啟高 押　玉富 押
　　　　華玉 押,存乙紙　坐久 押
　　　　定有 押,存乙紙　太長 押
　　　　宏成 押　啟根 押,存乙紙
　　　　久妹 押　元妹 押,代筆善餘 押
　　　　□□ 押　廷順順
　　　　啟誠 押
　　　　——散件文書,原件藏安徽省績溪縣竹里村

清咸豐八年十月績溪縣某姓廷圭等立合股租山并雇人開種議據

　　立議據廷圭、嗣煥、嗣焰、嗣鍈、嗣鈖、紹成、紹瀛等,緣表忠祠通公會木斗形山業,原租與際坑人佃種,包還雜糧陸百斤,合會內五百斤,滉公派壹百斤。道光十一年,因該佃藉端短租,以至退佃荒蕪十有餘年,並未有人租佃。至道光廿八年,仍是際坑汪順萬等租種苞蘆,議定每年包還苞蘆四百八十斤,合會內四百斤,滉公派八十斤。佃未十年,于咸豐七年,又求讓租。若不依允,即以退佃脅制,復讓去苞蘆壹百零弍斤,只交三百七十八斤。又復頂瞎,有名無實。蓋因該山落在伊村,除伊村人不佃,再無他村人敢佃,因此視爲奇貨,佃退自如,莫可如何。我祠爲所脅制者,將近百年,並無一人出爲經理。咸豐七年十月,嗣鍈等因際坑汪有貴與章家園黃長玉爭界,始登該山週圍巡視,較章家園大可二倍,見其山灣可扦杉苗竊歡,從前並無人經理該山,扦種杉木,誠不可解。鍈歸,即通知會衆,始邀二分天元、玉生、芝林,繼邀嗣炎、康松等出爲經理,皆以該山離城窵遠,僱人開種,工本浩大,成敗難必,置而不問。復邀身等商議,若不出爲經理,不獨該山棄置爲可惜,抑且被脅制爲可恥,愈讓愈少,愈少愈欺,終無底止。是以身等特具《知單》,邀集會衆,一全酌議,衆亦以該山落在伊村,值此時勢,經理維艱。邀議數次,皆不能妥,並無一人肯挺身任事。身等再四思維,若不出爲肩承,身任其則責,則該山終難整理,是以身等再具《知單》,邀全會衆,從公酌議,將該山租與身等開種扦苗,議定每年包還會內苞蘆伍百斤,滉公派苞蘆壹百斤,以熟包荒。如有短少,身等七人願革出通公會;若不短少,亦不得加租另召。其杉苗議以十年之內,約扦捌千之數,點交會衆。

所有苗本、一切各費，俱身等支當。十年之外，所有費用，會衆支應。出拚之日，所得樹價，遵照旧例，除管山人外，仍餘，三七均分，以酬身等扞苗苗本之勤勞。其餘價銀，會内得陸股之伍，溴公派得陸股之壹，會衆俱各平允無異。身等同立租批，交存公匣。第身等皆非農家者流，何能扞佃？不過因該山可扞杉苗，少挺身任事之人，荒廢可惜，是以出爲肩任其事。今將該山内下半山，身等各配工食，僱人開扞杉苗。有不能扞苗之處，扞種各竹、桐子、梔子等樹，日後成林，所有筍、竹、桐、梔等子，不交會衆，俱是身等租山人應得之物，照股均分，與會衆無涉。其山半山不能扞種杉苗，轉租與歙南卅二都白石源人洪淇當等開種糧食，每年所欠，身等轉包會衆并溴公派。自後，七人務要始終如一，同心合意，庶不敗乃公事。所有《條議》，開列于後，各宜遵守，不得違拗。誠恐日後無憑，立此議據一樣七吊，各執一吊，永遠存照。

《條議》列後：

一、股法宜定，免起争端。今議廷圭股半、嗣焕壹股、嗣焰壹股、嗣鍈股半、嗣鈖壹股、紹成壹股、紹瀛壹股，共成捌股。日後，所有勤勞租息、筍、竹等項，以及公費苗本、僱工工食，俱照八股均分均派，不得争拗。違者，議罰。

一、公立《賬簿》式本：一本登記一切公費、苗竹資本；一本登記僱工工食，其簿存交嗣鈖收執。如有遺失，公同議罰。

一、洪淇當等每年所包之租，除交會衆並溴公派外，仍餘苞蘆，不準分派，隨糶出錢，存于德泰衣店，不起利息。七人之内，俱不準移借分文。如有公用，公同支取；若無公用，不得支取。逐年結一清總，俟十年後杉苗扞成。如有仍餘，再行照股均分，其存錢之摺、存文，嗣焕收執。如有强借，不遵議據，以及存摺者私自支取，即行革出。

一、清明前後，七人俱要上山，親督僱工扞種杉苗。八、九月，上山查點杉苗，有不活者，開年即要補扞，不得虚應故事。不到者，照筭工食，每日錢式錢，于分租時除筭，與到者均分。

一、老蓬基下半山扞種杉苗，先開先扞。如有不能扞苗之處，扞種各竹、桐子、梔子等樹，每年僱工工食，以及苗本、竹本，照股隨時配出，不得遲誤。每年所有苞蘆、竹笋、桐子、梔子等項，亦照股均分。即十年之後，杉苗扞成，點交會衆。身等所種各竹、桐、梔子等樹，每年出息，仍是身等承租該山之七人照股均分，與會衆無涉，第不得争强多取。違者，議罰。

一、所扞杉苗，如有損害、偷盗等事，身等七人俱要上前理究，不得狥情推諉,亦不得退避畏縮。違者,罰去日後拚樹勤勞。

一、該山將近百年,從未有人扦種杉苗,今身等租來,各出資本,雇人開扦杉苗,且扦捌千之多。十年後點交會衆,並不費會衆分文,原是爲祖爲公起見。至于該山所種各竹、桐、栀子等樹,每年出息,原是租山人分内應得之物,與會衆毫無干涉。日後,會衆如有争競笋竹,乾没扦苗苗本勤勞,忘其本原,生端妬害者,可執此議據與《知單》並租批底,憑公理直。其《知單》、租批底,與洪淇當等租批召據底,俱存嗣鍈處。

咸豐八年十月　日,立議據廷圭 押　嗣焕 押

嗣焰 押　嗣鍈 押

嗣鈖 押　紹成 押

紹瀛 押

執筆嗣鍈 押

——封越健主編:《中國社會科學院經濟研究所藏徽州文書類編·散件文書》,第三册,社會科學文獻出版社,2017年,第456—462頁

第五章　賦稅、差役、財產管理暨糾紛處置規約

第一節　賦稅、差役管理與糾紛處理規約

明洪武三十二至三十三年祁門縣善和程氏
宗族高祖仁山公遺囑軍役文書

高祖仁山公遺囑軍役文書

六都程德堅，今爲本户承充軍役，原係衆家户門。長男佐承充軍役，不幸身故；次男儀亦已身故；第三男仕出繼别户當差，亦行身故。佐有二子：庭春、新春。儀有一子：還春，户名乞。後蒙軍前勾取户内人丁補役，德堅彼時令孫庭春前去補役。此軍原係衆家户役，務要佐、儀二分輪流前去軍前充補軍役。今德堅存日，自行分付，作急賫送盤纏、衣服前去。今已年老，心思百年之後，誠恐不行依時賫送盤纏，今將户下衆存田畝，批扒付當軍分内收租，略辦盤纏，送至遼東軍前，付應役之人支用。衆家或親人去，或雇人去，共出工雇路費，務要作急賫送。所是税糧，佐、儀均解，並依此文，不可推故。如有推故不伏，依准此文。如違，將此文告官，准不孝論。但係何人承充當軍，收此稻穀，略助軍中。所是田土，當軍繁重，聽自發賣，不許阻當。今將所批田畝開具于後：

銀錠坵田原租肆拾秤，黄坑中大灣租拾肆秤，石橋下原租叁拾叁秤，小嶺山下原租貳拾秤，黄坑口橋上租拾伍秤，楊坑石橋頭租貳拾秤，溪頭來富門前原租玖拾秤。

所批扒前項田畝條叚、四至，自有經理，亦可照証。

洪武三十二年六月初十日，祖父程德堅
　　　　　見立文書程谷瑛

六都程德堅，所是户下田、地、山，除各人分定田入叚、收苗管業外，惟有溪頭、項源、章溪并自己口食田畝，除批定軍裝田外，及住基園地、各處僕基園地、應有户下荒閑田、地、山，未曾標分，日後並行均分，各人毋得占恡。除

還春續買程友信地七分有零，不在分内，今立合同文書貳紙，與各孫照証。如違，准不孝論。今批爲照者。

洪武三十三年十一月十八日，祖父程德堅批
　　　　見人程邦達

善和六都程德堅，今已年老，心思不幸三男皆已身故，又次孫庭春在外當軍繁重，家中二孫可存留物件，作急賷送盤纏，前去軍前支用。有孫還春、新春，我百年之後，二孫務要和義，不許爭論。應有事務，長孫還春毋得恃尊凌卑，遞相爭論。如違，仰新春將此文告官，准不孝論。今恐無憑，批此爲照者。

洪武三十三年十一月二十五日，祖父程德堅批。

善和六都程德堅，今爲本户承充遼東軍役事，原係衆家户門。有三男：長男佐，承充軍役，不幸身故；次男儀，亦病身故；第三男仕，出繼别户當差，亦已身故。佐有二子：庭春、新春。儀有一子：還春，户名乞。因洪武二十二年，蒙軍前文書到縣，取户内人丁補役。彼時長孫還春身有病患，不能前去充補軍役，德堅就令次孫庭春前去補役，係是衆家户門。今德堅年老病多，心思百年之後，誠恐子孫推故，是以立文爲照，務要佐、儀二分輪流前去軍前充補軍役，毋得恃尊凌卑，遞相爭論，必要遵依此文。如違，仰新春將此文告官，准不孝論。子孫並依此文爲准。今愁無憑，立此爲照者。

洪武三十三年十二月十五日，祖父程德堅批
　　　　見立文書程谷瑛

（潘寧録，卞利校）

——萬曆《實山公家議》卷八《附録·高祖仁山公遺囑軍役文書》

明永樂三年三月祁門縣善和程氏實山公同兄還春公申明祖父仁山公遺囑輪流充補軍役合同文書

實山公同兄還春公申明祖父仁山公遺囑輪流充補軍役合同文書

六都程還春，有伯程佐，與父程儀同户，蒙本縣點伯充吏。至洪武二十年間，取閑吏赴京，轉發遼東充軍，病故。後至洪武二十二年間，勾取户丁補役，彼時將弟庭春起送前去應役。至永樂三年，蒙本衛文書到縣，稱説病故，勾取户丁補役。今同衆謫議，將祖父存日乞養到本都凌寄保在户爲義子，均出盤纏支用，起送前去補役。一次係伯佐分內庭春前去補役，二次同衆將寄保前去補役，三次係輪該程儀分內前去補役，四次又輪該程佐分內前去補役，所是累次盤纏，并係二分均出。在後二分照前輪當。五次又輪該程儀分，六次又輪該程佐分，七次又輪該程儀分，八次又輪該程佐分，九次又輪程儀分，十次又輪該程佐分。在後各分子孫，照依此文輪流充當。自立合同文書之後，二分各無言説。如違，將此文赴官陳告，仍依此文爲准。今恐無憑，立此合同文書爲用。

永樂三年三月初三日，程還春　　書

　　　　見立文書人程友信　程敬宗　程潮宗　程丕烈
　　　　　　　　　　——萬曆《寶山公家議》卷八《附錄》

明弘治五年六月休寧縣七都張珪禮等爲新開田地升科津貼里役合同

七都住人張珪禮同潘佛童、佛云、佛應兄弟，原於成化十三年合同價買到九都程添祥户內山本都十保師字八百九十二號，土名外十八分山，於內蘆荻塢山脚，用工本開田壹段，約有四畞。成化十八年，被宗魯充里長起計獨要陞科占業。珪禮告府，批縣。蒙縣照山陞科，珪禮、佛童兄弟共陞科田税弍畞壹分，各該税壹畞零伍厘，裝在珪禮户內，佛童、佛應、佛云三人，每年照依貼納糧銀壹錢，永遠津貼。其田稻谷，各人照依收租。今恐人心無憑，立此文約，永爲照。

弘治五年六月廿日，立合同張珪禮
　　　　同立潘佛童　佛云　佛應
　　　　依口代筆人張奇真
——《乾隆潘氏置産簿》，原件藏南京大學歷史學院資料室，編號000139

明嘉靖元年五月徽州某縣胡思儀弟侄等立大造黃册僉點里長合約

立合約人胡思儀同弟侄思侃、思濟、瓊等，今因大造之年，僉點本家充當第五年里長。因見人心不齊，該期恐誤官事，父命兄弟侄商議，請憑族叔胡純等寫立合約。其里役自嘉靖元年及六年里長接役、排年、下城，一應等項使用，係思儀承管；其二年及七年，係瓊、璋、琛三人照前承管；其三年及八年,係思侃照前承管;其四年及九年,係思濟照前承管。自後週而復始,惟第五年輪充見役并十年均徭及點長解大差、納糧,俱照本户丁糧派筭充當,毋得推捱失誤。所各管三年,下城一應事務使用,聽自支費,不與衆筭。其充當見役,各要協力向前朋當,每分先出銀拾兩,公同使用。如有推捱銀遲,照月加利還衆。倘有在外買賣未回之人,外出添銀伍兩,與出力人心勞,已收充當,完日扣筭,多寡四分均開。今立合約之後,各宜遵守,毋得事弱強弱。如有故違,執此陳告,受罪無辭。今恐人心難憑,立此合約四紙,各收爲照。

嘉靖元年五月十一日,立合約人胡思儀 押
　　　　　　　　　同弟侄思侃 押
　　　　　　　　　　　思濟 押
　　　　　　　　　　　春瓊
　　　　　　　　　　　春璋
　　　　　　　　　　　春琛 押
　　　　　　　　　中見人胡純 押
　　　　　　　　　　　胡思冕 押
　　　　　　　　　　　胡思恭 押
　　　　　　　　　　　胡思高 押
　　　　　　　　　代書西賓汪俊 押

——散件文書,藏南京大學歷史學院資料室,編號000059

明嘉靖元年五月祁門縣十西都謝村謝景輝等立輪值朋充里長役合同議約

十西都謝景輝、謝景明貳大房人等,共承祖户里長,今輪該嘉靖貳年分應役,因使用繁重,人心不一,難以朋充,同衆商議,情願憑中寫立合同議約,以貳大分爲率,派定輪流充當。其里役支費等項,悉遵上司明文,俱照本户丁糧津貼銀兩,以貳拾壹兩爲則,內壹拾肆兩,照糧派出;內柒兩,照丁派出。其丁以壹拾陸歲起,准作壹丁。其銀議定足色,的在七月初一日,照丁糧多寡,一併付足,承役之人毋許違期。自議之後,二大房子孫,各照後開輪充,次第承當,毋許設詞推捱。其該役之人,在府、縣、鄉間,毋許分外生事,務宜保守。如有分外生事及公私一應事情,並係該役人之當,不致一毫貽慮。不該役之人，日後本戶或丁多糧少，或糧多丁少，務宜公議，以足貳拾壹兩之數。其丁以四丁折糧壹（旦）[石]，糧壹石折作四丁，毋許移易。如違前議者，聽遵文人告理，甘罰紋銀陸兩入官公用，仍依此文爲始。今恐無憑，立此合同乙樣肆紙，各房收貳紙爲照者。

今將本戶輪充次第逐限開派于後：

一、壬午年，第一限，謝玘、璉分承充。

一、壬辰年，第二限，謝輝叁分承充。

一、壬寅年，第三限，謝景明分承充。

一、壬子年，第四限，謝輝叁分承充。

自後，照前週而復始，毋許推挓。

又將本戶第乙限正德柒年舊册見在丁糧派出銀兩開具于後：

一、玘璉分該丁糧銀柒兩玖錢壹分肆厘。

一、明分該丁糧銀陸兩叁錢捌分肆厘。

一、瑩分該丁糧銀叁兩式錢式分貳厘。

一、輝分該丁糧銀貳兩玖錢捌分。

一、璪分該丁糧銀柒錢伍分肆厘。

其丁糧津貼銀兩，照前議日期付足，毋許拖延。

又議排年係趲造該役外，仍有八年，二大房以四分爲率，輪流勾管。於内倘遇上司勸濟及有非常重務，並係二大房衆管。其二、四、六、八年，係景輝、瑩、璪分勾管；其三、七年，係景明分勾管；其五、九年，係玘、璉分勾管。每自新里長上役之際，勾管人務要依期應付，不致貽累不該役之人。再議爲照。

嘉靖元年五月十五日，立合同人謝景輝 押　謝景明 押

　　　　同立人謝璉 押　謝玘 押　謝瑩 押　謝璪 押
　　　　中議族人謝祁英 押
　　　　　謝濡 書 押

——散件文書，原件藏南開大學歷史學院下利處

明嘉靖四十一年十一月祁門縣十西都謝公器等立排年里役議約合同

拾西都排年謝公器、謝昔、謝汝任、謝德遺、謝玉、謝邦、李仲齊、謝伯濟、李以隆、謝元等，時立鄉約，敦篤風化，切照額設里排，上爲催徵國稅，下斜鄉

民善惡。迄今人心不古，但遇錢糧催徵，間有恃頑貽累當年賠敗。今集衆議，弊宜更革，義由當興，休戚相関，依時稱付完官。或遇排年訟事，體勘供結，當年毋得需索。其盤纏、夫馬不在此項。近因上司例行借辦均徭，須先一年，議定仍照舊例，對甲各管各排，毋許見年攙奪包納。或有小户均徭，甲首、人丁轄在大户，毋得占悮霸阻，躲避差役，從公照派。大小所有公山庵，近因僧徒不守五戒，濫費錢谷，以致消乏揭借，債累逃竄，或去或來，皆由不得其人。今宜另召傳奉，永隆香火。當差以後，各排毋得貪利，放債入庵，亦不許閑人久占庵居、找敷錢谷之類。其應輪該甲首均徭，議津貼谷，付與本甲收貯生放，以備二差。其每年輪甲所該糧鈔，公議貼谷稱付，其餘谷數，定議《條例》于後。又有申明亭、社壇、祭鬼壇、王源鋪等處空閑官地，向善未舉，衆議悉照原鋪畝步丈量釘界，召賃輪租，輪流交遞，以備清理巡捕、踏勘災異等事公用，毋得一人專主擅爲。且徽俗山多田少，全賴栽養松苗、柴木，以供國課。有等外縣外都軍民人户雜居，本都地方，倚恃無籍排甲，橫行爲非生事，累及本都當年。伊等不思有主山場，專以偷盜柴木、燒炭占種，利己害人，致山濯濯，稅無所供，理説不服。里排今已見呈本縣，蒙帖以禁，編甲巡視，毋得仍蹈前轍，務要各安本分，無作非爲，庶使鄉親人民得以安生。如違，定行呈官理治，里排毋得狥私偏護、抗衆壞法，議得一一遵守。里排如有故違前議一事者，甘罰銀拾兩公用，仍依此文爲照。今恐無憑，立此合同一樣十紙，各收乙紙爲照者。

再批：社壇於先年間丈量，定界立碑。右邊累計田貳分已訖，其王源鋪係謝允暢店基，下所石墙角，計地貳步，照應不及修理。

嘉靖四十一年十一月　日，立議約合同排年謝公器　押

　　　　　　　　　　　　　　　謝昔　押
　　　　　　　　　　　　　　　謝汝任　押
　　　　　　　　　　　　　　　謝德遺　押
　　　　　　　　　　　　　　　謝玉　押
　　　　　　　　　　　　　　　謝邦　押
　　　　　　　　　　　　　　　李仲齊　押
　　　　　　　　　　　　　　　謝伯濟　押
　　　　　　　　　　　　　　　李以隆　押
　　　　　　　　　　　　　　　謝元　押

——散件文書，藏南京大學歷史學院資料室，編號000058

明嘉靖祁門縣善和程氏宗族仁山門村族《寶山公家議》附録東西軍業議

東西軍業議

自仁率親，自義率祖，示人有本也。夫由親以及親之親，由祖以及祖之祖，斯仁之至義之盡焉。六世祖仁山公乃東、西二房之宗祖，軍業創於斯，宦迹肇於斯，凡在孫子，不可不知所自也，《東西軍業議》又容已乎？故附此終焉。

議曰：仁山公生元季泰定甲子仲冬十八日，幼嗜學不群，勵志經史，默諳韜略。正身率人，必先德義。故雖時值兵亂，一方賴以晏然，邑儒汪環谷稱其有濟時才。國初，以江西行省參政鄧公薦，獲佐我太祖高皇帝，下江州，取鄱陽有功，蒙降御劄，授行樞密院都事，命守浮梁景德鎮數載，甚有惠愛於民。及天下平定，即引疾歸。民涕泣請留，不忍舍。既行，江東行省知其賢，命集逃民於州，凡數千户，公不一日盡復其民於市，民咸德之。尋隱淮西，屢徵不起。永樂癸未六月廿八日疾終於家，享年八十。所著有《仁山遺稿》，行實載府、縣志。嗚呼！公之功德亦懋矣哉！今正居祠堂當，從正龕立主崇祀仁山公暨汪氏孺人，以佐、儀二公配祀，其次分列昭穆左右從祀。每歲臘月廿四日，合祀正堂，除夕、元旦拜奠寢室，朝暮香燈，各房輪值焉。堂前宜加置門扇，非祭祀香燈，則拂鎖關閉，庶免污穢，神靈安妥。原祀天神，奉祀中樓，不致褻瀆，一舉兩得，於禮為合。此議已布久矣，迄今未見舉行，無乃因循相襲而不加之意耶？抑亦有待而然也？兹復申前議，且上述公之功德，以啟後人之思，祠祀之議莫大乎是矣。

正居祠堂，所以聚祖宗之精神，祠內以靜潔嚴肅為主。今諸凡雜作穢礙，已悉禁革，尚有二事當議焉。夫後堂乃祖宗燕寢之所，一塵不容，《詩》所謂"寢成孔安"是已。今各房有事，輒於此設厨烹餁，色惡臭惡，濫積於前，穢礙若斯，神何以安？殊非君子遠庖厨之意。昔我東房買有祠後基地尚曠，可以起造厨屋，今議置厨於彼，無穢後堂可乎？正堂乃祖宗陟降之地，矧可射思，《詩》所謂"閟宮有侐"是已。今每每於此崇尚俳優，粧樏炫耀。不知祠內戲劇有五不韙焉：震撼喧嚻，驚我先祖，一也；唾涕便溺，污我清廟，二也；群聚縱觀，內外無限，三也；燃炬通宵，融風莫測，四也；滿堂若狂，鼓亂致寇，五也。夫君子不作無益害有益，矧此五不韙乎？舊有《禁約》，止許大門外坊前敷演，不許入祠穢礙。今議復申前禁，違者立罰可乎？二事不革，則黍稷雖馨，祖宗震怒，根本不寧，枝葉將悴。邇來家門多事，子孫罕福利之報者，職此故也，可不思之？

仁山公墓在本里溪頭觀音堂後，安厝已迪吉矣。但清明摽祀，東、西各舉，墓下地田係東、西各買各業，殊非一體之義。今宜合衆歸一，將墓下空地建立享祠，其餘地租并田租，存爲祭祀之需，則合異爲同，幽明胥慶矣。且功德如我公而墓無誌石可乎？當啚之。

仁山公存日，佐、儀二公同戶合爨，縣僉本戶吏役，命佐公往充，後罷歸閑。時法網嚴密，犯者連坐。適有他處閑吏抵法，乃概將同時閑吏盡發充軍，佐公亦不免焉。仁山公深念軍役繁重，原係衆家戶門，遺文囑令佐、儀二房子孫永遠輪役，不許推故爭論。將存留未分田租若干，存積以備軍裝，并所積續置田產，日後，二房子孫俱不許分析變賣。後還春公與寶山公復立合同，申明祖令，其意蓋拳拳矣。日後，二房子孫，倘有將軍產分析及變賣家外人者，各房管理遍告各房家長及家衆，即時理治追復，以不孝論。

仁山公所遺田租并續買田租及一應事務，每年東房即係當年管理五人內，著練達者貳人，同西房爲首者共理。其田租、土名、數目併歉例開具于後。一年已完，各宜秉公筭結，開注明白，至中元日同時交遞，毋違。

正居祠堂看守僕人，每年東、西給與穀拾貳秤，令其供奉香火，潔净祠宇，應時啟閉門戶，衆事聽從使役。此例宜守。

東、西二房軍產稅糧，舊額并續買，共米貳石叁斗捌升肆合貳勺，共麥玖斗伍升肆合伍勺，立例于後，遞年填注糧額若干。其里役、糧差一應公事，俱係東、西二房管理將衆銀應辦，日後，不許分析。

《仁山公家議》不能盡錄，姑取其切要者，附于卷末，以便東房管理一體遵守。若欲全刻成册，則與西房同事者共啚之。

今將仁山公分下遞年稅糧米、麥開具于後：

舊管：米、麥；

新收：米、麥；

實在：米、麥。

東、西軍裝各號土名、畝步、租數開具于後。

一舊存各處田租開後：

稱字一百十七號溪頭畝塘、坑口上邊田二坵，計壹畝貳分陸厘。

稱字一百廿二號汪三塢口橋頭田三坵，計壹畝肆分柒厘壹毫。

稱字一百廿九號李家住畔田一坵，計陸分。

稱字一百三十號李家住下田一坵，計貳畝陸分壹厘貳毫。

稱字一百三十一號住下田二坵，計貳畝叁分捌厘柒毫。

稱字一百三十二號同處田三坵，計肆分叁厘壹毫。

稱字一百四十號塚林下田一坵，計柒分叁厘壹毫。

前七號田租文內，係總土名，來富門前共租玖拾秤，每秤計拾捌勛，稱租日雞二隻，穀銀伍分，腐、菜各貳品，酒四瓶，佃。

珠字七十四號黃塘塢口石橋頭田一坵，計壹畝伍分貳厘柒，原租貳拾秤，今減陸秤，佃。

珠字一百八十一號胡家叚銀錠坵田一坵，計壹畝陸分陸厘捌毫。

珠字一百八十三號同處田一坵，計伍分肆厘貳毫，前二號田共租肆拾秤，稱租日猪、牛肉各壹品，菜，飯，酒貳瓶，佃。

珠字四百三十號黃坑口西澗橋頭，上邊田一坵，計壹畝陸分，計租拾伍秤，雞一隻，佃。

珠字四百五十三號黃坑中大灣，轉角坵田一坵，計玖分三厘捌毫，原租拾肆秤，今減肆秤，佃。

珠字五百三十二號小嶺上官秤坵，田一坵，計壹畝肆厘捌毫，原租貳拾秤，今減伍秤，佃。

稱字五百九十三號小嶺上石橋下，田一坵，計壹畝捌分柒厘玖毫，原租叁拾叁秤，今減貳秤，年歉監收。監租日猪牛肉、腐、菜各壹品，飯，酒貳瓶，佃。

一續買各處田租開後：

一號楊坑下坳冲景韶公墳上田一坵，計壹畝，計租拾秤，佃。

一號楊坑口太尉廟前田一坵，計陸分，計租柒秤半，佃。

一號楊坑海公墳前四畝坵并江塢，共田八坵，內壹畝壹分，該租拾叁秤零伍勛，佃。

一號江項坑佛子嶺下傑裏并大號內，早租田。裏自塘，上至塢頭山，外自塘，下至圭家竹灣口。共田十五坵。晚租塘下低田十坵，大塘一所。

一號江下坑磜下田四坵，二號內共該田塘貳畝貳分，前二號共該租貳拾叁秤，又買濱租壹秤陸勛，雞一隻，佃。

一號江下坑直塢田坵，計壹畝壹分，計租拾柒秤，其田因未修整，暫減租叁秤,佃。

一號江下坑力七塢田一坵,計叁分,計租叁秤,佃。

一號下村鐵爐前、舍下、鞋樣坵、曲尺坵,四處內該田叁分,該租叁秤拾肆勌,佃。

一號張家叚窑窟裏田二坵,計壹畝伍分,計租貳拾伍秤,稱租日豬、牛肉各壹品,菜,酒貳瓶,佃。

一號張家叚上湖坵田一坵,計壹畝伍分,計租拾柒秤,佃。

一號張家叚下湖坵田一坵,計肆分玖厘捌毫,計租伍秤半。二號田,稱租日豬、牛肉各壹品,菜,飯,酒壹瓶,佃。

一號中村文孝廟、下邊田二坵,計田柒分,計早租捌秤,佃。

一號胡家叚曲尺沙坵田一坵,計貳分,計租肆秤,佃。

一號梓木坑田一坵,計肆分,計租陸秤,佃。

一號梓木坑頭田十二坵,計貳畝貳分,計租拾陸秤,佃。

一號梓木坑頭路上橫塢田一坵係荒,計早租柒秤,佃。

一號黃坑塢柿樹灣口直錠裏田一坵,計伍分,計早租伍秤半,前三號田,稱租日納穀銀伍分,酒貳瓶,佃。

一號黃坑塢、榨下田二坵,計叁分,計租肆秤,佃。

一號七畝叚删頭坵田一坵,計肆分,計租拾貳秤,佃。

一號庵口前方伯坊下田五坵,內壹畝叁分柒厘,該租貳拾陸秤伍勌,監日,豬、牛肉各壹品,菜,飯,酒貳瓶,佃。

一號王家門前田一坵,內捌厘,該租壹秤。

一號皂角樹下大坵田一坵,內田壹分捌厘貳毫,該租壹秤拾貳斤拾貳兩。

一號小嶺上石橋頭上并上大坵,田二坵,計叁畝貳分壹厘,該租肆拾伍秤零肆勌,稱租日,豬、牛肉各壹品,菜,飯,酒貳瓶,租雞一隻,佃。

一號茅栗樹塢口橫山殿下田一坵,計肆分,計租肆秤,佃。

一號峽山裏田六坵,計肆分伍厘,計租陸秤,佃。

一號楊舟山降背塢口坵,計肆分,計租伍秤,佃。

一號北乂塢方芝住前及查灣山田田坵,內該壹畝,計租玖秤,稱租日,酒銀貳分,佃。

一號溪頭高家塢口田二坵,計壹分,計租貳秤,佃。

一號高家塢塘一所，田陸坵，新開成田，計租□秤，佃。
一號溪頭流沙坑田二坵，原山地成田，計租貳秤，監收，佃。
一號章溪江家堀宅坵田三坵，內該捌分，計早租玖秤拾壹觔拾兩，佃。
一號江家堀望母坵幷墳下共田二坵，計四分，計租陸秤，佃。
一號江村祖墳前堀裏，原周勝富盜葬墳前朝山，投里，賠還此田，計租壹秤，佃。
一號江家堀井坵田一坵，計伍分，計租陸秤半，佃。
一號江家堀楊柳坵田七坵，計玖分，計租拾捌秤，佃。
一號江村大苧園田十坵，計玖分，計租拾陸秤，雞一隻，計貳觔，無雞，徵銀捌分，佃。
一號蔣村黃牛坦田二坵，計柒分叁厘，計租拾伍秤陸觔肆兩，佃。
一號住後來龍山腳祖墳上地一塊。
年分稱收各處租穀共計。
貯胡家園倉計穀。
收各行銀共計。
支過穀共計。
支過銀共計。
見在銀計。
本年未完事件。
上年未完事件。

（潘寧錄，卞利校）

——萬曆《寶山公家議》卷末《附錄·東西軍業議》

明萬曆二年三月徽州某縣五都四啚因大造黃冊立里長役合同

五都四啚立合同張漢、張海、張潮、張濤、張濟五人，所因今輪大造增啚，奉例告准分析。原議：已後有人，但壹拾捌歲，議作成丁，出銀壹兩，增糧壹石，出銀叁兩。如少，照石扣筭，依前承里，一例辦出，貯衆常柱勿詞。幸准張漢編充五都四啚六甲里長，張文琇、文瑠二人析作一戶，張海告入一戶，張積萬新立一戶。雖分四戶，一祖親枝，里甲朋充里長，日後不許生情異說。今憑中証將四戶丁糧各筭，各認明白，糧差、雜派，各戶照數辦納，不得干累。

凡事務處苦樂均平，無許推捱靠損。其里役遞年催徵甲首一應等項錢糧，議定五人挨次，一人管辦一年，支持該役里長併甲首往來茶水。其府縣遞送清理無軍匠結狀，一應酒肴所費、盤纏，皆照丁糧出辦。輪該當役之年，議定某某承役，務可秉公，無許徇私利己，生事累衆。如有此等，罰出白米叁石，入衆公用。恐後無憑，立此合同一樣五張，一人各執一張存照。

萬曆貳年三月十九日，立合同人張漢　押
　　　　　　　　　張海　押
　　　　　　　　　張潮　押
　　　　　　　　　張濤　押
　　　　　　　　　張濟　押
　　　　　　中見代書金子實　押
　　　　　——散件文書，藏南京大學歷史學院資料室，編號000057

明萬曆十年十月休寧縣十二都邵文端立里長役轉讓汪文諫合同

立合同人邵文端，祖充三甲里長，塞遭丁糧消乏，難以應役。今遇大造，率衆子侄商議，有本處汪文諫殷實丁糧，上素秉公，直具詞告縣，准拔汪文諫户承充，遵縣造明，兩無異說。恐後人心不一，憑中議立合同，一應錢糧等項，汪文諫催辦，並不累及邵文端子孫。里甲相按，邵【文】端户錢糧並無得過取。自立合同之後，本家即無異說，兩無悔異。如有悔異者，甘罰銀七兩，與不悔人用，仍依此文爲照。今恐人心無憑，立此合同二張，各執乙張存照。

當日議定輪役，但有上司上岩，轎夫盡是汪文諫管辦，不累及邵家子孫，永遠爲照。

十一年十月十八日，邵文端三房人等，今領原封在何旦名下汪銀，盡行領訖，本户第四房良溱等流落在外，該分銀兩盡是三房眼同領去，應當己前門户，再批存照。良澤眼同批。

萬曆十年十月五日，立合同人邵文端
　　　　　　　邵元鎔　　珊寵
　　　　　　　邵良溱
　　　族排中見人邵岩球　邵鍾相　邵元
　　　　中見人何松山　汪屛山

代書邵良澤

合同豹兄收，天啟四年，查在華房契籠內。

——《明萬曆汪氏合同簿》，原件藏南京大學歷史學院資料室，編號000027

明萬曆十年十月休寧縣十二都汪文諫承充邵文端里長役津貼合同

十二都一啚立合同汪文諫、汪文俊，今因本啚三甲邵文端縣主爺臺告拔充里長。今兄弟商議，量力承當，所有貼原上首邵文端頂役銀，十兩爲率。汪文諫原出銀六兩，汪文俊出銀四兩，憑中面議，日後，使用多少，並照前議數派無辭，各無悔異。如有悔異者，甘罰銀十兩公用，仍執合同爲主。再議，日後，充當里長，汪文諫承當二股，汪文諫承當一股。倘後奇祥戶內有戶丁入來當役，與汪文俊仍作四六充當，下輪充當。二家丁糧、家事，倘有不一，再議充當。恐後人心無憑，立此合同一樣二張，各執一張，永遠存照。

萬曆十年十月十五日，立合同人汪文諫　汪文俊

　　　　　中見人汪明　汪文誌　汪文耀

　　　　　代筆人汪文謙

——《明萬曆汪氏合同簿》，原件藏南京大學歷史學院資料室，編號000027

明萬曆十年十月休寧縣十二都一啚汪廷昇等立承充邵文端里長役合同

十二都一啚立合同人汪廷昇、廷杲、廷昌、文謙等，今因啚三甲里長邵文端糧丁消乏，不能應役，縣主爺臺告拔身家充當里長，故兄弟侄闔商議，量力承當，所有原貼上首邵文端頂役銀約三十兩，廷昇願出銀三兩，廷杲願出銀十五兩，廷昌願出銀六兩，文謙、（俊）〔進〕賢願出六兩。憑中面議，日後，使用多寡，照前數派認無辭，各無悔異。如有悔異者，甘罰文銀十兩公用，仍憑此合同爲准。再議：日後充當里役，並照各股丁糧應納，賠賬亦無異悔等。恐後人心無憑，情願立此一樣合同四張，各執乙張永遠存照。

外文俊願出銀式十兩，另有合同執照。再批。

萬曆十年十月十五日，立合同人汪廷昇　廷杲　廷昌　文謙　進賢

　　　　　中見人汪文謨　文誌

　　　　　代書人汪儒山

——《明萬曆汪氏合同簿》，原件藏南京大學歷史學院資料室，編號000027

明萬曆十二年八月休寧縣九都一圖還珠里鄭積盈等立十排年解軍合同

十排年解軍合同

　　九都一圖立合同排年鄭積盈、程應欽等，原因先年立有合同，管解本圖軍伍津貼，管解無異。今有十甲人户姚隆親弟姚成爲詐殺人命事，奉府問發太倉衛永遠充軍，着令排年管解。今衆公議，查已前十家攛平記，衆議着見年程世隆名字承解，盤纏、使費、掛號各項，盡是十家均出銀兩，雇倩人承解，並不貽累出名承解之人。此次不准解軍之數再議，以後但遇勾取舊軍，每一名議着排年二名管解，閧填在後，輪流承解，無得混亂。所有新安近衛軍，十家均出盤纏均解，着見年名字，亦不在解軍次數，其年解軍盤纏，俱照遠近程途津貼銀兩註定。在後又有移文挨查軍伍，一、二甲挨過。今當三甲挨處，遠近程途津貼盤纏，亦定在後。自今十家面議規格之後，各守遵依此文爲據。若有輪該推挨者，甘罰白米伍石入衆，仍要經公禀坐該解之人承解，其貼解銀兩，候本府縣領文出，即便付與管解之人，毋得違誤。如違，經公理治。所各衛遠近及各條欸數目，逐一開列于後。先年合同筆札，不在行用。今恐人心不一，立此合同一樣十張，各執一張，永遠存照。

　　計開軍衛所遠近程途、議定津貼銀兩數目于後：

　　衆議但遇清軍，費用銀兩，亦是十家均開，不得獨累見年。其書筭自有舊規，不在數內。再批。

　　一、解遼東金州衛軍一名，衆貼銀叁拾兩正；一、挨查一次，衆貼銀壹拾陸兩正。

　　一、解廣西馴象衛軍一名，衆貼銀貳拾肆兩正；一、挨查一次，衆貼銀壹拾叁兩正。

　　一、解安南衛軍一名，衆貼銀貳拾肆兩正；一、挨查一次，衆貼銀壹拾叁兩正。

　　一、解普定衛軍一名，衆貼銀貳拾壹兩正；一、挨查一次，衆貼銀壹拾壹兩正。

　　一、解貴州衛軍一名，衆貼銀貳拾壹兩正；一、挨查一次，衆貼銀壹拾壹兩正。

一、解清平衛軍一名,眾貼銀貳拾壹兩正;一、挨查一次,眾貼銀壹拾壹兩正。

一、解永新衛軍一名,眾貼銀壹拾壹兩正;一、挨查一次,眾貼銀陸兩伍錢正。

一、解新安衛均一名,眾貼銀肆兩,眾解;一、挨查一次,眾出銀肆兩,眾解。

一、新問太倉衛軍一名姚成,眾貼銀玖兩正;一、挨查一次,眾貼銀伍兩伍錢正。

一、眾議,倘日後有新問軍,照遠近程途,每千里路費銀肆兩,外加使用銀陸兩正。

一、議本都圖內挨查絕軍,照文程途,每千里貼路費銀肆兩,外加使用銀陸兩正。

計開閹定管解排年,編作五次,輪流挨解,次滿,周而復始。

一閹一甲鄭積盈同二甲程應欽;二閹三甲程世隆同九甲陳濟;

三閹五甲陳輝同八甲陳杲;四閹四甲陳世芳同十甲陳世明;

五閹六甲陳邦同、七甲汪武得。

萬曆十二年八月廿七日,立合同排年鄭積盈　汪武得　陳世芳　陳濟
　　　　　　　　　　　　陳杲　程應欽　陳世明　程世隆
　　　　　　　　　　　　陳邦　陳輝

——《康熙陳氏置產簿》,清抄本,原件藏南京大學歷史學院資料室,編號000132

明萬曆十九年三月休寧縣十四都十啚洪法、汪伯善等議立排年里長合同

十四都十啚議立合同,里排洪法、汪伯善、方岩邦、汪鰲、黃興栢、黃永隆、黃世興、佘道汶、朱端、張炯等,今奉本縣祝爺發銀與現年買谷備濟,原例鋪戶,今差里長,猶恐苦樂不均。倘有賠費,眾排會議,每一排年出銀叁錢,貼與現年買上,但遇後差,照此舊規津貼,毋得推延拗眾。違者,罰銀壹兩,入眾公用,仍照合同,如據津貼毋辭。恐後無憑,立此合同一樣十張,各執存照。

萬曆拾玖年三月拾叁日,議立合同里排洪法 押
　　　　　　　　　　汪伯善 押

方岩邦 押

汪鰲 押

黄興栢 押

黄永隆 押

黄世興 押

佘道汶 押

朱端 押

張炯 押

──散件文書，藏南京大學歷史學院資料室，編號000056

明萬曆二十九年六月祁門縣西都謝村謝知學等立里役合同

　　西都謝知學同侄孫謝來鳳、聯鳳、起鳳該充萬曆叁拾壹年壬寅歲里役，誠恐人心不齊，托憑房弟謝知人、知感，議立合同。各各洗心滌慮，以祖宗户門爲重，遵守法度，盡心竭力。凡編糧一應銀兩，務要眼同貯匣交管，毋得一毫狥私誤事。下鄉，大小事體，須要仔細商議，毋得使氣執拗，貪得分外生事，貽累户衆。合該應役事宜，開具于後，須要遵守。如違前議，重罰白銀伍兩公用。立此合同三紙，各收一紙爲照者。

　　一、凡排年花户人等往來，合供酒食，俱衆管辦。

　　一、本甲併排年花户徵收錢糧，并本户排下甲首貼備應役銀兩，務要眼同收貯，以備完官，衆費不許私收私支，查出，倍罰。

　　所有預徵銀兩，俱係三分備出完納，候復討銀，照例加利付還，毋違。

　　萬曆二十九年六月二十日，立合同人謝知學 押

同侄謝來鳳 押

聯鳳 押

起鳳 押

中見人謝知人 押

謝知感 押

大佐 押

大濟 押

大貢 押

代書人謝繼善 押
——散件文書，原件藏南開大學歷史學院卞利處

明萬曆二十九年九月祁門縣十西都謝村謝可法等立里長役應役合同文書

　　立合同人謝可法、謝起鳳共承祖一甲里長謝惟大户，原於萬曆廿一年輪該大用、大興二人充當。爲因大興身弱，財力不及，扳托同分房弟大生等代充大興分一半，已訖。今當三十一年里長，輪該叔祖謝知學房兄來鳳、起鳳三人充當，起鳳合當三股之一。爲因起鳳父故身孤，無人催辦應役，不能充當，亦照二十一年文書，扳托房兄可法、可則兄弟代充。本身三股之一，所有本甲甲首併排年花户、條編税糧、一應當官等項事件，盡是可法兄弟承管，不致累及起鳳之事。本户津貼，仍照祖文，候卅一年里長錢糧完備之日，二家所有廿一年當里長併卅年可法與起鳳文書，俱不(在)[再]行用。今恐無憑，立此合同文書一樣二帋，各收一帋爲照。

　　萬曆二十九年九月十六日，立合同文書人謝可法 押
　　　　　　　　　　　　　　謝可則 押
　　　　　　　　　　　　　　謝起鳳 押
　　　　　　　　　　　　中見人謝用先 押
——散件文書，原件藏南開大學歷史學院卞利處

明萬曆三十四年正月休寧縣伍都三甲洪德本户户丁洪世義等立輪充糧長文約

　　伍都三甲洪德本户户丁洪世義、洪成德、洪天與、洪貞文等，今蒙李爺僉點洪德本户東區糧長，本户原米共伍拾貳石柒斗，除優免貳拾玖石外，仍實在米貳拾叁石柒斗僉役。今因本户各人分下糧數多寡不同，以致人心不一。今衆會議，每石米貼銀叁兩文整與户役之人，前去經收糧編，管解南北二京，併安慶本府永豐倉一應錢糧扛解等項費用。其銀照糧逐一徵出貯匣，應時交付承役之人應用，不致有誤。各項錢糧起解、銷繳批迴，及銷勘合干係等項，盡是承役人之當，不致累及有糧不承役之人。今恐人心不齊，立此文約，照糧徵收，議貼銀兩貯匣，不得執拗推挨，致有誤國事。如違，賫文告理，照

糧照議追付充役之人。今恐無憑，立此合同文約爲照。

再批：衆議每糧弍拾叁石，每石議貼各項罪贖、飯食、支費等項，每石貼銀陸錢正。

萬曆三十四年正月初九日，立文約人洪世義 押　洪天與　洪佑生 押
　　　　　　　　　　　　　洪應元 押　洪應會 押　洪成德 押
　　　　　　　　　　　　　洪明生 押　洪大行 押　洪士英 押
　　　　　　　　　　　　　洪應秋 押　洪天與 押　洪玄周
　　　　　　　　　　　　　洪大順　洪三孫 押　洪貞教
　　　　　　　　　　　　　洪貞文 押　洪六男 押　洪式完
　　　　　　　　　　　　　洪義富 押　洪應恩 押　洪貞吉 押
　　　　　　　　　　　　　洪貞白 押　洪好德 押　洪應科 押
　　　　　　　　　　　　　洪應桂 押　洪貞國　洪有功　洪貞民
　　　　　　　　　　　　　洪天誥 押　洪天南 押　洪天資
　　　　　　　　　　　　　洪天開 押　洪大奮　洪大志 押
　　　　　　　　　　　　　洪冬芳 押　洪貞瑞 押　洪□孫
　　　　　　　　　　　　　洪鶴孫　洪鳴孫　洪旺富
　　　　　　　　　　　　　洪泰階　洪產　洪奎德
　　　　　　　　　　　　　洪尚埔　洪文德　洪嘉永
　　　　　　　　　　　　　洪士雄 押　洪思訓 押　洪士驥
　　　　　　　　　　　　　洪貞健　洪士玉　洪應祺
　　　　　　　　　　　　　洪成元 押

——散件文書，藏南京大學歷史學院資料室，編號 000056

明萬曆四十三年十二月祁門縣胡禄孫等因書手駁語而立每丁出銀合同文約

立合同人胡禄孫同侄胡再貴、六壽等，今因本户書手十年後駁語，恐後人衆不齊，難週公事，與衆商議，悉照丁糧，每丁出文銀叁分；每米壹斗，出文銀叁分，入衆生放，(矣)[以]備後患。其銀每兩每月加利文貳分箅，逓年約至清明前十日付衆，下首輪流生放。如過日期，甘罰白銀叁錢，入衆公用。自立之後，二分人等，務要遵文約。今恐無憑，立此爲照。

萬曆四十三年十二月初十日，立文約人胡禄孫 押
胡再貴 押
胡六壽 押
胡祐孫 押
胡福孫 押
胡祥孫 押
胡禧孫 押
黄鳳 押
胡興富 押
胡再元 押
胡三孫 押
胡勝 押
胡生 押
中見本管里長謝汝善 押

——散件文書，原件藏南京大學歷史學院資料室，編號000056

明天啟二年二月休寧縣九都一冨還珠里陳繼靖、陳武卿等立派貼差役合同議約

還珠里立合同議約人陳繼武等，本家承祖南汝公遺下四甲里長，戶名陳世芳，原有備役田租，足以供役，公私兩利，續因賠販，田賣無存。今輪應役，毫無積儲，而企役燈籠火夫、迎官接送及上司登齊雲小篆、值櫃解差，併借貸充販，所償利息，種種賠費，俱不能免。時若燃眉，勢難再緩，只得集衆商量，努力措置。其所派出賠費各銀，以六十兩爲度，除支下子孫所寄世芳户內丁糧，每丁一口，照例派銀三錢；每糧一石，照例派貼銀一兩外，餘銀派繼兄弟、叔侄共出銀二兩七錢廿四分，派武卿兄弟、叔侄共出銀五兩，派裕父子出銀五兩，派祐出銀五兩，派纓出銀二兩七錢二分，派綸兄弟、叔侄出銀二兩七錢二分，派京序兄弟共出銀五錢，派文兄弟共出銀五兩，派權出銀四兩一錢七分，派靖出銀八兩六錢三分，派秦出銀四兩二錢七分，以足六十兩之數，以爲賠販之用。但靖糧合勺，且無子侄，伶仃孤苦，挈家遠避，所派應出銀八兩二錢三分。各議得靖户內，僅存土名茶園祖墳山，係存留祖塋，外取山稅一厘

八毛；又土名朱村祖墳山，係存留祖塋，外取山稅一厘，賣與陳卿爲業，代償銀四兩一錢七分；又社田稅三砠有（令）[零]，賣與爲陳緝爲業，代償銀三兩一錢十一分。除二宗價銀外，仍欠銀一兩，衆議緝、綸二人名下設法措償，以足其數。又秦身爲人傭工，無立錐，其父子沿門持缽，所派應出銀四兩一錢七分，衆議將世芳户内秦名下所僅存土名茶園、宋村二處祖墳山稅，除存留祖塋外，共取一厘四毛，賣與陳武名下爲業，代償銀二兩一錢七分。除賣外，仍欠銀二兩，衆議卿名下代償銀七錢、纓名下代償銀一兩、裕如代償銀三錢，以足其數。以上所派，至公無私，人人所樂從，亦人人所能辦者，俱限三日内齊集付出，以便充販上納。如遲再延，責有攸歸，衆議執此，經公理治。從此議後，凡催辦錢糧、承票勾攝及奉批詞投詞、解忿息争，俱要奉公守法，勿辭勞苦。其出門口公散事所得謝禮、隻亥、壺酒之類，亦要一一貯衆，不許懷私。如違，照例見一罰十。且里長係祖宗門户，錢糧屬軍國大事，分無所逃，賠實不貲，下輪里長役，貧富不齊，慎勿以此爲例。各照官糧私丁派貼，庶公平而無説也。今恐人心無憑，立此議約一樣二張，卿、緝各執一張存照。

天啓二年二月廿四日，立議約人陳繼靖　武卿
　　　　　　中見人陳瞻池
　　　　　　代書人陳宗僖

崇禎七年又八月廿日，立合同四張，支費共用九十兩，廣公邊貼十三兩，朗公邊貼十七兩。

——《康熙陳氏置産簿》，清抄本，原件藏南京大學歷史學院資料室，編號000132

明天啓三年二月休寧縣九都一啚還珠里鄭積盈等立里排議約合同

九都一啚立議約里排鄭積盈、程世和、陳世芳、陳泰茂、汪辰祖、陳衡俊、陳樑、陳世明，今因國課催限甚緊，奈因百家人户藐法，坐視抗緩，以致拖延愆期。本啚錢糧共計伍佰餘兩，理合照卯上納。刻今縣主督比甚嚴，現役責併奚堪？今各排共立平濟義會，每甲出銀貳兩，共銀壹拾陸兩整，朋助均濟，輪流交領，預備濟急，應卯上納。其銀今付貳甲收領，每年加壹分貳厘錢起息，至次年貳月拾壹日，本利一併兑出，眼同支付肆甲，現役收領上納各甲，輪流挨次貯蓄，永爲定規。會衆面議錢糧，遞年叁月拾伍日爲期，各甲俱要一齊磨啚完納。如有一甲人户拖欠不完，九甲齊出，催促坐討，立要即完，不

許容情。如違抗拒,呈縣究治。如是齊完國課,共樂雍熙。今恐無憑,立此《會簿》壹樣貳本,永遠存照。

《會簿》壹樣貳本,上、下首里排輪流各執壹本,永遠存照。

天啟叁年貳月拾壹日,立議約《合同會簿》里排壹甲鄭積盈　號

貳甲程世和　號

肆甲陳世芳　號

陸甲陳泰茂　號

柒甲汪辰祖　號

捌甲户丁陳衡俊　號

玖甲陳樑　號

拾甲陳世明户丁昂　泉　號

計開:

一甲鄭積盈,出銀貳兩整。

二甲程世和,出銀貳兩整。

四甲陳世芳,出銀貳兩整。

六甲陳泰茂,出銀貳兩整。

七甲汪辰祖,出銀貳兩整。

八甲陳衡俊,出銀貳兩整。

九甲出銀户丁陳齊岩、方權棟銀貳兩整。

十甲陳世明户丁昂泉,出銀貳兩整。

以上共出銀壹拾陸兩,眼同兑付貳甲程世和收領,至次年貳月十一日,本利一併兑出,付四甲收貯。

天啟叁年貳月拾壹日,立領人程世和。

天啟肆年二月十一日,衆面清筭:

一、收程世和本銀壹拾陸兩整。

一、收程世和利銀壹兩玖錢貳分整。

一、收罰鄭積盈銀貳兩伍錢。

一、收出年銀壹錢陸分。

通共收銀貳拾兩伍錢捌分。

支五分白紙裝簿二本、七分欄干衆酒。

支一錢二分補色、一兩一錢二分，還九甲邀衆議事酒帳。

支一錢二分補還月利，係三月十八日兑銀。

共支過銀壹兩伍錢八分。

除支外，仍净實存銀壹拾玖兩，眼同兑付四甲陳世芳收貯。

天啟肆年二月十一日，立領人陳世芳户丁卿号、纓号兩半平分，係三月十八日交會兑銀，加利一錢二分。

《衆立簿》貳本，上首二甲程世和收執壹本，下首六甲陳泰茂收執壹本。其銀係一甲法馬兑付，六甲收。比本家駝馬，每十兩仍□壹錢。

一、衆議領銀之家，已備酒銀陸錢整。

——《康熙陳氏置産簿》，清抄本，原件藏南京大學歷史學院資料室，編號000132

明天啟四年五月祁門縣西都謝村謝正茂等立排年修造糧米官丁均派合同

立合同西都拾排年人等，近因雨久傾壞，本都城圖奉本縣鈞票，督令本都修造約計四丈有零。今衆議所費磚石併匠工食銀、雜工等項銀兩，照本都各排各户糧米官丁均派。其督工一人輪流監看，無得懈怠，所該銀兩，應時付出，不致違誤。如各排分下不完，各排補充，以完公事。如違，聽衆排稟官理治。今恐無憑，立此合同爲照。

再批：各排丁銀，聽自各排徵收，以爲各排在縣督造等項支費。

照過。硃批。

天啟四年五月廿七日，立合同排年謝正茂

謝同仁

謝永春

謝太

謝大承

謝福

李惟明

謝文大

李德壽

謝能静

——散件文書，原件藏南開大學歷史學院卞利處

明天啟四年十一月休寧縣藤溪王萬德等立里長合同

天啟四年里長合同　　五房汝侃公輪役，天啟五年承役

　　議立合同王萬德、王汝億、王汝侃等，本户承租四甲里長，祖墨五大房輪流幫貼充當。奈今第二房流落無踪，第四房甃子無力，若依舊例津貼，難免掣肘之患。今輪里長輪該第五房王汝侃充當，本户衆等近前商議，俱做舊時幫貼之規，不泥舊時論房分之例，其貼役銀四拾壹兩。内照房分，惟長、三、五房各出銀貳兩，共成陸兩，毛不扳扯，第四房仍銀叁拾五兩。長、三、五房照依丁糧派出，并前共四十一兩之數，付與承役之人，庶情義兩盡，幫貼無難，不致外哂矣。自立合同之後，一應公務，俱是承役人支當，不涉户衆之事。下輪里長，如第四房茂盛，亦照依此議，同衆幫貼無辭。如有清軍清匠、單勾册取，及外人挾仇侮害，俱情願照依丁糧派出，以貼盤費。恐後人心難憑，立此合同壹樣叁張，各執一張，永遠爲照。

　　一、議貼役銀兩，盡行預先付出，以便應貶。
　　一、議本户糧邊，亦預先盡行付出，以便完官。
　　天啟四年十一月十五日，議立合同人王萬德　王汝億　王汝伊　王良佐
　　　　　　　　　　　　　　　　　　　　　　王良器　王命錫　王汝侃　王之璠
　　　　中見人陳正道
　　　　代書人王懋紳
　　　　　　——《元至正二年至乾隆二十八年王氏文約契謄録簿》，
　　　　　　原件藏南京大學歷史學院資料室，編號000013

明天啟七年二月休寧縣十九都一啚十甲里排吴仕榮等立里役合同

　　十九都一啚立合同十甲里排吴仕榮、曹信森、洪宗保、程璉、程中和、程子南、巴天盛、程源、程寶善、程高三等，切有本啚錢糧，舊例俱屬現年徵收上納。至於臨卯缺限，獨（類）[累]該里，以致各排逸享安樂，無責比之憂，有兜侵之望，往往沿襲故套，各相拖延，偏累現役賠貶，深爲陋規。今際縣主朱爺蒞任，仁政廉明，釐革夙弊，衆均苦樂。明示曉諭，各納各甲。花户拖欠，許本甲帶比。良法美政，便民利國，普縣俱已遵行。各排恐例不能永久，後有變更，身等現役會集十排，面立合墨十張，呈縣請印。各排自納，務期始終如

一,俾十甲均沾利益,永遠遵行。嗣後,如有恃勢阻撓者,顯係希圖侵漁國課,徇私害公,一家抗拒,九家共攻呈治,仍照此墨爲據。現年亦不得以私票兜收別甲錢糧,礙法不行。所有先後代過各排充販錢糧,各輪現役先將各甲充過數目清箅,開卯時,即代納還其甲,方行上納。今恐久後無憑,立此合墨十張,各執一張,永遠存照。

如以路遠往納未便,許將銀傾銷,真紋付現年順納,將官票繳還,不得稽誤。再批。

天啟柒年貳月卅日

立合同里排吳仕榮 押

程中和 押

程子南 押

巴天盛 押

程源 押

程寶善 押

程高三 押

曹信森 押

洪宗保 押

程璉 押

——散件文書,藏南京大學歷史學院資料室,編號 000056

明崇禎二年四月歙縣逢村洪時利立合議黃册里長合同文約

立合同人時亨、時利,父祥公所遺黃册里役,因貞、乾、焕三分各外趂,今輪五月初二日見年上役,議立亨、利二人朋充,閻分甲分承役。管過一册之後,又輪貞、乾、焕支管,以前册過稅及各里役等帳,一概箅明。自今爲始,亨、利炤閻承管册務,凡遇過割者,各甲亦不得混亂收割,查出,見一罰十。承役以後,照後開閻分,承當月分,毋得推挨。但遇勾攝過都牌票,該月之人打發支吾。又清軍保甲,披塘塞堨,盜息民安,上役卯錢,里排甲首酒席,係二人支管。本甲下書、畫卯酉,併黃册工食,照後閻分取討。又黃册比較,各管一月,釘册交册,均支均用。今恐無憑,立此合同爲照。

計開鬮分各項于後：

一、見年上役：崇禎二年五、六、七、十一月，十二、正月，利管；八、九、十月，二、三、四月，亨管。

一、催徵：崇禎三年二、四、六、八、十月，利管；三、五、七、九、十一月，亨管。

一、黃册：一、二、三、四甲，亨管造；五、六、七、八、九甲，利管造。

一、甲首遞年錢糧併造黃册洪元熙、胡九壽、汪岩汝、許世恩、張長龍、朱一皇，利管取討上納；朱一華、朱社孫、洪百孫、程鳳、許世忠、葉大龍、劉應，亨管取討上納；洪應源、洪應湘、時貞、應恩，自行上納；應會、亨、利，均充均取。

一、祥公衆糧，五分均納，亨、利合取。

一、塘田、逢村江邊二處田產租利，二人遞年均收，糧亦均納。

一、駁語罪贖，均納。

崇禎二年四月初八日，立合同人　洪時亨　號
　　　　　　　　　　　　同弟　洪時利　號
　　　　　　　　　　　　憑中　洪元煓　號
　　　　　　　　　　　　　　　洪時貞　號
　　　　　　　　　　　　　　　洪時乾　號
　　　　　　　　　　　　代書　洪時芳　號

存十甲里長田洪應祥户。

土名塘田逢村、江邊。

悲字乙千一百七十一號田乙畝八厘乙毛，土名塘田。

東至洪本生山，南至洪程田，西至洪福老山，北至洪三秋田。

悲字四百七十三號田玖分陸厘，土名逢村江邊。

東至江田，南至徐田，西至程田，北至張田。

以上二號田，原議存馬册里，取租供應黃册里長，因名"里長田"之稱。

崇禎六年九月之後，其册底里長田二號，津貼時利公、時貞公，二位包充黃册里役等事。

——［清］佚名：《二十八都二啚十甲册里議約抄白》，清抄本

明崇禎六年九月歙縣逢村洪時利立合議黃册里長合同文約

立合議人洪時利，原與兄合當黃册里役，今因兄投任，不能承當，身願代

管。里長册務，俱系身包，不涉侄事，而侄該己錢糧，自行上納，不致貽累。其黃册紙張、工食、官前使用，面議貼銀乙拾兩正，多少二各不得異説。今恐無憑，立此爲炤。共一、二、三、四甲黃册、實册底，完日付侄收。再批。

　　崇禎六年九月初五日，立合議人　　洪時利　号

　　　　　　　　　　憑兄　洪茂吾　号　　時芳公

　　　　　　　　　　弟　　洪時貞　号

　　　　——[清]佚名：《二十八都二啚十甲册里議約抄白》，清抄本

明崇禎七年七月休寧縣十一都三啚小璹金有益四兄弟立里長合同議約

　　立里長合同議約金有益、鼎、鼐、堅，今因本門承祖十一都三啚四甲里長，于崇禎乙亥年該身房兄弟、叔侄承充四股内壹股。身兄弟在樅陽，回籍承役不便，今憑中議，侄時傑一人回籍承充本股里長，身兄弟四人議貼應官賠賬催徵、勾攝一切各項等費，併辛勤銀壹拾柒兩貳錢。倘有意外飛差、清軍、清匠，不在此論，另行再議。傑回應役，務宜謹守，慎始慮終，以存祖宗門面，不得生僥惹非。如有此情，盡是承役人應當，不干益兄弟四人之事。今恐無憑，立此合同議約爲照。

　　四人共該出銀壹拾柒兩弍錢，内除時春名下該還原領役本銀，内該身兄弟四人息銀弍兩五錢。又將水口樓基地壹拾步作銀肆兩陸錢，共計柒兩壹錢，仍該貼出銀壹拾兩壹錢，四人均貼，各取領存照。

　　崇禎柒年柒月初十日，立議約合同人金有益 押

　　　　　　　　　　　　　　　　　有鼎 押

　　　　　　　　　　　　　　　　　有鼐 押

　　　　　　　　　　　　　　　　　有堅 押

　　　　　　　　　　　　　　中見人一淳 押

　　　　　　　　　　　　　　　　　有泰 押

　　　　　　　　　　　　　　　　　有鳳 押

　　　　　　　　　　　　　　　　　時春 押

　　　　——散件文書，藏南京大學歷史學院資料室，編號000057

明崇禎七年八月休寧縣藤溪王萬德等立里長合同

崇禎七年里長合同　三房輪役，崇禎八年承役

　　立議合同人王萬德、王汝億等，本戶承祖四甲里長，祖墨五大房輪流充當。向因二房流落在外，第四房煢孑無力，第五房上輪當過。若依舊例，難免掣肘之患。今本戶衆等近前商議，勸諭三房之瓊兄弟勉力獨當一輪，候下輪長房兄弟亦獨當一輪無辭。又下輪該三房承役，亦該輪于未充當者承役，俱不得干涉。之瓊兄弟所有本戶貼役，原有祖例，貼銀四十壹兩，今之瓊兄弟毫厘未收。以後輪承役之人，之瓊兄弟亦照前例不出。此乃衆議，日後，各無生情異説。其清軍、匠班及勾册等情，俱是承役人之當，不涉戶衆之事。今恐人心無憑，立此合同一樣三張，各執一張存照。

　　崇禎柒年八月　　日，立議合同人王萬德　懋才　懋紳　懋綱　之瓊　之瑤
　　　　　　　　　　　　　　　之璧　邦懷　懋學　懋縉　汝億

　　　　　　　——《元至正二年至乾隆二十八年王氏文約契謄錄簿》，

　　　　　　　原件藏南京大學歷史學院資料室，編號000013

明崇禎十一年七月休寧縣十七都七啚詹思忠等立承充里長議約合同

　　十七都七啚立議約合同人詹思忠、詹思康、詹大同、詹一鵬，今有本家四房承高祖仕敬公遺下本啚八甲里長，原係四房均當，後一鵬房糧丁稍減，本家、義讓、思忠等三房已曾充過數輪。今鵬方糧丁復旺，自愿照舊四房輪充。來年己卯歲，一鵬房充當；再己丑歲，思忠房充當，以足前數。此後週而復始，己亥歲，思康房充當；己酉歲，大同房充當；己未歲，一鵬房充當；己巳歲，思忠房充當。凡遇應充之房，一切等費俱係該房自辦，不得扳累他房。其排年亦是四房輪充。今立合同之後，務宜遵守，不得返悔。如有返悔者，甘罰白米貳拾石公用，仍依此議爲據。今恐無憑，立此合同一樣九張，各執一張存照。

　　崇禎十一年七月十五日，立合同人詹思忠 押　詹思康 押　詹大同 押
　　　　　　　　　　　　　詹一鵬 押　詹思極 押　詹思寓 押
　　　　　　　　　　　　　詹暘虹 押　詹則新 押　詹尹勝 押
　　　　　　　　　　　　　中見人詹明銓 押　詹明經 押　詹家駒 押

　　　　　詹汝沂 押　詹瑞斗 押
　　　　代筆詹振 押
　　　——散件文書，藏南京大學歷史學院資料室，編號000057

明崇禎十一年十二月徽州某縣游舜臣等立值里役合同

　　立合同人游舜臣同男得名，今因本家祖遺二甲里役，向與次房輪充，原有合墨爲據。自崇禎八年乙亥起，至甲申年止，該身與兄舜孝同管，身該管一年，今因比較排年預徵繁費，有子得名隻身不願經管，自情愿浼中將承祖談字乙千七百八十乙號土名嶺後社公山，計稅五厘乙毫，于上安葬祖父母、父母、叔孀共穴，總該身合得六股之一，其穴左八尺之內，身等兄弟管業，穴右八尺之內，次房安葬兄嫂在上，次房管業。其餘山樹木，長、次二房管業無異。今身止存留墳穴拜臺，永遠標祀。其穴左八尺之內，併餘山樹木，該身分法，一概盡行議作價銀肆拾兩正，扒與堂侄懷正等管業，永遠代身經管該身一半里役。日後，次房子孫不致板累舜臣子孫。其墳山日後臣子孫亦不致生情異説，悉聽次房子孫遷造，永遠管業無異，此係兩相情願。恐後無憑，立此合同一樣二紙，各收一紙，永遠存照。

　　崇禎拾壹年拾貳月二十五日，立合同人　游舜臣 押
　　　　　　　　　　　　　　　同男　游得名 押
　　　　　　　　　　　　　　　里長　方良用 押
　　　　　　　　　　　　　　　排年　王乾本 押
　　　　　　　　　　　　　　　　　　王繼禎 花押
　　　　　　　　　　　　　　　　　　王德化 押
　　　　　　　　　　　　　代書人　游鼎 押
　　　——散件文書，原件藏南京大學歷史學院資料室，編號000059

明崇禎十二年九月徽州某縣李開明等輪充里役合同議約

　　立議單族衆李開明等，今崇禎庚辰年輪該宗德公房、宗義公房充當九甲里役，今宗德公房壹半該先春兄弟、良春兄弟、愛春兄弟炤分充當。只因預徵重大，使費煩雜，賠賍艱難，今本戶貼俻，前例額定，不能加增，先春兄弟又

不在家，是以推托，無人肯承。今衆協議，錢糧國家重務，關係匪輕，勸諭在家者議立一人承當。閱定之後，無論在外、在家人等，除合户貼俗外，本房照分貼銀貳拾兩整，與承當之人補貼賠費及十年内辛力之資，以全始終。其所貼銀兩，自議之後，各人俱要兑付，不得遲緩。承當之人，須要盡心周全，不得懈怠併外行，致誤公事。日後本支子孫照例爲則，立此議單合同乙樣叁紙，各執乙張爲炤。

計開：

先春兄弟該肆股之壹，該貼銀拾兩整。

良春兄弟該捌股之壹，該貼銀伍兩整。

愛春兄弟該捌股之壹，該貼銀伍兩整。

崇禎拾貳年玖月十一日，憑親族議立合同人李良春兄弟 押

李先春兄弟 押

李愛春兄弟 押

族衆李開明 押　曰仁 押

繼文 押

克芳 押　曰恂 押　秉廉 押

守俸 押　其沅 押　芳春 押

大海

——散件文書，原件藏南京大學歷史學院資料室，編號000055

明崇禎十四年八月徽州某縣吳時振兄弟立承里役合同

立合同兄弟叁人吳時振、吳時揚、吳時播，原承祖父一甲里役，舊立合同，祐壹股，第壹股，端證壹股，祀保壹股，四大股均當。自壬寅年起，至辛巳年止，四股俱已輪充完訖。今一甲壬午年，又復輪祐股承充，該身兄弟三人朋當。但錢糧重務，充賠艱難，叁人管理不便，請憑族約、親房議立合同，兄弟叁人炤序承充。壬午年，時振充當一甲現里併十年排年，至辛卯年止，俱是時振管理。俟四大股週完之後，再輪祐股承充現里併排年十年，俱是時揚管理。又俟四大股週完之後，又再輪祐股承充現里併排年十年，俱是時播管理，以後永爲叁分炤序輪當，毋得違誤。其當年催辦錢糧未完，勾攝公事及生非、遺失錢糧等項，俱承役者之當，不涉及兄弟貳分之事。如兄弟叁家子

孫有生情異議者,甘罰白米叁拾石公用,仍炤合同行事。今恐無憑,立此合同壹樣叁張,各執一張,永遠存炤。

  崇禎拾肆年八月初四日,立合同兄弟叁人吳時振 押
            吳時揚 押
            吳時播 押
      親房吳時摽 押 吳時證 吳時愉 押
       吳學交 押 吳學保 押 吳學遷
       吳學獻
      族約吳時郊 押 吳學聖 押 吳學積 押
        吳學冕 押 吳學覺 押

      ——散件文書,原件藏南京大學歷史學院資料室,編號 000057

明崇禎十四年十月休寧縣許隆等立承應知縣富民買稻合同

  立議合文,該都許隆、排年胡興隆等,舊歲縣主老爺着令八甲舉報富民買稻,彼報許一貫名目。因貫不的,不能承當。惟恐告擾十排,公議朋充,所有賠貼,費用不敷,十排均派補出無詞。因年歲凶荒,無稻收買,是以未領官銀。不期隆侄許貞玩法,魃自領出官銀壹拾貳兩私用,未通衆排得知。今奉縣主爺臺比稻,許貞一時不能措辦,情急央求各排,愿立合文,許隆名下承過買稻玖石上倉,仍稻貳拾一石,衆排均派賠補,共完公事。自議之後,兩不得推挨延遲貽累。如違遲誤,齎此議約聞官無詞,立此合文存炤。

  崇禎十四年十月 日,立合議人該都許隆 押
           侄許貞 押
    排年胡興隆 押 方永茂 押 吳自祥 方惟兆
      李萬禄 押 汪德昌 押 吳自應 押
      吳應錫 押 李昌義 押 李元生 押

      ——散件文書,藏南京大學歷史學院資料室,編號 000056

明崇禎十五年六月祁門縣謝村謝孟善、謝起鳳等里甲役輪充合同文約

  謝村立合同文約人謝孟善、謝起鳳等,今爲承祖一甲里役,四分輪充。

壬午,里長正差輪該善則玘、璉二分人對半充當。目今下人心不一,成恐臨期有違公務,以此托中立文約,議至柒月初一日上役之期,或迎接上司,正管起櫃,係是衆管,其餘月分,以六分人閻管。每月應役,玘分着一人,璉分着一人,以二人值月,奉縣應卯,迎官接送、支持中火一應事務等項,俱是值月人支持答應,不得臨期違誤。如有失卯等事,以致官府罰贖,盡是值月人承當,不得累及不管月之人。仍有本縣票喚報農民、富戶、監生、册夫等項,必同衆嫡議的確,然後供報。原承祖遺文,體念里長差役支費浩大,朝廷錢糧重務,本戶丁糧津貼銀貳拾壹兩,遵依祖文爲率。其餘甲下貼備,係衆眼同支收,註帳明白,毋得狥私入己。外有上役支費盤纏,俱是二分人均出公用。自承役之後,值月之人必須協力應役,不得懈怠,以致臨期避役,有違公務。所有支費錢糧,不得狥私入己。如有等情,甘罰白銀五兩公用,然依此文理治。今恐無憑,立此合同貳紙,各收一紙爲炤。

再批:約内補字二個。

崇禎十五年六月初一日　立合同文約人　謝孟善　押　　子　押

　　　　　　　　　　　　　　　　　　謝起鳳　押

　　　　　　　　　　　　　　　　　　謝三善　押

　　　　　　　　　　　　　　　　　　謝記善　押

　　　　　　　　　　　　　　　　　　謝廷鳳　押

　　　　　　　　　　　　　　　　　　謝應春　押

　　　　　　　　　　　　　　　　　　謝應德　押

　　　　　　　　　　　　　　　　　　謝應誠　押

　　　　　　　　　　　　　　　　　　謝應憲　押

　　　　　　　　　　　　　　　　　　謝應護　押

　　　　　　　　　中見　謝大貴　押

　　　　　　　　　　書　謝應秋　押

　　　　　　　　　　　　謝應元　押

——散件文書,原件藏南開大學歷史學院卞利處

明崇禎十六年八月祁門縣桃墅汪正卿等立輪充里長合同

桃墅汪正卿户,今當輪充崇禎拾柒年分里長,因本户人丁家外不齊,稅

糧多寡不一,遵奉縣主老爺明示,預徵條編,催辦緊急,干係匪輕。□商量議定,汪可毅、汪可輝、汪可祥、汪可靖、汪可榮五人承充應役,催徵投櫃,不致違誤侵欺,貽累戶內人等。所有本甲下錢糧,每年貳人兼管,俱要眼同收交註帳,毋許私收擅用。其貼賍炤閣分定名目,各人取討,毋得混收。再十年內,清理軍匠併值櫃等項,俱是應役人承管。其勾攝公事,各宜安分守法,毋得惹是生非。違者自當,不致牽害同役之人。所有錢糧,各人閣定年分催徵,俱要應期完比,不得貽累下年。如違,聽下年之人執文告理。自議之後,各宜遵守。如不遵者,甘罰白銀伍兩,入衆公用。今恐無憑,立此合同一樣伍紙,各收乙紙存炤。再,當年支費等項,五人均出。倘奉舉報差役,商量應卯值櫃,炤次輪流,毋得推挨。

  崇禎拾陸年捌月貳拾伍日,立合同汪正卿戶
      承役人汪可毅 押
        汪可輝 押
        汪可祥 押
        汪可靖 押
        汪可榮 押
  管錢糧:甲申年,汪可毅、汪可榮。
    乙酉年,汪可榮、汪可靖。
    丙戌年,汪可靖、汪可祥。
    丁亥年,汪可祥、汪可輝。
    戊子年,汪可輝、汪可毅。
    後五年,管催徵□□挨派,週而復始。
      本戶見人汪大倫 押
      族長汪志文 押
      代筆人汪麒 押
    ——散件文書,原件藏南京大學歷史學院資料室,編號000095

明崇禎十六年十二月休寧縣九都一啚還珠里陳宗丞等立現役貼糧議約合同

  立議約人陳宗丞、纓、縉、榜等,原承租立戶本家四甲大經戶相共當差。今有宗丞新置田產,立戶不便,憑中寄在大經戶內,逓年硬納糧邊銀平等柒錢正，貼入衆人完納，亦不得累衆。所有本家現役貼糧使費，亦照衆例貼派。其稅糧候至下輪，聽從推入，立戶辦納糧差，二家不得生情異說。今恐無憑，立此議約二張，纓收一張，丞收一張存照。

崇禎十六年十二月十二日，立議約合同人陳　宗丞
　　　　　　　　　　　　　　　　　　　祖纓

　　　　　　　　　　　　　　　　　陳　祖緝
　　　　　　　　　　　　　　　　　　　宗榜

中見人陳祖遇

代書弟陳宗孝

——《康熙陳氏置產簿》，清抄本，原件藏南京大學歷史學院資料室，編號000132

明崇禎十七年十一月徽州某縣李昌義四大房輪役議單

立議單，四大房承祖九甲里役李昌義，炤舊祖墨，四房輪充。崇禎拾叁年，應該宗德公支下、宗義公支下朋充里役。因花戶不遵祖墨，錢糧不兌，貽累排年，致承管之人再三推脫。今衆議國課關係重大，倘不應比，排年受累，損壞體面。自今合族公議，炤糧派比，或自投櫃，或付排年完官。派定之後，各宜遵守。倘違比期，排年指失比之人呈官，所有差費，仍坐失比者認完，不累排年之事。恐後無憑，立此議單一樣四張，每房各執一張存炤。

崇禎拾柒年十一月十五日，立議單宗德公支下宜春　嘗春　良春

　　　　　　　　　　　　　　　　　　愛春　茂禎

　　　　　　　　宗厚公支下大喜 押　繼忠 押　獻瑊

　　　　　　　　　　　獻元　公輔　公傑

　　　　　　　　宗榮公支下景明 押　守俸 押　與茂

　　　　　　　　　　　與循　秉誠　其沆 押

　　　　　　　　　　　秉璋　秉廉　曰仁 押

　　　　　　　　　　　秉正 押　秉謙　際明

　　　　　　　　　　　同明 押　克芳　秉瑞

　　　　　　　　宗義公支下大海　大兆　大旺

中見人天愛 押

——散件文書，藏南京大學歷史學院資料室，編號000056

明崇禎十七年十一月祁門縣謝村謝起鳳等立排年里役合同

　　謝村立合同文約人謝起鳳、廷鳳，今因承祖里役，遞年充當排年，輪該分下子孫輪流充當，該起鳳、廷鳳充當經管應役。今恐人心不一，共立合同，各當一年，憑中面議，貼紋銀柒兩正，與承之人工食。倘有官中儘討應役（倍）［賠］（庇）［賍］錢糧、甲首逃亡、絕戶等項，俱是承管之人（倍）［賠］（庇）［賍］，不得累及不管之人事。所貼銀兩，議作四次交付，不致違誤。自立合同之後，二家各無悔異。共立合同二紙，各收乙紙。今恐無憑，立此存炤。廷鳳兄弟闔得乙酉年分充當，起鳳闔得壬辰年分充當。

　　崇禎拾柒年十一月二拾四日，謝 押。立合同人謝起鳳 押

　　　　　　　　　　　　　　　　　謝廷鳳 押

　　　　　　　　　　　　　　　　　謝興鳳 押

　　　　　　　　　　　　　　　中見人謝記善 押

　　　　　　　　　　　　　　　　　謝應護 押

　　再批：乙酉年，廷鳳兄弟充當，起鳳貼銀叄兩伍錢正。至壬辰年，廷鳳兄弟炤前例貼起鳳叄兩五錢正無異。存炤。

　　計開貼□每月于後：

　　　正月，弘光元年正月十八日，廷鳳收我銀壹兩正。

　　　五月，順治十年八月十七日，應衡收興鳳叔銀伍錢正，筭里長工食。

　　　柒月。

　　　拾月，伍錢。

　　　　　　　　——散件文書，原件藏南開大學歷史學院卞利處

南明弘光元年二月休寧縣藤溪王懋紳等立里長合同

弘光元年里長合同　　長房輪役，順治二年承役

　　立議單合同人王懋紳、王懋貞、王之寶等，本戶承祖四甲里長，衆面議輪該長房戶丁之珍、之珪兄弟充當。前輪係三房瓊、瑤、璧兄弟独任，因本戶窘迫，竟無分文津貼，今亦照前無辭。但念之珍兄弟貧乏無力，應賍不敷，衆議將存王修齡處廳屋價銀議撥貳拾兩，付珍兄弟應賍。又瑤名下已借銀拾兩，此係戶衆篤義，其屋價銀議讓三年無利，已後照例一分五厘加息。倘有衆事

應用,任憑支撥付衆無辭。瑤所借己銀,議兩年無利,已後亦一分五厘加息,付還無誤。其承役之後,一應錢糧、充貶差役等項,俱在承役之人承認,不涉戶衆之事。後輪又該三房,未充當者承役無辭。今恐無憑,立此合同一樣五張,各執一張存照。

弘光元年二月初六日,立議單合同王懋紳　王懋貞　王懋功　王懋齡
　　　　　　　　　　　　　　王懋才　王懋綱　王懋學　王之瓊
　　　　　　　　　　　　　　王之瑤　王之璧　王之珍　王之環
　　　　　　　　　　　　　　王之珪　王之寶　王之瑞

議内所借之瑤公銀拾兩,我祖之珍公該認五兩,附抄子厚叔收票于左。其修齡處廳屋價銀,屋係崇禎十一年立議拆賣,銀係王修齡侵吞,未曾付出。雖蒙戶衆篤義,其實畫餅充飢。查後有拆屋合同,紙尾附修齡親筆帳,帳後又有之珍批語,便知根底。

立收票王子厚,今收到元儒叔名下昔年借當里長銀五兩,因自充役,收銀五兩清訖爲照。

前子厚曾借銀式兩,亦筭清(乞)[訖]。

康熙廿三年五月,立收票王子厚
　　　　中叔王朗玉

——《元至正二年至乾隆二十八年王氏文約契謄錄簿》,
原件藏南京大學歷史學院資料室,編號000013

清順治四年二月休寧縣九都一啚藍渡六甲陳泰茂等立三排年清丈田土議約合同

藍渡六甲、七甲、九甲三排年合同

九都一啚立議約合同,藍渡排年六甲陳泰茂、七甲汪辰祖、九甲陳梁,今因遵奉新例,清丈田地山塘。十排會議,本啚地方遼遠,獨力難承,仍照前朝舊規,三村朋當,立有合同【議】墨,僉報陳程芳爲啚正、汪世紹爲量手、鄭以昇爲畫手,公呈本縣。三村各設任事之人,本村藍渡三排年議作三股,一應公費、食用等項,俱係三股均貶。但見官下會,各認名目,陳遠銓啚正、汪時乘量、陳泰鑰畫,三人不得推諉。贊畫經理,復議二人,陳守侃、陳懋昭。一甲鄭積盛原附本村應貶職事,候齊另議,目今承認之後,各人同心協力,秉公勤慎,不得受賄壞法。倘有此等情弊,事竟罪坐在經手,不涉衆人。其公貯

銀物及造册紙筆之資，設立公匣，眼同收支，註帳清筭，月朔衆誓，事先炤股均分。但有懷私肥己，察出，見一罰十。如違，聽從呈官理治。今恐無憑，立此議約合同一樣三張，各執一張存照。

其七甲汪辰祖該股賑銀，係六甲陳泰茂代賑轉，事先炤股筭還。再批。

順治四年丁亥二月初七日，立合同。

十排炤糧每石先出伍錢，開入衆匣公用。

四甲共米		共該銀
憲暉	米一石九斗六斤一分	該九錢二分
暉己	米八斗五斤八分二	該四錢二分九
舜録	米一石六斗七斤七十八分	該銀二錢三分九
舜己	米九斗七斤六分	該銀四錢二分九
斗	米一石一斗一斤九分	該銀□錢十二分
亢	米一斗○三合四勺	該銀伍錢二分
庶	米一斗七斤三分	該銀二十六分
丞	米四斗一斤六十五分	該銀二錢○九釐
纓	米二斗九斤○四四九五分	該一錢四十二分

其糧從斗起，升合不許私解。

——《康熙陳氏置産簿》，清抄本，原件藏南京大學歷史學院資料室，編號000132

清順治四年三月休寧縣九都一啚陳社稷等
立清丈土地支費議約合同

社稷合同

立議約合同陳社稷，原有社十户，逐年每户分亥若干，今因佃户奸頑，節年拖欠田租，恐聞官用費不便，十户衆議，自第五會陳纓起，將逐年所分亥肉議折價叄兩伍錢，以十年爲率，每年所折銀兩，置買田産，以備公費。每年上下，須首結筭。現存銀作壹分伍厘錢行息。其谷以二月爲定，作時值價，以三月初一日交會爲期，併契文、社簿、銀約與下首收執。如遲，議罰白米三石公用。恐後社簿、契文所失，衆議立合同十張，每年結筭明白，各執一張，永遠存照。

順治四年丙戌三月初一日，立合同陳社稷　祚袍　纓丞　以雲　晋安

遇述　儀淑　衛怡　舜斗　迁逊
第陛

一、丙戌年，買桃賢梅圢秈租伍砠，買祖遇燕岩上元秈租叁砠貳拾零半斤。

一、丁亥年，買應雲梅圢秈租貳砠半。壽仁立約借去銀壹兩陸錢，第陛立約借去銀貳兩陸錢，宗標立約借去銀陸錢。

一、戊子年，買第陛秈租柒砠半，黄土埃秈租貳砠半、上干秈租□砠、東岩山冲秈租肆砠，田契二張。

一、庚寅年，買宗櫺土名前前干秈租伍砠貳拾斤，田契一張；宗儀立約借去銀陸兩（令）[零]伍厘。

——《康熙陳氏置產簿》，清抄本，原件藏南京大學歷史學院資料室，編號000132

清順治四年十月休寧縣九都一啚鄭積盛等十排清丈田土合同附休寧縣令清丈田土告示

十排清丈田土合同

九都一啚公議啚正、量、畫、書、筭合同，里役鄭積盛、程世和、程上達、陳世芳、程思祖、陳泰茂、汪辰祖、陳琛、陳樑、陳世明等，奉朝廷清丈田土。本啚十排公立事務，各分《條例》，拈閹應管本啚啚正、量、畫、書、筭，議立三村均管，僉名啚正陳程芳、量手汪世紹、畫手鄭以昇、書手程時鏞、筭手陳明偉，現里陳泰茂公報各以應支名目。其衙門等項事務，托在趙光祖，其在官丈量造册名目，俱係十排朋名管充當。今排內出身經管之人，另列的名於後，自承認管事，務各秉盡心任事，不得徇私壞法。如有此等之輩，坐在經手。其丈量使費等項，十排炤糧每石先出伍錢應用。如不敷，再閧伍錢，合每石壹兩之數。其甲首貼當書、筭使費等項，每糧一石貼銀壹兩伍錢，聞衆注簿存匣，以使造册等費開支。如有拗不出者，十排衆取公用。但丈量一應歸戶業紙之費，俱要眼同衆手貯匣，以備公用，不得徇私。如有此情，察出，見一罰十。今各任事閧定，日後不得推諉誤公。今恐無憑，議立合同一樣十張，各執一張存炤。

計開列各任事于左：

一、議啚正陳程芳，管造丈量弓口册籍，三村朋管。

一、議畾正貯衆銀匣，還珠陳縹暉經管。
一、議畾正簿匣、圖記、灰印，藍渡陳遠銓經管。
一、議畾正鎖鑰，西管程溉棟經管。
一、議各村非當事者，不得插入混亂。如有此輩，十排公舉。
一、議丈量、管事等項壞法者，坐在經手，不涉衆人。
一、議派使費，從糧斗起，升合不許私開。
一、議里長有户寄在别甲，炤甲首貼銀書、箅造册使費。
一、議參官下會，輪月應答，不得誤公，使費衆支。
一、議六甲現年管理備辦，支應用帳曆盈。号

三村畾正陳程芳。号　号　号
一甲排年鄭積盛户丁一禮，管理畫手。号
二甲排年程世和户丁文鏜，管理量手。号
三甲排年程上達户丁溉棟，管理畾正、鎖鑰、量手。号　号
四甲排年陳世芳户丁縹暉，管理畾正、衆收銀匣。号
五甲排年程思祖户丁知時，管理書手。号
六甲排年陳泰茂户丁遠銓，管理畾正、簿帳、印匣。号
七甲排年汪辰祖户丁懋進，管理畫手。号
八甲排年陳琛户丁衛偉，管理箅手。号
九甲排年陳樑户丁綸照，管理書手。号
册里排年陳世明户丁祖積，管理箅手。号
以上壹拾貳人管理，不得混亂。
順治四年丁亥十月十五日，共議合同十張，各排收執一張存照。
　　　　　　代書人趙夢麒　号
　　　　　　中見人趙光祖　号

衆議十一月十一吉日，上和合敬神，衆匣内出支買辦福事，整酒七席，每席十二品，每排麻餅叁雙、壽桃叁雙。

十八日，藍渡六甲、七甲、九甲開弓丈量起首，整飯七棹，每棹葷素五品；整酒七席，每席葷素十品。

丈量陳田，禮一分。
丈量陳君照屋地，禮一分。
丈量山，禮一分。

丈量塘,禮一分。

十二月初二日,西管二甲、三甲、五甲開弓丈量,起首整飯七棹,每棹葷素五品;整酒七席,每席葷素十品。

丈量田,禮一分。

丈量五倫堂衆廳基地,禮一分。

丈量裡屋德潤堂基地,禮一分。

丈量地,禮一分。

丈量山,禮一分。

丈量塘,禮一分。

本村三排四甲、八甲、十甲各户,照糧每石派出銀五錢,以備香、燭、紙馬敬伸,候十排開弓,整酒飯支費。

舜錄　米二石六斗五斤五勺,該一兩三錢二分七七釐。

憲暉　米二石八斗一斤九三分,該一兩四錢一分。

榴斗　米一石一斗一斤九分,該五錢十二分。

序庶　米二斗〇七合二勺,該一錢〇三釐。

元　米一斗三合四勺,該五分二釐。

纓　米二斗九斤〇四四九五,該一錢四十六分。

宗高　米四斤三七五,該二分二。

宗丞　米四斗一斤六五,該二錢〇九釐。

四甲以上共糧七石六斗五斤四分。

衛棠　米三石三斗九斤,該一兩二錢九分十二釐。

祐順　米七斗五斤七勺,該三錢一分九釐。

偉怡　米五斗一斤,該二錢五分十二釐。

八甲以上共糧四石六斗五斤七勺。

迂　米一斗七斤八合八勺,該九分〇四釐。

遇　米七斗七斤七勺,該三錢九分。

遜　米二石五斤八合四勺,該一兩〇三分。

述　米二石二斤八勺,該一兩〇十二分。

機　米一石二斗七斤四六,該六兩三分七釐。

仁功　米一石三斗四斤五勺,該六兩七分三釐。

十甲以上共糧七石九斗七斤六合八勺。

十二月初八吉日，還珠四甲、八甲、十甲開弓丈量，起首整飯七棹，每棹葷素五品；整酒七棹，每棹葷素十品。

丈量祖述田，禮一分。

丈量祖述屋基地，禮一分。

丈量祖昇屋基地，禮一分。

丈量祖衛山，禮一分。

丈量塘，禮一分。

丈量祖纓屋基地，禮一分。

附　大清國清丈田土告示

正堂佟爲清丈地土事，奉兵道張憲牌前事，蒙按院劉批：該本道呈寬（爰）[緩]丈量緣由，批開丈量，咨劄頻催，似不可緩。若再展限秋成，恐干功令，仍丈完册報繳。蒙此，擬合就行。即將丈量田土事速行料理，以副功令，不必因前牌言寬，就行停止。所用耆老、書、筭、弓手，務尋身家德行之人，以重其任，萬不可因而索民酒食，踏民田麥，荒民春作。有一此者，候縣不時查出，拿解本道重究，以儆其餘，不得違錯等因。奉此，擬合給示曉諭。爲此，示諭槩縣嵓正、量、畫、書、筭諸民人等知悉，即將各嵓田土速行清丈，但各里有來報者，速行僉報；未認者，速行具認狀，立等造册，報府轉報。所報嵓正、書、筭、量、弓手，務尋身家德行之人，以重其任，限本月內報完，造册申報，萬不可因而索民酒食，踏民田麥，荒民春作。有一此者，本縣不時查出拿解究，決不姑貸。速速。特示。

順治四年丁亥歲二月初七日示。

——《康熙陳氏置產簿》，清抄本，原件藏南京大學歷史學院資料室，編號000132

清順治五年正月祁門縣三四都二嵓公正汪裕魁和汪利志等十甲立奉示清丈土地合同文約

立合同文約三四都二嵓公正、副汪裕魁、汪利志等，遵奉清朝丈量田地，已遵通例領弓，于本月廿二開弓訖，先一、二嵓立有合文，將三都、四都共乙十八保，各分九保。今奉縣主王爺嚴催丈過造册，所有官中併衙門領册、請弓、紙筆各項使費，俱查照萬曆九年舊規，各排年併各甲下，每糧壹石，出紋銀叁錢，的于二月初四一齊付出貯匣，眼同暫於開丈支費。如有執拗不出，即係不服清丈論。倘日後接濟不敷，再行酌議均出。如有不遵文約，出銀公用，聽衆執文禀官理治。其公正、副併弓、筭、書、畫等役，各有責任，務要誠心司事，毋致懈怠、差訛、失錯及局中生事，各違各承。每日臨丈，毋得退縮。如來遲退速者，罰銀叁錢公用。九保之内田地，或有沙積水衝，必奉縣主批示，方與丈推，不得私自朦朧增減，以誤公事。如有違文，公論不貸。今恐人心不一，立此約束合文乙樣十紙，各收一紙存照。

本圖閹得九保開後：

三都：三保、四保、五保、八保。

四都：二保、三保、五保、六保、七保。

順治五年正月廿四日，立文約人三甲公正汪裕魁 押

　　　　　　　　二甲公副汪利忠 押

　　　　　　　　八甲弓手謝廷楊 押

　　　　　　　　四甲弓手汪直護 押

　　　　　　　　十甲筭手謝能照 押

　　　　　　　　九甲筭手金淳孟 押

　　　　　　　　七甲書手汪誠明 押

　　　　　　　　六甲書手汪時有 押

　　　　　　　　一甲畫手汪與蛟 押

　　　　　　　　五甲畫手汪儒 押

　　　　　　　　　　汪利海 押

　　　　　　　　　代書汪大聘 押

——散件文書，藏南京大學歷史學院資料室，編號 000056

清順治六年正月休寧縣九都一圖十排立清丈土地各費議約

一、議本圖内芥字号共有一萬字號，十排公議，今奉縣主翁爺清丈，緊急時間，難以丈完。今十排公派三村，西管三排管理丈量底册叁仟号，（南）[藍]渡三排管理丈量三仟号，還珠三排管理三仟号，鄭村一排管理丈量底册一仟号。倘有底册差錯遲誤，官究。使費本村排年自認，無得推委。但各村册底造完之日，約至二月初旬。完日，書、筭須去寫造正册，其各村丈量飯

食,每号給銀壹分,管衆支用。其開(懇)[墾]水打沙漲,十排眼同公衆懷私者,見一罰十。其丈量册底,每排衆給銀肆兩,以備丈量先生飯。

一、議歸户各姓紙筆,四村眼同注簿,收支公用。内有私取察出,罰白米一石公用。

一、議畐正答應見官,每一周年,衆支柒兩貳錢,四季支付,不得推托。倘違公事,工食扣價。

一、議遇下會應答官事,貼銀壹錢。

其丈量遇卯,衆支(顧)[雇]倩。

順治六年己丑正月十六日,十排立約一紙,付趙茂先收執,十排俱各盡字。

——《康熙陳氏置産簿》,清抄本,原件藏南京大學歷史學院資料室,編號000132

清順治九年仲冬休寧縣藤溪王懋紳等立排年里長合同

順治九年排年合同

立議合同人王懋紳、懋學、之瑶、之珍、之球、之寶等,爲齊心承任户役事。本户四甲排年,向係各房輪流管理。後因人事不一,屢經變遷,且户内諸人多在客外,致家庭寥寂,墳墓荒涼。每一思及,不勝興感。今屈指尚有拾數人,豈一户之役不能撑持,貽他譏笑。故集衆合議,務其一心歸向桑梓,爲祖宗擔荷門户,繼紹前業,於國見忠,于家見孝,斯爲有用之才,不至虛生此身,于吾門而使人指爲不足筭者耳。自今立議之後,長、三、五房共計六家,每家一年,照甲挨去,輪流承認,催辦錢糧,祭拜祖墓。須要各自盡心,不許臨期推委。如有此情,鳴鼓而攻,以不孝論。立此爲照。

今將各房輪當排年列後:

壬辰年,一甲佐房排年。

癸巳年,二甲侃房排年。

甲午年,三甲傅房排年。

乙未年,四甲伊房排年。

丙申年,五甲傅房排年。

丁酉年,六甲房排年。

順治玖年仲冬　日,立議合同人　王懋紳　王懋才　王懋學　王懋綱

王懋衡　王之瓊　王之瑤　王之璧
王之聖　王之珍　王之珪　王之球
王之寶　王之瑞　王之璋　王之瑛

按，順治九年歲次壬辰佐房當起，至康熙五十年歲次辛卯億房止，計花甲一週。至康熙五十一年壬辰，原係佐房肇豐當；五十二年癸巳，侃房：長房肇乾、三房江共當；五十三年甲午，傅房：長房衆託馬武公當；五十四年乙未，伊房：三房肇豐、江共當；五十五年丙申，傅房：長房肇乾、錕共當；五十六年丁酉，億房：三房肇豐、江共當；五十七年戊戌，佐房：三房肇豐、江共當；五十八年己亥，侃房：長房錕，三房肇豐共託武公當；五十九年庚子，傅房：長房共託金本裕兄當；六十年辛丑，伊房：三房江自當。

——《元至正二年至乾隆二十八年王氏文約契謄錄簿》，
原件藏南京大學歷史學院資料室，編號000013

清順治十一年十月休寧縣藤溪王懋紳等立里長合同

順治拾壹年里長合同　三房輪役

立議合同人王懋紳、懋才、懋學、懋衡、之瑤、之聖、之球、之瑞等，今有承祖四甲里長，乙未年輪該三房承役。向年祖例，照丁糧派貼役銀四拾壹兩。因前二輪戶衆俱未有貼，今懋學亦勉力獨認承當，億房篤義，津貼銀四拾兩，付懋學回籍承役，充販應用。其銀當日隨即一併付出，所有一應催辦錢糧各項完官，併勾攝差役等情，俱是懋學承當，不涉戶衆之事。其後輪億房承役，伊房亦炤數津貼銀四拾兩無辭。下輪應該第五房承役，本戶亦無津貼。今恐無憑，立此合同一樣六張，各執爲照。

一、之聖津貼銀貳拾兩整。
一、之球、之璋津貼銀拾弍兩。
一、之瑞津貼銀捌兩。
一、下輪該五房承役，倘力薄，衆議長房紳、綱朋當。後該長房紳、綱承役，五房衡、寶亦朋當無辭。

順治拾壹年十月　日，立合同人王　懋功　懋紳　懋才　懋學　懋綱
　　　　　　　　　　　　　　　　懋衡　之瓊　之瑤　之璧　之聖
　　　　　　　　　　　　　　　　之珍　之珪　之球　之寶　之瑞
　　　　　　　　　　　　　　　　之璋　之璺　之瑛　之琪　之璩
　　　　　　　　　　　　　　　　肇同　肇鼎　肇恒　肇泰

居間王鵬起
——《元至正二年至乾隆二十八年王氏文約契謄録簿》，
原件藏南京大學歷史學院資料室，編號000013

清順治十一年十一月休寧縣還珠里趙光祖、陳世芳立里役貼費議約合同

立合同人趙光祖，今有親人陳世芳該輪四甲現里，因本家住居窵遠，且客外生意者多，僅光幼在家，人面生疎，催辦錢糧不便。身係（致）[至]親，愿代催徵應比完納，值櫃都長、義民、燈籠、火把、淺苨紙張、迎官接送、習儀拜牌，俱是趙人承當。憑中議定，本年陳世芳貼費充販工食紋銀壹佰兩正。其銀二月初旬先付一半，餘外四月找足。有本年由單官則欠缺，差票拘拿，□□等□，俱是趙認，不涉陳人之事。其有鄉都牛角襙差，俱是本里自認，不涉趙人之事。□有□□□缺，本里自行催付。今恐無憑，立此議約二張，各執一張存照。

順治十一年十一月廿二日，立合同人趙光祖　陳世芳

中見人□□□

——《康熙陳氏置産簿》，清抄本，原件藏南京大學歷史學院資料室，編號000132

清順治十一年十一月休寧縣九都一啚還珠里陳纓丞等立里役合同議約

還珠里立合同議約人陳序、斗、兊、伯、纓丞等，承祖南汝公遺下四甲里長户，各世芳、廣員二公兩房均當。原置有備役田租，足以供役，公私兩利。續因賠販，田賣無存。今輪里役，毫無積儲，而企役燈籠、火夫、迎官接送及充販值櫃，一應賠費，俱不能免。時若燃眉，勢難再緩，只得集衆商議，努力措置。所有賠費各項銀兩，約計壹佰貳拾兩爲度，以支下子孫所寄世芳甲下糧丁，共派銀陸拾兩，仍銀陸拾兩，照承祖門户公派，以足其數。奈員公支下靖、榛二家故絶，糧無合勻，該派不能出辦。只得兩房篤義，念祖門户，廣公支下子孫序、伯、斗等義出銀四十兩，員公支下子孫纓丞、榜等義出銀貳拾兩，共合壹佰貳拾兩，以足其數，以充公擧。以上所派，至公無私，各要齊備前銀，照數齊集付出，以便承役充販等用，不得有誤公事。如違誤事，執此經公理治。從此議後，凡催辦錢糧、承票勾攝及奉公投詞、解忿息争，俱要奉公

守法，勿辭勞苦。其出門和公散事所得謝禮、隻亥、壼酒之類，俱要貯衆，不許懷私。如違，察出，見一罰十。下輪貧富不等，不可以此爲例。今恐人心無憑，立此合同一樣二張，各執一張存照。

　　順治十一年十一月廿二日，立合同人陳序庶　陳亢録　陳伯暉　陳福斗
　　　　　　　　陳纓丞　陳榜高
　　　　　　　　中見人趙茂先　陳爲政　陳汝德　陳于橋
　　　　　　　　陳奕光　陳我懷

——《康熙陳氏置產簿》，清抄本，原件藏南京大學歷史學院資料室，編號000132

清順治十二年十一月祁門縣康村康鎮琮等立承充里役合同文約

　　立合同文約天禄公秩下子孫鎮琮、之望等分立六房，今因輪該充當壹畐五甲里役，除天爵公秩下充當壹半，禄房合該承充壹半。是以叔侄、兄弟眼同商議，閹定二人經管。所有應役催徵，費用浩繁，每一房津貼紋銀貳兩，糧米每石議定津貼紋銀壹兩，付經管人前去當官應役，不得懈怠，亦不得推捱躲閃，臨期有誤公事。所有津貼銀兩，議作貳次交付，上役之期，現付壹半，仍壹半，來年三月付訖，不致遲誤，遺累經管之人。其經管人務要同心協力，毋得徇私，確遵前議。如違，甘罰白銀伍兩公用，仍依此文爲准。後屆丙午、丙辰年里役，各房遵議。今恐無憑，立此合文壹樣貳紙，各收壹紙存照。
　　再批：後屆里役，閹得經管之人，悉照此文津貼文書，輪流交遞經管人收貯無詞。照。

　　順治拾貳年拾壹月初八日，立合同文約天禄秩下子孫康鎮琮
　　　　　　　　　　　　　之望　鎮瑜
　　　　　　　　　　　　　鎮瑶　之昇
　　　　　　　　　　　　　之傑
　　　　　　　　　　　　　中見人之仁
　　　　　　　　　　　　　　世芳書

丙申年，鎮瑶、之昇二人閹得經管。
丙午年，鎮琮、之望二人閹得經管。
丙辰年，鎮瑜、之傑二人閹得經管。

——散件文書，原件藏南京大學歷史學院資料室，編號000057

清順治十三年正月祁門縣李昌義户下四大房李宗德等排年派比合同

　　立議派比合同，九甲李昌義户下四大房李宗德房支下禎泰、良春等，宗厚房公寧、獻珹等，宗榮房支下與茂、秉清、秉瑜等，宗義房大海等，今爲本户丁糧散漫，人心不一，遞年有累經管排年之人，上誤朝廷國課，下損祖宗體面。今四房合議，將本户各家丁糧及甲下丁糧大小均派，按比上納，毋得臨時推故，致誤比期。如有梗頑失比不遵者，一切在官使費，盡是輪兑比之人承認，不累經管排年之事。其營米、秋米徵額，俱炤官示比數，各炤田畝派出，一比全完，不得以前派比推故。爲此，合同一樣四張，當堂請印，永遠定則，每房各執一張存炤。

　　其各家丁糧，不無增減，遞年炤依本年《實徵册》，的于正月初六日，經管排年者邀率户内人至祠，炤册面派無詞。再批。

　　今將李昌義户内人名併甲下田畝，按月派比，開列于後：

　　正月，本祠、書院、元宵會、觀燈會、朝拜會、上七會、關帝會、文光會、石澗祀、秉鐸、曰愉、其沆、與模、與松、其演、禎泰、開泰、務本祀、大海。

　　貳月，秉謙、菜會、穀來、鱗、根曾兄弟、與模、與松、其演、禎泰、開泰、與循、重光、淇園、德甲、于治、喜生、曰聖、兆桂、秉廉。

　　叁月，概公祀、同明、魣、其沆、與模、與松、其演、禎泰、開泰、梅祀、際春、與茂、焕先兄弟、于淑、曰怡、錫圭、秉清、朱邦瑞、朱社稷。

　　肆月，德庚、大海、其沆、澗户、與模、與松、其演、禎泰、開泰、秉廉、文胤、喜生、曰聖、同春、常春、秉謙、良春、穀來、公偉、公寧、重光、心塘祀、其濤、于漣。

　　伍月，公瑞、其沆、與模、與松、禎泰、開泰、榮祀、與茂、際春、獻珹、與循、德甲、淇園、于淑、曰銓、俊傑兄弟、培枝、朱邦瑞、朱社稷。

　　閏伍月，其沆、與模、與松、禎泰、開泰、德庚、喜生、于藻、曰聖、兆桂、秉清、曰愉、務本祀、朱邦瑞、李九。

　　陸月，書院、本祠、秉謙、穀來、淇園、重光、于淑、秉廉、鱗、其沆、與模、與松、其演、禎泰、開泰、同明、大海。

　　柒月，德庚、昌公祀、四宗祀、梅公祀、琨公祀、際春、與循、與茂、焕元兄弟、廷侃、德甲、錫圭、魣、其沆、與模、與松、其演、禎泰、開泰、于淥、與藏、秉清。

捌月，大海、秉孝、曰怡、心塘祀、公瑞、文胤、喜生、其濤、守儉、于瀚、于藻、曰銓、于治、于洸、于淥、大喜、兆桂、曰聖、同春、于灑、于海、友愛祀、于淑、淇園、開泰、禎泰、其演、與模、與松、其沆、澗、秉鐸、李得孫、許明與兄弟叔侄。

玖月，秉謙、德庚、其沆、與模、與松、開泰、禎泰、與茂、與循、秉廉、培枝、同明、概兄弟、常春、際春、時春、良春、德甲、重光、公寧、公偉、其演、雙桂祀、俊傑兄弟、公輔、獻元、獻城、獻珍、于治、曰怡、于漣、煥元兄弟、天二戶、汪應奇、許得積、程記社、吳盛鳳、李九。

順治拾叁年正月初四日。

——散件文書，藏南京大學歷史學院資料室，編號000056

清順治十四年五月休寧縣朱時登等立議里長輪值合同規條

立議《規條》朱時登、朱兼周等，今有本家八甲里長朱仝慶輪（直）[值]五月初十夏至現年上役，各房立議，拈鬮管月，毋得推捱。各項事宜開列于后：
一、議凡勾攝兵馬盜賊、積米營草、官府下鄉、意外飛差、回呈火事，俱是通衆商議均派，支持酒食，公衆備辦，不得偏累管月之家。
一、議催徵各甲錢糧、差人酒食、出卯打發，盡是管月支應。
一、議縣差扦票催該啚總數錢糧，分限打發，衆派酒食，管月支應。
一、議倘錢糧催徵不足，官刑管月，公衆貼役銀壹兩使費。
一、議貼役銀，公衆同討公用，不得私入己囊。
一、議抄戶房錢糧、營米總數使費，公衆閧出。
一、議閏月催糧，通衆支應，領差各甲及官前應卯，臨事衆議公閧工食，幫貼一人，出身答應。
一、正月，夢正管。二月，可遇管。三月，兼周管。四月，時登管。五月，初一，兼周管；十五，可泗管。六月，可遠管。七月，時登管。八月，可吉管。九月，時登管。十月，時化管。十一月，時可管。十二月，時修管。
以上八議，俱係眼同公論開寫，面立合同二張，各執一張存照。
順治十四年五月　日，立議合同人朱時登 押
　　　　　　　　　　　　　　　朱兼周 押

朱時修 押

朱時可 押

朱時化 押

朱可遠 押

朱可吉

朱可遇 押

朱可泗 押

朱夢正 押

——散件文書，藏南京大學歷史學院資料室，編號000057

清順治十八年八月祁門縣務本堂支下濟公等房李懋禄等立里甲役合同

　　立議合同務本堂支下濟公房懋禄、其濤等。汎公房秉廉、兆楠等，溥公房秉謙、文胤等，本户九甲李昌義户役，原四大房歷炤祖墨，兩房朋充一届。前庚寅限，本堂同宗厚公房充當里排十載。今庚子限，該宗德公房與宗義公房兩房朋充。義公支下李承雲臨役規避，宗德公當官承認一年。比署縣本府陳三大爺着令宗榮公支下長房如松代承雲充當，候雲回日，方許頂役。詎如松因戊子勾引山賊，燒燬衆祠，祖宗神主盡成灰燼。據此，累惡彌天，凡我子孫，人人飲憾，會衆立合文，公議向因謀爲外遁，未經聞官理治，今私禰秉包充里排，希圖橫行肆惡，魚肉閤户，假公肥私，且得承雲樓屋貳重，併得銀兩包約可証。又于各甲首户下津貼越例倍徵，約得銀百餘兩。如松狠心未厭，得隴望蜀，將本堂支下錢糧，除正額外，每畝私派叁分；私丁每口除朋上官丁外，又私徵銀捌分。突于貳月間，將本堂支下人等朦朧誆縣，希圖橫徵科派，充囊肥己，牽扯本堂，以爲得計。蒙縣審明，務本已充前届。今届因承雲臨役規避，如松愿代包充，合約聳然，着各户丁自行投櫃，如松總催，料理排年，毋得推諉。本堂凜遵縣諭，自行投櫃，按比完納，解扛水脚等項，悉照大例兑足，毫不累及如松。因松已分錢糧併經收甲户錢糧，意欲吞噬，不肯完畾，反以本堂名目誆縣搪塞。是以支下三房人等，各懷憤憾。思我務本公生平正直，積德裕後，幸孫子繁衍，豈愿坐視獸惡？屢將祖宗名目妄捏誆聳。今愿齊心合議，共懲梟惡。本堂支下丁糧，(安)[按]田乙畝，出銀壹錢；每私丁乙口,出銀壹錢,以爲出質費用。自議之後,各宜協力付出,公貯候用。無論如松誑害某人,凡屬本支,同心合志,當以祖宗爲念,毋懷異心,墮彼圈套,自干天譴。如有推故延捱及拗議者,是自絕于祖宗,定以不孝論罪,鳴鼓而攻,仍炤此文爲準。恐後無憑,立此合同壹樣叁張,各房收壹張存照。

計開務本堂支下丁糧:

濟公房:淇園衆併子户,共田貳佰乙十六畝正,私丁六口;子洸房,田叁畝二分,丁乙口;戀禄房,田乙畝四分,丁貳口;汛公房:秉廉房,田貳拾柒畝,私丁乙口;兆楠兄弟房,共田貳拾乙畝,丁五口;溥公房:石潤堂,田伍畝柒分,心塘衆田五畝七分;文胤房,田拾叁畝式分,丁叁口;公瑞房田貳畝乙分,丁四口;圭祐方,田拾捌畝捌分,丁式口;與模房,田玖畝拾伍畝六分,丁一口;于海房田,丁一口;于瀛房田,乙畝四分,丁二口;于治房,田貳畝八分,丁一口;又代孝,田二畝,李阿方田;于淑房,田叁拾壹畝,丁一口;秉謙房,田貳拾六畝,丁二口;聖寶房,田拾捌畝,丁一口;曰怡房,田六畝,丁六口;曰愉房併鱗、魸子户等,共田壹佰柒拾畝,丁三口;曰全房,田三畝,丁一口;曰聖房,田拾畝,丁二口;秀蒁房,田式畝五分,丁二口;喜生房田乙畝,丁乙口;友愛堂,田九畝;啟祥方,田七畝,丁。

順治拾捌年捌月十八日,立議合同務本堂支下

    濟公房戀禄 押   其濤 押   其演 押   彬魯 押
    根魯 押   萊魯 押   抽魯 押
    汛公房秉廉 押   兆楠兄弟 押
    溥公房秉謙 押   文胤 押   公瑞   錫圭兄弟
    曰怡   曰全 押   曰聖   元秀
    曰愉 押   喜生   于瀛   于治
    于淑   與模 押   聖寶   鱗 押

——散件文書,原件藏黃山市安徽中國徽州文化博物館

清康熙二年十一月祁門縣洪日振與洪鳳池等立清丈土地合同文約

立合文族衆洪日振、鳳池等,今奉縣主余仁臺奉旨併奉部院行文,覆行清丈。今本都照糧因該本甲洪元慶充當公正,照舊光日章充當公副,所有弓、箅、書、畫,俱係舊名。今十排年已立合文,分保分丈。又奉明示在外,今

吾族兩大房應該朋充公正之役，公舉練事老成陸人充當公正，當官值月，比較丈量田畝、造册及經理錢糧事務等項。倘有事體，各宜小心謹慎，守法奉公，依期管理，毋致差錯，違誤公事。其本甲下祠堂錢糧、兩房錢糧及各房花户外，甲首錢糧，照糧均出津貼出身人役，以便不時費用。其局内之人，不得花費濫用等情。有糧之家，亦不得橫生異議，慳吝執拗，以誤衆事。其公正人等，自當役之日爲始，每年共給工食銀貳拾肆兩，以酬勞苦之資。所有優免，照通縣大例。倘丈完後解册、駁册、覆丈，公錯公費，俱係照糧均出。其弓則造册歸户差訛，盡是承役之人承當，不得累及衆人。其照糧均攤公費銀，每石目下暫徵伍錢，付應役人費用。其順治四年經手公正造册等項，或有差訛，俱係舊役承當，不得累及新役之人。今恐無憑，立此合文一樣叁張，貯匣一張，各房收一張存照。

公正陸人：洪瀹禎 押　洪禮政 押　洪道生 押　洪壽基 押　洪哲先 押
　　洪懋相 押

康熙二年十一月念三日，立合文族衆洪日振 押　洪鳳池 押　光大 押
　　　　　　　　　　　　　　　　貞兆 押　大有 押　貞齊 押
　　　　　　　　　　　　　　　　貞瀹 押　貞祚 押　貞頤 押
　　　　　　　　　　　　　　　　長壽　應啟 押　時高 押
　　　　　　　　　　　　　　　　良丞 押　應望　頤 押
　　　　　　　　　　　　　　　　光復 押　宗孔 押　鳳舞 押
　　　　　　　　　　　　　　　　應基 押　之華 押　龍搏 押
　　　　　　　　　　　　　　　　應禄　光東 押　應瑞 押
　　　　　　　　　　　　　　　　應禎 押　應祥 押　應福 押
　　　　　　　　　　　　　　　　應廷 押
　　　　　　　　　壽公匣收　　　應宣 押　鎣　琞 璋　珪
　　　　　　　　　　　　　　　　璁　璘 押　聖庚 押
　　　　　　　　　　　　　　　　祥庚 押　璿 押　覺先
　　　　　　　　　　　　　　　　起先 押　哲先 押　孔政 押
　　　　　　　　　　　　　　　　如栢 押　錫獮　邦珍 押
　　　　　　　　　　　　　　　　廷元 押　邦琥 押　長 押
　　　　　　　　　　　　　　　　壽 押　福　錫駿　錫齡
　　　　　　　　　　　　　　　　錫勇　矗先 押　丹鳳　邦雖
　　　　　　　　　　　　　　　　約中 押　崇中　美中 押

懋相 押　錫圭 押

——散件文書，藏南京大學歷史學院資料室，編號000056

清康熙二年十一月祁門縣洪貞兆等立排年里役合同

　　立合同壽公六大房貞兆、大有、貞齊、貞淪、應基、應廷等，原承祖五都三甲里長，今于康熙三年輪該充役，與相公均當。所有里役在官費用，悉照衆祠文書，照糧均出。仍有九年排年，悉照舊例，壽公匣每年貼銀肆兩捌錢，以爲排年出身辛力。其銀逐年排年照糧徵收，有糧之家，務要照比應期兌銀，付排年上官，不得恃頑執拗。如有恃頑不兌者，聽排役出身之人賷文理論，出身之人亦不得生端外取。其排役照前例，六大房拈鬮輪當，兩房充當一年。所有口櫃補徵加派，仍係某年經手排年即徵某年分加派完納，不得推辭下手之人。今恐無憑，立此合同爲照。

　　再批：三年分錢糧，六房出身人役眼同徵收上納，毋許私徵。倘有故意恃頑，不照比兌銀，許排役之人投六房公衆一齊理論。

　　康熙二年十一月二十日，立合同洪貞兆 押　洪大有 押　洪貞齊 押
　　　　　　　　　　　　　　洪貞淪 押　洪應基 押　洪應禄
　　　　　　　　　　　　　　洪鳳池　　洪貞祚 押　洪貞頤 押
　　　　　　　　　　　　　　洪應啟　　洪應福　　洪應禎　　洪應祝
　　　　　　　　　　　　　　洪應廷　　洪錫極　　洪光祚 押　洪璁 押
　　　　　　　　　　　　　　洪璘 押　洪聖庚　　洪祥庚　　洪璿
　　　　　　　　　　　　　　洪玨　　洪如栢 押　洪璋　　洪廷元
　　　　　　　　　　　　　　洪懋相　　洪懋仁　　洪八毛　　洪九毛
　　　　　　　　　　　　　　洪約中　　洪啟中

　　出身當役人名

　　長房懋仁，值四、伍、陸月；貳房應廷，值正、貳、叁月；叁房貞淪，值肆、伍、陸月；四房應祐，值正、貳、叁月；五房應基，值陸、柒、捌月；六房貞齊，值陸、柒、捌月。

——散件文書，藏南京大學歷史學院資料室，編號000057

清康熙二年十一月祁門縣三四都一啚十排年等立清丈合同文約

　　立合同文約三四都一啚拾排年等，向于順治三年奉旨清丈，已照糧舉報公正、副、弓、筭、書、畫，苦累一十一年至十三年，方得解册告竣。今又奉旨，着令復丈，不期以前各役消長不一，欲行另報，又恐互相滋擾，有誤限期。爰衆排年輸心齊集神前公議：六役俱係十排朋充，有議出姓者，有議出名者，一概均朋應役，每户議一誠實練達者出身任事。凡有開丈解册各項差費、紙張、飯食等費，俱以貳年貳甲實徵爲則，照糧均攤。以後逓年照實徵均派，即在各户任事者敷合本户及甲下花户銀兩，付衆入匣，眼同支收。倘一户不齊，則責在經管之人充賠無詞。所有應卯十排，俱要的實人赴縣。如有一排不至者，聽衆賫文理論。其丈（糧）[量]、造册、解册、歸户等事，亦係十排均任，不得偏累有名在官者。自立合文之後，務宜遵守。如有執拗違文者，聽衆鳴官理論公罰，仍依此文爲準。今恐無憑，立此合文拾張，各收一張存照。

　　康熙貳年拾壹月十八日，立合同文約三四都一啚十排年一甲饒立登 押

　　　　　　　　　　　　　　　　　　　　　　二甲方元茂 押

　　　　　　　　　　　　　　　　　　　　　　三甲汪文聘 押

　　　　　　　　　　　　　　　　　　　　　　四甲汪復初 押

　　　　　　　　　　　　　　　　　　　　　　五甲康自新 押

　　　　　　　　　　　　　　　　　　　　　　六甲余安序 押

　　　　　　　　　　　　　　　　　　　　　　七甲王文明 押

　　　　　　　　　　　　　　　　　　　　　　八甲余嘉訓 押

　　　　　　　　　　　　　　　　　　　　　　九甲汪新泰 押

　　　　　　　　　　　　　　　　　　　　　　十甲王大用 押

　　　　　　　　　　　　　　　　　　　　該都　汪昌

　　　　——散件文書，藏南京大學歷史學院資料室，編號000056

清康熙三年十二月休寧縣九都一啚還珠里陳序庶等立里役合同議墨

　　還珠里立合同議墨人陳序榴、陳亢傳、陳承榜、素齡等，承祖南汝公遺下四甲里長户名世芳，廣、員二公兩房均當。原置有備役田租，足以供役，公私

兩利。續因賠敗,田賣無存。今輪里役,毫無積儲,而企役燈籠、火把、迎官接送及充賠值櫃,一應賠費,俱不能免。時若燃眉,勢難再緩,只得集衆商議,努力措置,所有賠費各項銀兩,約計壹佰弐拾兩爲度,以支下子孫所寄世芳甲下糧丁,共派銀陸拾兩,照承祖門户公派,以足其數。奈員公支下靖、榛二家故絶,糧無合勻,該派銀兩不能出辦。只得二房篤義,念祖宗門户,廣公支下子孫序、亢、傳、榴等共出銀叁拾陸兩,員公支下子孫承素、榜高等共出銀貳拾兩肆兩,共合壹百貳拾兩,以足其數,以完公事。以上數派至公無私,各要齊備前錢,炤數付出,以便承役充賠等用,不得誤公。如違誤公事,執此理論。自議之後,凡催辦錢糧及一應投詞解忿息爭,俱要奉公守法,勿辭勞苦。其和公散事所得謝禮,隻鷄、壺酒之類,俱要貯衆,不許懷私肥己,如違,察出,見一罰十。下輪貧富不等,不得以此爲例。今恐無憑,立此合同一樣弍張,各執一張存照。

康熙叁年十二月十六日,立合同議墨人陳序庶　陳亢榴　陳傳齡

　　　　　　　　陳承素　陳榜高

　　　　　憑中趙茂先　陳汝德

　　　　　代書程履先

——《康熙陳氏置産簿》,清抄本,原件藏南京大學歷史學院資料室,編號 000132

清康熙四年正月休寧縣藤溪王紳等立里長合同

康熙四年里長合同　五房輪役

立議墨合同王紳、王懋才、王懋衡等,今輪本户四甲里長王正芳承役,祖例本户照丁糧派貼役銀四拾兩,付承役之人。因前輪瓊兄弟承役,本户未有津貼,次輪長房之珍兄弟承役,又次輪三房懋學承役,俱未有津貼。今照上輪懋學合墨,應當五房懋衡、之寶叔侄承認。因衡自幼伶仃,至壯年始及回籍完娶,今又纏訟破業;之寶四旬孤子,尚未婚聘,衆心篤義,不能照房獨任。議衡出銀叁拾兩,肇泰兄弟應銀拾兩,清明會撥貼銀五兩,春龍、富萬二户出銀　兩,共銀　兩,議出長房懋紳勉力承認,與五房懋衡朋當之舉。至次輪五房承役之日,紳房亦出銀叁拾兩,付衡貼費無辭。自今承認之日,其銀一併付足,交紳回籍應卯,充賠完官。所有差徭、催辦錢糧各色等項,俱係承役之人承當,並不涉户衆之事。恐後無憑,立此合同一樣五張,各執一張存照。

康熙四年正月　日，立合同議墨王正芳
　　　　　　　　長房王紳　綱　之珍
　　　　　　　　三房王懋才　之瓊　之瑶　之璧　之球
　　　　　　　　　　　　之瑞　肇春
　　　　　　　　五房王懋衡　之寶
　　　　　　——《元至正二年至乾隆二十八年王氏文約契謄錄簿》，
　　　　　　　　原件藏南京大學歷史學院資料室，編號 000013

清康熙四年二月祁門縣黄大道等立東淳鋪役中伙合同

　　立議鋪設中伙合同人黄大道、胡明文、方起等，遵奉本縣老爺參批，着令議立合同，以爲定則。有九都新設東淳鋪，九都里長管辦；有十都王坑、石坑、鳧溪口，十都里長管辦；有十一都赤橋、李坑口，十一都里長管辦。各管各境，兩不相累。至有隔境休寧端卿街、半流寺貳處，因附近十都、十一都議該十都、十一都五里朋管，不得扳扯九都，而九都地界亦不得扳扯十都、十一都。自議之後，凡有上司及府、縣老爺經過，各界各辦，兩無異説。立此合文二紙，各執存照。
　　康熙四年二月　日，立議合文胡明文 押
　　　　　　　　　　　黄大道 押
　　　　　　　　　　　方起 押
　　　　　　　　　　　吴弘茂 押
　　　　　　　　　　　黄泰 押
　　　　　　　　　　　胡寧甫 押
　　　　　　——散件文書，藏南京大學歷史學院資料室，編號 000057

清康熙十年二月休寧縣藤溪王之聖捐資免役合同附抄之聖公捐資原由

之聖公字子凡**捐資免役合同**

　　復立議徽籍門户里役、祭掃合同文書人王紳、王懋衡、王之瓊等，今有吾門始祖子珪公枝下億房裔孫王之聖，向因客外，創業吴地，年至五旬餘。忽思故鄉門户里役、祭掃等事難支，欲効范公義舉，毫末之意，于上年户衆、叔侄、兄弟諸人，當蒙族侄王英，立有《簿約》，獎諭美名，輸出公銀拾兩，又已輸拾兩，付衆領去，置産生息，永遠辦糧、祭掃，并之聖名下輪役承值里保、排年、丁糧等項。今之聖復累子幼，猶恐故鄉祖墓缺典，祭掃煙滅，身後恐累子孫，差徭、裸派等事，有貽累子孫。今復輸出銀拾兩，付衆領去，置祀業生息。嗣後，里役差徭與之聖枝下子孫永遠無涉。恐後無憑，立此一樣六張，各執一張存照。

　　康熙拾年二月　日，立議徽籍門戶
　　長房德佩一張　元儒一張
　　億房子凡一張　禹珍一張
　　三房泰美一張
　　五房君權一張
　　長房王德佩
　　五房王君權
　　三房王泰美　王叔美　王元儒　王仲三
　　王禹珍　王輯之　王玉章　王公恒
　　王德良　王文侯　王子厚

附抄之聖公捐資原由

元儒公筆記

康熙己酉年五月廿九日，抵蘇，同維叔往沙溪，爲子凡兄，衆銀自專，借與堂弟玉章。未二年，店業收歇，私逃雲間，以致弍十兩頭本利無望。叔美兄音來催促，要我與凡兄對質清白，非此即彼，故面執查，與凡兄稟呈，衆係要他封固寄與大受叔來，非云聽借與大受叔之子，似理無所逃。回衆云：待討筠老壹百兩，頭上扣除便是。故各別而回，除衆貼舟金之外，計費銀壹兩七錢四分。至拾年辛亥歲，蒙佩叔音來，約至沙溪，二月初八日到吳，偕球、瑞二弟，併昌久侄進禄七人同行，買舟一隻，見子凡諸人居其當内，將有半月，前事猶未得妥，幾致出揭帖，不忍傷情勸諭。無奈又做一美名合同六張，僅出九色銀拾兩，衆借與金兄，每年納利弍兩五錢，身亦因家中乏人，孤孀賠費無辜，併人事、舟金又費用弍兩五錢三分，記此聊表爲一户微意耳！

元儒公宜興付大受至沙與子凡索銀信

舊夏擾別，瞬息間，又是一年。先景新春恭賀吾兄合家亨泰，福祉多臻，正所謂善門之餘慶也。里役事，佩叔權勉就歸寧，而事猶不能慊然者，以其貼販少用，度奢恐不能終始耳。君權叔仍有未完者，乞吾兄促其付清，亦卸彼干係。今大受叔便來沙溪，其合門領約交他處，望吾兄慨付。大抵爲不朽之人，纔做不朽之事，幸勿覊延而令大受叔空返也。弟年來爲先人宿負，累弟一身，苦不可言。俟清完，弟即力薄，斷不敢辭後。其物乞封固交與大受叔帶來宜生息。俟舍弟信至，即附去置田，吾兄萬勿作吝態，以負弟望也。此禱。

户衆批斷附元儒公質証

子凡既輸出，爲自己卸脱門户里役事，則物非子凡有也，公物也。公物則不應私相受授。大受，令叔也，元儒書内，並未云付令叔父子領去，只説封固付來宜生息置田，子凡命叔大受代子立約領去。況又私自批約上出支，自己門户幾宗，則私交私受未經衆目以存祀户役，立約作自己私情，咎將誰歸？

大受代子玉章立領約

立領約王之璽，今領到子珪公支下裔孫之聖輸出九色銀弍十兩，每週年二分五錢起息。其銀候來年公同户衆議，擇善産置立祀業之日，本利無得阻滯。今恐無憑，立此領約存照。

一、支聖名下人丁、錢糧、役銀三錢。

一、支銀五錢，附寄回與在家者收，辦春、秋、清明祭掃祖先。

一、每輪保長，照衆派貼無欺。

一、每輪排年，炤例支貼，餘存蓄訂帳積聚，公矣。

康熙四年三月初一日，立領約王之璽

　　　　代書父懋才
　　　　見中王之瓊

户衆于領約後批

領銀，令堂弟也；代書，令叔也；中人，令堂兄也。一門公物，豈是一人見証？各房俱有在沙溪者，能不通其見証乎？

按，子凡公初次出銀貳拾兩，係三房之瓊公居間，擅與玉章領借，遂致烏有。故户衆理論，復立合同六張，後又捐資拾兩。衆議以爲本户借領，難于索取，而叔美公因力薦金運之誠實可借。康熙拾四五年間，運之店業虧而稍轉，先祖元儒公屢欲往蘇索取，而叔美公兩字相阻，遂不果行。户衆向有清明會銀三十兩，附仲美公生息。仲美公恐户衆煩擾，難以割藤，因轉借與輯之公。輯之，諱之瑞，亦三房人也。叔美公來字，蓋謂拾兩之資甚微，不足以置祀產。再遲年餘，候輯之生意稍裕，或本或利，一併索回置田。豈料未二載，而璽、運之店業虧折收歇，輯之處叁拾兩亦成畫餅。康熙十六年五月，先祖元儒公辭世，臨終猶以門戶爲慮。先府君暨伯叔父不忍墮先人之志，復往蘇州，向璽、運之坐索，僅得低篩零貨准折色銀拾兩帶回，存大有店內生息，每年代納子凡公名下錢糧叁錢。又子厚叔同叔美公借去兩，又子凡之子兩次來宜興費用，除各項支用外，今現置排年田四十四砠，內先君經手買前山、洪山、芭蕉坑三處實田式十式砠；三房子厚叔經手買實田壹畝式分。餘銀復蹈前轍，借與妻舅泗溪洪宅，至今本利俱無。康熙四十八年，長、三房新立均安會，因將前項田租分扒，各置各收，各抵役費，係上門璜叔祖秉筆，于《均安會簿》上批據，而借與泗溪者，係三房經手，自行清理。本房式十式砠，併入承裕會輪收。而三房名下式十式砠，除借與泗溪後，只有實稅壹畝式分，長房多稅捌分零，每該三房排役之年，本房于承裕會田租，亦除錢糧壹畝式分，與三房硬駝扯直，餘多稅畝，照例付與完納，亦至公之論也。誠恐後人不知原委而有此多彼少之疑，故述其根由，且便子孫知乃祖爲門戶一片婆心。向使先君亦如戶內諸公，或輕借與人，或自肥己，又安能以色銀拾兩續置田租四十四砠乎？向使戶內諸公盡如吾祖吾父之秉公培本，則戶役不難于急公而祀典不愁不豐潔矣。

——《元至正二年至乾隆二十八年王氏文約契謄錄簿》，原件藏南京大學歷史學院資料室，編號000013

清康熙十一年正月祁門縣謝村謝善則堂秩下謝興鳳等立承里正役合同文約

立議合同文約人謝善則，今因輪該一甲里長大差，門戶該本堂充當四股之一。本堂兄弟商議，圮、璉二房，圮房該佐分充當，璉房該憲分充當。佐房係應選出身承役，憲分無人在家，係春、誠、衡三人代憲充當承役。衆議祀匣貼工食銀壹拾陸兩整，付圮、璉二分出身人均收應役。其承役人務要同心催徵錢糧，應比合封點卯，不致違誤公事。仍有各戶下及本甲丁糧貼賠，本堂該四股之一，亦係承役人均收應用。自承役之後，必當協力催辦錢糧，奉公守法。應卯比較，守櫃合封，必當小心謹慎，不得懈怠。或有錯誤、生事等情，盡是承役之人一併承當，不得累及本堂之事。自立合文之後，各宜遵守。如不遵者，甘罰白銀五兩公用，仍依此文爲準。今恐無憑，立此合文三紙，一紙貯匣，圮、璉二分各收一紙存照。

康熙十一年正月十一日,立議合同文約人謝善則

　　　　　　　興鳳 押
　　　　　　　應春 押
　　　　　　　應誠 押
　　　　　　　應試 押
　　　　　　　應衡 押
　　　　　　　應護 押
　　　　　　　應選 押
　　　　　　　應岳 押
　　　　　　　應貞
　　　　　　　應詔
　　　　　　　應求
　　　　　　　應齡 押
　　　　　　　應大
　　　　　　　明桂　書 押

——散件文書,原件藏南開大學歷史學院卞利處

清康熙十二年七月祁門縣洪大有等洪氏宗族族衆立申報里長合同文約

立合文洪氏族衆鄉約大有、時高等,今奉縣主何老爺鈞票,遵奉憲檄,諭令各都里長舉報都長一名。今當年二甲里長,不便擅報,于本年七月初七日,合同通都四約會議,先立合文四紙,議定凡有公務公費,四約均派均出。其都長出身之人,四約同在神前拈鬮,擇墅約拈得都長。今本族齊集會議,公舉二人,一長一副,遞年議貼都長辛力柒兩,議貼都副肆兩。其銀在本族照糧均派,係相、壽二公頭首同徵,遞年夏、冬二季付足,不致短少。其公費三匣均出。有糧之家,不得恃頑執拗,如恃頑不出者,聽出身人賫文鳴官理論。出身者,務要謹慎,不得妄生事端。如有生事等情,盡是出身人承當,不得累及族衆。立此合同文四紙,相、壽公二房各執一紙,出身人各執一紙存照。

　族衆公舉都長洪孔政 押
　　　都副洪如栢 押
　無分長、副,貳人朋充辛力,外加壹兩,共拾貳兩,各陸兩,照其銀合足捌伍色。

官内名目，衆議洪仁友再四約公費、本約鄉約同徵。倘有都内不測之事，費用族衆管理，不得累及出身之人。照。

康熙拾貳年七月初九日，立合文

洪大有押	貞齊押	貞瀹押	貞祚押	貞任押	大欽押	貞頤押
貞灝押	應啟押	時高押	時俊押	良丞押	頤押	應基押
之驊押	龍搏押	光東押	應禄押	應禎押	應儀押	應祥
應福	應廷	應祐押	應誠押	應祝押	應祖押	應嵎押
璋押	珪押	璁押	錫奎押	邦瑋押	璘	聖庚押
璿押	竟先押	起先押	哲先押	春押	敏先押	邦珍押
廷元押	邦珖押	長基押	夢麒	錫勇押	龘先押	邦培押
邦儀押	孔牧	丹鳳押	豐押	邦雄押	應攀押	德新押
崇中押	昊中押	約中	懋相押

——散件文書，藏南京大學歷史學院資料室，編號000056

清康熙十三年十二月休寧縣藤溪王懋紳等立里長合同附抄前議内王懋紳公閔文呈稿

康熙拾叄年里長合同 *長房輪當*

立議墨合同王懋紳、王懋才、王懋衡等，今輪本户四甲里長王正芳承役，祖例本户照丁糧派貼役銀四拾兩，付承役之人。因前輪之瓊兄弟承役，本户未有津貼，次輪之珍兄弟，又次輪三房懋學承認，俱未有津貼。至乙巳年，照上輪合墨，該五房懋衡、之寶叔侄承認。因衡久居客外，之寶孤子無力，衆心篤義，不能照房獨認，議衡獨出銀叄拾兩，付長房懋紳勉力承任，以爲長五朋當之舉。至今輪乙卯年，應該五房懋衡叔侄承役，長房懋紳照上輪亦當付出銀叄拾兩，交懋衡叔侄回籍承認無辭。衡因徽郡兵戈擾攘，之寶仍力綿孤子，且生業俱在外邊，不能回籍。衡情願照前輪出銀叄拾兩，又加客俸銀拾兩付出，共成四拾兩，仍浼託長房懋紳父子回籍，勉力承認。所有差徭、催辦錢糧各色等項，俱係承役之人承當，不涉户衆并懋衡之事。嗣後，下輪又應佐房支下子孫承役，或照祖例，或仍獨任，自有裁酌。今恐無憑，立此議墨一樣五張，各執一張爲據。

其王正美户，照上輪應出貼役銀拾兩整。

康熙拾叁年十二月　日,立議墨合同人王正芳
　　　長房王戀紳　王之珍　王之珩
　　　三房王戀才　王之璧　王之球　王之瑞　王肇有　王肇豐
　　　五房王戀衡　王之寶
　　　見議居間金素臣　王趙生

附抄前議内戀紳公關文呈稿

休寧縣二十七都五啚四甲里長王正芳户丁王戀紳,呈爲賞文嚴提承役催徵錢糧事。祖遺四甲里長,輪流挨當,合同存據。前輪身已當過,今輪應該户丁王戀衡充當。豈伊規避蘇州府太倉州沙頭鎮地方生理,若不預叩行提,臨期催徵有誤,伏乞天臺賜文,嚴提到縣,着役催辦錢糧,萬感洪恩。上呈。

申請關文

江南徽州府休寧縣爲賞文嚴提認役、催徵錢糧事。據本縣二十七都五啚四甲里長王正芳户丁王戀紳具呈前事,呈稱:祖遺四甲里長,輪流挨當,合同存據。前輪身已當過,今輪應該户丁王戀衡充當。豈伊規避蘇州府太倉州沙頭鎮地方生理,若不預叩行提,臨期催徵有誤。伏乞賜文嚴提到縣,認役催徵錢糧等情。據此,合具由申請。爲此,縣司今給批差本屬,賫文前赴本州台下告投外,請發後開避丁下縣,以憑着役。事關國課,合行具申,伏乞照驗施行。須至申者。

　　　計申請避丁一名王戀衡。

　　　　——《元至正二年至乾隆二十八年王氏文約契謄録簿》,
　　　　原件藏南京大學歷史學院資料室,編號000013

清康熙十四年十一月祁門縣洪大有等奉知縣明示立團練合文約

立合文族衆洪大有、洪良丞等,遵奉憲檄併奉縣主明示,團練以固地方,各都所報總、副,俱要紳衿。本都四約公議,鄉總錦溪約仰鳳,練副珠溪謝瑚,本約擬合練副壹名。今集衆公議,舉報的名武庠洪春在官任事,衆議逓年本族津貼辛力紋銀壹拾貳兩整。其津貼銀在本族併各甲寄户及資本作糧均派,逓年作四季交付。所有錢糧,俱係紳衿殷寔徵收出支,不得累及在官

出身之人。所有外公費,不在本族拾貳兩之内。其出身之人,自任事以後,務要謹慎趨事赴公,不得好事生端。如借端生事等情,盡係出身人承當,不得累及族衆。凡有糧之家,悉照合文,如期付出,以應辛力併公費,不得執拗。如有違文不遵約束者,合衆鳴官理論。今恐無憑,立此合文三紙,二大房各收一紙,出身人收一紙爲照。其辛力自任事之日起。

公舉練副洪春 押

康熙十四年十一月　日,立合文洪大有 押　貞齊 押　貞渝 押　貞祚 押
　　　　　　　　　　貞任 押　大欽　貞灝 押　良丞 押　應基 押
　　　　　　　　　　之華 押　龍搏 押　應禎 押　應儀 押
　　　　　　　　　　應祥 押　應福 押　應祝 押　應廷 押
　　　　　　　　　　應祐 押　應祖 押　應誠 押　業　應冔 押
　　　　　　　　　　應攀 押　璋 押　珪 押　錫圭 押　邦璋 押
　　　　　　　　　　聖庚 押　邦璜 押　覺先 押　起先 押
　　　　　　　　　　敏先 押　錫獬 押　如栢 押　廷元 押
　　　　　　　　　　邦珍 押　邦珖 押　長 押　夢騏 押　開先
　　　　　　　　　　錫勇 押　煌　丹鳳 押　有標 押　孔牧 押
　　　　　　　　　　德新 押　崇中　矗先　邦培　天孫 押
　　　　　　　　　　美中 押　約中 押　戀相 押　蘭生 押　豐 押

一、徵收錢糧紳衿:頤 押　璁 押　璿 押
一、同徵:聲 押　光東 押　應禄 押　應昂 押　邦任 押　哲先 押
　　孔政 押
一、除田畝外,以本作糧。聲、業共四石,邦任壹石,孔玫壹石,世進五斗,富基三斗,掄先三斗,美中叔姪三斗。

——散件文書,藏南京大學歷史學院資料室,編號 000056

清康熙十五年正月徽州某縣朱鱗長等立承充代管本甲役議約

立議約人朱鱗長、朱晋明,今因康熙十五年分錢糧輪值晋明承管,因年幼母寡,不能充當,憑親族商議,自愿浼託房兄代管。其本甲并花户錢糧,俱是鱗長承值取討完官。兹因(爾)[邇]來排年事蕃,衆户錢糧除糧租外,面議津貼銀肆兩正。其有各項飛差等事,俱係代管支當,不涉晋明之事。其本家己糧亦不得拖累代管之人。此係兩相愿從,日後,不得生情反悔。恐日後無

憑,立此合同二炁存照。

其銀議定茶市付一半,年終付足,銀色九呈足。再批。

康熙十五年正月　日,立議約朱鱗長 押

朱晋明 押

見議人朱仲章 押

代書人程元初 押

——散件文書,藏南京大學歷史學院資料室,編號 000056

清康熙十八年三月歙縣二十六都一啚項鵬萬等立承黃册里役合同

二十六都一啚立議合同里排項鵬萬、項公吉、項繼祖、項圃、項伯祥等,切因本啚黃册向係十甲項承祖專管,于康熙五年,因有一甲項鳳儀願欲承充,故暗貼承祖,着時逢公名,詞禀不能管理。蒙前縣主金批,仰十排從公酌議報奪。比時鳳儀即借衆排名目,具認在案。當即轉浼項汝舟代書、項明遇代應比册籍,蓋此時實鳳儀之願承當也。後于八年因項汝舟身故,而明遇係不知册務之人,不能代彼管理,復禀縣主,退與鳳儀承管。儀又復設計(俠)〔挾〕衆排公造。至今以來,啚内竟無册籍清底,輪流傳管,册稅不能歸一;逐年清底,又無交盤,日久積弊,其咎將何所歸?但册稅関係國課,一啚首領,干係非輕。爲此,身等不敢扶同分造,理合公庭叩憲,求縣主金批,一甲照舊經管,俾册稅無紊亂之訛,以杜將來紛爭之致訟,公私受益。恐人心臨期推諉,私殉面情,以誤公事,故立合同五紙,各執一紙爲照。

其有經公使費,公議各甲酌量派出,不得獨累經手之人。如違,倍罰。其各甲排年往郡公庭對理,來往盤纏,各甲自備。再批。

公議使費,每用壹錢,九甲認、二甲認、四甲認、七甲認、八甲認,多寡照議派出無辞。

康熙十八年三月　日,立議合同里排項鵬萬 押　項公吉 押　項繼祖 押

項圃 押　項伯祥 押

——散件文書,藏南京大學歷史學院資料室,編號 000164

清康熙二十五年九月歙縣逢村洪可佳等立黃册里長議約

立議約人洪可佳，今有太祖應祥公遺下黃册里長。原閹五股均充，其有二房該承本股，係身計充代管。原立有該約，今值本年糧長又行派論，以至相持。誠恐日後遺遠，又多言論。今浼族衆公議二房支下各户錢糧自行上納，遵限不致拖欠誤公。如有不遵限完者，炤欠數打發卯錢，與差不致累及。除錢糧自行上納，仍有遞年官則營衛米、廳府所縣草、遞年赤力推收、黃册編審册籍，併十年三差官谷糧、里保長現年大差、各户新收稅畝使費，一切雜用，盡行在内，議定每年正銀壹兩，津貼銀叁錢伍分正。其銀遞年三月交付一半，仍一半九月找足，不致欠少。其差徭事務等項，係身一概承理，不得外科。倘有上司大飛差，照圖公派完公，不照花户之例。今恐無憑，立此立議約存炤。

　　康熙二十五年九月　　日　　　　立議約人　　洪可佳 号
　　　　　　　　　　　　　　　　　　憑族　　　　洪木生 号
　　　　　　　　　　　　　　　　　　　　　　　　洪咸吉 号
　　　　　　　　　　　　　　　　　　　　　　　　洪祈生 号
　　　　　　　　　　　　　　　　　　　　　　　　洪朗生 号
　　　　　　　　　　　　　　　　　　　　　　　　洪獻明 号
　　　　　　　　　　　　　　　　　　　　　　　　洪仲光 号
　　　　　　　　　　　　　　　　　　　　　　　　洪輯五 号
　　　　　　　　　　　　　　　　　　　　　　　　洪叔聚 号
　　　　　　　　　　　　　　　　　　代書　　　　洪爾珍 号

承祖所遺本甲册里，五房頭均管。該二房亨公本股册里差役，自明崇禎六年，是三房時利公承攬包充。至清順治四年，又立議約充當。于康熙廿五年，伯士又立議約。康熙四十年，伯士子兆福將册務轉授四房時貞公支下經管，有後議。

——[清]佚名：《二十八都二圖十甲册里議約抄白》，清抄本

清康熙二十五年十一月徽州某縣張福光等立差役合同文約

立合同文約人張福光户人等，今有户丁張福生子三人：長得宜，二得道，

三得育,于康熙廿年買地造屋他居。今得育復回祖,舊兄弟雖各分居,衆事仍同一體,所有張姓屋宇基址,張福得四股之一,各事悉照舊時管業,一應差役户門,遵依舊例充當,子孫奕葉,永遠遵守,毋得争長競短,倚强欺弱。得育分下房屋,即聽得育管業,張衆不得侵佔,各管各業,日後不得變賣他人。如有此情,聽衆理論。當思一脉流傳,各全孝義,和睦爲上。自今同立合文之後,各無異説。倘有梗逆生奸生悖義,聽衆懲罰毋詞。今恐無憑,立此合文,永遠存照。

張新發 押
張得宜 押

康熙廿五年十一月廿日,立合同文約人張福光户

户丁族老　張發壽 押　張惟先 押　張天壽
張得道 押　張得育 押　張新玘
張新春 押
中間本管　金坤太　金伯高 押
代筆　金明本 押

——散件文書,藏南京大學歷史學院資料室,編號 000161

清康熙三十二年九月休寧縣藤溪王日升等立里長合同

康熙叁拾式年日升叔里長合同

立議單我新、民悦、日升,爲議貼充役事。我等自汝傅公以來,長房、次房俱有兄弟,本應輪充里役。長房順治初年,曾已充過,輪應次房肇復充當,因力不足,長房兄弟不忍坐視,議貼銀拾兩,又將前所遺六仝會餘于道領銀拾叁兩,内撥拾兩,併貼費用。其餘缺少者,俱係肇復補湊,更以自己不得回充,勢必托人承認。今當預先議定,自議之後,即當覓人代充,毋得推諉,(沿)[延]誤公事。恐後無憑,立此議單爲照。

計開:下輪長房當時日升原貼拾兩無辭,并照。

康熙叁拾式年九月　日,立議單長房我新　永貞　錫蕃　民悦　廷望
天行
二房承役日升　即肇復

壹樣叁張,各執壹張。

——《元至正二年至乾隆二十八年王氏文約契謄録簿》,
原件藏南京大學歷史學院資料室,編號 000013

清康熙三十四年十二月徽州某縣胡祖秩下四房胡大舜等立里役承攬議合文約

立議合文人胡祖等，今秩下子孫四房人等，因户門差役各項等事，只因人心不一，衆務難成。今天舜年老，不能照管，以似邀同子侄商議，托親新立合文，所有門户差役、外訟等事，必要仝心協力，無得執意推（呆）[捱]。如有不遵，執文呈官，以爲不孝之論。再者，今議頭首輕管差役等事，以在祖先前占閹輪流，所有帳目，當衆面筭釘帳，無得私自肥己。如有此情，查出，見一罰拾無詞。新立合文，各宜遵守。自立文之後，無得生端異説。如違文者，甘罰白銀壹兩，存衆入祀。新立合文四紙，各執乙紙【存】炤。

康熙叁拾四年十弍月拾弍日，立合文首人天舜 押

      大濤 押

      大耀 押

      大錠 押

      大起 押

    代書親陳儵 押

——散件文書，藏南京大學歷史學院資料室，編號000056

清康熙三十八年十月休寧縣十九都三啚程于天等承充里長合同

十九都三啚立合同人程于天、程國承，今因九甲里長於清朝定鼎，蒙縣主翁爺金批：據程國承、程然兩户各半均當，程國承閹得催辦壹、貳、叁、陸、柒甲併本甲錢糧。今康熙叁拾玖年輪值九甲現役，但國承身居客外，不能承值料理，央中特浼于天代爲承管催辦各甲併本甲錢糧，上納應卯，併值官各項一應等事。倘有拖欠誤卯，以上概不涉國承之事。憑中議得貼費九色足銀貳拾陸兩整，俱係兩相情願，各無異説。立此合同貳張，各執壹張存照。

倘有飛差僉點棕木等務，費用亦是于天代爲料理。再批。

如有大差重費，衆議諒貼，無得累及一人。再批。

其銀當承合同之日，當衆一併收足。再批。

康熙叁拾捌年拾月　日，立議合同人程于天 押

　　　　　　程國承 押
　　　　憑中 程國彰 押
　　　　　　程人君 押
　　　　代書 程人千 押
　　　　——散件文書，藏南京大學歷史學院資料室，編號000161

清康熙四十五年二月祁門縣康興仁等立議承錢糧役合同文約

　　立議合文康興仁，承祖五甲里役，今因奉上（纔）[裁]革里長不用，三房商議蓬充丙戌甲催本户錢糧，併應役催趲錢糧等事，一應承管，不得有誤。所有户下丁地虛糧，衆議津貼九色銀每房式兩，共成陸兩，付與經管之人，前去完納四十五年分錢糧併外差，不得累及于衆。再，外有逓年租谷，亦付與經管人收，仍又衆議照糧均出九色銀式兩，前去已爲外費。自承當之後，不得推捱躲閃，無得異言。今恐無憑，立此議約存照。
　　再批：所有四十五年衆朋經管，日後，里長覆原，照依丙戌年，亦是之誥、世萬、世護、世熊、世宇充當，不得混扯他人。貼費遵前文約，津貼無詞。照。
　　再批：所有本年編審，三房眼同經管，不得累承役之人，毋得異説。
　　　　　　　　　　　　中見嵒差謝青萬 押
康熙四十五年二月初六日，立議合文康鎮瑜 押　之龍子 押　之誥 押
　　　　　　　　　　　　世芬 押　之禎 押　世普 押
　　　　　　　　　　　　世萬 押　世泰 押　世業 押
　　　　　　　　　　　　世有 押　世護 押　世通 押
　　　　　　　　　　　　世積 押　世興 押　世彩 押
　　　　　　　　　　　　世熊 押　世義 押　啟蛟 押
　　　　　　　　　　　　世松 押　世宇 押
　　再批：里役如不覆原，照依前文，輪流挨閻充當無詞。炤。
世萬：五月、八月。
世用：四月、七月。
世熊：三月、六月。

　　　　——散件文書，藏南京大學歷史學院資料室，編號000057

清康熙四十九年十二月休寧縣胡光德户丁胡應浩等立輪充保役合同

立議合墨人胡光德户丁應浩等,今本甲輪充保役,衆議照丁均管。倘有重務併勾攝事務,俱是炤丁齊出。如有不出者,每工派銀一錢衆用。其有事務,管月之人出身料理,不得推辭。倘有使費,盡是炤丁均派。執拗不出者,衆論罰銀三錢衆用。倘有投詞,亦是在衆料理。立此合同一樣二張,各執一張存照。

其三房觀福、添德二丁在外,倘有所費,炤丁均派。

康熙四十九年十二月初一日,立合同人胡光德

承役人丁列于後 每丁管廿三日:

永生,七月十四起,至又七月初六日週。押

永象,三月十七日起,至四月初九週。押

永聖,二月廿四起,至三月十六週。押

永高,又七月初七起,至廿九週。押

永志,管二月初一起,至廿三週。押

永壽,四月初十起,至五月初三週。押

永夏,六月廿起,至七月十三週。押

永四,五月廿七起,至六月十九週。押

思洪,十一月初五起,至廿七週。押

思焰,十月十一起,至十一月初四週。押

三郎,八月廿四起,至九月十七週。押

正旺,五月初四起,至廿六週。押

正男,八月初一起,至廿六週。押

觀福,在外,九月十八起,至十月初十週。

添德,在外,十一月廿八起,至十二月廿週。

拈勾管甲列後:

十甲,永高、君行共管。

一甲,思洪、正旺共管。

二甲,永生、正男共管。

三甲,永四、永壽共管。

四甲，永聖、永象共管。

五甲，永志、永夏共管。

六甲，思焰一人管，衆議社會内貼九色钱五錢。

七甲，觀福、添德共管。

——散件文書，藏南京大學歷史學院資料室，編號000161

清雍正四年十二月徽州某縣汪緒禄等立委托汪英讀代充里役議墨合同

立議合墨汪緒禄、汪英論、汪英讀承祖遺有六甲汪三元里役，原昂、昌二房四股充當。今丁未年輪該現役，壽房該四股之一，閹得智、聖二房承認。智房緒禄、英論在外生意，不能料理，憑中浼侄英讀代爲管理，各項事費，當議貼費辛力銀陸兩正。所有本門例貼銀兩，俱是英讀收取，充販各户錢糧及在官應卯排年，不累智房之事。自議之後，兩無悔異。今恐無憑，立此議墨一樣二張，各執一張存照。

其貼銀，丁未年付叁兩，仍叁兩作九年付。

雍正四年十二月廿六日，立議墨合同汪緒禄

汪英論 押

汪英讀 押

憑中　汪緒枝 押

汪緒秱 押

——散件文書，藏南京大學歷史學院資料室，編號000056

清雍正六年二月祁門縣李陳茂户丁李四寶等立保長管月合墨

立合墨人李陳茂户丁李四寶、李憲章、李桂喜、陳得光、陳継理、陳継歡等，今因雍正六年七甲現役以及次年保長，向係李、陳兩姓照糧計丁拈閹管月，篤義認充，于兹有年矣。近爲丁糧不一，里、保兩役難緒舊規，致兩姓争競。蒙諸親友從公勸諭，參差諒力，兩姓樂從。今議得里役以正月糧務稍寬，存衆不計，仍有十一箇月，該李姓管四箇半月，陳姓管六箇半月，憑勾拈定，照月督理，不得紊亂。所有寄户汪元理併李振起之糧，照舊李姓催徵，不涉陳姓之事。再議，保役自正月起勾，至二月止，該李姓三箇半月，陳姓八箇半月。所有保長喚認退呈使費，李姓認四股，陳姓認六股。如飛差勾攝，缺限臨卯，俱照輪月承值，不得推捱誤公。此屬兩姓情願，毋得生端。及後下輪里保，另行公議。今欲有憑，立此合墨兩張，各執一張存照。

其里長、保長，倘有飛差，各務俱照縣主出硃筆票日期，俱在管月者承值料理。

其李大成所輪之田租叁拾壹秤，久已失業，李、陳遞未收租。日後查出，李、陳公用。

雍正六年二月　日，立合墨人李陳茂戶丁　李四寶　押　李憲章
　　　　　　　　　　　　　　　　　　　李桂喜　陳得光　押
　　　　　　　　　　　　　　　　　　　陳継理　押　陳継歡
　　　　　　　　　　　見議　李雲章　陳大彬　鄭永忠
　　　　　　　　　　　書人　胡維敏

今輪陳姓燒和合，寫李姓名字，敬神併請舖司酒，李姓貼陳姓銀捌錢；下輪李姓燒和合，寫陳姓名字，敬伸併請舖司酒，陳姓貼李姓銀捌錢。

其管甲分，陳姓管二甲、三甲、四甲、六、九甲；其管甲分，李姓管一甲、五甲、八甲、十甲。

里長，陳姓勾得二月、四月、六月、七月、九月、十月，十二月後半月；李姓勾得三月、五月、八月、十一月、十二月前半月。

陳姓，保長勾得正月、二月、三月、四月、五月、八月、十月、十一月，十二月前半月；李姓，保長勾得六月、七月、九月，十二月後半月。

倘遇閏月，存衆。

——散件文書，藏南京大學歷史學院資料室，編號 000057

清雍正六年二月祁門縣李恒茂戶丁李聖文等立里役議墨

立議墨人李恒茂戶丁李聖文、李憲章、李桂喜等，今輪現年里役，因國珍往外，三人合心協力。因珍分內田稅三戶業畝五分，日期工食、使費，公派銀叁兩柒錢伍分，衆所存里長山，山價□□作叁兩柒錢，該國珍分下壹兩伍錢，仍少弍兩弍錢伍分，三股均賠，日期三股均當。各人日期海禮費用，叁錢之內，值日承當料理；叁錢以外，照糧分下均派，無得執拗。各人名下工食，聖文該銀壹兩伍錢玖分，認國珍工食□□□錢伍分；憲章工食弍錢肆分，認國

珍分下柒錢伍分；桂喜工食銀伍錢柒分，認國珍分下柒錢伍分。三面言定，日後不得反悔，不得生情異說。恐後無憑，立此議墨一樣三張，各執一張存照。

聖文：三月初二、初七、初八、初十、十乙、十三、十四、十八、十九、廿、廿乙、廿四、廿八、廿九、卅，五月初三、初四、初五、初七、初九、十二、十三、十六，八月初乙、廿、廿二、廿三、廿六、廿七、廿八，八月初三、初四、初九、廿四、十三、十五、十八、十七、廿乙、廿三、廿六、廿八、廿九、廿二，十一月廿九、十三、十七、廿乙、十四、廿六、初七、十乙、廿八、初二、初乙、初十、廿五，十二月前半月，初乙、初二、初五、初十、初七、十二。

憲章：三月初三、初四、貳拾、廿六、廿七、十五，五月初八、初十、十四、十五、廿，八月十九、初乙、初三、初七、廿三、廿四，十一月初三、初九、十二、十六、廿九、廿二，十二月前半月，初九、十三、初六、初八，衆存。

桂喜：三月初乙、初五、初六、初九、十二、十六、十七、廿二、廿五，五月初二、十乙、十七、十八、十九、廿、廿四、廿九、初六，八月廿五、初八、初十、十二、十乙、廿七、初二、十六，十一月初八、十五、廿四、十八、廿二、廿七、卅，初五、初六，十二月前半月，初三、十乙、十四、十五。

雍正六年二月廿九日，立議墨人李聖文 押

憲章 押

桂喜 押

中見人程天允 押

——散件文書，藏南京大學歷史學院資料室，編號 000056

清乾隆元年五月休寧縣藤溪王君重等立領糧貯合同

君重叔公惟漢伯仝領糧貯合議

立領糧貯合同王君重、王惟漢，緣本戶四甲王正芳甲內有甲首程時望、程萬春、吳琯三戶，歷年錢糧，拖欠不清，受累匪淺。因托親友與之理論，愿將伊家變產價內，照戶稅畝，計糧扣銀作貯，交與本戶生息，遞年代納程時望戶丁程子貞輸貯銀肆兩伍錢，每年代納平戲銀六錢叁分弍厘；程萬春戶丁程子英輸貯銀壹兩，每年代納平戲銀捌分弍厘。二戶共長貯銀伍兩五錢，是君重、惟漢均領,每年各代二户完納平戥銀叁錢五分七厘。又吳瑄户輸貯銀壹兩柒錢,是惟漢獨領,每年代納平戥銀乙錢六分九厘,此係各相情愿。嗣後,三户錢糧,各炤合同代納完官,並無異說。恐後無憑,立此合同一樣四張,各房執一張存照。

乾隆元年五月　日,立領糧貯合同王君重押　王惟漢 押

　　　　　憑户衆王天行　王豫聖 押　王泰猷

　　　　　中見金本裕 押

　　　　　代書王大任 押

　　　　　　　　　　——《元至正二年至乾隆二十八年王氏文約契謄録簿》,
　　　　　　　　　　原件藏南京大學歷史學院資料室,編號 000013

清乾隆十五年正月祁門縣康興仁秩下康啟珂等立議承充啚總合同文約

立議合同文約康興仁秩下啟珂、登、成等,情因乾隆拾叁年縣主游老爺設立啚總,催兑錢糧,弍拾家公議,照依城都,挨年輪流而做。今十五年,該五甲充當催兑,是以三大房等公議充做之人,康啟儼自甘充當,催兑十家錢糧,所有津貼啚總資用,公衆議定,上年每灶各出米拾筒,下年興仁堂內出浮谷九秤,與充做啚總人收,以准鞋襪、工食之資。自議之後,各宜遵守,毋得異言。出身之人無得推諉躱(備)[避],致誤公事。津貼之人,不得短少。日後,倘有大差,另行再議。今恐無憑,立此議約合同一樣弍紙,各收一紙存照。

再批:因津貼之費不足,後又公議,興仁堂內外津貼谷肆秤、紋銀陸錢。公議之後,充當之人再毋得爭競資費多寡。照。

乾隆拾五年正月念弍日,立議合同康興仁

　　　　　秩下啟登 押　良燦

　　　　　　啟智 押　良錞 押

　　　　　　啟珂 押　良傑 押

　　　　　　啟成 押　良熠 押

乾隆十六年十一月初七日,找銀六錢七分,繳約入匣。

　　　　——散件文書,原件藏南京大學歷史學院資料室,編號 000057

清乾隆二十五年六月婺源縣江灣江氏復七公房季真、祗敬二公支衆立甲催議墨附善慶、善文二公支衆輪充甲催議墨

本房甲催議墨

　　立議合同季真、祗敬兩公支孫江瑞三、江魯侯、江仲英、江祥遠等，緣本房四圖七甲甲催，向與六輪汝齊公支衆輪充，一家一年，歷前迄今，俱無異議。近汝齊公房人丁式微，産業盡廢，支孫江三六不肯虛供里役，遂于上年以産絕糧無等事禀縣告脱，批示在案。但甲催一役，錢糧攸關，不能偏廢。三六已去，而甲催之役則在，我季真、祗敬兩支輪充無辭矣。是以爰集衆議，酌定《條規》，自今以後，本圖七甲甲催，季真公支衆充一年，祗敬公支衆充一年，照依議墨，輪充承辦，毋得推諉誤公。其津貼甲催費用，除祠堂户定貼外，本房仍照依舊例，將復七公衆臘肉段晚租五秤半貼與當年甲催之人。所有差役費用，議定本年新糧上春以前，是甲催認；下春，八月開期以後及過年未清之糧，則照簽上名字，欠糧花户認費，不得累及甲催之人。今恐無憑，爲此特立合同一樣兩張，季真公、祗敬公兩支各執一張爲照。

　　乾隆二十五年甲催，原係輪到汝齊公支充。今伊既脱，本年甲催，在衆承辦，議定自乾隆二十六年爲始，季真公支衆閣得充起，祗敬公支衆接辦。從此，兩支輪充，一家一年，照依議墨承辦，無得推諉誤公，再批。

　　乾隆二十五年六月　　日，立議合同季真、祗敬兩公支孫

　　　　　　　　　　　江瑞三　　江魯侯　　江楚明
　　　　　　　　　　　江仲英　　江聖先　　江祥遠
　　　　　　　　　　　江儀霞　　江其有　　江蘭若
　　　　　　　　　　　江其英　　江坤友　　江圭玉
　　　　　　　　　　　江林玉　　江成喜
　　　　　　見議　　　江松年　　江文叙　　江澤遠
　　　　　　書議　　　江燿堂

　　議定，每逢辛、癸、乙、丁巳，是季真公房充當甲催；每逢庚、壬、甲、丙戌年，是祗敬公房充當甲催。

附善慶、善文兩公支下輪充甲催議墨

　　立議合同善慶、善文兩公支孫江魯侯、江細太、江祥遠、江儀霞等，緣本

房四圖七甲甲催，向與六輪汝齊公衆輪充，一家一年，從無異議。近因汝齊公房式微，糧盡拔去，不供里役。本房季真、祗敬兩公支下集議，立有合同，酌定《條規》，一公一年。其貼甲催之項，除祠堂户津貼外，本房仍照舊例，將復七公衆臘肉叚晚租五秤半貼與當年甲催之人，以爲本年新糧上春差役之費，八月開期以後，是欠糧花户認費。但此甲催一役，每逢乙、丁、己、辛、癸年是我季真公輪充，而季真公支下善慶、善文二房又當酌立條規，方無推誤，是以爰集衆議，除本年甲催衆辦外，自乾隆二十六年辛巳歲爲始，嗣後，凡遇挨到季真□□□催之年，善慶、善文兩房輪充，照議承辦，不得推諉誤公。今欲有憑，立此合同議墨二張，善慶、善文兩房各執一張爲照。

乾隆二十六年辛巳歲，閹得輪到季真公衆充當甲催，而善慶、善文兩支□□自長房當起，善慶公當第一輪，善文公當第二輪。從此照議輪充，毋得推諉。

乾隆二十五年六月　日，立議合同善慶、善文兩公支孫

　　　　江魯侯　江祥遠　江其有　江林玉　江儀霞
　　　　江細太　江儀申　江楚良　江坤友　江大緍
　　　　書議江燝堂

　　　　　　　　——乾隆《蕭江復七公房支譜》卷六《雜紀》

清乾隆三十年二月祁門縣謝村謝宗文兄弟托族弟謝宗權代充里役托約

立托約族兄謝宗文兄弟等，今因乾隆三拾年分一甲排年輪該宗文分下充當，因宗文兄弟往外生理，不便充當，自願托到族弟宗權名下代去充當，催徵應役。所有本甲併户下錢糧各項及一應飛差等用，盡是族弟宗權承當，催糧應比，完圕急公，不得累及宗文兄弟之事。所有排年正谷併善則祠內津貼之谷，盡付族弟宗權收，外仍貼工食銀伍錢正，在手足訖。今恐無憑，立承約存照。

乾隆三拾年弍月初四日，立托約人謝宗 文／科 押

　　　　中見人錫券 押

　　　　——散件文書，原件藏南開大學歷史學院卞利處

清乾隆三十六年五月歙縣項佩玉等立議輪值里役合同

　　立議合同人項佩玉、項漢良、項添麟等，今因本甽輪到二甲現年，累及身等親房代充里役，憑中公議，三人承管。其催徵並飛差、造丁田册籍、通甽筭米總契稅、主人家道甽支應、交册等件，亦俱係三人均管公派。其二甲之內，所有除剩產業，三股均管。所有賠粮並營米，亦係三股均認，不得推諉。此係公議，三人情願經管，并無異説。倘有返悔者，聽憑執此呈公理論。恐後人心不一，故立合同叁紙，各執壹紙，永遠爲據。

　　今將勾攝挨次序開列于後：

　　五月，佩玉管；六月，漢良管；七月，添麟管；八月，佩玉管；九月，漢良管；十月，添麟管；十一月，佩玉管；十二月，漢良【管】；正月，添麟管；二月，佩玉管；三月，漢良管；四月，添麟管；五月，三股公管。

　　乾隆三十六年五月　　日，立議合同項佩玉　押

　　　　　　　　　　　　　　　　項漢良　押

　　　　　　　　　　　　　　　　項添麟　押

　　　　　　　　　　居間　　項添裕　押

　　　　　　　　　　　　　　　　項添松　押

　　　　　　　　　　代筆　　項文饒　押

　　　　　　　　　　　　　　　　項兆鎰　押

——散件文書，原件藏南京大學歷史學院資料室，編號 000057

清乾隆五十六年五月歙縣項漢良等立議輪值里役合同

　　立議合同人項漢良、項添松、項添麟等，今因本甽輪到二甲現年，累及身等親房代充里役，憑中公議，三人承管。其催徵並飛差、造丁田册籍、通甽筭米總契稅、主人家到甽支應、交册等件，亦俱係三人均管公派。其二甲之內，所有除剩產業，三股均管。所有賠糧並營米，亦係三股均認，不得推諉。此係公議，三人情願經管，并無異説。倘有返悔者，聽憑執此呈公理論。恐後人心不一，故立合同叁紙，各執壹紙永遠爲據。

　　今將勾攝挨次序開列于後：

五月,漢良;六月,漢良;七月,漢良;八月,漢良;九月,添麟;十月,添麟;十一月,添麟;十二月,添麟;正月,衆辦;二月,衆辦;三月,添松;四月,添松;又四月,添松;五月,添松。

乾隆五十六年五月　日,立議合同項漢良 押　項添松 押　項添麟 押
　　　　　　　　　　　　　　　項添聖 押　項添顯 押　項之侖 押
　　　　　　　　　　　　　　　項之伊 押　項之信 押　項之有 押
　　　　　　　　　　　　　　　項之佳 押　項之仕 押　項之善 押
　　　　　　　　　　　　　　　項之全 押
　　　　　　　　　　居間　項觀福 押　項貴壽 押
　　　　　　　　　　依書　江秉寧 押

——散件文書,原件藏南京大學歷史學院資料室,編號000057

清乾隆五十七年三月歙縣項漢良等立輪值里役合同

立合同人項漢良、項添松、項添麟,緣本啚二甲糧米催頭一役,十年輪值一次,領催通啚糧米,向係身漢良、親叔兆和並添麟及身添松親叔兆鎰三人承辦,于乾隆肆拾陸年立有合同,各收壹紙。因兆鎰于乾隆五十四年病故,今輪值該股催頭無人接辦,以致訐訟。今身三人重議,將兆鎰遺産盡歸添松接管,爲有族內人等異説,俱係寧遠堂漢良、添麟並支丁等承當,所有輪值兆鎰催頭、門户及村內秋報祀神,一應係身、添松接辦,不得反悔推諉,再無爭端。恐口無憑,立此合同壹樣叁紙,各收壹紙爲照。

計開兆鎰遺産列後:

披屋四間,鍋灶、動用家伙等物,一應俱全。樓屋房窗,半堂俱全。田壹業,計谷租叁斗,土名古祝前山,佃户項長作種。園壹業,計豆租壹斗,土名古祝下村,佃户畢壽作種。又園壹業,計豆租叁斗,土名社屋山,添松自種。園壹業,計豆租弍斗,土名七畝坵,添松自種;又園壹業,計豆租壹斗,土名社屋前,添松自種。園壹業,計豆租叁斗,土名白砍,佃户係啟元作種。以上共計穀、豆弍租壹石叁斗正。

乾隆五十七年三月　日,立合同人項漢良 押
　　　　　　　　　　　　項添松 押
　　　　　　　　　　　　項添麟 押

憑保　項觀福 押
　　　項貴壽 押
親友　周榮表 押
　　　江聖陶 押
依書　江秉寧 押
——散件文書，原件藏南京大學歷史學院資料室，編號000056

清乾隆五十七年四月祁門縣謝村謝善則經手秩丁謝錫禄等立承管經催合同文約

立議承管經催合同文約謝善則經手秩丁錫禄、錫券、文棟、錫慶、錫淶，今有一甲謝勝茂户經催，向係與二門相共，照四分輪流充當。近因二門分析承管，本門公議，應作孟善、性善、嘉善、大佐、大濟五分輪流經管，其各秩下應分承充，遞年供差、催糧各項等事，應分經催，毋得推委。秩下糧米，照限完納，不得拖累。今欲有憑，立此合同文約五紙，各執壹紙存炤。

乾隆五十七年四月念六日，立議承管經催合同文約謝善則經手秩丁
　　　　　　　　　　　　　　錫禄 押
　　　　　　　　　　　　　　錫券 押
　　　　　　　　　　　　　　文棟 押
　　　　　　　　　　　　　　錫慶 押
　　　　　　　　　　　　　　錫淶 押
　　　　　　　　　　代筆中族繩武 押
——散件文書，原件藏南開大學歷史學院卞利處

清嘉慶二十二年九月休寧縣二十八都十圖胡光德户三房支丁立銀糧完納合同

今八甲長、貳、老叁房爲十排急公銀糧、兵米，遞年叁、拾兩月初十日，准期完納上足無遲。叁房支丁合議合同，而存永遠不誤之欵。

立議合同二十八都十圖八甲胡光德支丁長、式、叁老叁房。長房胡祥麒侄炳文；式房胡正民、正滿侄士鳳；叁房胡祥壽，祥興侄正盛、正元等，因銀糧、兵米完納一事，向則按卯完納，所有走鄉催糧差役，古例十甲輪流挨轉，

每逢值里長之年，支持供給。近來日用浩繁，耗費多端，實難措辦。今因現奉縣主何公憲示，新例森嚴，不能遲延，不能緩納，是以十排公議，公同到城進呈具結甘，准即完上忙叁月初十日，將銀糧兵米齊城定則完半；下忙拾月初十日，齊城定則全完。自此永遠遞年照則，兩卯全完，急公毋遲。倘有執拗遲延誤公者，十排結經呈官，提比處治，仍有公衆往返盤串，在乃甲乃戶承值，毋推別戶。但有飛差週攝、盤串使費，貼出公用，以上日脚之人參錢爲則。違過多用者，公派出用。但今本甲錢糧、兵米在各房各戶自願理值，永遠遞年兩卯，遵稟完納上足，不得推捱握別戶，本甲支丁務要齊心努力，永遠遵示，叁月初十日、拾月初十日兩卯全完。倘有甲內戶丁執拗遲誤公連累者，任憑十排公衆公同呈官，提比處治，往返盤串，俱在誤公之人乃戶承值，毋推別戶，決不狥情。恐後無憑，立此合同一樣叁（房）〔張〕，各房執壹張存照。

長房胡祥麒押，侄炳文押。

式房胡正民押，士耀押，士廷押，胡正滿押，士鳳押，士翰押，侄士廣押、士爵押。再侄元松押。

叁房胡祥壽押，正成押，胡祥興押，正福押；侄正盛押興代押、正茂押、正元押。

長房胡子明戶領父戶，叁房胡有光戶清明戶上儒戶中線合同契上填一"糧"字有押，左右兩紙合同一清。

大清嘉慶念式年玖月初式日，立合同胡光德支丁，長房胡祥麒侄胡炳文。

光緒伍年式月，查出《急公簿》，急公合同議墨，胡仁章在外、義章諸管胡任章。

此是抄白。

——散件文書，原件藏南京大學歷史學院資料室，編號000164

清同治八年二月休寧縣十八都十啚八排人等公議輪流充役合同

十八都十啚八排人等公議合同字據，緣啚內向年三甲曹姓提糧出甲，九甲稟公在案。其後，曹姓不愿終訟，甘立常貯，托排內公舉充當。其常貯係七甲吳清遠收領，輪值三甲，現年係七甲吳清遠永遠承辦。而及前輪八甲故絕，經公議有合同，擬有《章程》。充辦未遠，佈置屆臨。同治八年，又值八甲，甲經故絕，地保一役，糧差事宜，無實着落。甲倒，公議難行接充，理其錢糧。原日八甲受當本村中橋屋業，贖存紋銀叁拾兩正。其銀係七甲吳清遠收領生息，償納八甲錢糧，今八甲錢糧亦七甲吳清遠等永遠完課無異。值今五甲、八甲兩甲故絕，公議不行接充，以作八排輪流支持。其五甲錢糧，共查官戥壹兩四錢八分九厘、兵米壹升零，八排公賠派納，無誤國課。舊歲七甲充當期滿，今公議九甲承辦。奈九甲人等自庚申歲相繼遭難匪虜創，在戴永嫂一人，婦道(以)[已]難料理，唯九甲向辦接充事宜，均賴又九甲幫貼使費。今永嫂央排內人等，仍央又九甲同議接充。其九甲被擄諸人，日後歸里，自應照舊日《章程》辦理。今各甲公議扶墊充弋，應付錢叁仟文整，接充九甲承辦，以免誤公。下輪十甲現年，各甲照此付應，輪流扶持，週而復始，永遠為例。

　　所有事宜，議列於右：

　　一、議現年各甲扶墊應欸，以上忙二月卅日、下忙八月卅日為則，其錢交出，應墊甲內，三日前自行齊備，交付現年。如違時日及有一甲推諉言窘，生枝節論，是一累衆誤公，八排公議罰處認價，照墊加倍，公事濟用無辭。

　　一、議現年各甲輪流代墊付交，收得上忙某甲某姓戶錢若干，寫立收字，付墊之甲，以為信據異臨，庶有徵驗，免疑不前，觀望誤公。下忙所收，與上忙同一，原收字上補收註明。

　　一、議現年糧差，幫貼足錢拾千文正，以作飯食之費。如有訛索不依、苛詐等情，八排人等稟公理論無異。

　　一、議顧倩地保工食錢拾千文無異。

　　一、議三、七兩甲，因丁單力薄，兩甲每年共墊付錢叁千文。輪值伊接充之年，每甲各墊付錢壹千五百文無異。

　　一、議正九甲糧米，仍是永嫂自行完納。

　　一、議各排派納故絕五甲錢糧、兵米，上、下兩忙交出，不得遲延宕惰誤公。如有，罰加一倍，濟公事用無辭。

　　一、議五、八兩甲，日後八排清理，倘有查出田園、產業，存公公執，以濟糧累。

　　一、議此合同，照樣九紙，每排各執一紙為憑，永遠存照。

　　今將各甲總戶人名開列於後：

一甲，戴起元户户丁戴錫恩 押　戴進生 押　戴聚麟 押

二甲，戴聖義户户丁戴字軒 押　戴振生 押　戴福初 押　戴德錦 押
　　　戴序惠 押　戴守銘 押

三甲，係七甲吳清遠後裔，永遠承辦 押

四甲，程文欽户户丁程起福 押

五甲，故絕，不行接充，錢糧八排公納

六甲，戴可久户户丁戴景星 押

七甲，吳有義户户丁吳曉東 押　吳啟明 押

八甲，故絕不行接充，糧係吳有義户承納 押

九甲，戴怡歡户户丁戴永嫂 押

又九甲，敬禮祠戴□甫　戴□斗　戴天錫　戴鶴 押　戴安洲　戴西玉
　　　戴穗晨 押

十甲，戴龍門户户丁戴寧誠　二甲振基代 押　序東見

同治八年二月　日，十八都拾圖八排公議合同字據立。

——散件文書，原件藏南京大學歷史學院資料室，編號000057

清光緒十年二月休寧縣十啚七甲李陳茂户丁李寶等立輪值保、約二役議墨

　　立議合墨七甲李陳茂户丁李寶、汪福慶、汪三慶等，緣七甲輪值保、約二役之年，原係李姓充當。嗣因人丁式微，難以支持公事，是以蒙陳姓愿入身甲分，承保、約二役。比時李姓樂從，業立合據，歷久弊生。至於雍正六年，兩姓爭競，當憑公勸諭，又憑十排與陳姓立議合墨，鬮分管月。每輪七甲里長之年，則李姓充管叁月、五月、八月、十一月，十二月前半月，陳姓充管式月、四月、六月、七月、九月、拾月、十二月後半月；每輪保役之年，李姓充管六、七、九月，十式月後半月，陳姓充管正、式、叁、四、五、八、拾、拾壹，拾式月前半月，循據至今。近因李姓丁糧更寡，誠恐將來疲誤公事，是以今承汪福慶等愿入身甲，身亦甘愿。當日央同十干面議，其保、約二役，拈鬮爲定，汪姓鬮得九月管保役事務，鬮得捌月管里役事務，永遠無異；其餘月分，照雍正六年李、陳兩姓議墨管月辦理，不涉汪姓之事。自今議定之後，內外人等不得生情異議，此係兩愿。恐口無憑，立此議墨存據。一、議其錢糧各收各姓，收齊

交甲催完納，不得誤公。一、議十年一輪，挨七甲里役之年，汪姓貼出大錢壹千文正，交李姓辦理，燒和合十排酒、鋪司酒等項費用，李姓不得生端，汪姓亦不得短少。但燒和合之夜，汪姓亦着壹人相幫照應。一、議十年一輪，汪姓墊出銀洋壹員，交甲催帶進城，墊領紅單禮、比平禮、差禮等項。甲催回家之日，即將洋壹員還汪姓收回。如汪姓到城，即城歸還。一、議輪本甲里役之年，正月存衆，三姓公辦，其餘月，照議憑管月辦理。一、議輪本甲保役之年，如遇有閏月，汪姓管初壹、初貳、初叁叁日，餘者李、陳管辦。一、議輪保役之年，經收壘内客姓貼費，李、陳、汪三姓同收。再十排貼保長大錢叁千九百廿文，除喚用保長及盤纏用度，或有餘錢，即貼甲催。如不敷支用，即照管月日脚派出。一、議十排利市酒，李、汪兩姓同喫，所領之亥、魚，叁股挨領，李姓領兩輪，汪姓領壹輪，毋得紊亂。一、議里長拜年，上保長丁齊辦。一、議按年汪姓貼出錢五拾文，會十排日，上十排利，不得延誤。一、議迎官接送、人命、賊盜各大件，出場即日脚承理。如用銀錢，即照叁姓當役管月衆共公派，不得拖累一人。一、議飛差、勾攝，即遵縣主信票硃批日期，是該姓日脚充役，即該姓承理，不得推諉。一、議李桐户户丁德樹係身己户，其户原有田稅叁分八厘五毛六絲、地稅壹分貳厘八毛八絲六忽、山稅六厘五毛七絲，當立扒單，將以上田、地、山稅盡行扒入身李一蘭户内辦納。其李桐户丁德樹身情願立憑出賣與汪福慶兄弟名下，任憑汪姓收稅，裝入户内。當日面議價英洋捌員正，其洋是身李姓收足，其户任憑汪姓管業。如改丁、分丁，一切均憑汪姓主裁。如汪姓日後興隆，或另添立新户，亦聽其便，毋得難阻。一、議汪福慶自置有田壹號，土名岩後塅，計田租佃九秤，情願輸入李姓三寶神會名下，按年任憑李姓收谷，以作三年一輪迎神演戲等項費用。日後，李姓不得生枝科派汪姓錢文。當日議定，按輪演戲、接箱搭臺，一切不涉汪姓之事。其所輸租之稅糧，即推入李富保户内收籍辦納。一、議輪保役之年，汪姓管九月事，其六月、七月，拾貳月後半月，李姓充管。一、議輪約役之年，汪姓管捌月事務，其叁月、五月，拾壹月，拾貳月前半月，李姓充管，永遠不得生情異議，立此合墨爲據。

　　光緒拾年二月　日，立議合墨七甲李寶　押
　　　　　　　　　　　　　李金開　押
　　　　　　　　　　　　　汪福慶　押
　　　　　　　　　　　　　汪三慶　押
　　　　　　　　　　　　　陳啟盈　押

　　　　陳金源 押
　中　一甲程子進 押
　　　　二甲吳元茂 押
　　　　三甲程正大 押
　　　　四甲程正旺 押
　　　　五甲胡永興 押
　　　　六甲胡黃福 押
　　　　七甲李陳茂 押
　　　　八甲胡光德 押
　　　　九甲陳汝興 押
　　　　十甲胡永泰 押
　依議書人　陳東皋 押
——散件文書，原件藏南京大學歷史學院資料室，編號 000057

清光緒二十年三月休寧縣十啚十甲程子進等立承充鋪役合同議墨

　　立合同議墨拾啚拾甲一甲程子進、二甲吳元茂、三甲程正大、四甲程正旺、五甲胡永興、六甲胡黃福、七甲李陳汪、八甲胡光海、玖甲陳汝興、拾甲胡永泰等，緣因李長家昔年承充鋪司之役，自昔至今，是伊子孫承充。今奈李金開因人力不固，與衆再四推辭，所有拾排內賜伊工食、田地、産業，金開自情願立據交出，任拾排內執管充辦，以十排挨次輪收承辦。遇有官差重務，十排酌議公同承辦。再李長家具有名字、禀帖在縣冊。倘遇追究已前，是金開承值。從今之後，是十排內承辦，惟工食、田産歸公輪收。今值二甲充保，其田租各歸二甲收，內扣谷二秤正，交一甲收，各按甲均照此例。俟十甲挨滿，再從一甲收起，至十甲為止，輪流收辦承充，闍滿之期，勻而復始，永遠傳流，各甲不得藉言，擅收之谷。自議之後，如有強收谷者，公議重罰。各甲不得狥情如愿，始終如一，毋懷己竟，勿違衆議也。恐口無憑，立此合同議墨一樣拾一張，各甲收一張，餘存衆拾排匣內一張，永遠存照。
　　再批：拾排內所存田租併佃皮土名開列于後：
　　一、存大保圩，計田租併佃得捌秤正，每年炤收硬谷捌秤正。
　　一、存土名俞家段，計田租併佃拾弍秤正，每年秋收硬谷十弍秤正。

一、存官舖街脚煙墩屋基地一片出租，輪流挨收。

光緒弍拾年叁月　日，立合同議墨拾區拾甲一甲程子進 押
　　　　　　　　　　　　　　　　　　二甲吳元茂 押
　　　　　　　　　　　　　　　　　　三甲程正大 押
　　　　　　　　　　　　　　　　　　四甲程正旺 押
　　　　　　　　　　　　　　　　　　五甲胡永興 押
　　　　　　　　　　　　　　　　　　六甲胡黃福 押
　　　　　　　　　　　　　　　　　　七甲李陳汪 押
　　　　　　　　　　　　　　　　　　八甲胡光海 押
　　　　　　　　　　　　　　　　　　九甲陳汝興 陳
　　　　　　　　　　　　　　　　　　十甲胡永泰 押

——散件文書，原件藏南京大學歷史學院資料室，編號 000057

第二節　財產分割、繼承與管理合同規約

宋太平興國六年正月祁門縣縣城熊中立立翠園胡炳爲繼子批約

継籍批文

在城熊中立前妻葉氏未育而卒，後奉公差，解馬價赴浙江紹興之華亭交納，娶婦張氏善娘，歸生一子，就名華亭，年十六，考入本縣儒學生員，治《春秋》，讀書過勞，年二十三而卒，未有子女。遺媳葉氏，年嬌而性賢。吾夫婦老矣，門户浩大，無人承管，上房弟德立僅一子未孫，下房弟善立須有二子，俱不諳事，本户別無以次人丁。今有妻姨之子炳，乃胡指揮使則之孫，因父祖俱死國難，兄弟自江州逃生來，固吾妻張氏之甥也，依養吾家。吾夫婦愛継，欲以爲子継。後將事訴於官，蒙拘族，諭以世例，仰擇異姓賢能者頂户當差，衆喜爲証，咸相勸助。炳曰："棄祖就親，誠爲不孝，別議之。"請辭。公曰："姨之子即吾之子也，復何疑議焉？"就將媳葉氏坐堂招炳，以憑継籍當差，侍吾夫婦百年。户下事產，不拘在市在鄉、本保外保，但係熊俊一公經理，并見住基屋、各處墳塋山地、四鄉田塘、坦地及家遺資財本、金銀酒器，盡聽子炳照吾名目契字管業，與三房衆共事產，俱已開分明白，各有合同文書，不許家外人妄指無子絶產

争奪。違者，賫此聞官。吾子炳頂立門户，務要謹守學好，不許蕩敗家業。百年衣棺、葬祭之類，倚之毋違。今批遺文，付男永遠爲照者。

宋太平興國六年辛巳正月上元日，熊中立 批

親眷葉德新　張維甫　李彦祥

謝天禄

族人熊德立　熊善立

鄰人汪震德

祖上批文，刊於譜，以示吾家之來歷云。

——萬曆《翠園胡氏宗譜》後卷《継籍批文》

宋咸淳七年七月婺源縣浙源鄉大安里沱川余上舍公兄弟關帳序

千九上舍公兄弟關帳序

婺源縣浙源鄉大安里余都官即上舍也，父子法親，生三男：長男德忱、次男德謙、三男德潤。今德忱兄弟不幸父母俱喪，三年服闋，合將先父存日置列田山、屋業、池塘、莊宇、雜產，作孟、仲、季字號探勾，作三股均分。且德忱嘗聞先輩有言，創業難，守成亦難。創業之所以難者，以其備歷險阻，躬履勤儉，而後得此業也；守成之所以難者，亦必熟知前人險阻之狀，恪守勤儉之規，而後業可保耳。先人先妣平昔以撙節立規模，勤苦爲身法，衣大布，食粗糲，因前人所遺一綫生意，從而增置星粟，真所謂銖寸積累、升合起家者也。奈何財爲怨府，貪夫計生，中遭外侮交攻，群點競起，□□較尺寸于百戰之餘，辨曲直于萬夫之口。鹿僅不死人手，則尊長之創業可謂勞且難矣，則外患方紓，內難繼作，頓產一種弗義，族甘心屈節權門，致先子爲義受辱。丁卯秋，而妣氏不療，逮九月而考氏抱恨終于江左，曾不得少享壽康之樂，以爲劬勞之報。爲人子者，可不痛哉！德忱分偶居長，生際時多艱，在髫亂已目擊考妣之勞。年纔志學，又被驅于對訟之列，排難解紛，奔走禦侮，于今亦二紀矣。方兹墨制已終，思念大恩未酬，甚欲與爲同籍之舉，但二弟以生齒既蕃則利害不一，有不可復合者。今集衆立議關帳，情願析業。謹以公堂不腆之田，與二弟剖而食之，并述前人艱難之梗概于篇首，于以發同氣之深思。若夫創業之難，前人已履之矣。至守成之難，方當與二弟從事于此。幸望仰體

前人辛勤起家之意,各謀所以報親之道,庶無愧于善繼志、善述事之孝云。

宋咸淳七年庚午七月　日,承分仲字號關帳。

——康熙《婺源沱川余氏族譜》(不分卷)

明成化十三年閏二月休寧縣十二都汪壽齊等立山業分割合同

十二都住人汪壽齊、壽(宣)［瑄］、景庸、景璋、壽馨、壽美等,原汪志恭承到程子真户産土,洪武二十四年推山二分四厘五毛入程原善户,孫永寧天順六年推山弌分四厘五毛入汪景新户,此山未曾得業。今衆商議,將二係首字五百七十一號土名石岑頭共乙分一厘五毛,本家該山六厘三毛,内取二厘五毛,與景新男壽齊、壽瑄管業;取一厘一毛,與景庸、壽春等管業;取一厘六毛,與景璋、壽美、壽馨、壽茂等管業。又將五百八十三號土名方匠塢共山五分,内取小弌分弌厘五毛,湊與壽齊户内己業,外餘原承子夏各號山土,併照依舊管業。日後各人毋許爭論。如有强占者,執此赴官告理直,立此合同爲用。

合同内分業,同日再批。

成化十三年閏二月初九日,立合同人汪壽齊

　　　　汪壽瑄　汪壽美　汪壽茂

　　　　汪景庸　汪景璋　汪壽椿

　　　　汪壽馨

　　　　見人李從政

　　　　代筆人李從福

——《明萬曆汪氏合同簿》,原件藏南京大學歷史學院資料室,編號000027

明成化十六年正月休寧縣十二都汪壽春等立田地分割與納糧合同

十二都住人汪壽春、壽祥等,故祖有父伯景諒、景庸,長伯景名無子,存日,闔分得官民田弌號,係二作首字五百八十一號、六百弌號,土名方匠塢、郝塢二處。伯今已故,兄弟商議,將前項田照股對答均分,壽春兄弟闔分得方匠塢塘上一坵量九分六釐七毛;余田六分四釐七毫,是壽祥兄弟分業。所有前田官民稅糧,輕重不等,官糧逐年夏、秋二季並作兩年均納,民糧各自解納。

如有壽春子孫不納官糧，硬將土名方匠塢北邊山脚壽春原開（恳）[墾]地田一坵，退與壽祥耕種。今從面議，分撥之後，各自人心管業，毋許強爭論。如有此等，許令經公理直，仍依此文爲証。恐後難憑，立此合同一樣二本，各執存照。

衆議再批，所有官糧數内，除二升一合五勺，壽祥邊已納。余仗並作兩半均納。

成化十六年正月初六日，立合同人汪壽春　汪壽興

汪壽祥　汪壽餘

汪壽昌

代筆汪永墩

——《明萬曆汪氏合同簿》，原件藏南京大學歷史學院資料室，編號000027

明成化二十二年六月休寧縣十二都汪壽美等鬮分財產暨劃分山界合同

十二都住人汪壽美、楊思和等，今有承祖二作黎字一千三百一號土名增坡坦山土，于因人心不齊荒蕪。今兩家商議，眼同將山肥瘦均答，粘勾爲定。今將一千二百九十五號山弍畝乙分八厘八毛，内餘景新户己收收山四六，衆議在東頭新立四至，東至朱庚仁等山，西至楊思和田，南至田尾坡石塏直上至降，北至汪福來田，仍有山乙厶七分二厘八毛，楊思和邊該山九分六厘七毛，汪壽美等該山七分八厘乙毛，眼同粘鬮。東頭乙鬮，新立四至，東至降，西至塢心，南至得二彎下培半彎至壟爲界，北至楊思和田尾石塏直上至降；西一勾，東至降，西至塢心，南至二作界，北至得二彎下培半彎至爲界。西培乙千三百乙號，共山弍畝二分六厘三毛，作兩半均分。東頭二勾，新立四至，東至塢心，西至降，南至中壟埋石直上至降，北至弘道田；西二勾，東至塢心，西至尖，南至二作界壟直上至尖，北至中壟硬埋石直上至降。今從粘勾分撥之後，一聽各人載種長養植木，毋許強蠻侵害。如有此等，聽從被害之人經公理直，准竊盜論。今將前號畫圖在後，議立合同乙樣二本，各執存照。

成化二十二年六月十八日，立合同人楊思和等

汪壽美　汪壽祥　汪壽明　汪永華　汪壽瑄

見人汪壽祈

——《明萬曆汪氏合同簿》，原件藏南京大學歷史學院資料室，編號000027

明嘉靖三年八月績溪縣北門張氏家族世遵立繼定約

張氏世遵立繼定約

莒人滅鄫，春秋垂戎；韓謐嗣賈，秦苓獻譏。國法禁亂乎宗枝，鬼神不歆於非類。蓋育姓則陽續而陰絕，子同宗則本一而氣聯，與其牛晉而呂秦，不若蜀劉而南宋。慨宗法之久隳，念《家規》之當立。吾家有唐河西節度使饒郡公、大理少卿景純公，若宋雍州別駕彥芳公、大理寺丞用和公、儒學提舉百二公、湖山書院山長泉山翁、耆德次山翁。逮我皇明，翰林庶吉士轉刑部主事彥晒公、懷安教諭贈主事留餘公、樂清縣令伯傳公，俱立有《家法》，長房無後，以次房應繼之人爲嗣；次房無後，迺及三房。萬一俱無，甯立疎族，不許抱養異姓，紊我胄系。八百餘年，恪遵莫易。階蘭砌玉之競秀，移花接木之弗爲。繼博望之勳勞，能恢大業；傳子房之籌略，不墜家聲。人倫、天理之并愷，國法、《家規》之兩守。堂堂張也，郁郁文哉！爲此，誓於家廟，申此宗盟：南山可移，此法不容泯滅；大造貞觀，吾族直與同蕃。凡不幸而無後者，一依律令從事。敢有抱養異姓，紊亂宗枝，上違國法，下悖《祖訓》者，許執此約到官，以不孝而論。

嘉靖三年甲申秋八月初一日，節度使二十七世孫奉直大夫、禮部祠祭司員外鄱濱居士謹述。

——光緒《績邑北門張氏宗譜》卷首《世遵立繼定約》

明嘉靖十六年正月休寧縣十二都汪壽定等山業鬮分合同

十二都住人汪壽【定】等，今衆人不齊，本家將郝塢增波坦、郝塢口塚前山，及程家住前塘邊路上田及方坑、言（堂）[塘]塢、宋家塢、方匠塢等處山場，厘毫產土，衆人管業不便。今衆商議，面立合同，將各處對答粘勾管業。所有首字六百三號住基面前苦竹彎原買任壽茂山一料。又將郝塢口塚前首字六百卅三號山乙料；又將土名方坑、言（堂）[塘]塢黎字八百九十二號原價買汪永賢山內，取乙分二釐五毛；又將土名郝塢前首字六百四號原買宋金隆山內，取三厘八毛五系，共山四處，汪安閫得管業。又郝塢裡邊吳仕安田塝上山乙料；又將外邊汪安田塝上山乙料；又將土名言塘塢黎字八百九十二號原買汪永賢山內,取乙分二厘五毛;又將土名郝塢首字六百四號原買朱金隆山內,取二厘八毛五系,共山四處,汪遲兄弟三人閹得管業。又將郝塢塘下汪安田塝上山乙料;又將土名朱家塢黎字九〇九號原買汪壽馨山六厘二毛五系;又將土名方匠塢首字五百八十三號,同敬邊該得程子真山內,取八厘五毛,共山三處,汪玘閹得管業。又有程家經前塘邊路上田渠乙料,汪定閹得,係嘉靖十四年汪定賣與汪遲兄弟三人管業。又將土名朱家塢東培黎字九百十一号承祖山內,取一分三厘六毛,汪定閹得管業。又將甑坡坦塆裡邊原價買壽茂山一料;又將土名郝塢吳付奇陵田塝上山一料;又將土名宋家塢東培黎字九百十一号承祖山內,取乙分三厘七毛;又將方匠塢首字七百八十三號同敬邊該得程子真山內,取四厘式毛五系,共山四處,汪規勾得管業。又有住基外邊首字七百八十八號地,五房該地與伙佃種業,仍高上地成山,五房存衆,長養竹木。又敬邊合得分數地,安、遲、玘、規四人平買。又首字七百八十九號山,五房存衆,長養竹木,成時賣,衆支用。又敬邊分數山,安、遲、玘、規四人平買。又首字七百七十二號土名黃(子)[字]邊山地開墾成田一坵,遞年收租,存衆支用。其前勾分各號山場,畝步闊狹,分厘多寡,照依山場肥瘦兼答,各人粘閹管業,各自載種。日後,子孫毋許爭論。如有返悔者,甘罰白文銀壹兩,與衆公用。今恐無憑,立此合同一樣五張,各執存照。

　　嘉靖十六年正月二十八日,立合同人汪壽定　汪永安
　　　　　　　　　　　　　　　　汪永遲　汪永奎
　　　　　　　　　　代筆汪永玘
　　　　　　　　　　見人汪壽高
　　——《明萬曆汪氏合同簿》,原件藏南京大學歷史學院資料室,編號000027

明嘉靖十九年八月休寧縣住居祁門縣三四都方瑁等立清白合同

　　休寧縣三十三都見住祁門三四都方瑁、方侃等,原承祖買受三四都六保土名王家坦謝社住後山地,栽養杉、株、楓、松等木成材。今年四月內,是方家將謝社住後杉木砍斫一十柒根,賣與客人,是余景家得知,狀投里老。行間,二家賷出契書,經理參看,互爭年月先後,畝步多寡,憑中勸諭,議將八百十一號余存耕土名謝社住後金字面山式角,新立四至,東方住基地,西尖南彎頭下至田,北謝社住裡土塣,直上至尖下田,四至內山一角,聽余景、余昊、

謝璉等管業。東方住基地，西尖，南謝社住裡，俗名"閔河外土塜"，直上至尖下田，北小彎心下田，四至內山一角，聽方琩家管業。除前項八至外，其餘字號山地，並聽余景、昊、謝璉等照依原買契書經理管業。自今憑中議定清白合同之後，各遵前議，照界管業，毋許那移侵占。如違，聽守議人賫此陳告，甘罰白銀十兩公用，仍依此議爲準。恐後無憑，立此清白合同爲照。

清白合同一樣二紙，各收一紙爲照。

嘉靖十九年八月二十一日，立議清白合同人方琩 号

方侃 号

同立人余景 号

謝璉 号

中見代書人謝昌 号

勸諭里長余昊 号

胡希申家子孫胡德義、胡德善兄弟三人立契，正統年間，盡數賣與余仲敬，契內明開三四都六保等處山地、墓林，秖存茅山戴仲富住後山墳不賣外，其餘墓林空閒山地，盡數立契出賣與余仲敬名下管業，即無分毫存留。

——散件文書，原件藏南開大學歷史學院卞利處

明嘉靖二十三年三月休寧縣藤溪王明萱等與民戶分業合同

與民戶分業合同

藤溪市王明、萱、恕祈、社璧等，原承租四大房住興字六十七、六十八號，于上做造房屋，各業居。迄先年因被延火燒燬，向未分業。嘉靖十九年，衆造門面鋪屋已完，共計八間，未曾分扒。今請憑親族，將衆地內南邊存路闊三尺，計地四步；北廠存路三尺，計地八步四分六厘，通衆出入餘基地，丈量步數，列開于左。及門屋、客房、二眼鋪屋，照依分數，作六股分業。日後做造廳堂，亦照股均出。合同二本，各執存照。

嘉靖二十三年三月初三日，立合同名照前

見人　王云回　岱　勳　茂　景隆

代書　王潮

計開前後、上下地段、步畝：

一、興字六十七號，共計地九十弍步四分八厘，內除路四步，餘作三股均

分。王萱五房等該地六十四步八分五厘,王明該地弍十三步六分二厘七毫。已除天武賣過及扒補曲尺外。

一、興字六十八號,共計地壹百〇七步九分,內除路八步四分六厘,餘作八股均分,王萱五房等該地八十七步〇一厘,王明兄弟除自已賣過,仍地壹十二步四分三厘。

此系故墨也,姑存之,考古証今,而原委洞然于胸中,未必無少補云爾。(編者注:此段文字爲《元至正二年至乾隆二十八年王氏文約契謄錄簿》紅筆批注)

——《元至正二年至乾隆二十八年王氏文約契謄錄簿》,
原件藏南京大學歷史學院資料室,編號 000013

明萬曆十五年八月祁門縣赤橋方氏分家鬮書序并條例

赤橋方氏鬮書序

赤橋方柯氏,予之姑丈,鄉之望人也,其子惟吉。氏循循雅餙,振振仁厚,幹蠱克家,素積貲產,以遺二子,伯陽春、仲愛春,皆有丈夫志,歲登辛巳,惟吉已告絡矣。貲產未經類答,而伯、仲怡怡皆有禮節,不患乎守成之難。已而謀爲分業之舉,而告於予曰:"昆玉統承肇基,庭無間言;竭力協濟,心無異志;秉公酬應,家無私蓄。友愛天至,雖不分猶分也,爾何遽起斯念耶?"二氏欣然曰:"我豈聖訓之不遵哉!亦時勢不得不然也。吾今雖敏勉聯屬,安知後人之言行不相乎者乎?又安知其不爲節包弟子之求分異者乎?"由此觀之,故同爨者未必是,而分爨者未必非也,要亦不失乎敦睦之義焉耳!昔者張公藝九世同居,而高宗親幸其宅;劉君良勸異斥妻,召兄弟流涕以告,更復同居,而大宗表異門閭;田氏因荊復合而感動生靈;楊津食不先飯而位居台鼎,實吾人所當法焉者也。豈敢執此以爲二氏法則之謀耶?惟儉朴踐實,清白自守。苟能恭順有禮,相與忍之,則家道雍睦,斯無忝爾之所生,爾祖、爾父勤勞創業之志,亦不墜矣,而仁義之堂豈不益彰乎哉?於是乎言。

時萬曆十五祀丁亥歲中秋月吉旦,蓮塘樂素子吳一標頓首謹書。

《鬮書條例》開具于後:

一、將承祖并父續置基屋地從公估值品答,編作乾、坤貳鬮,一樣貳本,焚香告祖,各拈一鬮,各收一本,存照爲業。其地之肥瘦、屋價之輕重,當即扒補均平明白。日後,毋得另生異議。如違,甘罰白銀伍拾兩公用,仍依此鬮書爲准。

一、附近竹山并山地、菜園,亦照肥瘦均答,其中有不能答者,俱係衆存,兩半管業。

一、各處田地、山場，悉照上年規格，暫各收業，毋得另生異議，日後鬮分毋詞。

一、父手各人頭帳目，俱要對半均取，毋許私自竊取入己。如查出，務要追還衆毋詞。

一、議存留浮租貳佰（稱）[秤]，置立簿匣，每人收貯，管辦一年，以供祭祀拜掃，及管待人客、修理田破一應等事，俱係管年之人支持。出入逐項記帳清白，每年自清明結筭，并剩銀眼同貯匣交替，毋得徇私執拗忿墮，以誤衆事。如違，究出，倍罰入匣毋詞。

一、稅糧，不論步則爲拘，俱係對半輸納。

一、二家既分之後，各不許瞰其不知，以肆侵占。如違，聽自公罰改正。

一、倘有外侮，告爭不明產土者，俱係兩半管辦，毋許退縮。

一、摽分山内，倘有風水，俱係衆存毋詞。

一、各項摽分基地，或承祖鬮分合同，或買各契，隨即檢付收執。其中或有相連，不能檢付，收貯之人親筆抄録付照。日後要用，賫出參照毋詞。

——《明祁門赤橋方氏鬮書》，原件藏南京大學歷史學院資料室，

編號 000054

明萬曆二十年八月休寧縣九都一啚還珠里陳宗彦、陳仕朗共業地界劃分合同

　　立合同人陳宗彦、陳【仕】朗共業芥字三千三佰四十號田一坵，土名下園池，其田東至路，西【至】陳瓊釗等田，南至路，北【至】陳朗源等田。今因二家商議，憑中眼同丈量，其除東頭臨路，取田核闊一尺，深長不計，通水往來除外，共田一佰七十步九十四，議取中間衆墻脚一道，橫闊一尺，深長未計，仍作東西二股鬮分，陳宗彦鬮得東頭田一段，計田八十五步四十七分，東至衆存水渠，西至衆存墻脚心，南至路，北至朗、釗等田有；陳【仕】朗鬮得西頭田一段，計田八十五步四十七分，東至衆存墻脚心，西至朗、釗等田，南至路，北至朗、釗等田。其田隨即眼同安石爲界，各執各業，所有中間衆存墻脚一道，聽從二家先後砌做。自分之後，二家無得異説。如有悔者，甘罰白米五石，入衆公用。今恐無憑，立此合同一樣二張，各執一張存照。

　　萬曆廿年八月廿一日，立合同人陳宗彦　號　　仕朗　號

代書中見人陳琛　陳瓊　陳源

——《康熙陳氏置產簿》，清抄本，原件藏南京大學歷史學院資料室，編號000132

明天啟三年閏十月祁門縣十三都三保汪必暲四大房立山業清白合同文約

　　立清單合同人康于文弟侄同汪必暲四大房弟侄共有承祖買受得山壹備，坐落十三都三保，土名茶培塢，係康仲辛、凌康方名目。今因砍捭，憑中將二家契書驗明，寫立清白合同。其山以作叁股爲率，汪得壹股，康得貳股。自後，不以買契爲拘，悉憑此清白合同爲准，二家子孫永遠遵守，毋得異言爭論。如違，甘罰白銀式兩公用，仍依此文爲照。今恐無憑，立此清白合同爲照。

　　天啟叁年閏拾月初六日，立清白合同文約人汪必暲四大房弟侄　押

同康于文弟侄　押
中見人康時用　押
康宗尚

——散件文書，原件藏南京大學歷史學院資料室，編號000095

明崇禎六年六月祁門縣十西都謝正祺等立財產清白分單合同

　　立清白分單合同人謝正祺、謝正禮、謝正祥、謝正初，原父不幸早故，債負未完，會帳未週。先年將店出合與親人余清甫，共開酒行生理。余因謝兄弟事務紛冗，支費浩繁，以致空身拔出，貲本未週。今值兄弟人等一生意不專，自愿托中將父所遺新舊所欠人頭帳目，一概將父續置扒派開單抵還帳目，聽自兄弟各人坐谷納利，須要至期送還，不得遲延拖累。倘各人有敷餘銀兩，聽自前後各贖各除，不得扳扯。日後贖回，照依肥瘦品答閽分。所有店中家火併店底及帳目，眼同面議，實□作壹佰貳拾伍兩正，坐與開店之人，陸續取討，照單如期應付。前會共計會銀該付壹佰貳拾兩正，除付會外，仍多五兩在店，議定取當五兩壹錢正。其前後會帳，盡係開店之人承管前去應付，不得累及不開店之人，日後毋得生奸異議。切思老母在堂，輪流分饍，實有不便。兄弟商議，將還謝帳內田存晚租伍拾秤，又存胡家門首糞草租拾

秤，共計晚租陸拾秤零肆觔，聽母自饍。百凡衆務，俱係四股均管，不得貽累老母。所有正初未曾完娶，又將還謝帳内田存晚租伍拾秤與正初收貯，以貼婚娶之費。倘有不敷，仍要三股多寡貼出，以全手足之誼，毋致臨時推捱。所有母口食田租伍拾秤，其谷利四人均納，日後贖回，照肥瘦四股闊分。其貼正初婚娶田租伍拾秤，遞年谷利，長、二、三叁股分納，日後，三股贖出田骨并租數，與正初已收，三人毋得分收異議。其貼正初婚娶田租、税糧，係正初已納。所有排年差役，輪流催辦，遞年錢糧，四人依期分納與管排年之人，毋致推阻。其福會，遞年四人均用，依期四人均做，毋得執拗有違。所有安苗會該交大租貳秤零四斤，四大房祀匣該交大租六秤零四斤，遞年至清明日，交谷利銀伍錢，當付管排年人收。冬至會該交大租貳秤十斤，至會日交谷利銀壹錢伍分。仍該交四大房大租貳秤十斤，付清明首家收。以前田租，未曾衆存，或交谷，或交銀，至期俱係四股敵出，毋得遲誤有違。日後，須要四股贖回，以免衆議。凡一切祖墓，聽人孝敬。倘扞有風水，安葬祖父，四人須要照股備辦灰葬之費。其菓樹及竹園，仍聽母親總管，聽母分給與四股用。所有義弟永六，衆議存田租拾貳秤與母收，暫貼油、塩，候討親後，其谷與永六收，母油塩另行計議。其永六在店，每年議取工食銀壹兩，與母收貯生販，以爲日後討親之費。其永陸冬、夏衣裳，盡係開店之人管辦，毋得輕慢。自立合同之後，各宜遵文，日後毋得争論。如違者，准以不孝罪論，仍依此文爲准。立此合同一樣四紙，各收一㕔爲照。

　　崇禎六年六月二十五日，立清白合同人謝正祺 押　謝正禮 押
　　　　　　　　　　　　　　　　　謝正祥 押　謝正初 押
　　　　　　　　　　　　　　主盟母胡氏 押
　　　　　　　　　　　　　見族人謝孟禄 押　謝泰運 押
　　　　　　　　　　　　　　　謝孟連 押　謝廷庸 押
　　　　　　　　　　　代書謝正昇 押
　　——散件文書，原件藏南京大學歷史學院資料室，編號 000089

明崇禎八年三月祁門縣汪奎長等立清白合同

　　立合同人復八、復九、復十，有承祖山一號，坐落土名瓦瑶山，因住居遥遠，照管不便，被人偷盗，只得衆議雇人砍斫，三公均分。因復九分藉出賣與

謝名下,有貴溪胡宅言買,約復九公分藉。今二家未曾清白,所有復九公在山柴木,盡謝分訖。日後生端,皆謝承管,毋得累及八、十二公名下。倘在地內生端,盡是照分均出。恐後無憑,立此合同一樣,各收存照。

崇禎八年三月二十八日立合同人　汪奎長　押

　　　　　　　　　　　　　　　汪希冕　押

　　　　　　　　　　　　　　　汪厚貴　押

　　　　　　　　　　　　　　　汪鐘偉　押

　　　　　　　　　　　　　　　謝國興　押

　　　　　　　　　　　中見人　謝錫順　押

——散件文書,原件藏南京大學歷史學院資料室,編號000055

明崇禎十七年八月休寧縣金應佑同父異母三兄弟立歸一合同

立歸一合同金應佑、應俊、應傑兄弟三人,身雖異母,誼切同胞,深念祖父遺業單薄,無以爲生,余兄弟協力同心,向在外面經營生理,托天箕裘頗充。不幸邇來尺步艱難,塞遭其厄,此乃大數使然,人事無如之何也。變既生於不測,所恃者人心,"和"之一字挽回之。倘因些微產業、帳目之未清,致生釁孽匪,惟非善後之道,抑將何以慰祖父于地下乎?今憑親友族人勸諭,所有承祖房伍間,其老屋落腳房壹間,係佑業;新屋落腳房壹間,係俊業;新屋閣上房叁間,將貳間抵下落腳房壹間,係傑業。仍房壹間,兄弟遵父命,與佑業,以酬其昔日長子輔弼辛苦之勞。又有承祖地數號,自有僉業三衆存留,以俟後日成事之用。父遺田畝,計租拾砠,并承祖該父分田園租,俱衆存以爲祀費。其右治園新造屋,自有原合同股數爲憑,内中地多寡不同,除佑將梨園地扒補傑外,而佑、俊兩人不得借端以地與銀索補,佑已造學堂,所借俊、傑地,正門通路,日後自將全號業扒還。溪邊地内,除一淳水碓基陸拾柒步,係佑已買,餘佑、俊兩半均業,契係佑收。至於兄弟各人所置已業,各自有契稅爲憑,毋得生情佔吞。日前各人經手墳事外項等費及往來帳目,俱已言明無異。余兄弟心事,惟天日可表,日後子孫斷不得藉祖父一時帳筆啟釁生端,有乖和氣。當思充拓基業,以爲前人爭光可也。今恐無憑,立此合同壹樣叁張,各執壹張,永遠爲炤。

崇禎拾柒年八月十八日,立歸一合同兄弟金應佑　押　金應俊　押

　　　　　　　金應傑 押
　　　　　　見眷汪正所 押
　　　　　　　友查去賓 押
　　族金修吾 押　金明宸 押　金愛谷 押　金五聚 押
　　金振玉 押　　金冲斗 押　金質光 押　金萬先 押
　　金日曉 押　　金用之 押　金用光 押　金日表 押
　　金德新 押

　　　　——散件文書，原件藏南京大學歷史學院資料室，編號000306

清康熙三十三年二月徽州某縣鮑伯振同侄鮑君茂等立息爭議和約

　　立和議人鮑伯振、侄鮑君茂，因先年二人訐訟多番，舊臘又兼口角爭非，伯振一時不忿，以至稟到縣主姥爺，蒙批捕廳土爺臺下。今憑親族勸釋，兩意心平，以全族誼，自議之後，洗却前愆，永爲和氣。依憑親族對神設誓，兩造再不得爭閧是非，恐傷族（議）[誼]。倘後仍前私隙生端，投衆論理公罰。神明鑒察。此照。

　　一、議呈細塘照冊税，各管各業。
　　一、議苦竹林墳前空地，照冊管業。
　　康熙卅三年二月　日，立和議人鮑伯振 押
　　　　　　　　　　　　　鮑君茂 押
　　憑族鮑我受 押　鮑君愛 押　鮑君甫 押　鮑正甫 押　鮑爾康 押
　　　　鮑遵五 押　鮑惟善 押　鮑御六 押　鮑成章 押
　　　見議邵中銘 押　趙泰來 押　程星聚 押　鮑文遠 押　許公鼎 押
　　代書程子榮 押

　　　　——散件文書，原件藏南京大學歷史學院資料室，編號000220

清乾隆三十一年八月祁門縣康維魁等同陳進童秩下 經手人等立相和警後議約合同

　　立相和警後合同人康維魁、陳進童秩下經手人等，情緣陳姓於乾隆二十八年造祠，因平地基，惜康西彎下坡地弦堆泥未及撤還，致康訐訟在官。今憑中勸釋，康姓念屬同村之誼，永息訟根。嗣後，二姓兩相和好，各宜恪守康姓西弯壙前地業，兩姓人等毋得盜賣謀買。自立合同之後，毋得違議。一有不遵，與受同咎，聽憑執文呈官理治。今恐無憑，立此合同式紙，各收一紙，永遠存照。

再批，未遇局者，務各通知照。

乾隆叁拾壹年八月十八日，立議約合文人康維魁　陳進童秩下經手

　　　　康良傑 押　　康良錦 押　　康良熠 押　　陳正琫 押

　　　　陳起鳳 押　　陳正琇 押

　　　中見人康輝明 押　　詹有餘 押

　　　代書余維積 押

　　　　——散件文書，原件藏南京大學歷史學院資料室，編號000220

清乾隆三十五年二月初九日祁門縣謝村謝宗泗等立清白合同文約

立清白合同文約人謝宗泗、宗權等，原身善積祀，向有玘、璉二房承祖遺田租等項，歷來僉首經收，辦祭完糧，遵守無異。邇年，璉房子裔宗權收管，式十餘載，辦祭、納糧無侵。今因祠宇朽壞，合衆公商，責令宗權將玘、璉二公田租產業推出，歸公經管。自今以後，合衆不僉首，逐年租谷等項，公收公支，公用登賬。除每年辦祭完糧并衆支外，餘剩公同出借生息，眼同壹年壹箄。如查出侵私花派、吞祭抗糧等情，除送官外，仍以祠規處治。自後永遠遵守。今恐無憑，立此清白合文壹樣式扂，玘、璉二房各收壹扂，永遠存照。

再批：璉房宗權先年曾墊有銀，修造公田田砲。今憑中箄明，權管卅四年分衆糧，除完納，尚欠糧票式兩陸錢零，并臨卅五年新正演戲使用，悉係玘房人等承去。其一世、二世兩祖卅四年代納，亦憑玘分收取完糧。其排年善積祠原有貼谷，悉照舊規津貼，不得減除。又照。

乾隆三十五年二月初九日，立清白合文約人宗泗 押

　　　　　　　　　　　　文藻 押

　　　　　　　　　　　　文郁 押

　　　　　　　　　　　　宗權 押

　　　　　　　　　　　中見及三 押

　　　　　　　　　　　代筆親黃公和 押

　　　　——散件文書，原件藏南開大學歷史學院卞利處

清乾隆婺源縣江灣蕭江復七公房削除贅婿承祧補代文

削除贅婿承祧補代文　蕭江復七公房支孫如松薰

鴻濛之初，教化未行，民多野合，知有母而不知有父。父母尚不知全，又何論乎姐妹爲婚、紊宗亂倫之説也？厥後，聖人迭出，制禮作律，尊重所生，異姓不得以爲後，譬諸花木千枝萬朵，皆係一本所發。如有非其種者，則必除而去之，所以紫陽夫子《家訓》首嚴族類之當辯也。蓋椒聊蕃衍，溯厥同根，氣類相連，則祖宗亦樂而享祀。如以異姓承祧，毋論非種之當鋤，即棄其祖而宗我祖，先人亦不相安於地下。奈後代世風不古，禮教淪亡，無子者率紹異姓爲後。噫！揆諸禮，無此文；準諸律，亦不合。始作俑者，應其無後乎？然移花接木，遍地皆然，非獨我江氏一族也。此俗相沿已久，在紹子者視爲成法，先賢修譜，憫其斬祀，俱作存而不論不議之利，松今從衆可也。然以異姓爲後者，雖云紊宗，但伊自斷其本根，再來承接我枝葉，氣雖不相聯而恩實相洽也。乃邇來竟有甚于異姓亂宗者，法淳于髡之贅婿，兼易姓以承祧，以女子之夫比于子，俗名爲"招補代"。嗟乎！此仁人君子所深惡而痛絶之事，論以女妻之誼，是云婿也。婿雖稱爲兒，例不能實作爲兒，服制緦麻，從其分也。若以易姓承祧，古來無姐妹爲夫婦之禮，外甥呼外祖父母爲王父母之儀，以一身承兩家之後，即以絶兩姓之煙。氣類相隔，名分無稱。亂宗敗倫，莫此爲甚，其與禽獸奚異哉！吾宗自蕭相國鄶侯公建勳于漢。厥後，金貂八葉，世家之盛，古所未有。節度公避地黃墩，指江易姓。其子遷婺源，八世孫徙今雲灣，瓜瓞綿綿，明德相尚。至我房祖菊庄公考盤溪上抱道，嘉貞後裔，文學之士，豪傑之英，接踵而出。堂堂大族，豈容贅婿承祧？亂宗敗倫，不急鋤而去之，辯明族類哉？查吾族以女夫爲子者，共若干家。他房贅疣，自有伊房删削，我房僅廿九世兆栢之女名就贅涇縣查九。按，九未贅親之先，兆栢繼有鄭氏子爲兒，名承桂。桂往金華，卒于外。栢欲不忍先人斬祖，再擇同宗一人承祧，不得以查九爲後。今栢死矣，查九亦亡。九雖有子，栢女所養，然九本身尚不能系吾江，九子更不得從吾姓，鋤而去之，禮也，亦律也。昔夫子作《春秋》，筆削爲嚴，毫無阿徇。譜亦一《春秋》也，松承父老之命董墨，修本房《支譜》，敢有私蓄，故特直書以削之，并録文以爲後來戒。

——乾隆《蕭江復七公房支譜》卷四《削除補代文》

清嘉慶十年九月徽州某縣汪嘉利等分山業合文

　　立分山業合文汪嘉利、嘉貴、嘉良全侄懋昇、懋旺等，緣承祖父買受本都四、五、七、八保山場，或己業，或共業，蓄養松、杉、雜柴，現有已挤未挤者。今因看養不齊，是以合衆商議，眼同將各號浮木山骨作價並清，肥瘦配搭均勻，各房拈鬮管業。所有土名、字號開載于后，其共號分作五單者，埋石爲界。自分之後，無得生端異説。如違者，准以不孝論，仍依此合文爲始。今恐無憑，立此分業合文五紙，各執一紙，永遠存照。

　　一、八保土名徑塢東培第一單，并七保土名箬灣，與三房均共除，容分此二號係嘉利名下鬮得。又四保土名旱園塢、七保土名王家塢中嘴、七保土名鯉魚形、八保土名馬家朝山、八保土名桶灣外培、八保土名冷水窟，此六號因嘉利代祀內充墊銀拾陸兩，今合衆將山骨并浮木抵還，此六號山亦坐扒與嘉利管業。

　　一、八保土名徑塢東培第二單，并七保箬灣，與二房均共除容分，此二號係懋旺名下鬮得。又七保土名王家朝山，七保土名王平磘東培、王平磘西培，七保土名兔月塢，此三號因嘉法代祀內充墊銀九兩三錢八分，今合衆將山骨并浮木抵還，此三號山亦坐扒與懋旺管業。

　　一、八保土名徑塢東培第三單，并四保土名劉七塢頭、五保土名褲襠山，此三號係懋昇名下鬮得。

　　一、八保土名徑塢東培第四單，并本保土名饅首插花，此二號係嘉良名下鬮得。又嘉良已買受八保土名徑塢中壟、仝保土名徑坳上、仝保土名徑頭、仝保土名上步下截，今合衆將祀內七保土名水流塢、叚末塢股分、八保土名秋坑合塢、八保土名徑塢頭東西二培，兌換嘉良已買山分。嗣後，水流塢、叚末塢股分、秋坑合塢、徑塢頭東西二培，此四號山亦坐扒與嘉良管業。

　　一、八保土名徑塢東培第五單，并本保土名瓦瑤山，此二號山係嘉貴名下鬮得。再，仍有墳山并各處餘山，無論己業、共業，未上分單者，俱係衆存。

　　嘉慶十年九月二十一日，立分山業合文汪嘉利　押
　　　　　　　　　　　　同弟　嘉貴　押
　　　　　　　　　　　　　　　嘉良　押
　　　　　　　　　　　　同侄　懋昇　押

　　　　　懋旺　押
　　　　中見侄孫彥美　押
　　　　　代筆侄懋珍　押
　　再批：四房闔得徑塢東培第五單，此單山與四單、三單共號，内有許姓分法。今合衆商議，將土名塢頭裡至荳灣田塍直上，外至黄土衕，隨壟直上，上夆下田至内，山骨并浮木津貼四房，得五單位下爲業。日後，徑塢許姓分籍或湊全，或分價，盡係四房管理，毋得異言。又照。

　　　　　　　——散件文書，原件藏安徽師範大學圖書館

清道光五年二月績溪縣竹里村周、許、鮑、鄭四姓立山界合同議約

　　立合議人周、許、鮑、鄭四姓人等，今因賤字三百零四號土名中魚塘陽邊共山拾五畝，合周姓山五畝，合許姓山壹畝陸分三厘，合鮑姓山三畝捌分七厘，合鄭姓山四畝五分。四姓合議，將山肥瘦品搭，作三段闊分。上段山五畝，裡至大弯，外至小岺，分扒周姓執管；中段山五畝五分，上至小岺，下至岺，扒入許姓執管；壹畝陸分三厘，扒入鮑姓執管；三畝捌分七厘，上至岺，下至石塝直上；下段山四畝五分，上至石塝，外直上，下至大源，扒入鄭姓執管。自分之後，各執各業，不得恃强越界。倘有此情，甘罰七十錢三兩正。今欲有憑，立此合議一樣四紙，各執一紙，永遠爲據。
　　道光五年二月廿二日，立合議人周紹瑚　押
　　　　　　　紹洪　押　　紹寶　押　　社保　押　　有鳳　押
　　　　　　長益　押
　　　　　　許學效　押
　　　　　　鄭龍吉　押
　　　　　　龍慶　押
　　　　　　鮑永京　押
　　　　　中見周炳輝　押
　　　　　　覲明　押
　　　　　代筆景輝　押
　　　　　　　——散件文書，原件藏安徽省績溪縣竹里村

清同治十二年六月祁門縣倫坑村敬敷堂加禁山場、田地等不動產典賣與境外人碑

加禁合文

立加禁合同文約人敬敷堂秩下汪可棣等，緣我族祖居七保境内，自祖以來，生養於斯，殁葬於斯，合境爲族内根本之地，命脉之源。其山場、田地、房屋、店宇一切業產，《祖規》向有嚴禁，秩下不准出賣、押典與境外。近因年久，誠恐廢馳，今合族公議，復立加禁合文，所有七保合境山場、田地、房屋、店宇一切業產，無論公業、己業，謹遵《祖規》，秩下概不准出賣、押典與境外。如違，責令本家贖回，仍將本人逐出祠外，決不姑寬。今公立加禁合文壹樣拾紙，各收壹紙，子子孫孫，永遠存照。

同治十二年六月初七日，立加禁合同文約人汪敬敷堂秩下

可棣　洪謐　可壽　□壬
洪宗　可班　洪樂　炳寅
軼群　延柏　承恩　洪璣
周順　洪輝　肇順　肇奎
肇銘、□奉書勒石
肇容謹書

——碑銘，原碑嵌於安徽省祁門縣箬坑鄉倫坑敬敷堂墻中

清光緒十六年四月黟縣宏村邱應書立嗣子暨財產繼承遺囑

立遺囑祖應書，字集文，我祖世林公生余父兄弟兩人，伯父嘉成，父諱嘉滿。伯父不幸仙游於道光十二年，所生一子應爵，亦於咸豐年間病故。時有三子，次、三均早逝，惟存長子國大，行年已花甲，外尚乏子嗣。今人言之，無不墮淚。又況年前頻遇兵燹，我族各股支丁半遭浩劫，此邱氏所以愈嘆凋零也。第我父辛苦一生，無多產業，與我伯父各分得房屋一角，典首園坦各一塊。迨我年十五，就業北門城外，在匯源布號始作學生。道光戊子，時已弱冠，頗能立志成家，而我母常多疾病，娶媳胡氏，得以侍奉湯藥。不期是年冬，母竟見背，享年近六旬。方賴椿庭垂庇，迺不數年，歲在甲午，我父又沉疴不起，春秋古稀有五。斯時，痛不欲生，惟以嗣續爲念，不得不苟延殘喘。果獲我父母靈爽，此後連舉兩男，未逾年，先後均殤。壬寅，移居瑜村。是

冬，歸葬我父母於郭隅外碧陽書院之右，敬立墓阡。越三年，兒國邦生。歲丁未，謝福元店事，我年已四旬，捐資納監。比年王姓邀開同和布號，配搭小股。咸豐二年，粵寇竄擾，店中交易雖盛，而東避西遷，幾難安業。數年中，我復加捐貢生，旋又爲國邦納監。時兒年十四，娶媳項氏，忽忽者吾年五十矣，差喜同和生意日有起色。詎料同治二年，大股賊過，銀錢、貨物不下萬餘，焚掠一空。店事如此，家事更不堪言，父遺房屋，悉被賊燬。因國大見商，我將老屋基地湊與大侄，斷賣與金鈴。且侄又不能經營，并置園坦與其耕種，裨糊口計，以盡親親之誼。同治三年，舊同事邀開兆成布號分棧屯溪，國邦在屯理賬。四年，邦兒產一女。次年，又產二女。時未抱子，而我六旬以外，邦兒性尚敦篤，謹慎可嘉，方期光我門閭。胡天道難和，突於同治癸酉得內傷症，醫藥罔効，延至光緒元年冬月病故，惜年三十一。悲哉！痛哉！壯者既歿，而衰者獨存，家門不幸，卒至於此。承族房聳踴立繼，勸以族內二房春隆侄次子承國邦之嗣。族議已定，二房以婦人意見爭論紛紛，不肯承繼我三房，此事遂罷。春隆侄復借去洋拾員，復蒙族長應楠兄勸以他姓入嗣，援本族上年二房應沛、應根兄等承祧之例，祇得於光緒二年春間，負此從祧之例，爲祖宗血食之計，名喚百壽。四年夏間，又繼一孫，名喚百和。光緒六年，衆祠損資，閣族立有字約，准以後加繼，再不必另輸銀兩。五年春間，與壽孫聘禮項朝祥翁女爲孫媳。不意光緒五年冬月，百壽病殤不育。後於光緒九年春間加繼一孫，名喚百福，俱爲項氏媳撫育教養。所有我一生，歷來辛苦，一一書明，俾汝輩長大成立，方知我的筆親傳，則汝兄弟亦須同氣支持經理，以安汝繼父之靈，亦稍慰焉。竊念我貿易五十餘載，從無苟且欺人之事。至今吾年八旬有三，日薄西山，朝不保暮，不得不急爲誥囑，故將我自置田地、屋宇品搭均分，抑俟我及媳項氏百年後歸各管理。惟願兩孫恪遵《家訓》，生事死葬，視若己出。異日門楣有慶，瓜瓞綿綿，我邱氏有厚望焉。所分田地、屋宇，族房人等如有尋釁爭論，兩孫將我祖《遺囑》鳴公理論，而汝輩亦各宜謹慎保守，勿爭勿競，深念我先人基業之不易。幸甚，幸甚！

　　光緒十六年歲次庚寅孟夏月吉日，立遺囑祖應書
　　　　　　　范守箴　押
　　　　　　　經見孫婿余德芝　押
　　　　　　　張崇祿字壽椿　押
　　　　　　　依口代筆世愚侄吳天送　押
　　立此遺囑，壹樣兩張，親付吾孫百和、百福各執壹張。
　　　　　　　——散件文書，原件藏安徽大學徽學研究中心特藏室

民國九年三月黟縣宏村程氏立繼子文約

百世其昌

立繼書嫂程氏,竊思先翁姑生平兩子,氏夫居長,夫弟翰卿居次。氏長房所生兩子,長子聯棣,已受室矣;次子聯淦,現年七歲。夫弟年四十二,念娣婦常病,欲將次子淦爲後,商之氏。念我兩房長支有棣,足以承神祖之祭祀與支應門戶各務,則淦承夫弟,爲二支後,不但昭穆相當,次序相宜,依然我先翁姑仍兩房承承繼繼,千萬斯年,神祖與門戶實有攸賴。況當家產鬮分之時,尤宜正名定分,願將次子淦爲夫弟後,出自實心,毫無勉強。將來長支事歸棣,次支事歸淦,各承各業,各立門戶,無得爭競。惟願承繼之後,我兩房子孫昌熾,萬世綿延。在淦亦當善事夫弟娣婦如親生父母,則厚望焉。恐口無憑,立此繼書。綿綿。

民國九年歲次庚申季春月吉,立繼書程氏 押

秉筆長子聯棣 押

族篤平 押　積達 押　廷□ 押

戚項榮士 押

世誼胡慶祥 押

——散件文書,原件藏安徽大學徽學研究中心特藏室

第三節　財産糾紛、訴訟暨息訟合同規約

明成化十一年七月休寧縣十二都汪壽馨等立山業糾紛處置合同

十二都住人汪壽馨等,原于永樂五年是祖汪鎖用價買到本都吳阿李户土名黃干坳山七分九厘弍毛,係黎字三卅二號。此山永樂二十年,是將山稅與叔志恭三分均分,各收入户管業。後正統六年,叔祖汪志恭取伊分數,(買)[賣]與汪成宗,同業年深。成化十一年,不期本都汪思和平空起意,狀投里老,強占本家山土。壽馨不忿,赴縣告狀。業批里老判理,憑眾親朋勸諭,面立合同,作兩半均業。後汪思和將山三分九厘六毛出賣與東北隅查以

寬，今有查以寬將山轉賣與汪壽馨等名下，得受價銀一兩七錢正。壽馨心思此山原係祖業難棄，仍與汪景庸等出價銀七錢，與壽馨等名下此山，仍立合同，作三分均分業，壽馨兄弟該二分，景庸叔侄該一分。自立合同之後，兩下各不悔異。如有悔異者，甘罰銀一兩七錢與不悔人用。今恐人心無憑，立此合同爲用。

成化十一年七月初二日，立合同人汪壽馨

　　　　　汪壽齊　汪壽昌　汪壽美　汪壽椿　汪壽明
　　　　　汪壽瑄　汪景庸　汪壽興　汪壽茂
　　　　　見人黃雲生

——《明萬曆汪氏合同簿》，原件藏南京大學歷史學院資料室，編號 000027

明嘉靖二十年六月祁門縣西都謝村謝景輝等共立束心訴訟合同文約

西都謝景輝、謝芝芳、謝珂、謝瑞、謝岳等，今因正月間五大房同心奉葬高祖蕙友公于本家僉業門水岑墳山內，却被豪族謝浥、謝道生等向謀未遂，買拴鄰保無址絕户謝鸞友冒奪，訐告府縣，纏害不已。蒙縣着發里長李道相托，憑親眷許時、余植、余彬等處和，勘得其山係是本家僉業明白。豪虧，計拴許時，賄囑秩下子孫，謝瑩不期見利忘義，不思祖宗爲重，故違原立文約，反行拆群拗衆。故行同商議，重立嚴約，殺牲插血，以束見在人心，以安祖宗在地之靈。凡在蕙友公子孫，同盟之後，務要各洗心協力，勇敢向前，毋許效尤退縮，更不許分外生事。如違，聽衆告理，以准不孝論罪。今恐無憑，立此爲照。

嘉靖二十年六月初十日，立約人謝景輝 押　謝芝芳 押　謝珂 押　謝瑞
　　　　　　　　　　謝岳 押

一、出備盤纏仟兩爲則，謝珮出叁兩伍錢，押；知天出銀叁兩伍錢，押；謝璉出銀拾兩，押；謝知龍出拾兩，押；璪出銀七兩，押；謝景明出銀式拾兩，環，押；珹，押；恩，押；謝瑞出銀柒兩，押；謝玠出銀式兩，押；謝璋出銀肆兩，押；謝相出銀叁兩叁錢，押；謝岳出銀式兩，押；謝順銀三兩三錢，押；謝現出銀壹兩六錢五分，押。

一、議祠首謝環，押；謝思，押；謝相，押；知賢；謝□宮出銀陸兩六錢六

分,押;謝璉,玘共出銀叁兩三錢三分,押;謝珖,押;謝玠,押;謝知一,押。

一、議經帳,謝珖,押;謝佩,押;知本,押。

一、議往來出力下府,謝岳,押;謝玠,押。

一、扶助行事,經銀經帳,謝成,押;謝璉,押;謝挺,押。

一、家中敷掠,謝璋,押;知麒,押;謝宮,押;廷貴;謝珖,押;謝瑞,押。

再批:祠首府縣及行事爲衆往來者,吃内俱係衆管,其銀議定捌成,每次敷掠拾兩,俱要逐次付衆,毋許推挨。

——散件文書,原件藏南開大學歷史學院卞利處

明嘉靖二十一年五月休寧縣十二都汪安等立與三十三都吳昆買田造屋遮祖墳糾紛文約

十二都住人汪安、汪規、汪玘、汪奎、汪萬,有祖墳一處,土名小墓林,有十都胡宅田二坵在于墳前。今有三十三都吳昆買來造屋住歇,本家心思有遮墳前朝水,恐妨祖墳,不安未便。今本家用銀三十柒兩五錢,買成前田計二畝六分,計租乙十柒砠半,每砠值銀壹兩,共計價乙十七兩五錢,仍少銀弍拾兩,安邊認銀四兩,玘邊認銀四兩,明邊認銀四兩,奎邊認銀二兩,仍少銀六兩無辦。今衆商議,將祖墳左邊汪明父毗連仍有生堆乙穴,作銀五兩,取讓汪安、汪玘、汪明三人名下,日後聽三人議補,遞年加息,每年加息五錢,聽從埋葬,衆人即無異説阻擋。仍有脚下一穴,與明邊生堆毗連,與汪萬管業,認銀八錢。從今衆議之後,各無悔異。如有悔者,罰銀五兩入衆,修理墳塋,仍依前議爲定。今恐無憑,立此文約存照。

今汪玘有前同買衆生堆乙穴,今業不便,自愿湊與汪安名下爲業,本家得受價銀已足。

本年八月初十日,再批。汪玘 号,見人汪旻。

嘉靖廿一年五月初一日,立約人汪安　汪遲
　　　　　　　　　　　　　　　汪玘　汪規
　　　　　　　　　　　　　　　汪萬　廷明
　　　　　　　　　中見人汪奇負

——《明萬曆汪氏合同簿》,原件藏南京大學歷史學院資料室,編號000027

明嘉靖二十二年三月祁門縣三四都康維魁等立與余家侵山訴訟同心合文合同

三四都康維魁同十三都康坦明、康景春等,今有承祖康復卿名目經理山一號,坐落十三都二保,土名朝山塢,一次佃與比鄰程志等栽坌杉木。今被三四都余家將前山浮木賣與謝文、謝元、謝神保砍斫。思恐人心不一,寫立合同三紙,議派祠首,于後所有盤纏、飯米等項,俱議三分爲率,謝維魁一分,坦明一分,景春一分。自議之後,各人務要同心竭力,盡始盡終,毋得推托退縮、狥私(狥)[苟]且等弊。如違,通衆理治,甘罰文銀二兩,入衆公用,仍依此文爲始。今恐無憑,立此合同三紙,各收爲照。

計開爲首于後:

維魁一分　康維魁　康維華　康仁
坦明一分　康倬　　禮　　康均
景春一分　康英　　康社　康欽

嘉靖廿二年三月初六日,立合同人康維魁

康坦明

康景春

康佳　書

——王鈺欣、周紹泉主編:《徽州千年契約文書》,宋·元·明編,第五卷,花山文藝出版社,1993年,第251頁

明萬曆十五年二月祁門縣十西都謝村謝良諷等立山地糾紛和息合同

立和息合同人謝良諷、謝正二家狀告本縣,土名北山塢、古溪二處山地,聽中勸諭,不願終訟,所該紙贖併零碎盤費使用,盡是二家對半均出,毋得生情推捱。今恐無憑,立此和息合同爲照。

萬曆十五年二月初三日,立合同人謝良諷 押

謝正 押

勸諭中人謝文鳳 押

謝朋宣 押

謝大生 押

里長謝承恩 押 書

——散件文書，原件藏南開大學歷史學院下利處

明萬曆十五年六月歙縣十八都四啚胡起等與休寧縣汪榮等立處置風水墳地糾紛合同

　　十八都四啚立合同文書人胡起等，今因有本家殯墳一所，係休寧騰字號土名排山頭。汪榮等風水山地，一業亦係休寧騰字號土名排山頭。二葉毗連，胡起殯墳地係低基，汪榮等風水山地係高基，各有定界，經管無異。今因本府明文，民間無許暴露，胡起欲權就殯墳堆葬，墳後係是汪榮高基山地。恐日後有侵損之患，本家托親朋，欲得汪榮山地蔭庇龍脉，汪榮亦係風水，不願出售。今以大義相處，二各憑中議定：本家墳後，聽憑眼同堆接龍脉。其山雖係汪榮己地，日後，去本家墳穴五尺內，汪榮不致扦造，以傷本家龍脉。本家墳南密近汪榮山地，日後，本家亦不致侵占汪榮原安石界內山地，亦不致遮損汪榮墳塋。二各遵依，務以唇齒相恤，庶二家風水各獲安全。其餘二家各有新丈□□四至，照舊經管，不在此限。日後，倘有不遵守者，甘罰白米拾石公用，仍照合同改正。議定立做合同二紙，各收一紙爲照。

　　萬曆十五年六月十八日，立合同人胡起等

　　　　　　中見人張静宇　汪榮等

　　　　　　　　鄭尚高

　　　　　　　　程一綱

　　　　　　代書人胡鈇

——《明正德十四年至弘光元年汪氏置產簿謄録簿》，原件藏南京大學歷史學院資料室，編號000035

明萬曆三十八年九月祁門縣十西都馮福生等息訟息爭文約

　　拾西都馮福生、天生侄倫兄弟，向在同都謝敦宅祖墳土名周七園山下居住，今因修屋，轉向侵挖謝宅山腳安柱壹根，致謝衆理説。自情願托中謝侍、際雲等勸諭謝衆，體念祖墳在上邊，理及鐁柱改正，愿自備禮式兩，醮謝墳塋，自後再不敢侵挖山腳半鋤。倘洋溝浮土，聽自凭擔出。如違，聽謝呈官

理治。恐後無憑，立此文書爲照。

　　萬曆卅捌年九月初一日，立文約人馮福生 押　馮天生 押
　　　　　　　　　　　　侄馮倫戀 書　馮傳 押
　勸諭中見人謝侍 押　謝承意 押　謝際雲 押　謝文祥 押
　　　　　　　　　　馮時泰 押

——散件文書，原件藏南京大學歷史學院資料室，編號00067

明萬曆三十九年二月祁門縣十西都謝村謝知中等爲祖墳山腦被占立訴訟合同

　　立合同人謝知中、大富、大綱、後生、可亨、可成等，今爲本房安葬故祖榮祥公在張岑下坐上，經今百有餘年。不期族豪謝大禮圖謀風水，在我祖墳山腦上摽掛占山。今衆議告理，誠恐人心不一，盤費不敷，推捱躱閃，致遺棄宗祖宗。故立合同，約束人心，議出盤費，以防不虞。其銀照分派出，悉聽管事敷出應用。如有銀不勾手者，聽將物產典賣，無許執拗，致誤大事。其詞首出身，務要盡心竭力，不避鼎鑊。在外照管者，毋許狥私入己，出細務宜儘用，扶持衆事，庶上不玷辱先祖，下可以保守祖宗舊業，不貽笑于鄉邦。如違前議，聽自賫文（生）[聲]理。今恐無憑，立此合同一樣四紙，各收壹紙爲照。

　　詞首聯鳳，衆貼工銀，每日　分。必要斟酌盡心，毋故推捱。押。

　　副首管事人繼善，押；可則，押；可奇，押；宗善，押；可信，押；明善，押；可立，押。

　　萬曆三十九年二月二十八日，立合同人謝知中 押
　　　　　　　　　　　　　　　　大富 押
　　　　　　　　　　　　　　　　大綱 押
　　　　　　　　　　　　　　　　後生 押
　　　　　　　　　　　　　　　　可亨 押
　　　　　　　　　　　　　　　　孟善 押
　　　　　　　　　　　　　　　　繼善 押
　　　　　　　　　　　　　　　　可法 押
　　　　　　　　　　　　　　　　可成 押
　　　　　　　　　　　　　　　　明善 押

宗善 押

來鳳 押

可忠 押

中見人謝時來 押

——散件文書，原件藏南開大學歷史學院卞利處

明天啟四年十月休寧縣九都一啚還珠里陳慶元等立屋地糾紛息爭議約合同

立議約合同人陳慶元，陳纓、綸、緝、溶溟等，原土名椑木下園地一片，係陳朗公獨業，向來未分。續朗公祖祀賣與陳溶爲業，外陳緯該地拾步半，陳継該地拾肆步，二共該地貳拾肆步半，出賣與慶元爲業。今因慶元欲行造屋，綸等執稱片叚未分，鳴族阻撓。族約公議，東頭地與慶元地業相連，坐扒與慶湊便，將慶元幷継、緯地内除二步貼粜作路，又除四步貼西頭肥瘦。當日憑中釘界，慶元净圍地一十八步半，聽慶元隨即造屋，永遠管業。其余盡係纓、緝、綸、溶等照分管業，路各通行無阻。自今議後，兩遵議約。如有背議違約墨者，罰銀十兩，以與不違之人，仍依議約合同爲據。今恐無憑，立此合同一樣五張，各執一張存照。

陳慶元圍地一十八步半，入萬九叔；陳纓該地二十二步零；陳溶溟該地一十五步四分，入素；陳綸該地一十一步零，入素表；陳緝該地一十五步四分，入榴叔時生君，轉入珮。

天啟四年十月初一日，立議約合同人陳慶元　纓　綸　緝　溶溟　丞　選
　　　　　　　　　中見人陳治　卿　學　關德　酉時
　　　　　　　　　代書人陳迁

——《康熙陳氏置産簿》，清抄本，原件藏南京大學歷史學院資料室，編號000132

明崇禎五年四月歙縣十八都四啚李子謙與汪熙文立土地界限合同

立合同人李子謙、汪熙文，二家原結朱陳異姓骨肉，有首字二千九百零四號土名九畝叚，計地稅壹畝九分八厘。今三面清丈，畫圖埋界經管。汪業坐北，李業坐南，二家地稅俱開在後，弓口清切。第業屬毗連，二家安葬墳

墓,日後,子姓造作,當念先人契厚,彼此和同照李墳式,不得有妨李家祖墓,其兩家拜墓,亦不得彼此相欺,做厝遮蔽其餘地培補,卷榆廢庇,四圍俱植藩籬護墳,不使外人侵害,二各受益。子子孫孫,宜遵祖訓,不得違悖。如有違者,執此合同鳴衆,罰白米弍拾石,二家祖墓上公用,仍依此合同爲准。若負固不服,到官懲戒,甘罰無辭。今恐無憑,立此合同爲照。

　　崇禎五年四月初三日,立合同李子謙
　　　　　　　　　汪熙文
　　　　　　　　中見人汪子觀
　　　　　　　　　汪玉成
　　　　——《明正德十四年至弘光元年汪氏置産簿謄録簿》,原件藏南京大學歷史學院資料室,編號000035

明崇禎十年二月祁門縣謝村謝時來、謝三善等砍木糾紛息訟合同

　　立公議息訟合同人謝時來、謝三善等,今因土名言坑亞培山乙號,承祖五大房分爲仁、義、禮、智、信五勾,各管各業訖。後因人衆契賣不全,各照買契管業無異。舊年九月,因砍木口角,以致謝時來爲群夥盜砍事,狀告僕人周春興等。春興爲捉生替死事,訴謝應互,應互亦爲唆僕蔓害事赴訴。當蒙縣主樊爺行拘一干人证研審,洪天龍刑法間,亂稱謝三善、應員、丫頭、應積四人在案。猶恐奉票拘審,有失族義,今憑親族勸諭,插血蒙神,兩各輸服。且念同堂一脉,不愿訐訟。此後,謝時來毋得催禀,謝三善亦毋得私行告理。倘奉樊爺票拘,著仰約族老公言回報,二家俱不許妄言辦別。自立之後,各宜遵文,二家俱不得生奸異議等情。如違,甘罰白銀五兩,入官公用。所有在山大、小苗木,一聽業人畜養,再不許私自入山砍斫。如砍木一根,聽自遵文之人賫文告理。今恐無憑,立此合同一樣二紙,各執乙紙,遵守爲照。

　　崇禎十年二月廿日　立議約合同人謝時來　押
　　　　　　　　　　　　　謝三善　押
　　　　　　　　　　　　　謝應禎　押
　　　　　　　　　　　　　謝應積　押
　　　　　　　　　　　　　謝丫頭　押
　　　　　　　勸諭鄉約　　謝孟善　押

　　　　族老　謝起鳳 押　　　謝可成 押
　　　　　　　謝泰運 押　　　謝應元 押
　　　　　　　謝起龍 押
　　　　親人　康可祥 押
　　　　　　　謝光福 押
　　依口代筆親人　方國仁 押
　　　　——散件文書，原件藏南開大學歷史學院下利處

清康熙四年六月休寧縣九都一啚還珠里
陳宗榴等立房屋墻腳地界議約合同

　　立議約合同人陳宗榴、祖序、宗承、宗素、應錄【等】，□□承祖毗連樓屋式所，榴己業在西邊一所，又新置同承、序、素、錄、榴等衆業東邊一所，原各造泛火墻，中間衆存滴水空地，通前至後，橫闊　　寸，後于崇禎年間，因二家磚墻俱被泛雨透倒。其宗榴己屋隨經照舊造墻，修理齊整。仍有同序、承等衆屋，因各人在家出外，人心不一，以致迄今不能脩理，其屋內西邊貼宗榴墻下住房式眼，併前衆存坐几、木料、椽瓦，盡歸無存。今同叔侄兄弟憑中面議，炤屋內住房各股，投出銀兩，眼同辦料，募工修理。若仍照舊各造磚墻，恐日後多年又有損壞之累，各家俱有不便。今面議公衆派貼宗榴　整，其屋聽從靠墻起造修整，兩無阻異，日後，宗宗榴己屋另移改造，其墻併滴水空地壹半，亦聽從宗榴搬折靠衆屋柱頂做造，各股亦不得生端異說。今恐無憑，立此合同一樣式張，榴執一張，承衆執一張，各執存炤。內改六字一個。再批。

康熙四年六月初一日，立議合同人陳宗榴　陳祖序　陳宗承　陳宗素
　　　　　　　　陳應錄
　　　　　　憑中陳祖亢　陳應暉　陳積仁
　　　　　　代書陳宗傳
——《康熙陳氏置產簿》，清抄本，原件藏南京大學歷史學院資料室，編號000132

清康熙十一年五月婺源縣上溪源北港與汪口爭船埗合同

北港與汪口爭船埗合同

　　立合同十都江恂、程正義、程追遠、葉宗英、汪仲美，七都汪存心、六都洪貽訓等，竊惟生民脉命，糧食為先；運糧舟楫，通河最要。本縣糧米，取給江西，本鄉販糶出已汪口。然汪口有東、北二港相通，東港直通江灣、中平，沿河碓碣間空，河埗平伏，雖重載亦不費力。本河北港汪口，直通港口數鄉，人戶稠密，上年曾合衆開河，舡隻往來無異。近有造碓俞舜、進等，只顧利己，罔思害衆，魆行造碣，舡埗高峻，阻塞舡路，以致商賈搬運多費，萬名被害。茲兼汪口米市移在水口發賣，本河舡隻不通，比前更難搬運。今各鄉會議，執理通商向齊，俞舜、進造碓之家，須炤東港開埗平伏，通舟往來。倘汪口俞舜、進等恃蠻撓阻，不得不聞公理論。所有公私費用、派出舡隻，其聞官告訴的名，毋論何鄉何人，概係舡隻敷斂衆費支用，不得累及當事出官之人。此係通商便民至意，實為日後久遠良計，各鄉須齊心協力，毋得懷諉推執拗。如有等情，衆罰銀三兩公用，仍憑此文為定。今恐人心不一，會衆公議，立此合同一樣數張，每鄉各執壹張為照。

　　一、舡隻派費，毋論糧米、貨物輕重，訟在縣，每舡敷九色銀壹錢；若訟在府、道，每舡敷銀貳錢。至水磨灣登簿收銀，經收之人不得狥情隱瞞。如違，見一罰十。敷銀自五月十五日為始。

　　一、興訟之日，料理訟事人員，除食用外，每日貼工銀叁分。

　　一、敷費倘有一時不能應急，任事之人挪借應用，候敷斂加利付還，不得累及經手之人。

　　今汪口上、下兩碓碣，下碣因礙伊家鄉局，村衆拆低嚴禁，不得再加；上碣舡埗碓家俞子田、俞昌、俞進等，三面拆低平伏，舡可通行。但事久生奸，恐日後上、下碓碣背衆復造加高，本河舡阻，必又理論，其費用仍憑此合同敷派，毋得執拗。

　　康熙十一年五月十五日，立合同人

　　　　　　十都江恂　程正義　程追遠　程惟賢　程泰民　葉宗英
　　　　　　江漢明　江瑞漪　江元陞　汪長吉　汪仲美
　　　　　　汪和卿

七都汪存心　汪慶伯

六都洪貽訓　洪治卿

——[清]程曷:《新安婺源程氏鄉局記‧北港與汪口爭船埗合同》

清康熙十四年閏五月婺源縣上溪源與下村爭曹村上屋充當差派合同

與下村爭曹村上屋充當差派合同

立合同鄉約程遠、保長程鐘秀等,向奉上司明文,以近附近編立鄉約、保甲,本村里甲丁糧,有遠轄別約地方者,有與二嗇同里甲者,本村各遵上司,行鄉約,點保甲,設團長,灶丁及中平鎮一應差役,官有確據保甲之籍冊,私有歷立充約之合同,論約不論嗇,歷世無異。今因中平派造營房,二嗇里長借端妄扯程公立、程永芳越約津貼。不思上納錢糧,自應照嗇催徵;約保差派,自應照約供應。各自完公,何得混扯?且造營房亦只是以附近地方,故九都亦不派到。況國志、公立等歷來輪充鄉約,若任妄扯炤嗇,本鄉丁糧減去一半,丁糧轄在別都、別約者,豈肯遠貼?本約三嗇,鄉內單寡鄉約、團長、灶丁,何人承充?衣甲、器械、工食等費,何處措辦?確容借偶然之營房,翻歷來之定例?端不可開,局不可破。爲此,約內共立合同,全約保局,倘致興訟,炤依丁糧敷聞,毋得推諉執拗,以壞鄉局。今恐無憑,立此合同六張,各執一張存照。

約程汝振　程爾熾　程汝同

約程文耀　程志昌　程　煌

約程時泰　程萬興

約程公立　程志椿　程集義

約程宜一　程永芳　程中興

約程　廷　程鳴陽　程文保

康熙十四年閏五月十八日立。

——[清]程曷:《新安婺源程氏鄉局記‧與下村爭曹村上屋充當差派合同》

清康熙十四年九月休寧縣兗山里保族衆程文昭等立林木財產糾紛議約

立議約里保族衆程文昭、何承鳳、俞元和、俞承昭、孫成之等,今有孫貞吉、孫君成、孫元德等祖墳山一業，係新丈歸字五百卅貳號，土名山頭。向因支下子孫外，住居寫遠，不能料理。康熙五年，貞吉外歸，所有墳塋樹木，無人蓄養，央房弟君成蓄養樹木柴薪，護祖支年，貞吉付君成辛力銀乙兩，經今十載無異。近因君成兄弟等與伯姆阿程口角，君成兄弟誤砍墳山樹木，致伯姆阿程投鳴里保、族衆。投稱砍伐墳山樹木，里族當即驗明，砍樹情真。今里保、族衆等念在一脉，勸諭解釋，所存在山墳塋樹木，仍着君成照舊看養樹木護祖。自今立議之後，在山樹木，支下子孫不得私自砍伐。如有此等，查出，呈官究治，以不孝罪論無辭。倘有外人侵害盗砍樹木，查出，孫氏衆行處治。恐後無憑，立此議約三張，各執乙張，永遠存照。

一、議蓄養在山柴薪，三年一輪砍斫，其柴取一半與君成養樹之力，仍柴一半，各有墨據，照數均分無異。再批。

康熙拾四年九月廿七日，立議約里保族衆程文昭

何承鳳　俞元和　俞承昭　孫成之

依議人孫貞吉　孫君成　孫允德　孫君儀　孫惠之

見議人孫奇魁　孫君厚　孫夢熊

代書何仲儒

——《康熙孫氏文契簿》，原件藏南京大學歷史學院資料室，編號000128

清康熙二十七年二月祁門縣板石僧恒泰等因買山界分不清訴訟立息訟合同

立和息合同僧恒泰、康百老，因先年買受康淑達伯侄、肇彪弟侄善山貳號，坐落三保，土名黃泥潭、牛角灣，因山分不清，以致口角，控告太爺臺下，蒙批，司爺准息，二家自願憑中處息。康百老體念香火山堂，將買受黃泥潭山分，本身存留生基禁步不賣，仍山分籍立契出賣，湊白雲庵全業。牛角灣山壹號，原二家買受，對半管業，康百老壹半，白雲庵壹半，所有四至，照（衣）[依]本保經理爲始，二家日後永遠管業，無得異說。今恐無憑，立此合文二昄，各收壹昄存照。

再批：內牛角灣，凌姓該得八股之壹，附呈時字。

康熙二十七年二月初八日，立和息合同僧恒泰　押

康百老　押

中見王公敬　押

謝德昌 押

余萬春 押

僧了微

鄭耀先 押

胡景郎 押

康九萬 押

——散件文書，原件藏安徽大學徽學研究中心特藏室

清康熙三十八年七月休寧縣首村朱氏宗族族長朱世德等立誓約合文

立誓章族長世德等，合族公議，創造儀門，四圍墻垣封固，永成規模體統。伏念支下有志者務當同心竭力，秉公執正，而祖靈必祐，（私）［絲］毫莫爽也。今猶恐支下賢愚不等，心有公私邪正，在任事者必致盟神立誓，自供以戒，切期無私，共襄美全。乃思木本水源，以盡追遠報本之意也。如有支下不肖生端誹謗，唆使壞亂，罔與任事者橫循是非，合衆則必齊集，公舉以作不孝論攻之。如有費用，爲首者均派，毋得推諉。若退縮者，依此誓章，天誅地滅。

一、管帳經手銀兩出入，狥情剋剝、懷私者，天誅地滅。

一、經手用銀錢，餘出平色、侵漁入己者，天誅地滅。

一、出門買料等物，通同作弊，私得偏手、虛開花帳者，男盜女娼。

一、買物不節儉，以衆事爲可虧、恣意濫費者，天誅地滅。

一、同事間有直言者，因而背地造謗、虛駕是非者，天誅地滅，男盜女娼。

一、管工人狥情懷私利己者，天誅地滅。

一、匠作求薦工用併索酒食、私造器用者，天誅地滅。

一、督工、買料、管總等項，與祖宗盡力，不得取索工食。違者，天誅地滅。

一、私借祠物，不通衆議，致（忘）［妄］索取者，天誅地滅。

以上條欵，在任事者十人，務當同心立志，始終如一，（插）［歃］血盟神。如有不肖生端異議，不遵規例，挾弱欺侮者，通衆齊集公舉，毋得推諉不出者，天誅地滅。秉事者盡心竭力，神明鑒察，各宜慎之。

康熙三十八年孟秋月穀旦日立

世德 押　以愉 押　朝聰 押　朝益 押　自熙 押

元亮 押　邦遴 押　邦積 押　德寧 押　任康 押
有光 押　德魁 押

——散件文書，原件藏安徽大學徽學研究中心特藏室

清康熙四十七年五月休寧縣首村朱氏宗族爲收回被占之春公墓立合同

　　立合同衆派首村等，今爲春公古墓向被龍灣黃氏勢佔平抹，抽除《鱗册保簿》壹頁，使我子姓無憑伸訴，迄今百有餘年，祖冤莫雪。今又奸謀復萌，侵佔溪口墳塋，以致訐告在案。幸蒙縣主張公吊對原丈信字新丈短字二千乙百七十九、八十、八十一等號《經册》《緯册》，察出洗補蓋印情弊，其八十一號即我春公所葬之處。庭質之下，詰究其實。龍灣詞窮，莫能掩飾，隨即通詳督、撫各憲。是百餘年平抹之祖塚，遇此大可爲之機，不可謂非，春公在天之靈赫濯於今日也。

　　祖墓顯晦，在於子孫，今日一舉，毋負平日報復之素志。今此急務，首在議費，各村或照丁派，或支衆匣，以爲使用。再各舉賢能，協同任事，踴躍爭先，以雪積世之仇。功成之日，酌議配饗，以彰其勳。猶恐人心不齊，立此合同爲照。

康熙四十七年五月二十八日立合同　首村　世德 押　以愉 押　朝益 押
　　　　　　　　　　　　　　　　倫堂　文寧 押
　　　　　　　　　　　　　　　　葩庄　朝珍 押　□□ 押　賜福 押　瑞徵
　　　　　　　　　　　　　　　　長豐　可進　典賢 押
　　　　　　　　　　　　　　　　星洲　名秀 押
　　　　　　　　　　　　　　　　琳溪　禮英 押　存濂 押　可旭 押
　　　　　　　　　　　　　　　　中洲　國勤 押
　　　　　　　　　　　　　　　　東圩　元祥 押
　　　　　　　　　　　　　　　　隱塘　守經 押
　　　　　　　　　　　　　　　　朱村　光裕 押
　　　　　　　　　　　　　　　　揚冲　祚紀 押
　　　　　　　　　　　　　　　　裡田　元銘 押
　　　　　　　　　　　　　　　　新屯　序倫 押
　　　　　　　　　　　　　　　　資口嶺　士彰 押

石佛　天徵

遐保　應書　順押

水冲　福海 押

苦竹田　正序 押

磯溪

——散件文書,原件藏安徽大學徽學研究中心特藏室

清雍正十一年十月休寧縣孫天如等造厝糾紛勸息合同

立勸息合同親人孫天如、李喬林等,族人吳北望等,今因從五兄弟於土名坳下山老厝右手田內起造厝臺,其租共捌秤,從五兄弟承祖並買股共柒秤,李宅祖壹秤。但從五兄弟所造新厝斜對面,能夏原有老厝壹所,見從五兄弟所造新厝高大。誠恐有礙,欲其改造低矮,未便造成,以致控爭。後能夏亦買受李宅同號租壹秤,以便保祖。憑親族勸息,從五兄弟改其低矮無說,併勸新造左手石碑低厝櫃之右手,任能夏造做低厝櫃壹棺。除所勸造做之外,日後兩家不得另行造挖,有傷和氣。所有今日回官,並一切往返費用,兩家均認無詞。自勸之後,兩各平息。如有反悔,公罰白銀貳拾兩,與不悔之家,仍依此文爲據。今欲有憑,立此合墨貳紙,各執壹紙存照。

其從五兄弟新造厝屋石臺高柒寸伍分、脊柱高伍尺壹寸爲率。

雍正拾壹年拾月念六日,立勸息合同親人孫天如 押　李喬林 押

　　　　　　　李拱臣　李成均 押　李我求
　　　族人　吳德思　吳信濤　吳永中
　　　　　　　吳香國 押　吳天宇　吳聖符
　　　　　　　吳長仁 押　吳端臣　吳舜如
　　　　　　　吳北望 押　吳漢臣　吳聖恭
　　　　　　　吳楚珍 押　吳揚淑　吳継符
　　　　　　　吳有太　　　吳其章　吳靈羽
　　　　　　　吳啟初 押　吳謙受　吳宗仰
　　　　　　　吳景一 押　吳介眉　吳玉坤
　　　　　　　吳敏達 押　吳鳴迂 押
　　　　　　　吳宗遠 押　吳約周　吳子佩 押
　　　　　　　吳介凡　吳懷堯 押　吳文錦

依議勸息人　吳從五 押　吳非名 押　吳能夏 押
秉筆人　吳燦兮 押

——散件文書，原件藏南京大學歷史學院資料室，編號 000220

清乾隆三年十二月徽州某縣鄭及嶷兄弟
立借款紛爭和好清單文約

立和好清單文約鄭及嶷兄弟，原爲安公祖墳借人銀兩，與執中公向存祀穀事。兄弟未曾清筭明白，同托親族自雍正九年起，至乾隆叁年止，所有祀內賬目銀兩，俱爲與胡姓訟事，各出銀抵還，清筭已訖。嗣後，所借人銀兩，兄弟議定提尚公、素域公、瑒諒公祀租穀抵還，開派于後。自後，兄弟再無許將前祀穀併賬目藉口，永要和好，執此爲照。

一、用及森銀壹兩捌錢，又酒飯費捌錢六分；
一、用及楸銀壹兩弍錢；
一、用及灝銀壹兩壹錢四分。
以上共用銀肆兩玖錢九分九厘，俱筭抵還祀內穀，以前一併清訖。
一、借俊三侄九七銀拾兩；
一、借初佑侄九八銀叁兩；
一、借培棟侄九八色銀弍兩弍錢五分；
一、借玽公祀九三銀四兩五錢；
一、借悅安公祀九八銀弍兩六錢，己未係提□□□穀取訖。
以上所借銀兩，議提祖祠租穀四年易銀抵還。其祀內錢糧祭□□兄弟四人均認，無許臨期推諉。如有違文，再不遵者，聽遵守人執約鳴官，以不孝論罪。
一、又借澂心堂九八銀肆兩；
一、又借齊生侄九八銀伍兩弍錢。侄汲元批。
己未係提嶷名下穀，將銀取回，付谷嶷收。押
乾隆叁年十二月初十日，立和好清單文約鄭及嶷 押
　　　　　　　　　　　　　　　　及森 押
　　　　　　　　　　　　　　　　及楸 押
　　　　　　　　　　　　　　　　及灝 押
　　　　　　　　　　　　　　見兄及曾 押

佺當彭 押

掄秀 押

——散件文書，原件藏南京大學歷史學院資料室，編號000220

清乾隆二十六年三月祁門縣十二都一圖胡氏尚義祀秩下胡光清等立訴訟齊心合同文約

　　立齊心合同文約尚義祀秩下光清等，今因十九世祖宣和公建造祠堂至今三佰餘年，因壞將傾，曾已雍正甲寅年無費修造，眼全公議，將祖所遺置田租四佰有零，盡數出賣，建造前廳，以後於乾隆庚午年，又後重。祖塋傾壞，各分下已輸木料，樂輸銀兩。又眼全將所剩田租出賣銀兩，以修後堂，併祖塋香燈俱缺，因此遞年清明摽掛無費，又共計附糧該官則肆兩柒錢有零。又每年一本祠各派錢糧陸錢有零，俱已虛納無措。今突于本月秩下光冲以充役爲名，扯欠舊錢糧，在身於三月十六日吳縣主老爺台下控告毀賣祖廟，是以合門人等祠內啇議，但人各有祖，祖各有廟，且外都墳塋數塚，況且遞年錢糧無措，兼且訟費並無。因此合衆公議，所有費用，盡係本祀出俻，日後，秩下大小人等無得生端阻攔，其經手往縣進詞者，不得繁華費用，有名者亦不得退縮等情，不遇事者亦不得推托不理。自立齊心合同文約之後，必須念祖先建業之難，亦庶免遺不孝之羞。各執合同存照。

　　乾隆二十六年三月十九日，立齊心合同文約尚義祀

　　　　　　秩下 光清 押　光濤 押　光淇 押　拱旻 押　拱岜 押
　　　　　　　　 拱量 押　拱景 押　拱昂 押　拱廠 押　拱昕 押
　　　　　　　　 拱寂 押　拱宏 押　拱遐　　 拱昆 押　拱晨 押
　　　　　　　　 拱矗 押　邦輅　　 邦堂　　 邦城 押　邦輪　上賜
　　依書 拱鼎 押

（陳雪明錄，卞利校）

——劉伯山主編：《徽州文書》，第一輯，第六冊，廣西師範大學出版社，2005年，第217頁

清光緒三十二年十二月祁門縣汪啟炎等三姓立山場訟事費用各姓均派均出束心合文約

　　立束心合文約人汪時太、張有禎、程繼王三姓秩下，經首汪啟炎、張劍如、程拱蘭等，緣祖共買受六係土名桃木源山業，內有小土名蘆茯塘，蓄養浮木楓樹，自祖至今，無人私砍私捋。迄今十月間，被灣口村程姓將該山楓樹強捋與歷口億大□號。比即托中向伊理論，不但不遵，而且比號比砍。試思三姓之祖仝志買受山場，却似桃源之義，刻下子孫至而豈忍被人鯨吞乎？是以三姓合約同心，所有該山訟事費用，各姓均派均出，毋得推却。如有誰姓推却者，聽憑經首人將伊己產變售。自立合文三帋，各收一帋，永遠存照。

　　光緒卅弍年臘月初六日，立束心合文約人三姓秩下等

　　　　　　　　　　　　　　汪啟炎 押
　　　　　　　　　　　　筆張劍如 押
　　　　　　　　　　　　　　程拱蘭 押
　　　　　　　　　　　　中見人汪和茂 押
　　　　　　　　　　　　　　汪永林 押

　　——封越健主編：《中國社會科學院經濟研究所藏徽州文書類編·散件文書》，第三冊，社會科學文獻出版社，2017年，第554頁

第六章　墳塋禁約暨治安勸世規約

第一節　墳塋禁約與合同議約

元延祐六年十二月休寧縣瑶村范氏宗族各處祖塋合同禁約

延祐六年瑶村各處祖塋合同禁約
　　切惟人之有祖，如木之有根，水之有源。既有此身，安可忘其宗祖乎？本族十世祖十二宣議祖妣胡氏葬于本縣十七都瑶村，子孫蕃衍，聚居十八都博村。後有遷本縣汊川諸鄉及寧國、無爲、安慶、廬州、江州等處居住者，皆同其源。而族之居遠者，不得時其拜掃整理墳塋。今附近居住十世孫同十一、十二世孫會議，尊祖敬宗乃子孫當然之理，伏覩皇慶二年三月内國朝明有"不許典賣墳地墓木"禁例。今族衆重新脩理祖宗墳塋之後，有各項合關防事務，盡一開寫，連押合同文字，各支子孫收執，永遠照用。各守理法，毋致有違者。
　　一、世祖十二宣議祖妣胡氏列葬瑶村，其墓地元係尚竹地出稅，計二畝三角二十步，東至范德純及范承信山，西至范吴巡地，南至路，北至范吴巡地，各房節次供報納官。延祐二年，官司經理田糧，各户仍照元數供報畝步，輸納官賦。除先于大德十一年正月初一日衆議該立合同外，今于延祐六年己未十一月内，重新用石甃砌二墳及於餘地栽種竹木。議自本年十二月初一日爲始，各子孫不許私有違例典賣竹木地段。如有違犯之人，從本宗尊長衆議，一人經官陳告，將犯人治罪，勒令取回私契，對衆毀抹，仍罰至元鈔五十貫，入官公用，永依此合同文字爲照。
　　一、自世祖瑶村及洪塘、楓木頭諸處祖墳，衆議截自延祐六年十二月初一日爲始。如有不孝子孫或于祖墓週迴盜葬喪柩，侵犯祖墓者，本宗尊長會約族衆，各帶人夫，開掘盜葬塚堆，取出喪柩，對衆毀棄、寄頓，隨宜區處。即議一人經官陳告，將犯人治罪，罰至元鈔壹百貫，入官公用，仍勒如儀酺祭祖墓，對衆謝罪，永依此合同文字爲照。

一、祖墓砌石及墓地竹木，不許挑掘、揉踐、斫伐損壞。如有遠犯者，告官治罪。或有子孫于地内假立塚堆者，從尊長會衆平毁，仍罰犯人至元鈔貳拾貫，入官公用，勒令如儀醮祭祖墓，永依此合同文字爲照。

一、各處祖墳及墳山地段，并砌石、竹木，如有内外人一應侵犯違礙，必合力陳告整理，從尊長會約族衆，酌量輕重，敷派鈔物、盤費支持。如有不遵約束者，尊長以家法區處，不許推托。凡有合行事務，如尊長或有事故，從本族以次舉行，竝依此合同文字爲照。

右本族今衆議規劃各項事務，連立合同，立係直下子孫情願。議立遵約，各守理法，尊祖敬宗，期無違犯，日後並無番悔。今連押合同文字，各行收執，永遠爲子子孫孫照用者。

延祐六年己未十二月 日，衆立合同。

恭甫　仁甫　日新　貴孫　日華　義觀仁　顯孫
珙孫　處仁　桂孫　元孫　日宣　孝友　　全甫
震孫　聖甫　士通　亨甫　敬觀　祥仲　　純甫

按：皇慶、延祐俱元仁宗年號；大德，元成宗年號；至元，元世祖年號。合同内稱姚村府君爲十世祖者，推自平章公始也。益知祠祭始於平章，所從來久矣。

——萬曆《休寧范氏族譜》卷五《譜塋》

明宣德九年十月歙縣許村許德仁戒後侵祖遷墳伐木說

戒後侵祖遷墳伐木說

愚謂祖宗之丘墓者，實子孫之基本，生死附之以安，猶木之倚土而立也。夫人之魂體居墓，受山川淑氣則靈，靈則魂安，安則致子孫昌衍而不替。且以木之根本入土，受陰陽化氣則生，生則根盛，盛則致枝葉敷榮而不悴。由是言之，其理不異。蓋丘墓尤可植松楸以廕庇，樹木尚可積糞土以栽培，俾皆周密固蒂，毋令風動霜摧。樹木且然，而况丘墓？豈不愛護？肯容侵暴而失謹歟？嗟夫！世之澆俗，有不孝子孫，奸猾鄙徒，每見共祖近族有貴顯豐腴者，輒曰："是某祖塋之蔭益，何使我寥寥貧乏，久困之若是耶？"而不知彼祖之積德有來矣，天祐以綏餘慶，不省己之祖德不培，餘殃未盡，以致於是也。夫何謬信妖術誣誑誘，移父母之柩於祖側，或斬脉，或撅廓，侵而葬之，謂人曰："我有分子孫也，寧阻我乎？"而不知明罹罪愆，暗冒禁忌，犯分越禮，漏泄靈氣，致使神魂驚恐不安，以起訟爭，復連之禍，是徼福未得，灾殃立至，明兢官司，幽罹罪譴，家業、子孫傾覆衰亡，豈不悔哉？倖而苟免，子孫豈能久乎？譬之樹木正茂，撅土戕根，立見枝葉枯悴。斯言近之矣，可不戒歟？昔有蔣挺之、崔從山、張志寬、員半千輩，皆前朝之志人君子，以保墳陵爲重事，各於先塋之畔廣植松柏，惟圖蔭護。矧有李克見祖墳有人盜其樹者，克即刃之。爲人後者，寧忍自盜其樹乎？無非皆以念劬勞之德，以期親魂之安，長養愛惜，忍令殘毀？其純孝之所發見、精神之所感通也。吾宗丘墓蔭木，保之有年，先人曾革侵葬。至於盜伐，亦施禁止，非不嚴重，或有明知故犯。《傳》曰："明則有禮樂，幽則有鬼神。"予亦曰："私則有背於人情，公則有違於官制。而今之後，吾族子子孫孫，各請自謹，固不可妄聽誣惑，侵祖遷墳，亦不可縱内外人砍伐塋木，杜於蔭庇。"《禮》曰："爲宮室，不斬丘墓。"各勿故違，以貽後悔，斯乃吾之至願也。或有不才、不孝者，以祖宗丘墓爲輕事，不尊禁止，故違而私害義，侵葬盜木，聽公經理論罪，以警於將來。因志惓惓，特以筆諫者也，幸無忽諸。

宣德九年甲寅冬十月望日。

任溪許德仁説。

——崇禎《古歙城東許氏世譜》卷一《戒後侵祖遷墳伐木説二款》

明正統九年正月休寧縣瑶村等處范氏宗族合同禁約

正統九年瑶村等處合同禁約

律者，國之臣民萬世之準繩；遺囑者，族之子孫百代之根本。是以使尊祖敬宗，勸而益勤；忘恩悖義，懲而知戒。伏讀十一世祖《遺囑》文字，凡各處祖宗墳地，無許子孫侵葬及出賣他族，并假立塚堆，井井有條，明立懲罰。後有不肖者，將親喪竊葬瑶村始祖妣夫人胡氏墳畔，族衆發掘之，然後執《遺囑》陳官，罰至元鈔五十貫入官。又族衆貧難者，將前地高價賣與十四都汪家。族衆聞之于官，着令賣者取贖歸宗，仍罰至元鈔二十貫入官公用，自後無敢違犯。夫天地循環，前人去世，上祖《遺囑》，十不存一。猶慮族大益繁，子孫昌碩，中間有克肖、不肖者，是以率同宗族弟侄，貧富出財，重新用石羅砌祖妣夫人胡氏并迪功郎，立二石碑，仍立《遺囑》文字一樣二十一本，付各支子孫遵守，一依十一世祖定下舊式。伯寧今其老矣，無以爲能，願族子子孫孫與我同志，俾斯文之不朽者，非子孫之幸，實祖宗之幸也。

時正統九年甲子正月元宵節書

伯寧　起東　景勳　景義　以禎　伯靜　梧　景缺　永善　伯林

景功　景缺　彦安　宗義缺

——萬曆《休寧范氏族譜》卷五《譜塋》

明成化三年四月休寧縣瑶村范氏宗族各祖塋合同禁約

成化三年瑶村各祖塋合同禁約

由山等鄉十八等都同宗范氏族衆，切思世祖迪功郎及夫人胡氏葬十七都瑶村，族祖千五公求邁御賜"風月"。處士卒，葬博村風月塘□。查先世共二十一房於延祐六年議寫《遺囑》《合同》，開各處祖墳地土，子孫不許典賣、侵葬、平治等項。後有違犯者，尊長執遺文昭示其賣者、葬者，遵依取贖改移。因遭兵燹，《遺囑》散落，僅得一二，而族世祖伯寧恐後泯滅，子孫無據，于正統九年會族議寫《合同》，付各支子孫遵守，無敢違犯者。成化二年，族侄周瑾故違，將伊父喪柩盜葬姚村，及平治風月處士墳塋，抗衆不服改正。各支子孫願出盤費，族長景銘等肆拾捌人告府，蒙准照《遺囑》差人勒令堆砌處士墳塋，及起改伊父喪柩，仍杖，徒三年，以警其後。其瑶村府君，迨今十有五代，而居博村子孫者衆，居林塘、汊口、里坑、合干、汪祈、由潭者亦多。又有或仕或商，因居郡外縣者，不能述載。噫！皆府君一人之身而致千萬人之身者，即均是子孫，豈敢忘其祖、不遵《遺囑》者乎？後之子孫，當以前違犯爲誡，毋罹憲條，致不孝之名以辱先也。于是，今謄上祖節立《遺囑》文字，條開於左，子子孫孫，永爲定規者。

計開：

一、世祖十二宣議祖妣胡氏列葬瑶村一欵，申明云云，與延祐六年《禁約》同。

一、自世祖瑶村及洪塘、楓木頭、風月塘諸處祖墳一欵，申明云云，與延祐六年《禁約》同。

一、祖墓砌石及墓地竹木，不許挑掘、揉踐一欵，申明云云，與延祐六年《禁約》同。

一、各處祖墳及墳山地段并砌石、竹木一欵，申明云云，與延祐六年《禁約》同。

一、十二宣議迪功郎及夫人胡氏葬于十七都瑤村，族世祖千五公風月處士葬博村風月塘，于成化二年被族人侵犯，族衆告官，俱令改正。自後祖墓或有損壞，子孫務各整理，毋致坍塌。其各處墓地，自延祐年間上祖立下節立《遺囑》，各户仍照元數供報畝步，互換經理，輸納糧税，至今無有故違出賣者，子子孫孫，永依此合同文字爲照。

成化三年歲在丁亥四月　日，會族衆議寫遺囑人范景銘以下各有押

麽奴汉口，長支遷　玄真合干　庭燎博村　舜民由潭　煖孫

憫生閔口　麽前林塘　烜孫　顯貴林塘　昂孫　烈惠　紹孫

燁孫　烈忠　應元汉口，中支遷　彦和　宅相　顯茂汪祈

端慶瑤關　希聖汉口

右付各支子孫收執存照。

——萬曆《休寧范氏族譜》卷五《譜塋》

明萬曆十九年十二月休寧縣林塘范氏宗族祖塋塚林禁約

林塘祖塋塚林禁約

塚林、墳腦，皆祖約禁地，惟科貢豎旗外，毋得搭臺演戲，污褻祖宗，自陷不孝不敬，恐犯幽譴。儻後仍有冥頑故違祖約者，族長會衆，呈官究治。

萬曆辛卯嘉平月吉旦，義樂堂、怡樂堂會族申明。

——萬曆《休寧范氏族譜》卷五《譜塋》

明萬曆二十年休寧縣林塘范氏宗祠申明請王坦先塋禁約

林塘宗祠申明請王坦先塋禁約

祖宗墳塋，律禁侵害。今後，凡有盜砍樹木者，及故放爆竹、驚恐鳥巢，致傷樹枝者，及毁壞周圍護塋墻磚者，定行訪捉呈究，仍先罰銀貳錢，充賞捕捉。如守山諸人不行提報，一體罰治。

萬曆壬辰春，諭衆通知。

——萬曆《休寧范氏族譜》卷五《譜塋》

明萬曆二十二年正月休寧縣林塘范氏宗族祖塋塘汊口禁約

林塘祖塋塘汊口禁約

塘汊口乃林塘遷祖及三大支祖墓在焉，左右前後皆屬禁步。揆之禮法，不可侵厝。衆議自萬曆二十二年正月爲始，於祖墓左立界石一路，前對塘，後至墻。界内，各子孫禁止厝墳。違者，以犯祖論，仍會衆呈官究治。其已厝者，立限五年以裏移葬。如過限，清明頭首每年查名，寫黏祠壁恥之；界以外照舊，不在此例。除立《合同》藏衆匣外，書此刻石通知。

萬曆甲午正月元宵節，義樂堂、怡樂堂會族申明刻石。

——萬曆《休寧范氏族譜》卷五《譜塋》

明萬曆四十二年三月婺源縣沱川余氏三世祖暨妣墓禁碑

余氏第三世祖君輔公墓禁碑

近塋龍脉、頂脊及塋左、右、前禁步内，子孫永不許侵葬。犯者，以不孝論。異姓有犯，公同聲罪。

萬曆四十二年三月吉日，余氏宗祠立石

十五世孫南京鴻臚寺卿啟元

大理寺右寺丞懋衡

禮科給事中懋孳同立

余氏第三世祖妣孺人張氏墓禁碑

近塋龍脉、頂脊及塋左、右、前禁步内，子孫永不許侵葬。犯者，以不孝論。異姓有犯，公同聲罪。

萬曆四十二年三月吉日，余氏宗祠立石

十五世孫、南京鴻臚寺卿啟元

大理寺右寺丞懋衡

禮科給事中懋孳同立

——康熙《婺源沱川余氏族譜》（不分卷）

明萬曆四十二年三月婺源縣沱川余氏始祖暨妣墓禁碑

余氏始祖宋進士迪功郎希隱公墓禁碑

此余氏始祖佳城也，體魄所藏，子孫世世保焉。乃支下無知者，不思孝敬，妄意侵祖，近墳左右，挖掘毀傷，葬期近親而忘近親所自出之祖。不但陷身不孝，抑且陷親無禮，大義何居？法當呈究，姑念愚蠢，責令遷改外，合立禁碑儆後。凡近塋龍脉、頂脊及塋左右叁丈內，俱不許子孫侵葬。犯者，祠內鳴鑼，邀集子姓，公同起徙，仍以不孝呈治。其異姓有犯，公同聲罪，斷不姑息。水有源，木有本，不念源本，非人也。支下子孫，其凜凜哉。此示。

大明萬曆甲寅三月十九日余氏宗祠立石
　　　　十（七）[五]世孫南京鴻臚寺卿啟元
　　　　　　　　大理寺右寺丞懋衡
　　　　　　　　禮科給事中懋孳同立

希隱公墓左右二邊禁碑

近祖塋左、右邊三丈內，子孫永不許侵葬。犯者，以不孝論。異姓有犯，公同聲罪。

萬曆甲寅三月十九日余氏宗祠立石
　　　　十（七）[五]世孫南京鴻臚寺卿啟元
　　　　　　　　大理寺丞懋衡
　　　　　　　　禮科給事中懋孳同立

余氏始祖妣孺人張氏墓禁碑

近祖塋龍脉、頂脊及塋左、右、前禁步內，子孫永遠不許侵葬。犯者，以不孝論。異姓有犯，公同聲罪。

萬曆甲寅三月十九日余氏宗祠立石
　　　　十（七）[五]世孫南京鴻臚寺卿啟元
　　　　　　　　大理寺丞懋衡
　　　　　　　　禮科給事中懋孳同立
　　　　　　　——康熙《婺源沱川余氏族譜》（不分卷）

明崇禎十二年二月徽州府保護黃墩黃氏祖墓禁約

明崇(正)[禎]十二年二月徽州府禁約

直隸徽州府爲懇禁保祖事。據黃鄉宦呈同舉、貢、監生員黃汝金、黃裳、黃鍾和、黃文耀、黃日惠、黃其采、黃士鰲、黃光壽、黃汝瑚、黃日晟、黃一煥、黃耀德、黃卷、黃一燽、黃文玉、黃敦睦、黃夢昌、黃祚、黃文煥、黃初覺、黃樞、黃起虹、黃士孝、黃光都、黃扉、黃再時、黃目、黃士選、黃授、黃封、黃士良、黃全安等,連名呈前事,稱:生等始祖東晋新安太守元集公、祖母張氏,先朝扦葬歙西黃墩。二世祖守貞公、祖母姚氏宅兆在左,三世祖都尉世昌公、四世祖主簿奇遠公窀穸在右。六塚垂蔭,百代蒙休,是以科第聯翩,忠貞間出。派原荊水,世系遠逮。夫歷朝家建新安,子姓星羅於六邑,數過千祀,户逾萬丁。誠恐世遠年湮,支分派廣,祠宇弗葺,泉壤奚依?爰是聚族倡義,捐橐鳩工,以妥先靈,用萃衆渙。竊虞先墓逼邇人烟,遠祠隔寓居第,近疆之所損害,棍黨之所侵凌,誠有不容不預防者。懇恩賜扁給示,勒石禁保,祖塋蔭裔,存歿銜結等情。據此,爲照黃氏先代祖塋,係徽郡名宦邱隴,裔孫符卿司理聚族建祠,圖申三尺,永保萬年,誠孝舉也。法制有定,侵害難容,擬合出示嚴禁。爲此,示仰地方人等知悉,凡宦墳禁步内外,敢有侵凌草木,損害磚石;牛羊牧放,踩踐成蹊;樵採往來,視爲孔道,及有賭博、遊棍、酗飲、樗蒲在於祠所攪擾者,許地方諸色人等指名呈禀,以憑嚴拿究治,決不輕恕。須至示者。

——雍正《潭渡孝里黃氏族譜》卷五《祖墓》

清乾隆六年六月徽州府暨休寧縣頒行蓀村程氏祖墓禁示附管墳筆帖

蓀村祖墓禁示

特授江南徽州府正堂、加一級、記録五次朱,爲懇恩飭禁,永保先墓事。據候選州同、加二級程豫抱禀,家屬程發具呈前事,呈稱:切職籍本歙縣,僑居維揚,有祖墓在于休寧一十九都三甽蓀村地方,其上并蓄有樹木。職等住居相隔千里,每歲祭掃之外,不能常往省視。誠恐愚頑踐踏塋壙,宵匪竊伐樹木松楸,而支下子姓或致欺盜私葬。雖係守塚有人,實難防護。且慮鄰近跋扈匪徒間蒙不肖，潛起奸弊。爲此，仰籲憲恩，俯鑒愚忱，推仁錫類，頒賜嚴示，永遠飭禁，俾井里之豪强知戒，泉壤之枯朽獲安，稍慰烏私，免憂鼠竊。先人銜結於九泉，職等頂恩于百世，高厚永戴，存殁均沾，上呈，計粘管墳筆帖一紙等情。據此，合准給示嚴禁。爲此，示仰該處地方甲、居民及看墳人等知悉，嗣後，敢有不法匪棍在於蓀村地方程州同祖墓上縱放牛畜踐踏、竊伐蔭木以及支丁私葬等情，許即指名赴該地方官稟究。各宜凛遵毋違。須至告示者。

乾隆六年六月初十日示。

右仰立石休寧縣蓀村地方

縣示

欽命候補分府攝休寧縣正堂、加三級、紀錄六次、記功一次高，爲懇恩飭禁，永保先墓事。據歙縣候選州同、加二級程瑑抱呈家屬程發呈前事，呈稱：切職籍本歙縣，僑居維揚，有祖墓在天治一十九都三啚蓀村地方，其上并蓄有樹木。職等住居相隔千里，每歲祭掃之外，不能常往省視。誠恐樵牧踐踏塋壙，宵匪竊伐樹木，支下子姓或爲風水所惑，侵祖私葬。雖係守塚有人，實難防護。種種弊端，均有害於祖墓。與其滋訟于事後，不若請示於事先。爲此，仰籲憲恩，俯鑒愚忱，推錫類之仁心，澤泉壤之枯骨，頒賜嚴示，永遠飭禁，庶幾烏私獲慰、鹿觸無憂，先人銜結于九京，職等頂感于百世。高厚永戴，存殁均沾，上呈等情到縣。據此，合行給示嚴禁。爲此，仰該處地方保甲、守山人等知悉，嗣後，務遵示禁，毋得仍前縱畜踐踏該紳墳塋。如有不法棍徒竊伐樹木，及支下子孫或爲風水所惑，侵祖私葬，種種弊端者，許守山人等即行報知該紳，協同保甲，指名赴縣呈稟，以憑嚴拿重究，決不姑寬。各宜凛遵毋違。須至示者。

乾隆六年五月二十八日示。

右仰勒石該紳祖塋前

計抄粘管墳筆帖

立包攬看管山人程爾吉等，今包攬到歙邑程能謙名下所有新置山一業，土名門前山，係章字一千三百九十一號，左右釘界爲定，于上新葬祖塋。緣住居窵遠，今身等情願公同代爲照管，不致任聽牲畜、乞丐人等在上作踐等情。當日眼同查照,現存在山樹木,共計一百七十六株,七股同心合意,代爲長養,以護佳城,不得刁控。當日,三面言定,每年公共得受神福銀一兩二錢整,公同禁養,樹木成林長大,永遠護蔭葬塋,不得砍伐。看山人等,亦不得私行盜砍。倘被察出,除領究治外,仍見一罰十。設不小心,被外人穿踰侵害,亦看山人之過。如隨即獲贓,指名來報,聽憑山主自行呈官究治,無得異説。所有本山柴薪,三年一捋,山主分受柴薪銀叁錢整。今欲有憑,立此包攬存照。

再批:隨山小樹在外,此照。

乾隆五年十二月　日,立包攬人程爾吉 押

程錦先 押

朱隆吉 押

程再順 押

程在中 押

程天喜 押

朱仲芳 押

——乾隆《新安大程村程氏支譜》卷下《各文續録》

清乾隆十二年八月休寧縣正堂應吳氏宗族四支會具呈頒行嚴禁作踐侵害吳氏祖墳告示碑

四支會内同具呈詞請示立碑

特授江南徽州府休寧縣正堂、加三級、紀録十次鄭,爲懇賞示禁,闔族感戴事。據陞任慶陽府知府吳承勳、魚臺縣主簿吳承謨,舉職貢監生員吳廷玷、吳鋐名、吳峰、吳其鑾、吳我煜、吳我燕、吳我灼、吳赤文、吳承範、吳應、吳淞、吳維幹、吳維錦、吳青選、吳山青、吳炳南、吳承猷、吳典、吳紹徽、吳豐、吳正淑等,呈稱:勳等支祖宗賢友堂先生諱昶,受業朱子,從祀紫陽,由休遷歙等處地方。其發祥祖塋隸籍天治東南鄉審坑麋鹿銜花等處,以故田地、山塘税畝寄庄十六都一圖六、七兩甲附納錢糧。奈隔邑輸課,途遥未便。因思始祖墓祠墳地税糧俱治北郊一都八圖十甲,故玷等于乾隆十年四月,以懇飭提税、順編輸將等事呈請。蒙前縣主周飭册提編,昨兩處册科已將勳等税畝過割清楚,順編完課矣。第恐無知術士以及地匪貪謀吉穴,勾引不肖支丁,戕害祖塋，侵占祖業。爲此，連名公籲憲臺賞示，禁杜侵害，保祖保業，闔族感戴，上呈等情。據此，合行給示。爲此恩永，示仰該處地方保甲、山鄰人等知悉：嗣後，不得在墳山作踐侵害。如有不法棍徒勾引該族支丁，涎吉謀占，許該族人指名赴縣陳禀，以憑拿究。各宜凛遵毋違。須至示者。

乾隆十二年八月　日示。

請示立碑，共用文銀拾兩零。因無公物，俱係資敬祠匣應用。此二事亦賴懋昭侄之力也。

——乾隆《吳氏正宗譜》（不分卷）

清乾隆十二年十一月休寧縣正堂應嚴田李氏宗族之請頒示保廷珪公墓禁碑

環田請示保廷珪公墓禁碑

特授休寧縣正堂、加三級鄭，爲懇恩賞示、勒石永禁，保祖杜盗、戴德不朽事。乾隆十二年十一月初九日，奉署江南徽州府正堂印務、廬州江防捕務分府、紀錄一次王《信牌》内開：據休寧縣二十七都六圖監生李至肓、日暄，民人李廣修、麗文、廣成、星輝、德修、錦雲、漢文、天厚、天玉、用中、公鼎等具禀前事，等情到府。據此，除詞批示外，合就抄詞檄飭，查明示禁。爲此，仰縣官吏查照來文事理，立即查明李至肓等所禀詞内情由，給示嚴禁，仍即取具碑摹，具文送府，以憑查核，計粘抄詞一紙。詞稱：生等祖遺老欲字、新丈信字二千九十七、八九號土名成家塢南背心下坑，共山稅十畝五分；又十八號祀田二坵，稅八分一釐；又貳百四十二號土名西坑口庄屋基地四十步八分；二百五十四號土名上宅墩庄屋地六十步，業稅俱在李同春戶内辦糧。前因七、八、九號明季安葬祖塋，世代遵守。族房星遷江、楚、金陵等處，家僅生支數丁，居址業寫三十餘里，在廿九都七圖。乾隆三年，遭朱姓豪謀墳腦吉壤，串地牙册科，勾不肖逆丁李歡、李永、李天叙等，罔顧祖塚，竊稅盗賣朱姓，劈腦葬棺。生父李雲升、兄天六、族叔廣修控告，生父兄願出己銀二百二十兩，呈送貯庫，代不肖等取贖保祖。前府憲、縣主勘訊，押豪起扦，被勢翻抗，纏訟五年，父兄痛遭拖斃。生奔上控喀、陳撫、憲，恩准批送分巡道憲，遴委廣德州羅憲會同縣憲勘審詳明，道憲核擬加詳，范撫憲斷究勒扦。復恃富抗，計害九載。

生又迫控準、潘撫、憲，蒙嚴檄拘究押，舊冬，朱元大始行扦罣領價，遵依退稅歸户結案。切祖墓生等居隔寫遠，經營於外日多，誠恐後來不肖逆丁利欲薰心，復盜私賣謀買，戕祖害生，實難防患。兹各房丁歸里，公議勒石永禁。爲此叩轅，伏乞憲天太老爺六邑福主西伯洪仁查案，恩准賞示，勒石永禁杜盜，存歿銜結，戴德不朽，等情到縣。奉此，合亟示禁。爲此，示仰該處保甲及守山人等知悉，示後務遵憲飭，勒石永禁，毋許不肖支丁復萌前念，糾串外姓，在於禁號之内私相授受，戕祖害生。敢有不遵，藐抗謀盜者，許該處保甲、守山人等立即指名赴縣陳禀，以憑差拘，詳究不貸。凛之毋忽。須至示者。

乾隆十二年十一月十八日示。

——光緒《星江嚴田李氏九修宗譜》卷十六《環田禁碑》

清乾隆十四年三月歙縣正堂嚴禁盜砍侵害岑山渡秤鈎灣洪姓祖墳告示

特授江南徽州府歙縣正堂、加三級、記大功二次唐，爲籲恩示禁，墳蔭得保、存歿感戴事。據二十八都四圖候選縣丞洪鍾，監生洪秉政、洪溥，生員洪元印、洪玉璣、洪泰來抱呈，洪福具呈前事，呈稱：生家祖墓坐落二十八都八圖岑山渡秤鈎灣地方山地之上，蓄養蔭木柴薪，以護風水。屢被無知棍徒欺生居隔寫遠，覷覦肆行戕害，或横加斧鋸，或暗裡摧殘，或掘根株，或縱牛羊。種種侵害，生死攸関。若不懇示勒石嚴禁，誠恐棍徒得志，鷹視愈張，墳墓餘蔭，勢難保全。爲此，瀝具下情，籲叩憲天，俯賜西伯之仁，廣施澤枯之德，恩准給示嚴禁，俾賊匪、奸徒得知畏斂，而墳塚蔭木得賴恩全。不但生者銜恩，即亡祖九泉感激，頂祝無疆，望光上禀等情。據此，合給示禁。爲此，示仰該處保甲、看山及居民人等知悉，自後，敢有不法棍徒在于洪姓岑山渡秤鈎灣地方祖墳山地之上蓄養蔭木柴薪，盜砍掘根，縱畜殘害。違者，許該保甲、看山人等指名赴縣禀報，以憑立拿究處。各宜凛遵毋違。特示。

乾隆拾肆年叁月初十日示。

告示押　　仰

——王鈺欣、周紹泉主編：《徽州千年契約文書》，清·民國編，第一卷，花山文藝出版社，1993年，第310頁

清乾隆十七年四月婺源縣澐公墓傍因胡姓竊木闢地永禁告示

澐公墓傍因胡姓竊木闢地請示永禁

婺源縣正堂、加三級陳，爲勒石保祖事。據十二都二圖江應義，十八都七圖江佑啟、江光裕、江敦睦支孫抱稟，江起琪等稟稱：始祖澐公以宋武舉與兄潛領兵破賊，授總管都軍虞侯，卒贈兵部銀青光禄大夫，同妣葬於女字九百五十一、二號土名東園住後、宋村，共税一畝五分九釐，餘地蔭木，歷禁數百載。近被地鄰竊蔭闢地，祖墓有驚，現經約保公禁。無奈身族均住窵遠，日久禁湮，侵害不免。爲此，公籲給示，勒石永禁，以垂久遠，等情到縣。據此，合給示禁。爲此，示仰該地居民人等知悉，女字九百五十一、二號土名東園住後、宋村兩號地，乃江姓全税清業，上葬祖塚，餘地蓄蔭。如有不法棍徒竊取蔭木，或開地耕種，許該約保、業主人等指名呈稟，以憑嚴拿重懲，決不寬恕。該約保、業主人等亦不得藉端滋事，毋違。特示。

乾隆十七年四月初十日。

——民國《濟陽江氏統宗譜》卷六《藝文》

清乾隆十八年十二月歙縣王充東源程巢雲、洪實夫兩姓共立保墓合同

立保墓合同程巢雲、洪實夫等，今有歙邑二十五都三啚原岡字六千二百七十五號、新丈恃字六千二百八十四號，土名裏塢林，額定山税一分七釐五毫五系，内程姓葬有牧菴公墳，洪姓葬有慎齋公墳，其税兩姓照册各行管業、輸糧無異。今兩姓結好墳鄰，立議合同，互相保守。自議之後，兩姓再不得另行扦葬及出售他姓，有傷前後左右墳塋處所。倘日後支丁或有盜葬、盜賣及外人侵害等情，執此呈公究治，責令改正，斷不輕宥。今欲有憑，立此合同二紙，各執一紙，永遠存照。

乾隆十八年十二月　日，立保墓合同程巢雲　程素培　程緗林
　　　　　　　　　　　　　　程殿材　程叶三　程景和
　　　　　　　　　　　　　　洪實夫
　　　　　　　　　　　　　中見曹斧山　吳功鼎　程樞耀　佘掌文
　　　　　　　　　　　　　代書程雲磧

——乾隆《歙西王充東源洪氏宗譜》卷九《墓圖》

清乾隆二十二年正月黟縣正堂頒給屏山八都巧塘灣朱氏祖墓禁碑

八都巧塘灣禁碑

　　特授江南徽州府黟縣正堂、加三級、紀錄三次范，爲懇恩賞示，保產蓄蔭、生死銜結事。緣貢生朱永傑、朱元禮，監生朱家麟、朱啟發、朱啟高、朱振燕、朱振羆，生員朱銓、朱啟聲、朱際時、朱楫等禀稱：西伯之仁，澤及枯骨。召公之化，詩咏《甘棠》。生等六世祖墓，土名巧塘，宇字壹千三百五十五等號，屬生世業，卜葬先朝，歷養蔭木二十株，干霄蔽日。今植松苗數百本，遍壟盈山，顧此欣欣之榮，常懷濯濯之慮。恐地方光棍覬覦佳城，或附近居民偷取薪木。種種不法，實上可虞。爲此，公籲憲天大父師賞示立禁，祖業永保無傷，犯法必誅，比匪自知斂跡，一門戴德，百世感恩，上禀等情到縣。隨批示，給示在案，合行給示。爲此，示仰該處地保、居民人等知悉，倘有無知棍徒在於貢生朱永傑等土名八都巧塘界內謀吉、盜砍等情，該地保速即指名赴縣呈報，以憑訊究，無違。特示。

　　乾隆二十二年正月　日示。

——民國《屏山朱氏宗譜》卷八《譜後·八都巧塘灣禁碑》

清乾隆二十六年四月祁門縣嚴禁盜砍侵害康姓祀衆祖墳等山業告示

　　祁門縣正堂、加三級、紀錄三次吴，爲委寔祀山、叩恩給示、以杜砍挖事。據康良燿、康啟炎、康興仁、康良賢、康良淳等具禀前事，詞稱：切身南鄉三四都潘樟村地方，所有祀衆祖墳塚山及青山，屢遭不法棍徒魆入身山，盜砍青苗樹木，盜挖柴椿，放火故焚，勿問身家祖腦墳塚及稅山等產。目擊心傷，深爲痛恨。屢奉上憲示諭興禁，國課民生有賴。身等蓄樹保塚，餘山及青山栽養松、杉、雜木，供課辦祀，誠恐梗頑之徒復效前轍。爲此，禀明，懇恩給示，以杜砍挖故焚，課祀兩賴，萬代朱衣頂祝，上禀等情。據此，合行示禁。爲此，示仰該處約保、業户、居民、山鄰人等知悉，嗣後，如有不法棍徒擅入康姓祀山，盜砍青苗樹木、盜挖柴椿、放火故焚者，許即查寔，指名赴縣禀報，以憑嚴拿究處，斷不姑寬。各宜凜遵勿違。特示。

乾隆貳拾六年四月　日示。

告示　仰

——王鈺欣、周紹泉主編：《徽州千年契約文書》，清·民國編，第一卷，花山文藝出版社，1993年，第336頁

清乾隆二十六年十月休寧縣嚴禁砍伐盜葬興湖塘祖墓等事告示

特授休寧縣正堂、加三級、紀錄五次胡，爲懇恩賞示、勒石永禁，以保祖塋、以杜後患事。據十六都一啚監生程肇錦、程尚祐、程時龍，生員程應奎，貢生程廷璧，吏員程志美、程耆載、程耆思、程尚孝、程尚昊、程啟宸、程尚旻、程尚端、程應攀、程應之、程應摹、程祖植、程鼎森、程應蒼、程鼎杰、程元栢、程元禎、程元樞等具呈前事，呈稱：生等祖墓坐落土名興湖塘成字七百三十二號，計山稅一畝一分及續置週圍山地，僅葬祖塚二穴，餘俱蓄蔭以護墳塋。自明迄今，百二十年，支下五大房十九小房，現守有餘人，世守無異。業衆丁繁，命脉攸關。第恐人心不古，或有豪勢圖謀吉壤者，或有地師媚獻富豪者，或誘不肖支丁盜賣者，或覬覦盜砍蔭木者。種種貽害，難以枚舉。去冬遭典守之吳連等夥串逆支程芳儀，盜伐蔭木多株。沐恩究追在案，恩同覆載。誠恐復遭故轍，有紊天心，况生等或遊學于江楚，或貿易于遠途，而在籍之衆支，非老即幼，且居址寫遠，勢難構廬眠守。爲此，公籲恩賞給示，勒石永禁，庶祖靈安于一抔，而生生世世咸戴憲德靡涯，上呈等情。據此，合行給示嚴禁。爲此，示仰該處保甲、山鄰人等知悉，嗣後，倘有該族不肖支丁仍蹈前轍，串同管山之人，盜砍蔭木以及地師媚獻、富豪謀買吉壤等情，許該保甲等協同本禀，指名赴縣陳禀，以憑嚴拿重究，決不寬貸。各宜凜遵毋違。特示。

右仰知悉。

乾隆貳拾陸年拾月初三日示。

告示　仰

——王鈺欣、周紹泉主編：《徽州千年契約文書》，清·民國編，第一卷，花山文藝出版社，1993年，第339頁

清乾隆四十年二月休寧縣嚴禁莊基林汪氏祖墳縱放牛畜踐踏墳塚及越界刨挖等事告示

　　署休寧縣正堂、加三級、紀録五次金，爲乞禁强横、謀罩墳地，縱放牛畜、屢害無休事。據十八都三啚貢生汪大瑗、職員汪得志呈稱：緣生等祖塋葬在土名庄基林，係坐字二千四十九號，山税一分七厘。歷今數十載，每逢祭掃，見墳塋踏踐不堪，甚至墳頂泥堆被牛畜踏卸，幾見棺槨，目覩心傷。更可慘者，生祖墳地緣與義地毗連，雖釘界碑，屢有不法之徒瞰生等男丁外趁，明欺婦女，藉義地毗連之空隙，越界刨挖。若生家知覺出論，彼即認以誤挖服禮。若或失察，則遭謀罩。是以生家連年遭蹇，皆因傷害祖墳命脉所致。若不籲恩賞示嚴禁，勢必祖塋刨暴，牛畜踐害，人鬼含怨。爲此，環叩垂憐賞示等情到縣。據此，合行示禁。爲此，示仰該處地保、山鄰人等知悉，嗣後，如有不法之徒仍蹈前轍，在于該生祖塋縱放牛畜踐踏墳塚及越界刨挖等事，（該）[許]該地保、山鄰人等報知本家，指名赴縣陳稟，以憑嚴拿究治，决不寬貸。各宜凛遵毋違。須至示者。

　　右仰知悉。

　　乾隆四十年二月廿九日示。

　　告示

——王鈺欣、周紹泉主編：《徽州千年契約文書》，清·民國編，第一卷，花山文藝出版社，1993年，第414頁

清乾隆四十三年十二月祁門縣嚴禁盜砍葉村祖墳山木告示

　　特授祁門縣正堂、加五級、紀録五次馬，爲籲恩示禁、保蔭正業事。據休寧縣生員張錦翼，民人張象徽、張廷爵、張德錞、張中文、張履吉等稟稱：生等祖葬治東十一都四保商字一千一百五十二號，土名葉村，計山四畝，經理註僉張秀甫全業。今春遭治地監生孫桂盜換罩占，當經控案。桂揣情虧，浼託親鄰方斯宇等調處，願將山業樹價俱歸生家。前斯宇等取遵具稟，復以遵批繪圖等事叩案，沐批。既據調處，議明禁步，繪圖明白，准息銷案圖附。切生墳山蔭木成材，長養新苗暢茂，塞山落孫腋。倘欺生等隔寫，故習復萌，受害非淺。況功令森嚴，例禁盜砍，各憲諭令栽插。俯念民生等僉業山場，除孫

姓契買別號分藉外，尚多存留，遵照蓄養。誠恐居民侵害有關，墳蔭莫獲資生，叩賞示禁，勒石曉諭，俾祖塋蔭木得保長存，各山新苗亦獲興養，千秋戴德，百世沾仁。等情到縣。據此，卷查前據方斯宇、吳起和呈息，内稱：土名葉村，經理張錦翼之祖斂業，張姓葬祖在山。孫姓所買各契，内載有"葉村"字樣，以致訐訟。斯等係兩造親鄰，仰體息訟愛民之至意，從中調息，其葉村商字一千一百五十二號孫姓原照經理，全歸張姓為業，孫姓不得再爭，該山東邊存留孫墳禁步。其餘各山，孫姓照契管業，以斷葛藤。兩造甘服，不願終訟，取具遵依，叩賞息銷等情，當批候訊。仍將議留孫墳禁步若干，繪圖貼說呈驗。旋據方斯宇等稟稱，斯等遵同兩造登山照繪全圖，將石立界，并張、孫兩姓墳及孫僕墳逐一繪清，所有議存孫墳禁步，悉照鄉例，前後左右以八尺為率，俱各貼說，兩造均無異言，於圖後列名畫押，呈案叩息等情，批准息銷在案。據稟前情，合行示禁。為此，示仰該地居民人等知悉，嗣後，休邑生員張錦翼等斂業土名葉村商字一千一百五十二號山場蓄養樹木，毋許侵伐，各管各業。倘敢故違，許地保暨張姓人等指名赴縣具稟，以憑拘究。各宜凛遵毋違。特示。

右仰知悉。

乾隆四十三年十二月十二日示。

告示　押　　仰

——王鈺欣、周紹泉主編：《徽州千年契約文書》，清・民國編，第三卷，花山文藝出版社，1993年，第9頁

清乾隆四十六年三月黟縣嚴禁盜害長瑤庵等處山地祖墳蔭木告示

特授黟縣正堂、加五級、紀錄五次殷，為籲賞示禁、永杜盜害事。據監生姜世銓，民人姜尚儀、姜尚沂、姜尚彥、姜尚讓、姜加健稟稱：生等合族葬祖墳山土名長瑤庵，崑字三千三百六十三號、六十八兩號，共計山地稅十二畝有零，向蓄樹木培蔭，世守兩朝無異，上下兩傍，別姓熟坦，常被侵佔。生墳山脚，盈虧未為不多，以致稅實浮業，念猶或可知止。詎地棍胡廷侯拕將生祖墳腦蔭木與其毗連之處，尚分上下，樹在上塝下，將塝土劈進，希圖佔樹。覺奔登看，形跡新鮮，投保驗明，果被挖佔。蒙令填平，諭生勿較。奈業落肘腋，難免不無故害。日侵月削，欺占無底；砍劈頻加，生死遭殃。欲與控究而

法懲，誠恐挾恨而害深。用是請示嚴禁，任再犯者無悔。伏乞憲天恩賞示禁，勒石永垂，功德巍峨，切稟。等情到縣。據此，合行出示嚴禁。爲此，示仰該處地保、山鄰人等知悉，所有姜世銓等長瑤庵山地，照界執業，附近人等毋許再行侵挖。如敢故違不遵，許原稟人指名赴縣具稟，以憑拏究。該地保、山鄰及原稟人等，不得藉端滋事干咎。各宜凜遵毋違。特示。

右示嚴禁。

乾隆四十六年三月初五日示。

告示　仰

——散件文書，原件藏南京大學歷史學院資料室，編號 000184

清乾隆五十一年三月休寧縣嚴禁砍伐祖墳蔭木及放縱牛畜踐踏墳塋告示

特授休寧縣正堂、加五級、紀錄十次、記功一次徐爲籲叩賞示、澤及泉壤、蓄蔭保祖、存歿均戴事。據十八都三啚貢生汪大瑗抱呈、汪陞具稟前事，呈稱：緣生有祖墓坐落十七都四啚，土名郁源、西充塘等處，係陶字四千六百二十三四五、三十八、四十一號等號，均屬全稅全業，赤契炳據。奈生居寫遠，上蓄蔭木，屢被砍伐，曾經稟叩前憲，未沐緝獲，以致近山居民仍蹈前轍，兼之縱放牛畜，踐踏墳塋，害及切膚。欺生外貿，家僅女流，肆行罔忌，莫可如何。生見心傷，寔難忍隱，欲行稟究，無處問津，情不得已。爲此，示籲叩憲大父師給示嚴禁，保祖蓄蔭，惠及泉壤，謳歌樂只，望光上稟。等情到縣。據此，除批示外，合給示禁。爲此，示仰該處山鄰、保甲人等知悉，自示之後，倘有無知匪徒砍伐該山蔭木，以及縱放牛畜踐踏墳塋者，許即指名赴縣陳稟，以憑立拿究處，決不寬貸。各宜凜遵毋違。須至示者。

右仰知悉。

乾隆五十一年三月廿六日示。

告示　押

仰

——王鈺欣、周紹泉主編：《徽州千年契約文書》，清·民國編，第二卷，花山文藝出版社，1993年，第48頁

清道光十九年五月黟縣正堂頒行九都塘裏莊屋禁示

塘裏庄屋請示禁

署黟縣正堂、加十級、紀錄十次劉,爲彙呈業稅、籲恩賞示等事。據九都耆民朱振程、職員朱大綱、監生朱錫桓、生員朱鈞呈稱:耆等支祖仕和公,生有五子,長萬碩,次萬億、萬福、萬山、萬頃。頃公乏嗣,所分遺産盡入耆等仕和公會,糧係六户完納。頃公塋葬上黄,昔年建造庄屋數間,向係金、胡兩姓僕人居住供役,看守墳塋,四圍田坦,均僕種作,俾爲豢養。嗣因僕饒積先後潛逃,以至將屋損壞倒塌,藉此跳梁。耆等實不深求,舊會内復造庄屋,招僕供役,四圍田坦,憑保查明税畝、字號,釘牌管業。誠恐支丁繁衍,賢肖不一,日久垂涎侵佔,難免盜當、盜賣等弊,祖業、祖塋兩遭其害。爲此,叩祈鑒核,恩賞示禁,裕課保祀。等情前來。合行給示嚴禁。爲此,仰該處居民並該族會支丁人等知悉,自示之後,爾等毋得覬覦該會田,勾串謀買、盜賣。如敢故違,許原禀人等鳴同捕保,指名赴縣具禀,以憑提究。各宜凛遵毋違。特示。

道光十九年五月初十日示。

——民國《屏山朱氏宗譜》卷八《譜後·塘裏庄屋請示禁》

清道光二十三年四月黟縣正堂頒行屏山朱氏宗族新墳林祖墓禁碑

請立新墳林禁碑

特授黟縣正堂、加十級、紀錄十次承,爲籲恩賞示,勒石保墓事。據民人朱元瑗、職員朱光斗、監生朱榮耆、民人朱振芬、童生朱振樞、民人朱光貽、朱耀堂、職員朱榮祿、監生朱榮國、朱榮齡、生員朱承輔、監生朱承禧、州同朱承璠、封職州同朱承璋、議叙朱承琯、職員朱錫鴻、現任里潭分司朱錫疇、監生朱錫桓、職員朱錫駒、生員朱錫三、議叙中書朱鏡蓉、生員朱濂、監生朱錫湧、議叙朱錫注,呈稱:生族七世祖萬山公暨八世祖春應公、春旺公合葬土名新墳林,自前明至今,世守二百餘載。墓旁左右餘地,雖有浮厝,久經公禁,不能加厝,不得盜葬,《祖訓》昭然。嗣因嘉慶二十四年,支丁朱觀勝等家祖有浮厝二棺,觊行加棺,於墓右盜葬,至傷丁命,族人禀究在案。兹有左邊朱官祿家亦浮厝二棺,欲於原處堆土。生等示以《祖訓》不可違悖,勸勿效尤。官禄頗知大義,願自移出另葬,惟是移出空地,支丁繁衍,難免無覬覦妄念,藉盜葬未扞,空地又可浮厝。因此,公同集議,永禁保守,永遵《祖訓》,只可出,不可入。如再有强厝盜葬者,私則逐出宗祠,公則禀案究治。與其控扞事後,曷若懇恩於先。爲此,環叩恩賞示禁,永保祖墓,永垂世守,生没戴德。等情到縣。據此,除批示外,合行給示嚴禁。爲此,示仰該族支丁人等知悉,嗣後,新墳林葬祖業内,遵照族議,永禁保守。以前所厝棺木,只可出,不可入。倘有强玩支丁違禁强厝、盜葬情事,許該族房長原禀人等赴縣,指名具禀,立即提案法究,决不寬貸。各宜凛遵毋違。特示。

右示嚴禁。

道光二十三年四月廿八日示。

——民國《屏山朱氏宗譜》卷八《譜後·請立新墳林禁示碑》

清同治二年十一月績溪縣永禁盜害南關許余氏祖塚告示

附告示

欽加五品銜署績溪縣正堂、加十級、紀録十次婁,爲叩賞示禁事。據候選縣丞余庭訓禀稱:緣職于本年價買十都黄茂坦岡字號山地一片,計税三厘,土名洪角山脚;又岡字號靠山地二片,土名同處,經職現已安葬祖塚,興養蔭庇,以保無虞。但恐日後人心不古,覬覦該地穴吉,或開挖盜葬,或盜砍蔭木。職離該山地寫遠,莫能隨時巡料。若不先行禀請示禁,誠恐該處愚民莫知所畏,任意盜害,祖墳勢必遭傷。叩賞給示,永禁盜害,以保祖業,磕感上禀。等情到縣。據此,除批示外,合行出示嚴禁。爲此,示仰該處居民人等知悉,爾等須知該二處山地,余姓安葬祖塚,養陰護庇,不得任意開挖、盜葬及盜砍蔭木等情。如敢故違,一經告發,定即提案究懲,斷不姑寬。各宜凛遵毋違。特示。

同治二年十一月二十一日。

——光緒《績溪縣南關許余氏惇叙堂宗譜》卷九《祠墓圖·附告示》

清光緒十年三月歙縣正堂畢氏篁墩始祖墓示禁碑

篁墩始祖墓示禁碑文

欽加同知銜特授江南徽州府歙縣正堂、加十級、紀錄十次劉，爲給示勒石永禁事。據耆職畢時義、畢映堂、畢觀元、畢恩霖、畢燹堂、畢滿文，會職員畢應錫，監生畢鍾琳、畢匯錫、畢蒓，廩生畢學源，生員畢逢源、畢養源、畢政昌、畢瑞麟，附貢畢體仁，拔貢畢恩溥，廩生畢炳文，生員畢德輝，支丁畢正明等遣抱，畢陞稟稱：緣因唐遷始祖宦居古歙，墓在篁墩，派衍支分，歷今千載。其原置墳山地業，均係買在唐時，蓄蔭護墳，環圍周匝，仍有墳傍餘業。明季收買方仲恒出產土名師姑坦等處，四至遵鱗册，見業輪糧，世守亦歷有年。於康熙四年被人貪吉盜扦。控蒙憲斷，勒碑示禁，鈞諭煌煌。詎閱近今，人加不古，村夫牧豎，隱恣覬覦；悍婦孤嫠，顯行樵採。更有恃勢不法之徒，勾誘盜砍，非惟肆貪漁利，似欲藉吉扦塋。耆等察核清釐，事涉詭譎，情詞難執，未便經公。但本源所在，忍聽窺侵？未容畏事以待其臨，計惟思患而防諸豫。爲此，繪明山業，粘說四至，並抄錄續收方仲恒餘業契據謹呈，環叩恩賞示禁勒石，以杜侵害，墳蔭得保，存歿均銜，切稟。等情到縣。據此，除批示外，合行給示，勒石永禁。爲此，示仰附近山鄰人等知悉，爾等務各恪守界限，毋得在於該墳山地內盜砍蔭木、藉吉扦葬、竊取柴薪、侵害墳墓、縱畜踐踏各情事。自示之後，倘有不法之徒仍蹈前轍，准該耆職等指名稟縣，以憑提案嚴究，決不姑寬。各宜凜遵毋違。特示。

計開：

原短字二千三百六十七號，新丈鱗册改覆字二千三百六十七號墳地，三十七步，計稅一分三釐二毫一絲四忽，土名汪坑口。

原短字二千九百五十五號，新丈鱗册改覆字二千九百五十五號山，五百七十三步八分，計稅一畝七分九釐四毫，土名坦坑。

原短字一千一百號，新丈鱗册改覆字一千一百號地，二百三十七步五分，計稅八分四釐八毫三絲，土名師姑坦。

原短字二千三百六十八號，新丈鱗册改覆字二千三百六十八號墳地，七十步五分五釐，計稅二分七釐，土名汪坑口。

原短字二千九百五十六號，新丈鱗册改覆字二千九百五十六號山，三十一步二分，計稅九厘七毫五絲，土名坦坑。

右仰知悉。

光緒十年三月廿九日。

告示

——民國《巨川畢氏宗譜》卷六《碑文》

清光緒十五年六月績溪縣南關許余氏宗族墓圖紀事附光緒十五年五月績溪縣正堂保護祖墳告示

墓圖紀事

昔李克有見人盜其祖墳之樹木者，即手刃之。夫古人保護墳蔭且如斯之甚乎！其祖墳山地爲人侵占、盜葬，有不義憤衝激者乎？我太舅余公艮英偕胡孺人，明初安葬邑北壹都揚溪嚴塢口之東霍家園，邑之先賢《舒貞素公集》內《循善堂銘》所云："揚溪秘閣，山水衍廓。遭世亂離，辛勤厝槨。"蓋指斯墓爲太外祖舜欽公手造也。自明至今，培植松楸，葱蘢庇蔭。兵燹後，祠事式微，墓祭衰替，致啟奸邪窺伺。先是值祠事者與嚴塢口張姓有刑譚之，私主以墓之右前地賃以造厝。光緒辛巳冬，勢惡張定元於右首龍盡處盜伐蔭木，移厝於山，結槨造壙，盜葬一十三棺。控於陳縣主與歐陽縣主，均以賄賂不能平。續控春府憲、廬藩憲，左、曾兩督憲，檄府提審，勢惡始畏理絀，懇友人吳誠齋求和，願起遷，賠樹值，醮墓安山，於原地賃造厝墳四棺，立和約，載明厝地直七尺五寸、橫九尺五寸，每年償厝租米壹斗，永遠不得添棺改葬。立約後，又聽諏訑者嗊惑翻悔。茲蒙黃縣主詳請府憲土就案審理，依和約斷結，並給示勒石永禁，而奸邪始莫能遁。嗟乎！自訟之起，一詣皖省，三赴南京，善與我族叔日暄、族兄時及櫛風沐雨，廢寢忘飧，上下奔馳，往來質辯，八載之中，歷盡艱辛。尤賴族伯道求、族叔漢宗、族兄順年、族侄樹滋、族再侄照庭、我弟積卿暨（閣）[闔]族敵愾同仇之力，訟至起遷。噫！勞矣，瘁矣，誠不堪回想矣，乃知保護祖墓殊不易易矣。後之人，有藉祖墓而多事者，非孝也；有輕祖墓而畏事者，亦非孝也。爰記事之顛末，附於圖後，以傳不朽云。

光緒十五年季夏月，祺禎公房三十一世孫積善謹識。

——光緒《績溪縣南關許余氏惇敘堂宗譜》卷九《墓圖·附墓圖紀事》

附告示

　　欽加三品銜、即補府徽州塩捕督軍府兼理績溪縣正堂、隨帶加五級、卓異候陞加一級軍功、加十六級、紀錄二十次黃，爲出示嚴禁事。據生員許文源、武生許德貴，職員余積霖、許積豐等禀稱：緣生等祠內有壹都霍家園往字三百七十四號墳山一業，並三百七十五、六、七等號護墳田地，小土名余家墓，又名蛇墓坑，明初安葬族祖余艮英公。該業上至山頂，下至山麓，左右至灣，全業之內，毫無間雜，興養巨蔭，葱蘢世守。情因兵燹之後，墓祭衰替，看管無人，墓門荆棘，田地荒蕪，致啟他人覬覦，盜砍、盜葬。控奉督憲檄府親提，因中証未齊，拖延八載之久。兹蒙憲臺愛民息訟之至意，詳請府憲就案審理，照和約斷結詳銷，以斬訟藤。生等已具甘結在案，闔族無任感激。第該墳山落於幽僻之區，離生等居趾窵遠，恐有不法之徒仍在該山滋事，小則縱放牛隻，竊取柴薪，大則盜砍墳蔭，貪吉盜葬。迨其控究於既事之後，不如消患於未事之先，非賞給示嚴禁，不足以儆將來。爲此，僉叩出示勒石，永遠嚴禁。爲此，示仰該墳山屆近諸民人等知悉，所有余家墓墳山業內興養蔭木，不得盜砍、盜葬。自示之後，倘有不法棍徒窺吉盜葬，盜砍墳蔭，縱放牛隻，砍竊柴薪，任意殘害情事，准該生等指名控究，定即飭差嚴拿到案，從重究辦，決不姑寬。各宜懍遵毋違。切切。特示。

　　光緒十五年五月初七日示。

　　　　——光緒《績溪縣南關許余氏惇叙堂宗譜》卷九《墓圖·附告示》

清光緒二十五年八月績溪縣竹里村嚴禁盜砍樹木保護墳塋告示

　　欽加同知銜調補績溪縣正堂、加三級、紀錄十次程，爲給示嚴禁事。據十五都童生周祖郜等呈稱：緣童等所控周啟和等盜蔭圖佔一案，已沐訊明，土名黃毛岱山業，既然各契有墳，樹木應共留養蔭基。嗣後，各房只准標掛，不准添葬墳塋，并禁砍伐樹木，永杜争端。惟該山毛柴出息，每年隨稅照管，候飭推收書查明山稅果在周佑明户下完糧，該山出息仍歸童等長房經理。并蒙面諭，俟案結後，准予禀請給示嚴禁在案。兹據推收書業已查明禀覆，傳諭童等遵照堂斷辦理。童等因思該山雖然各葬有墳，而惟童等長房所居乃係的祖，倘復被人損害，關係更屬匪輕。若不叩恩賞給示禁，誠恐無知之徒積久玩生，將來不無仍蹈盜葬盜砍之弊。叩賞給示嚴禁，免害祖墳。等情到縣。據此，查此案前據周祖郜等與周啟和等互控，即經本縣傳案訊明，該山既然葬有各房祖墳，蓄養蔭木，斷令嗣後各房只許標掛，不准添葬，並禁砍伐蔭木。山稅果歸周佑明戶下完納，仍由長房經理，該山毛柴山息，每年隨稅照管，兩造各具遵依。嗣據推收書章順錦查明，黃毛岕於同治八年歸入周佑明戶內，竿稅一分五厘。又經批飭傳諭周祖郜等遵照堂斷辦理在案。據稟前情，合行給示嚴禁。爲此，仰該都士庶及周姓各房人等一體知悉：自示之後，凡有黃毛岕從字一百五十二三號、計稅一分五厘墳山業內毛柴，每年仍歸周祖郜等刈割，他人不得覬覦。其餘留養蔭墓樹木，永遠禁止他人及周姓各房人等擅自砍伐。至於在山墳墓，只許周姓各房人等標掛，不准添葬。如有不遵示禁，敢在該山盜砍盜葬者，許即憑同地保，赴縣指名具稟，定即提案重辦，決不姑寬。各宜凜遵毋違。特示。

右仰知悉。

光緒二十五年八月初六日示。

告示　仰

實貼十五都黃毛岕

　　　　　　　　　　　　——散件文書，原件藏安徽省績溪縣竹里村

第二節　社會問題與社會治安規約

明崇禎十一年二月徽州某縣胡義和堂胡天時等立遵舊家規驅逐犯罪村民出村盟約

立文書人胡義和堂，本族人等齊心遵祖舊規，今因五元、連生不務農業，不安生意，小木走跳，來往踪跡不定，難爲稽查。舊因詹三陽以賊稟官，差捕快汪禮、李太、周標、方資同里長汪毛，舊臘廿七日拘提。詎五元、連生詭計，至焦坑，將□□□四分錢貳伯文、布乙疋、雉弐隻，賄差脫放，本族人等並不知情。今期清明節屆，人丁近處生意者，皆齊拜掃祖塋，是以內有聞風者通衆相議，合族人等遵舊家規，捉拿送縣主老爺台下法治。其五元等連夜逃走，是以衆議，如有見者併知信者，即報衆捕捉送理，家口遵祖舊規，趕逐出村,庶免敗壞門風,枉法連累。如有知信見者不報,衆罰銀叁兩,入匣公用。如有賣法狥情者,亦趕逐出村,不許在族壞法無詞。衆立文書,連名歃血,永遠存照。

崇禎拾壹年二月二十四日,立文書人胡天時 押　胡天節 押　胡天喜 押
　　　　　　　　　　　　胡天明 押　胡天曉 押　胡高孫 押
　　　　　　　　　　　　胡宗朝 押　胡有珊 押　胡五毛 押
　　　　　　　　　　　　胡有瑚 押　胡有瑞 押　胡有相 押
　　　　　　　　　　　　胡大儒 押　胡有象 押　胡六毛 押
　　　　　　　　　　　　胡大瑢 押　胡大侃 押　胡有瓊 押
　　　　　　　　　　　　胡七毛 押　胡大任 押　胡大有

——王鈺欣、周紹泉主編:《徽州千年契約文書》,宋·元·明編,第四卷,花山文藝出版社,1993年,第433頁

清康熙二十五年正月徽州某縣吳德英戶支下吳時禮等立嚴禁與張上村下門婚姻人情來往議合約

立議合約吳德英戶支下人等,今因人心不一,本家定行嚴禁,男婦、大小,一概不許(邦)[幫]張上村下門,婚姻喜慶,亦不許所行。如有犯者,公議罰銀壹兩,清明祭祀衆用。不(伏)[服]者,投衆理論,決不輕恕。今恐無憑,立此議約存炤。各家女眷,有私人人情來往,查明,罰銀伍錢。

康熙二十五年正月　日,立議約吳德英等 押　吳時禮 押　細陽 押
　　　　　　　　　　時望 押　時社 押　時周 押　觀寄 押
　　　　　　　　　　時旺 押　時雲 押　時禄 押　有孫 押
　　　　　　　　　　有金 押　應孫 押　有恒 押　有才 押
　　　　　　　　　　有志 押　有奇 押　有福 押　廷保 押
　　　　　　　　　　廷林 押

——封越健主編:《中國社會科學院經濟研究所藏徽州文書類編·散件文書》,第四册,社會科學文獻出版社,2017年,第43—44頁

清嘉慶祁門縣六都村驅棚除害記

驅棚除害記

嗚呼！棚匪之害地方也，甚于兵燹。大兵所經，一時民苦虐焰。迨清平之後，山川如舊，田廬依然，復我邦族者，歌懷樂土。至若棚匪之爲害，其始也每爲常人所不及，計至其甚，雖聖人復起，無能爲功。蓋其入境之初，每不惜腴餌，籠絡地方貧民。苟有貪利忘禍之輩入其彀中，則公然執據入境開山，害遂不可勝言矣。所謂貪利於耳目之前，貽禍在身世之後，非深慮者，孰能識之？

試舉其大者言之，伐茂林，挖根株，山成濯濯，萌蘖不生，樵採無地，爲害一也。山賴樹木爲蔭，蔭去則雨露無滋，泥土枯槁，蒙泉易竭，雖時非亢旱，而源涸流微，不足以資灌溉，以至頻年歲比不登，民苦饑饉，爲害二也。山遭鋤挖，泥石鬆浮，遇雨傾瀉，淤塞河道，灘積水淺，大礙船牌，以致水運艱辛，米價騰貴，爲害三也。山河田畝，多被佘積，欲圖開復，費倍買田，耕農多歉，失業貧戶永累虛供，窮困日甚，爲害四也。久之衣食無出，飢寒爲非，法律雖嚴，莫可禁止，爲害五也。河積水漲，橋崩屋壞，往來病涉，棲息遭危，爲害六也。徽民聚族而居，方外之人無隙可入，曩時風俗茂美，稽察維嚴，今則拉親扯故，入村穿巷，族中吉凶報賽，異服異言者公然挨擠，規模不肅，爲害七也。夏、秋之交，僱工鋤挖，收成之後，乞化沿門，彼醉翁之意不在酒也。倘門逕既熟，乘間窺伺，猝然作難，何以禦之？爲害八也。夫且踞深山、隱幽谷、肆竊掠、固窩藏、恃險負嵎，作奸犯科，橫行無忌，官捕莫勸，爲害九也。

方今聖天子立保甲，編户籍，屢奉各憲嚴查，彼棚匪無賴之往來，曷勝盤詰？兇徒奸宄，匿跡其中。一經發覺，租山之人坐以窩逆，近居之地亦責隱容。雖幸事公得白，此身已陷牽連，其害更難知者。至於龍脉之傷戕，丁財折耗；古塚之平毀，墳墓遭殃，此尤禍之慘烈者。故種山之輩多遭橫禍，得租之家每見奇窮。雖有正人君子起而持之，奈貧民日多，棚黨愈熾，或牽制於骨肉之親，鼠器之忌；或畏避于睽孤之勢，身家之危。即幸有人焉不顧親忌，不計利害，起而驅逐之，且清平之，而田河已積，龍脉已傷，丁財已落，風俗已漓，欲復見廓然山高而水清、民物豐樂之象、風俗雍熙之休，非百年之涵煦生息不及此。此其初不過一二人之貪利耳，而豈知其禍之烈竟至此哉！吾故曰棚匪之害甚於兵燹者,此也。嗚呼,可不懼哉！可不戒哉！吾村祖遺山業最廣,上自漳嶺,下至韓村,當年竹木之供,山林之利,至大也；山川之勝,形勢之窿,至美也。予少聞諸父老聚談,心竊慕焉。突遭乾隆三十年間棚匪入境,祖墓大壞,族運遂替。橫覽四山,蘆茅叢雜,幾至樵牧無場,未嘗不嘆息痛恨於作俑也。予見先祖暨先君子前後與匪搆訟,奈時事不利,未及驅除淨盡,心竊恨焉。不幸去年春先君見背,越秋,祖又繼逝。予小子終夜怵惕曰："哲人云：'亡邦,族之瘁也。'"於是因邀合族,謀諸父老。諸父老卒牽制不果行。予乃不憚首事,偕仲叔與族內諸君子,控告於官。幸奉恩例之嚴,托祖先之庇,沐張憲之恩,不憚陟岡阜,越險阻,親臨督拆,各棚咸斂跡就退,期年而境內肅清。諸父老咸喜,謂予曰："數十年之害,今幸去矣。居此土者,得以高枕矣。"予進而言曰："害雖去,利未興,非久計也。欲圖久安之策,莫若因山澤之資,謀興養之利,興養則山成材山,人懷樂土,家裕戶饒,公私兩益。富而後教,文風漸興,自然明義者多,所見者遠。又何至貪近利而貽大害也哉？不然,合族之貧已甚於昔矣。今雖驅而去,安保後不招而來乎？其害更不能支矣。請述以示戒,可乎？"諸父老曰："諾。"遂書而為記,勒於石。

靜樂公十二世孫鈍根子捷撰。

——光緒《祁門善和程氏仁山門支修宗譜》第三本卷一《村居景致》

清道光四年三月休寧縣二十都大阜各姓立禁田山家舍合同

立合同各戶人等,今閤議得嚴禁田山家舍,日夜謹防盜竊,上可以裕國課,下可保全農業事。切思人各有物,物各有主,豈容鼠竊狗偷？家各有業,業各有糧,何堪被竊侵害？我等務農之家,日夜出外勤作,家裡關鎖門戶,晚來歸息田舍,寄放器具、傢伙一被盜竊,急無應用,甚至栽種成熟之物,屢被侵害,千辛萬苦,眼望成空。為此,合議公禁,在田種植禾、蔴、菽、麥等類,在山蓄養茶、竹、樹木各項,以及家舍動用器具、傢伙一應所備之物,概行嚴禁盜竊,庶可專務農業,免致心懸兩頭。自議之後,務宜同心,互相防守,不論在田、在山、在家、在舍,或日或夜,聞見竊發,閤團齊心擒捉。一獲奸匪,登時綑縛,送官究治,決不寬縱。今日議定,恐後人心懈怠,立此合同一樣拾叁張,各執一張存照。

一、議國課錢糧,上忙四月完半,十月全完。如有拖欠,聽從自受官刑,禁内不管。

一、議種作田園、山場等項，其租各户自行交納，不得拖欠。如違，不管。

一、議禁内之人行竊犯事者，禁内加刑重處。

一、議禁外之人盜竊等情，夥内邀同處治。如有不遵者，公同鳴官重究。

一、議公報私讐，察出，重罰。

一、議得錢賣放者，知信狥情不報者，公罰。

一、議倘遇事犯到公廷成訟者，使用公派，毋得推諉。

一、議酒後無得（炒）[吵]鬧多事，强飲强爲者，各户善言勸解。如有不遵者，聽其自苦犯列内，公仝鳴官究治。

各户名列於後：

曹有全 押	方柴虎 押	汪廣寶 押	江心棋	曹正萬 押	吴長孫 押
葉宜周 押	葉祚憲 押	汪廣樂 押	陳天孫 押	曹有洪 押	方紫照 押
陳泰山 押	葉旺孫 押	葉積茂 押	曹正齊 押	葉祚樹 押	葉祚興 押
陳先叙 押	陳先旺 押	王正大 押	王元發 押	汪朝福 押	葉祚静 押
葉旺財 押	陳先發 押	曹正春	曹美生	葉德隆 押	汪廣廷
王正餘 押	曹有義 押	王元盛 押	汪廣雷 押	方柴龍 押	吴周成 押
葉積福	曹正鳳	曹有良	葉錫雷	曹兆金	程肇元
吴長法 押	陳紫霞 押	陳先赫 押	葉祚成	陳先起 押	汪廣轅 押
汪廣叙 押	汪百孫 押	程玉文 押	葉時德	曹積嘉	王元有 押
汪廣道 押	陳正亮 押	陳泰山 押	陳先宜 押	汪廣富 押	汪坖佑 押
曹有積 押	姜廣遠	姜積萬 押	姜積福 押	吴周科 押	陳先萬 押
程尚普 押	葉高元 押	汪朝惠 押	汪積懷	陳先開 押	陳先和 押
葉長元 押					

道光四年戊辰月穀雨日，立議合同各户人等

　　　　　　　　　汪廣轅 押　方柴龍 押

　　　　　　　　　姜廣遠　吴周成 押

　　　　　　　　　汪心棋　姜積福 押　汪積懷

（陳雪明録，卞利校）

——劉伯山主編：《徽州文書》，第三輯，第六册，廣西師範大學出版社，2009年，第460頁

清道光二十二年十二月休寧縣唐頭村奉憲嚴禁乞丐強討惡索碑

奉憲嚴禁

特授江南徽州府休寧縣正堂、加十級、紀錄十次許，爲籲示安良事。據七都一、二、三啚職監汪晨，耆民汪位倍、余振玉，生員朱圭、汪克明、余紹祖，監生汪雅堂、汪慶忠、鄧世烺、朱尚潔，民人張振聲、汪占鰲抱呈，汪陞稟稱：職居七都，地當通衢，凡屬荒民求賑，乞兒化食，與粟按名五勺，給錢每人一文，兩如所願，相賴以安。邇年，時有無籍游民，多屬少年壯丁，結黨成群，借丐爲名，強討惡索，小竊叉雞，其名曰"單"，其單有首，散則莫知其踪，聚則難清其數。一遇婚娶、喪祭，遂行糾集男婦，户開則升堂入室，户閟則拋石擊門，強索酒食，議折銀錢。稍不遂慾，動輒滋端。職都嗇省事者，解囊買安，恐多事者稱貸而益固，非保長、甲頭所能約束，以致惡習成風，地方遭害。憲政愛民如子，執法如山，非張雷電之威，以濟雨露之澤，刁風愈熾，效尤漸衆焉。知目前之稱"單"者，不致日後之爲巨害也？爲此，縷陳惡習，公籲賞示，勒石嚴禁。籤飭該捕彈壓鎖拿，除暴安良，四民咸歌，上稟。等情到縣。據此，除飭捕保查拿究逐外，合行出示嚴禁。爲此，示仰該處居民以及甲頭、捕保人等知悉，嗣後，如有乞丐、荒民到地求化喫食，或遇婚娶、喪祭等事，均聽本家酌給。該甲頭嚴行彈壓，不得任其結黨詐擾，藉端滋鬧。如有無籍游民及稱"單"者在村叉雞肆竊，以及強討惡索，隨時查拿，驅逐出境，毋得任其潛匿逗遛。倘敢恃強滋端，許被害之家報鳴捕保，立即嚴拿稟縣，以憑從重究治，決不稍貸。捕保狥縱，(以)[一]並重處。各宜凛遵毋違。特示。遵。

右仰知悉。

道光二十二年十二月十九日示。

告示　　仰七都三啚地保唐頭

——碑銘，原碑立於安徽省休寧縣齊雲山鎮唐頭村

清道光二十九年十月休寧縣嚴禁火夫違例霸踞事告示

署江南徽州府休寧縣正堂、加十級、紀錄十次湯，爲特再申禁，以杜霸踞、以除民累事。照得本縣下車，查得休邑向有火夫違例私分地段，串同霸

踞。凡遇民間收殮出殯，高抬工價，任意掯勒。本家另僱他人，即滋生事端，實爲民家大累，屢經各前縣示禁有案。乃日久玩生，故智復萌，聞有霸掯橫索之事，除飭差查挐外，合再開規給示，勒石嚴禁。爲此，示仰本境火夫人等知悉，自示之後，凡遇婚喪之家，悉聽本家查照定章，給價僱倩，不得違例霸踞，以及藉稱當官名色，高抬工價，肆行勒索。如敢仍蹈前轍，霸掯滋事，許本家據實指名稟縣，以憑提案，從重究懲。本縣言出法隨，決不寬貸。各宜凜遵毋違。特示。

計開：

一、用杉枋、綾緞行衣，用，不用鼓樂下材，共給錢一千四、二百文；襯布、棉人、皮紙，共折錢二百四十文；浸中，每人蛋六個、腐四塊，共火酒一勺。

一、用杉枋梱頭及鉄尺枋綾布行衣，用，不用鼓樂下材，共給錢壹千、八百文；襯布、棉人、皮紙，共折錢二百四十文；浸中照前。

一、用十合材、布行衣下襯，給錢三百二十文；布紙折錢一百六十文；浸中，每人蛋二個、腐二塊。

一、用十二合材，給錢二百八十文；浸中，每人折錢四十文。

一、用皮材並化材者，收拾下材，抬上義塚埋葬，共給錢三百二十文。

一、幼殤，未一月者，並匣携埋錢二百四十文；一、二週，葬埋錢三百二十文；三、四週，並匣錢三百八十文；五、六週，並匣錢四百六十文。七、八歲，並匣錢五百八十文；九、十歲者，並材錢八百四十文。

一、前係富家，合就杉枋等材；今中落，用原材下襯，並棉人、皮紙、襯布，共錢六百文；浸中，每人蛋二個、腐二塊。

一、倘有路人故在街市者，有親人，聽憑抬去；無親人者，保甲稟官，自有官價，火夫即抬去城外安置，毋許索詐舖户。

一、外路人在休邑生理，病故者，聽本家倩人搬柩回家，不得霸阻。

一、出柩，用喪儀、鼓樂，八人抬；不用儀、樂，四人抬；皮火材，二人抬。

一、路程，一里至五里者，每人給錢八十文；至十里者，給錢一百文；十五里者，給錢一百五十文；至二十里者，給錢二百文；三十里，照加。至二十里外者，給每人中伙錢二十文。稅擯索，四人抬，四十文；八人抬，八十文。

一、幼殤，果係貧苦，聽其自行掩埋。

以上《規條》，各經前縣示爲定例，火夫不得多索。如有強項，聽本家另倩他人，毋許霸踞。

右仰知悉。

道光二十九年拾月十八日示。

告示　　仰

——王鈺欣、周紹泉主編：《徽州千年契約文書》，清·民國編，第二卷，花山文藝出版社，1993年，第467頁

清光緒三十一年五月休寧縣查察不法棍徒告示

欽加州同銜五品頂戴兼襲雲騎尉、特授徽州府休甯縣（左）[正]堂王，爲給示曉諭事。照得節值端陽，城鄉市舖，生意稠（蜜）[密]，宜加查察。恐有不法棍徒三五成群，乘間挨擠，滋生事端，甚有扒竊以及外來遊方僧道，惡化乞丐強討。種種不法，甚堪痛恨。除飭捕保查拿外，合行給示曉諭。爲此，仰舖店人等知悉，如有前項不法棍徒，膽敢故蹈前轍者，許即指名送縣，以憑從重嚴究，決不姑寬。各宜凛遵毋違。特示。

右仰知悉。

光緒三十一年五月初一日示。

告示

——王鈺欣、周紹泉主編：《徽州千年契約文書》，清·民國編，第三卷，花山文藝出版社，1993年，第391頁

清宣統元年正月祁門縣禁烟告示

欽加同知銜賞戴花翎兼巡防營務處、特授祁門縣正堂、加一級杜，爲出示重申禁令事。查接管卷內，案奉各大憲叠次專札，奉部奏准通行，嚴禁吸食鴉片烟，並禁種土藥暨飭烟舘勒令閉歇。嗣又奉禁烟公所憲札飭，無論賣土膏店及有癮吸戶，均應分別請領牌照及旅行小票，有癮之人，仍應遵奉，自光緒三十二年起，十年戒斷等因。均經各前縣出示禁止，諭董查造在案。本縣到任以來，訪聞城鄉各處烟舘，故態復萌，仍然私自開燈賣吃，甚至明目張膽，夕設燈榻，聚衆喧鬧，實屬故違禁令。當經本縣親自查出，在城之林高照、鄭芝香等帶署懲辦在案。林高照等既敢如此，則似林高照等者必不止一人。城內既敢如此，則曰鄉必更加甚，言之殊堪痛恨。除再（蜜）[密]查究

辦、勒令領照外，合亟重申禁令。爲此，仰合邑各色人等一體知悉：爾等須知，洋烟爲害最烈，小則頽傷志氣，大則傾敗身家。當此立憲時代，何能有此弱種之爲？自示之後，務各父詔其子，兄勉其弟，有則戒除，無則加勉。倘一時實不能戒除凈盡，亦當遵照《章程》，赴該管董保處報名，赴縣領牌買食，仍限年齒斷盡。賣烟之人，亦須來縣呈報，候給價發賣，亦只准出賣土膏，不准違例，設榻賣食。本縣不憚苦□，煩言告戒。爾等倘敢仍前不領牌照，私自開燈，則是自外生成，爲地方之蠹。一經察出，或被告發，定當提案，加等究辦，決不再貸。凛之，切切。特示。

右示禁令。

宣統元年正月十四日示。

告示

實貼閃里　毋損

——王鈺欣、周紹泉主編：《徽州千年契約文書》，清·民國編，第三卷，花山文藝出版社，1993年，第441頁

第三節　鄉村勸世規約

清光緒二十七年七月黟縣碧山毓蘭書屋刊古築程煦《勸世詞》

先生姓程氏，名煦，字景和，小字觀林。好讀書而不求售，禀性豁達，善詼諧。晚自號"詩顛子"，居於古築里，里中人亦多重之。曾爲《勸世詞》一篇，曰《桃源俗語》，獨操土音，以冀鄉農婦孺之喜於聽聞，易於記誦。編中所發言者，其數十條，尤一一切中時弊。昔人嘗謂："讀《出師表》而不能激發於心者，不可以爲臣；讀《陳情表》而不能激發於心者，不可以爲子。"余謂見是書而心不□□然動者，亦竟不可以爲人，是書僅有鈔本□，先生當日不過寫一時快意，聊助樵歌牧笛之□□，非特以問世。今南屏自強齋主人見其言近旨遠，遂出貲付劂剞，欲吾黟人家置一編，奉爲棒喝，表先生與人爲善之志，得以維持風俗，功亦偉矣。人苟能悉遵其勸，不以其詞之淺近而忽之，則未始無補於世道云。

光緒二十七年秋七月，碧山汪寶成序於毓蘭書屋。

勸世詞　古築程煦景和

編勸男子歌

勸世詞，須透徹，莫把《詩》云、子曰念。平仄詩韻盡丟開，編些土語將人勸。詩顛語，一大篇，一句一句是良言。特請大家聽聽看，可像板橋《道情》篇。

讀書人，聽我勸，人一讀書幾體面。不但中舉、中狀元，貢、監生員都不賤。坐人上，行人前，莫做主文來造孽。從來狀筆快如刀，暗裏殺人不見血。有神明，目如電，將你功名、壽數一齊來消折。與其後來無收成，何如趕早先杜絕？未發達，休埋怨，不怕遲來只怕歇。場中雖然不論文，窗下工夫總要鍊。文縐縐，腹翩翩，捻起筆來一氣寫。不但別人看見都喜歡，自家亦覺有臉面。人不通，最苦憐，書本翻得顛倒顛。那個肚裏沒有幾千字，鬪來鬪去不相粘。不相粘，苦難言，筆梘咬得咕嘛嘛。那怕唔是三鼎甲，才情不好不值錢。

老先生，把舘坐，未勸別人先勸我。良言慢叫別人聽，先叫自家洗耳躲。揚名聲，顯父母，業精於勤荒於惰。若是遇着頑皮物，也須教他一個一個把字咬。

大學生，上學堂，吟詩答對做文章。三八課期三八做，工夫要鍊一炷香。截搭題，重聯絡，不要做得各管各。從來利器必逢時，何愁不把功名博？

小學生，上學堂，讀書宜靜不宜忙。一章一節從頭讀，有腔有調聲琅琅。書背了，字一章，端端正正一行行。即是出門做生意，也勝人家種田郎。

種田人，聽我勸，人會種田勝開店。只求雨水來調和，有穀不愁穀價賤。穀價賤，更但願，年歲十分不必說。吃不倒，用不完，糶些銀錢腰裏面。或典坦，或買田，漸漸做起大家園。春祈秋報幾鬧熱，捐個監生撐門面。也戴頂，也穿靴，錢多不妨再加捐。門樓竪塊貢元匾，唔講新鮮不新鮮？果新鮮，樂難言，不買米，只買鹽，吃油、點油菜子換，稻稂麥稈堆齊天。糯米酒，似蜜甜，醉來放倒一覺眠。麵粿、臘肉、雞子鱉，真真快活似神仙。似神仙，不要腆，總而言之要勤儉。唔不勤儉來種田，穀豆未出先扯錢。

手藝人，聽我勸，初學手藝可憐見。到得三年出了身，好像黃頭開了煽。那一樣，那一件，工夫不妨聽儂點。絨邊氈帽大辮團，動不動來舖蓋捲。不要變，不要腆，衆有生意不長遠。不怕武藝百樣高，脾氣不好無人惹。打散工，爲錢扯，事到後來悔不轉。東不成，西不就，一身弄得皮條輭。到不如聽我勸，收起心來重進店。安分守己幫儂家，和氣決不討儂厭。朝早起，夜遲眠，忍心耐守做幾年。嬉戲、供鳥一切事，都要丟在那傍邊。打個會，湊點錢，討個老婆開個店。莫道手藝不發財，幾多興家來創業？

生意人，聽我勸，第一學生不要變。最怕做得店官時，貪東想西聽人騙。爭工食，要出店，痴心妄想無主見。這山望見那山高，翻生硬把生意歇。生意歇，不妥貼，歸家難見爹娘面。衣裳、舖蓋都攪完，一身弄得穿破片。穿破片，可憐見，四處親朋去移借。一回失信二回難，自家亦覺不好再去借。到不如聽我勸，從此收心不要變。託個相好來提攜，或是轉灣或另薦。又不痴，又不呆，放出工夫擂櫃臺。店官果然武藝好，老板自然看出來。看出來，將你抬，超陞管事掌錢財。唔縱無心求富貴，自然富貴逼人來。

爲父的，自要好，不可言語來顛倒。義方是訓竇燕山，個個兒子俱顯達。養兒子，以待老，子貴孫賢唔見好。父不教，子不知，莫怪人說現世寶。

爲子的，理要曉，不可言語來乖巧。菽水承歡孝要真，切莫奉行故事容易了。孝公婆，教妻小，二十四孝一一表。烏鴉尚有反哺情，何以人而不如鳥？

爲夫的，宜正派，對着老婆要膽大。上床、下地要威風，潑婦見唔也怕駭。有夫綱，算巨擘，縱有冤家不敢賴，何須讀那詩三百？

爲家長，想一想，百凡事兒要涵養。痴聾可作阿家翁，吹毛求疵不相像。勿掂勉，勿播兩，量大始能把福享。省得攪出氣惱來，自家捉蝨上頭癢。

兄與弟，休討氣，先王之道和爲貴。萁荳本是同根生，切莫相煎來太急。手足情，骨肉誼，最難得者非容易。千萬休聽老婆言，免得兄弟傷和氣。

朋與友，聽一聽，交友務須交正經。不正經友最無益，不正經友且無情。一得志，便忘形，轉眼不顧車笠盟。幾多朋友幾多事，一件一件學不清。

族房誼，最親情，宗祖流傳血脉真。螟蛉莫把他姓子，恐非吾類亂彝倫。將花卉，來比人，千朵萬朵共一枝。須學蜀葵來衛足，莫學家鬼弄家人。

翁婿誼，最親情，莫愛富來莫嫌貧。一自登堂稱半子，百歲年老託終身。辨羊角，掀虎皮，切莫錯認是好的。以貌取人失子羽，笑殺人家賤眼皮。

甥與舅，家家有，父子衙門人知否？身雖異派氣脉聯，不過形分升與斗。升與斗，家家有，度量較來總如出一手。宅相須學魏舒賢，莫學無忌徒只面貌肖其舅。

鄰和舍，時相見，莫用明鎗並暗箭。凡遇鄰舍來相争，務要上前來苦勸。

來苦勸,爭定歇,不要只掃門前雪。誰能掛得無事牌,恐你也有爭時節。

做老板,宜溫雅,雖要能上又處下。務宜待人以腹心,切莫視之如犬馬。要謙虛,勿自滿,不可輕易把權假。能容得人能用人,怕不興家而置産?

夥計們,休舞弊,步步要踢實在地。人要留名虎留皮,不可不圖長久計。盡吾能,守吾義,無愧於心誰責備。竟是東家不用唔,唔亦何往而不利?

主與僕,蠅附驥,上好仁而下未有不好義。要知也是自家人,切莫兩下來疑忌。來疑忌,便不利,做起事來必倒運。莫說還能哄別儂,自家已是苦身乞。

僧與道,好好好,廟觀菴堂別儂造。一塑三寶一三清,一稱真人一長老。出家人,避煩惱。避煩惱,切莫胡行并亂走。倘若走出煩惱來,避煩惱又是尋煩惱。

勸世人,莫謀地,地豈可謀糊塗極。設是居心而不仁,縱得吉地亦不利。聽地師,串把戲,放他娘的騾子狗臭屁。不見四山幾多空,羅圍拋在那里來荒廢?

勸世人,休擇期,莫信星士仔細尋。破危成與收開閉,愈擇愈揀愈支離。用不將,避不宜,一個紙包去了肥。不如還是聽我勸,一行到底百事宜。

勸世人,休好訟,家私莫被狀師送。縱然官司打得贏,火燒烏龜肚裡痛。遇不平,心莫動,讓人一着最保穩。千萬主意拿得定,切莫聽人扮古董。

勸世人,莫挑唆,凡事勸人來和睦。不可氣頭來架火,不可局外起風波。起風波,唔有過,報應從來不差錯。不怕你有十分刁,天降災來那裡躲?

勸世人,須聽諫,莫聽師姑和尚把鬼扮。只要平日做好儂,真有地獄也不怕。做什麼齋,拜什麼懺,舞神扮鬼搭山架,大肚羅漢笑呵呵,哈哈只怕難了案。

勸世人,須看破,不是叫唔定要把家破。不過遇着一樣得力錢,隨數隨緣用幾個。用幾個,家未破,家未破時尚可過。何須千租萬苗付子孫,只願後代一個一個出好貨。

勸世人,莫釣魚,不要自家把病尋。縱然釣得三五個,積來不過一餐肥。熱氣逼,潮氣侵,兩樣損儂最雄的。唔儂不聽我儂勸,不打半功也要打寒脾。

勸世人,莫打獵,打獵事兒最造孽。放鎗、放砲、放鷹犬,趕鹿、趕兔、趕猴猿。拆儂家塝,踹儂家田,厝屋攪得顛倒顛。縱然打得物來,不過一餐飽,唔竟快活別儂嫌。

勸世人，莫好嫖，休貪野花百樣嬌。玷辱閨門損陰德，頭上天公先不饒。狐狸精，把人喫，反起臉來認不得。唔縱想他也枉然，可憐想起單思病。

勸世人，莫好賭，好賭之人必喫苦。那怕平日忠厚儂，賭起博來惡如虎。先剝衣，後脫褲，管唔輸得叫老孃。賊盜都由賭博生，犯法違條熬屁股。

勸世人，莫好嚼，麻酥糖貫喫加料。七零八碎花銅錢，時時刻刻把嘴噱。肚無盡，嘴無盡，一個平伙幾百幾。竟是唔勇賺得錢，也要天晴防落雨。

勸世人，莫好搖，搖搖擺擺沒下梢。士、農、工、商各一業，人人勤苦用心苗。用心苗，始富饒，不搖不擺不無聊。不見三十六行多少漢，一個一個有誰能逍遙？

勸世人，莫打棍，打棍怕將性命送。從來動手三分低，莫恃你的力氣壯。力氣壯，最上當，拳頭、腳尖一齊上。倘或失手打壞儂，看唔上當不上當。

勸世人，莫爲匪，莫道叉鷄、翦綹不要緊。不見六月鹹魚壞得浡，大盜每從小竊起。倘若被人來拿擒，私刑受了受官刑。勸唔一齊來改正，王法條條不順情。

勸世人，莫窩賊，窩賊不過想得便宜物。倘被賊匪咬一口，不妥不妥要破財。起賊贓，一大堆，白來白去難下臺。只怕班房自新所，也要唔去坐坐來。

勸世人，有萬千，世間事兒編不遍。只將一句要緊言，又把大家勸一勸。勸一勸，可聽見，千萬千萬不要喫鴉片。凡人喫了鴉片烟，心孔心腸都改變。不顧家，不養眷，三餐如同上飯店。不管家中忙不忙，一溜烟兒不見面。不見面，就是烟管裡沉癮來。癮來眼淚跌，只得挑過幾分烟，放在家中房裡面。被舖舖，枕貼貼，燈盞燈盤當中設。一根燈草半盞油，弄個紙煤把燈點。盒掀掀，籤捻捻，十個指頭九個轉。打起泡來荳湯圓，塞進斗門要趁熱。一面喫，一面捵，唏哩呼嚕嘲一歇。半日始喫一口烟，唔講造孽不造孽。真造孽，要捼邊，捼邊又要攢一歇。半年半日始喫完，快活快活到骨節。哈口茶，喫筒烟，拎起脚來又要沉。你要等他回家來，不到三更不見面。這還是顧體面，不好意思怕儂見。那知喫到後頭來，漸漸弄得不顧臉。不顧臉，非一件，日日偷物往外變。無所不至做出來，聽我一一從頭點。頭可厭，東踢西歪扯碎片；二可嫌，叫他做事先扯錢；三可痛，身上無衣情願凍；四可惱，一朝死盹不起早；五可笑，時時刻刻打急醮；六可恨，仝他走路光打混；七可怕，起心要把老婆嫁；八可哭，先賣床來後賣屋；九可羞，叉鷄、翦綹又做賊；十可恥，扯着朋友討烟屎。討烟屎,非無恥,怎奈無錢癮難止。到得怎樣不回頭,真是自家來尋死。來尋死,有誰憐,不如還是聽我言。聽我言來把你勸,不是嘲駁是良言。勸你戒,速速改邪來歸正;勸你改,日後容顏都光彩;勸你拋,吃烟傢伙當柴燒;勸你棄,收起心來尋活計;勸你忘,賺些銀錢孝爹娘;勸你變,變轉心腸顧家眷;勸你依,依得我言是好的;勸你歇,免得犯法套鉄鍊;勸你靈,你要心孔放聰明;勸你化,放下屠刀做羅漢。做羅漢,閉起眼睛想想看。昨日下午上街頭,有一外村吃烟漢。吃烟漢,苦難看,想是急來無處轉。顛儂家門,搥儂家鎖,偷被、偷雞、偷鉄鑽。偷鉄鑽,有儂趕,一身剝得打露卵。上街打得下街頭,幾根釘榫都打斷。傍邊儂,不忍見,一齊上前來解勸。一根棕索才解開,一個鱉蟲不見面。吃烟人,有萬千,這樣事兒亦罕見。不過借來作比做,故將列位來勸勸。

人非聖賢,誰能無咎?《書》不云乎"過勿憚改"。放下屠刀,打個箕斗。立地成佛,何難之有?

編勸女子歌

詩顛子,手捻扇,叫聲婦女們不要變,天變落雨地發潮,人一變時不妥貼。我本是箇老成人,那樣事兒不曾見? 心下百事如鏡明,編些土語將人勸。

做婆的,不要變,唔也不要囉哆聽我勸,媳婦本是接肩人,何苦與他來氣縡? 後生家,性氣劣,叫他弄飯偏打麵。眼裝瞎,耳裝聾,縱然要變也自歇。

做媳婦,不要變,唔要平心靜氣聽我勸,老孺本是年老人,囉哩囉哆得儂厭。罷罷罷,縡縡縡,讓他些兒省得縡。唔儂轉眼也做婆,留些美名後頭獻。

做姑的,不要變,唔不要多嘴多舌聽我勸,在家做個好姑娘,切莫尖俐討儂厭。出園菜,更要賢,來來往往有親眷。背後學,唔多事,姑不怕新郎來聽見。

做嫂的,不要變,唔也不要咕哩咕嘟聽我勸,大郎、小叔不要嫌,孝順公婆須體貼。替小叔,打個瓣,再教姑娘捻針線。從來做事要得情,切莫過後吧吧厭。

叔伯姥,不要變,一個一個仿過來聽我勸,和和氣氣做一家,愈合愈好愈親熱。唔駝個,我來接,切莫管閑往外沴。挑水弄喫下菜園,不要捱懶一齊歇。

出嫁姑,不要變,唔不要架起脚來聽我勸,輕言細語談家庭,莫像對頭來相見。既出嫁,更要賢,凡事總宜留一線。倘或氣惱來投儂,省得嫂做暗裏箭。

太老孺,不要變,唔老儂家慢慢仍過來聽我勸,孫媳又是一層儂,何苦與他來氣繨?呵呵哈哈過幾年,不要老來得儂嫌。過年、過節、過生日,唔跪我拜幾鬧熱。

做舅母,不要變,唔要賢慧聽我勸,姑夫、外甥進門來,也要做個假親熱。泡碗茶,煮碗麵,喫飯假叫喫點添。不但老孺、姑娘看見都喜歡,自家亦覺有門面。

親戚們,不要變,唔不要見怪聽我勸,做客不可做惡儂,切莫多嘴得儂厭。些微事,替遮掩,看見只裝不看見。縱然停得幾多日,何苦與儂結冤業?

本家儂,不要變,一齊過來聽我勸,媽竟媽來婆竟婆,切莫言語不中節。學冤家,似蜜甜,囉哩囉哆一大篇。倘或一言學錯了,後來當個搖口楔。

鄰舍家,不要變,一堆一堆仍過來聽我勸,無非隔壁共屋儂,朝朝暮暮來相見。或借米,或借錢,些微小事行方便。倘或一日搬起開,也讓大家來念念。

主人婆,不要變,唔竟啣枝烟筒過來聽我勸,唔縱財主也要賢,切莫抖下猪肚面。須仁慈,莫勢焰,前世不修做婢妾。唔今苦苦嘈蹋儂,恐怕兒孫來造孽。

做正的,不要變,唔要歇下冤家聽我勸,丈夫討小莫奈何,無非想把宗枝接。東歇歇,西歇歇,何須一搥一搥來打鉄?倘或生個倨下來,也是丈夫親骨血。

做飯婆,不要變,唔要解下圍裙聽我勸,貧窮無奈幫儂家,那個忍心肯情願?句把話,不要嫌,積些銀錢腰裡面。倘或一日轉回家,省得一身穿破片。

做乳娘,不要變,唔好好仍駝倨過來聽我勸,將高就低幫儂家,爭張爭李得儂厭。動得事,也上前,東家自然看得見。留條門路在後頭,緩急亦可來相借。

大丫頭,不要變,唔也不要膽大聽我勸。橫搬大,直搬長,縱然做事看得見。嫁老公,在眼前,針線也要學捻捻。倘或嫁到窮儂家,免得腳穿破鞋褶。

小丫頭,不要變,唔不要趫起手來聽我勸,大膽不可偷銅錢,小心莫把物來跌。嘴莫嘹,肩要練,練得個肩頭硬似鉄。倘或嫁着窮老公,好到半路把米接。

大師姑，不要變，唔要放下木魚聽我勸，不管出家與在家，都是搬搬來接接。典塊坦，種坵田，也要把起小家園。莫說師姑獨打獨，弄個徒弟也親熱。

小師姑，不要變，唔也不要拜揖聽我勸，穿紅着綠你無緣，命中帶個孤鸞孽。拜乾娘，做親眷，一年四季也行節。千萬起早去化緣，省得路上討儂厭。

少寡婦，可憐見，唔要耐苦耐守聽我勸，唔儂都是清靈儂，不是那樣糊塗鱉。做衣裳，青布褶，制句不妨馬含鉄，雪白睡衣闊邊裙。哄哄哄，只怕不妥貼。

老孀君，真守節，名上志書最體面，只是不要瞎用錢，切莫被那師姑騙。師姑嘴，第一甜，說得儂家路路轉。何須燒香拜老爺，擔來顧顧窮親眷。

婦女們，編不遍，只好又來一總勸。百歲總是婦人身，頭一莫到菴堂沉。好菴堂，本清潔，不好菴堂怕騷賤。倘若沉出聲名來，弄得自家不體面。家要停，心莫變，不可與人來氣縴。張好李圓儂喜歡，爭爭吵吵得儂厭。凡百事，忍爲先，罵我只裝不聽見。不怕肚皮氣通天，切莫輕身尋短見。尋短見，不忍言，說起命案最可憐。好屍親還容易了，不好屍親費週折。充本家，充親眷，男男女女都來縴。不講轎有十幾乘，到門還要下跪接。做對頭，講勢燄，了頭伴當齊放面。劈頭要打毪殺婆，跳脚舞手不肯歇。拳頭搥，巴掌揭，拍凳、拍棹、拆門扇。駭得鄰舍躱起開，苦得親朋來相勸。斷材裡，爭轎錢，厚暖定要十斤綿。上九下七十合板，七七之內誦經偈。有家私，尚可縴，些微家私去一截。只求不得打官私，還是託天來眷念，這還是有情面。更有一等難了結，不怕馱轎接不來，定要到官把冤雪。請主文，把筆捻，先做狀來後稟帖。從來無謊不成詞，污裡拌糟把你巉。告得大，必目連；告得小，必逆天。無中生有一大篇。弄得苦主大歡喜，立刻動身趕到縣。送門包，求冤雪，縣官升堂把狀接。刑房忤作值日頭，一齊跟官來相驗。搭屍廠，擺舖設，指日高陞當頭黏。這個罵來那個嘛，忙得保長連沉沉。屍廠上，氣息射，衙門個個把鼻捻。身放地底面朝天，眼睛、鼻孔都流血。既伸冤，對頭結，兩造都難顧臉面。赤身露體剥衣裳，上下不留一塊片。報傷痕，高聲念，無故無故要叫遍。父母生唔千金體，何苦自家來輕賤？馱皮材，封條黏，過了銅尺難轉刼。縣官回衙把票簽，一點銀硃一點血。四班頭，最勢燄，喜喜歡歡將票接。帶了副役進門來，放下牛頭馬叉面。若有錢，腰裡擎；若無錢，套鉄鍊。拖拖扯扯到衙門，猶如進了東嶽殿。口供好，尚可撤，口供不好嘴巴揭。若是不用買命錢，可憐打得嘴出血。押班房，地底歇，個個難唔要喫麵。挑水、燈油、草毡錢,一棕一件硬如鉄。用銅錢,打八折,喫點葷腥怕儂見。粥飯一日不送來,竟要餓得肚瘎瘰。罪名輕,容易結,一頓板子就過撇。若是罪重要進牢,不但解府併解院。累親房,併鄰舍,解費一齊要出血。一家人命十家窮,不但兩造來埋怨,叩算一命抵一命,抵了一命亦枉然。請唔大家想想看,死得值錢不值錢。要值錢,省得做鬼還要得儂嫌。大家須聽詩顛勸,收成結果一個一個仍好團圓。

　　婦女賢愚,兩樣都有;古語良言,各要遵守。烏狸變雞,愈變愈精;黃猎變狗;愈變愈醜。務宜變雞,切莫變狗。賢愚聲名,千古不朽。

——[清]程煦:《勸世詞》,清光緒二十七年毓蘭書屋刻本

引用和參考文獻

一、地方志

C

《橙陽散志》,十二卷,[清]江登雲纂,清乾隆四十年刻本。

F

《豐南志》,十卷,[民國]吳吉祜纂,安徽省圖書館據稿本傳抄本。

H

《徽州府休寧縣都圖鄉村詳記》,佚名,清抄本,複印本藏南開大學歷史學院卞利處。

《徽州府志》,二十二卷,[明]何東序修、汪尚寧等纂,明嘉靖四十五年刻本。

《徽州府志》,十八卷,[清]丁廷楗、盧詢修,趙吉士纂,清康熙三十八年萬青閣刻本。

《徽州府志》,十二卷,[明]彭澤修、汪舜民纂,明弘治十五年刻本。

《徽州府志》,十六卷、首一卷,[清]馬步蟾纂修,清道光七年刻本。

J

《績溪縣志》,十二卷,[明]陳嘉策修、何棠等纂,明萬曆九年刻本。

《績溪縣志》,十二卷,[清]清愷修、席存泰纂,清嘉慶十五年刻本。

《績溪縣志》,十卷,[清]較陳錫修、章瑞鐘纂,清乾隆二十一年刻本。

Q

《祁門縣志》,八卷,[清]姚啟元修、張瑗等纂,清康熙二十二年刻本。

《祁門縣志》,三十六卷、首一卷,[清]王讓修、桂超萬纂,清道光七年刻本。

《祁門縣志》,三十六卷、首一卷,[清]周溶修、汪韻珊纂,清同治十二年刻本。

《祁門縣志》,四卷,[明]余士奇修、謝存仁纂,明萬曆十八年刻本。

《祁邑都圖》,不分卷,佚名,清抄本,複印本藏南開大學歷史學院卞利處。

S

《沙溪集略》,八卷,[清]凌應秋撰,安徽省圖書館傳抄本。

《善和鄉志》,八卷,[清]程文瀚纂,清光緒七年抄本。

《歙縣志》,十六卷,[民國]石國柱、樓文釗修,許承堯纂,民國二十六年鉛印本。

《歙志》,三十卷,[明]張濤修、謝陛纂,明萬曆三十七年刻本。

T

《潭濱雜志》,二卷,[清]黃克呂撰,清光緒二年木活字本。

W

《婺源縣志》,六卷,[明]馮炫纂修,明嘉靖十九年刻本。

《婺源縣志》,六十卷、首一卷,[清]吳鶚修、汪正元纂,清光緒九年刻本。

《婺源縣志》,七十卷、末一卷,[民國]葛韻芬等修、江峰青纂,民國十四年刻本。

《婺源縣志》,十二卷,[清]蔣燦纂修,清康熙三十三年刻本。

《婺源鄉土志》,七章,[清]董鍾琪、汪廷璋編,清光緒三十四年木活字本。

X

《新安婺源程氏鄉局記》,不分卷,紀事截至雍正年間,[清]程曷纂,清抄本,藏安徽省圖書館。

《新安志》,十卷、附錄一卷,[宋]羅願撰,宋淳熙二年纂,清光緒十四年刻本。

《休寧縣志》，八卷、首一卷，［明］李喬岱纂修，明萬曆三十五年刻本。

《休寧縣志》，八卷、首一卷，［清］廖騰煃修、汪晋徵纂，清康熙三十二年刻本。

《休寧縣志》，二十四卷、圖一卷，［清］何應松修、方崇鼎纂，清道光三年刻本。

Y

《巖鎮志草》，四卷，［清］佘華瑞纂，清雍正十二年纂，清乾隆刻本，安徽省圖書館傳抄本。

《黟縣三志》，十六卷、首一卷、末一卷，［清］謝永泰修、程鴻詔等纂，清同治十年刻本。

《黟縣四志》，十六卷、首一卷、末一卷，［民國］吳克俊、許復修，程壽保、舒斯笏纂，民國十二年黟縣藜照堂刻本。

《黟縣鄉土地理》，不分卷，［民國］胡存慶纂，民國十四年鉛印本。

《黟縣志》，八卷，［清］竇士範纂修，清順治十二年刻本。

《黟縣志》，十六卷、首一卷，［清］吳甸華修，程汝翼、俞正燮纂，清嘉慶十七年刻本。

二、譜牒

C

《蔡氏族譜》（歙縣），不分卷，［清］蔡日融原輯、蔡佛賜補輯，清順治十六年刻、嘉慶二十二年補輯抄本，藏上海圖書館。

《曹氏宗譜》（績溪縣），十二卷，［民國］曹成瑾等修，民國十六年旺川敦叙堂木活字本，藏安徽省圖書館。

《昌溪太湖吳氏宗譜》（歙縣），九卷，［清］吳如彬等纂修，清乾隆三十年刻本，藏上海圖書館。

《程典》（休寧縣），三十七卷，［明］程一枝纂修，明萬曆二十七年刻本，藏安徽省圖書館。

《重編棠樾鮑氏三族宗譜》（歙縣），二百卷、首一卷，[清]鮑光純等纂修，清乾隆二十五年一本堂刻本，藏上海圖書館。

《重修古歙東門許氏宗譜》（歙縣），十卷、首一卷，[清]許登瀛等纂修，清乾隆六年刻本，藏中國國家圖書館。

《重修休邑城北周氏宗譜》（休寧縣），十二卷，[明]周思松等纂修，明萬曆二十四年刻本，複印本藏安徽大學徽學研究中心資料室。

《翠園胡氏宗譜》（祁門縣），二卷，[明]胡一俊、胡夢鯉等纂修，明萬曆二十九年刻本，藏中國國家圖書館。

D

《大阜潘氏支譜》（江蘇蘇州府），正編四十卷、附編十卷、首一卷，[民國]潘家元等纂修，民國十六年松鱗莊鈐印本，藏中國國家圖書館。

《大谷程氏宗譜》（績溪縣），四卷，[清]程常憲主修，清光緒三年叙倫堂刻本，藏上海圖書館。

《璜溪[金氏]家譜補戚篇》（休寧縣），六卷，[明]金應宿纂修，明萬曆十四年刻本，藏上海圖書館。

《德卿公匣規條》（歙縣），清抄本，藏安徽大學文學院程自信教授處。

F

《府前方氏宗譜》（歙縣），二十卷、首一卷，[民國]方爲國纂修，民國二十年敦本堂木活字本，藏河北大學圖書館。

《富溪程氏祖訓家規封丘淵源合編》（休寧縣），不分卷，[清]程顯謨纂修，清宣統三年抄本，藏上海圖書館。

G

《古林黃氏重修族譜》（休寧縣），四卷，[明]黃文明纂修，明崇禎十六年刻本，藏中國國家圖書館。

《古歙城東許氏世譜》（歙縣），八卷，[明]許光勳纂修，明崇禎八年刻本，藏中國國家圖書館。

《古歙謝氏統宗志》（歙縣），八卷，[明]謝廷諒等纂修，明萬曆三十二年刻本,藏上海圖書館。

《古歙義成朱氏宗譜》(歙縣),十卷、首一卷、末一卷,[清]汪掬如等纂修,清宣統二年存仁堂活字本,複印本藏安徽大學徽學研究中心資料室。

《古黟環山余氏宗譜》(黟縣),二十二卷、首一卷、末一卷,[民國]余攀榮等纂修,民國六年木活字本,藏上海圖書館。

《古築孫氏家譜》(黟縣),四卷,[清]孫家暉纂修,清嘉慶十七年刻本,藏上海圖書館。

H

《韓楚二溪汪氏家乘》(祁門縣),十卷、首一卷,[清]汪衍桱等主修、汪發宰纂修,清宣統二年木活字本,藏中國國家圖書館。

《河間凌氏宗譜》(祁門縣),十六卷、首一卷、末一卷,[民國]凌雨晴、凌克讓纂修,民國十年刻本,藏安徽大學徽學研究中心特藏室。

《鶴山李氏宗譜》(黟縣),二卷、首一卷、末一卷,[民國]李世祿等纂修,民國六年木活字本,藏上海圖書館。

《橫岡胡氏支譜》(黟縣),二卷,[清]胡璟等纂修,清康熙四十三年刻本,藏中國歷史研究院圖書館。

《華陽邵氏統宗譜》(績溪縣),十八卷、首一卷,[清]邵蘭等纂修,清乾隆二十八年叙倫堂等刻本,藏上海圖書館。

《華陽邵氏宗譜》(績溪縣),十八卷、首一卷,[清]邵玉琳、邵彥彬等纂修,清宣統二年木活字本,藏上海圖書館。

《華陽舒氏統宗譜》(績溪縣),十九卷、首一卷,[清]舒安仁等纂修,清同治九年叙倫堂木活字本,藏上海圖書館。

《環溪吳氏家譜》(婺源縣),四卷,[清]吳光昭等纂修,清光緒三十年寶誥堂木活字本,藏中國國家圖書館。

《璜上程氏宗譜》(績溪縣),十五卷、首一卷、末一卷,[清]程步雲等纂修,清宣統三年承啟堂木活字本,藏上海圖書館。

《璜源吳氏族譜》(休寧縣),八卷、首一卷,[明]吳燁、吳應期纂修,明萬曆七年吳氏保和堂刻本、萬曆三十七年增修,藏中國國家圖書館。

《璜源吳氏族譜》(休寧縣),十卷、首一卷,[清]吳銓纂修,清康熙六十年刻本,藏上海圖書館。

J

《濟溪游氏宗譜》（婺源縣），二十八卷、首一卷，[清]游永等纂修，清乾隆三十三年叙倫堂木活字本，藏上海圖書館。

《濟陽江氏統宗譜》（全國），八十卷、首一卷，[民國]江峰青等纂修，民國八年木活字本，藏河北大學圖書館。

《績溪城南方氏宗譜》（績溪縣），二十四卷、首一卷、附城南方氏祠譜四卷，[民國]方樹等纂修，民國八年思誠堂木活字本，藏中國國家圖書館。

《績溪東關馮氏家譜》（績溪縣），八卷、首三卷、末三卷，[清]馮景坡、馮景坊纂修，清光緒二十九年木活字本，藏中國國家圖書館。

《績溪積慶坊葛氏重修族譜》（績溪縣），八卷、首一卷、末一卷，[明]葛文簡等纂修，明嘉靖四十四年刻本，藏上海圖書館。

《績溪霞間高垂裕堂支譜》（績溪縣），四卷，[民國]高耀鏡纂修，民國二十三年石印本，藏河北大學圖書館。

《績溪縣南關許余氏惇叙堂宗譜》（績溪縣），十卷，[清]許文源等纂修，清光緒十五年木活字本，藏安徽省圖書館。

《甲道張氏宗譜》（婺源縣），六十卷，[清]張翼先等纂修，清道光十九年木活字本，藏中國國家圖書館。

《甲道張氏宗譜》（婺源縣），六十四卷，[清]張琴等修，清光緒二十五年木刻本，藏北京大學圖書館。

《甲道張氏宗譜》（婺源縣），四十二卷、續編二卷，[清]張圖南、張元澧纂修，清乾隆四十七年刻本，藏河北大學圖書館。

《澗洲許氏宗譜》（績溪縣），十卷，[民國]許汪生等纂修，民國三年追遠堂木活字本，藏上海圖書館。

《江村洪氏家譜》（休寧縣），十四卷，[清]洪昌纂修，清雍正八年刻本，藏中國國家圖書館。

《金山洪氏宗譜》（歙縣），四卷，[清]洪承科、洪必華修，鮑杏林纂，清同治十二年致祥堂刻本，藏山西家譜資料中心。

《錦谷程氏宗譜》（績溪縣），四卷，[清]程希賢主修、程漸魁纂修，清光緒三十年惇庸堂木活字本，藏上海圖書館。

《錦營鄭氏宗譜》（祁門縣），八卷、首一卷、末一卷，[清]鄭道選修、鄭士滿纂,清道光元年敦倫堂木活字本,藏上海圖書館。

《京兆金氏宗譜》(祁門縣),六卷,[民國]金啟富、金啟遜纂修,民國十年刻本,藏安徽大學徽學研究中心特藏室。

《荆川明經胡氏五義堂宗譜》(績溪縣),十六卷、首一卷、末一卷,[清]胡學先、胡森順等纂修,清光緒十年五義堂木活字本,藏天津圖書館。

L

《梁安城西周氏宗譜》(績溪縣),二十卷、首一卷、末一卷、附勘誤記一卷,[清]周之屏等纂修,清光緒三十一年敬愛堂木活字本,藏上海圖書館。

《梁安高氏宗譜》(績溪縣),十二卷,[清]高富浩等纂修,清光緒三年木活字本,藏中國國家圖書館。

《臨溪吳氏族譜》(休寧縣),十四卷、附宗約一卷,[明]吳元孝纂修,明崇禎十四年刻本,藏中國國家圖書館。

《龍池王氏宗譜》(婺源縣),十三卷、首一卷、末一卷,[清]王全芝等纂修,清道光二十六年木活字本,藏上海圖書館。

《龍川胡氏支譜》(績溪縣),四卷、首一卷,[民國]胡緝熙、胡兆成等纂修,民國十三年木活字本,藏中國國家圖書館。

《龍溪俞氏家譜》(婺源縣),十六卷、首一卷、末一卷,[清]俞大澋等纂修,清乾隆四十七年木活字本,藏上海圖書館。

《羅氏宗譜》(歙縣),十卷,[明]羅汝聲纂修,明正德二年刻本,藏上海圖書館。

M

《明經胡氏龍井派宗譜》(績溪縣),十二卷,[清]胡寶鐸、[民國]胡宣鐸纂修,民國十年刻本,藏安徽省績溪縣宅坦村博物館。

《茗洲吳氏家典》(休寧縣),八卷,[清]吳翟纂修,清雍正十一年紫陽書院刻本,藏安徽省博物院。

P

《盤川王氏宗譜》(績溪縣),六卷、首三卷、末二卷,[民國]王德藩等纂修,民國十年五教堂木活字本,藏中國國家圖書館。

《平陽汪氏宗譜》(祁門縣),八卷,[清]汪大樽等纂修,清同治七年木活字本,藏安徽大學徽學研究中心特藏室。

《平陽汪氏宗譜》(祁門縣),八卷、首一卷,[民國]汪錦波纂修,民國十八年裕元堂刻本,藏安徽大學徽學研究中心資料室。

《屏山舒氏宗譜》(黟縣),三卷,[清]舒道觀纂修,清道光二十七年五之堂木活字本,藏上海圖書館。

《屏山朱氏宗譜》(黟縣),八卷,[民國]朱懋麟等纂修,民國九年木活字本,藏河北大學圖書館。

Q

《祁門胡氏族譜》(祁門縣),不分卷,[清]胡廷琛纂修,清光緒十四年木活字本,藏上海圖書館。

《祁門清溪鄭氏家乘》(祁門縣),四卷,[明]鄭之珍、鄭之錫等纂修,明萬曆十一年刻本,藏上海圖書館。

《祁門善和程氏譜》(祁門縣),十四卷、程氏寵光録一卷、程氏足徵録四卷,[明]程昌纂修,明嘉靖二十年家刻本,藏中國國家圖書館。

《祁門善和程氏仁山門支修宗譜》(祁門縣),四十一卷、首一卷、附録一卷,[清]程際隆纂修,清光緒三十三年太邑汪錦堂木活字本,藏安徽省圖書館。

《潛川汪氏惇本祠溯源家譜》(歙縣),八卷,[清]汪士鋐纂修,清康熙三十三年刻本,藏上海圖書館。

《清華東園胡氏勳賢總譜》(婺源縣),三十卷,[民國]胡上林等纂修,民國五年木活字本,藏上海圖書館。

《清華胡仁德堂續修世譜》(婺源縣),二十七卷、首一卷、末一卷,[民國]胡啟謽等纂修,民國六年仁德堂木活字本,藏上海圖書館。

《清華胡氏文敏公宗譜》(婺源縣),十卷、首一卷、末一卷,[清]胡元熠等纂修,清嘉慶二十三年木活字本,藏上海圖書館。

《泉塘葛氏宗譜》(績溪縣),十六卷、首一卷、末一卷,[清]葛光漢纂修,清宣統三年木活字本,藏山西家譜資料中心。

R

《仁里程敬愛堂世守譜》(績溪縣),四卷、首一卷、末一卷,[清]程紹邰等主修,清道光九年敬愛堂刻本,藏上海圖書館。

S

《三田李氏統宗譜》(徽州府),不分卷,[明]李暉、李春融纂修,明天啟元年①刻本,藏中國歷史研究院圖書館。

《沙堤葉氏家譜》(祁門縣),十三卷,[明]葉盛春主修,明萬曆七年刻本,藏上海圖書館。

《沙南方氏宗譜》(歙縣),五卷,[明]劉曰謙等纂修,明萬曆三十四年木活字本,藏中國國家圖書館。

《善和程氏仁山門支譜》(祁門縣),不分卷,[清]程衡等纂修,清康熙二十一年刻本,藏中國國家圖書館。

《商山吳氏宗法規條》(休寧縣),不分卷,[明]吳世祿、吳應試等輯,明萬曆抄本,藏中國國家圖書館。

《上川明經胡氏宗譜》(績溪縣),三卷、首一卷、末一卷,[民國]胡祥木等纂修,清宣統三年木活字本,藏上海圖書館。

《歙淳方氏柳山真應廟會宗統譜》(歙縣、淳安縣),二十卷,[清]方善祖等纂修,清乾隆十八年刻本,藏黃山學院圖書館。

《歙南武擔姚氏漁梁上門支譜》(歙縣),三卷、首一卷、末一卷,[民國]姚邦燮纂修,民國二十年永澤堂木活字本,藏河北大學圖書館。

《歙西堨田汪氏家譜》(歙縣),四卷、首一卷,[清]汪邦忠等纂修,清光緒七年刻本,藏中國歷史研究院圖書館。

《歙西金山宋村宋氏族譜》(歙縣),十二卷,[清]宋德澤纂修,清康熙五十九年秉德堂刻本,藏河北大學圖書館。

《歙西王充東源洪氏宗譜》(歙縣),十卷,[清]洪定渭纂修,清乾隆二十

---

① 《中國家譜總目》和《中國善本書目》均將該譜著錄爲"明萬曆四十二年刻本"。但據查該譜內容,其中尚有萬曆四十六年序文,而時間最晚之《蘭埜李氏分派總序》更落款爲"皇明萬曆庚申夏季之吉",萬曆庚申年實爲天啟元年。據此,編者將該譜定爲天啟元年刻本。

一年刻本，藏中國歷史研究院圖書館。

《歙西巖鎮百忍程氏本宗信譜》（歙縣），十二卷、首一卷、附程氏宗譜會訂一卷，［明］程弘賓等編纂，明萬曆十八年刻本，藏中國國家圖書館。

《歙縣桂溪項氏族譜》（歙縣），二十四卷、首一卷、末一卷，［清］項啟鍆等纂修，清嘉慶十六年木活字本，藏安徽省圖書館。

《歙新館鮑氏著存堂宗譜》（歙縣），十六卷，［清］鮑存良等纂修，清光緒元年著存堂木活字本，藏上海圖書館。

《率口程氏續編本宗譜》（休寧縣），六卷，［明］程時用、程文傑等纂修，明隆慶五年刻本，藏中國國家圖書館。

《雙杉王氏宗譜》（婺源縣），二十卷，［清］王啟魁纂修，清光緒十九年孝睦堂木活字本，藏上海圖書館。

T

《潭渡孝里黃氏族譜》（歙縣），十卷、首一卷、末一卷，［明］黃玄豹重編，［清］黃景管參補、黃臣槐等校補，清雍正九年校補刻本，藏安徽省圖書館。

《棠樾鮑氏宣忠堂支譜》（歙縣），二十二卷、首一卷、末一卷，［清］鮑琮纂修，清嘉慶十年刻本，藏安徽省圖書館。

《桃源洪氏宗譜》（祁門縣），六卷，［清］洪釗纂修，清光緒二十六年惇睦堂木活字本，藏上海圖書館。

《藤溪陳氏宗譜》（休寧縣），七卷，［清］陳豐纂修，清康熙十二年刻本，藏安徽省黃山市消防隊李俊處。

《托山程氏族譜》（歙縣），五卷，［明］程沔纂修，明萬曆元年刻本，藏上海圖書館。

W

《灣里裴氏宗譜》（黟縣），六卷、首一卷，［清］裴元榮等纂修，清咸豐五年敦本堂木活字本，藏上海圖書館。

《汪氏湖山墓祠紀》（婺源縣），一卷，［清］汪松泰等纂修，清道光二十七年刻本，藏上海圖書館。

《汪氏十六族譜》（歙縣），十卷，［明］汪道昆等纂修，明萬曆二十年刻本，藏上海圖書館。

《王源謝氏孟宗譜》(祁門縣),十卷、考辯一卷、附錄一卷,[明]謝顯纂修,明嘉靖十六年刻本,藏中國國家圖書館。

《吳氏正宗譜》(休寧縣),不分卷,[清]吳允榕纂修,清乾隆十二年刻本,藏天津師範大學圖書館。

《吳越錢氏七修流光宗譜》(歙縣),六卷、首一卷,[民國]錢文德等主修,民國三年木活字本,藏上海圖書館。

《武溪陳氏宗譜》(祁門縣),四卷,[清]胡廷瑞纂修,清同治十二年敦厚堂刻本,複印本藏安徽大學徽學研究中心資料室。

《婺南雲川王氏世譜》(婺源縣),八卷,[清]王居穆、王作霖纂修,清康熙四十五年刻本,藏中國歷史研究院圖書館。

《婺南雲川王氏世譜》(婺源縣),四卷,[清]王魁昇等纂修,清乾隆二十一年刻本,藏上海圖書館。

《婺源桃溪潘氏宗譜》(婺源縣),二十一卷,[明]潘文儁等纂修,明崇禎九年刻本,藏中國國家圖書館。

《婺源沱川余氏族譜》(婺源縣),[明]余懋學著、[清]余光詔輯,清康熙抄本,藏美國哈佛大學哈佛燕京圖書館。

《婺源查氏族譜》(婺源縣),八卷、首二卷、末十二卷,[清]查蔭元等纂修,清光緒十八年鳳山孝義祠木活字本,藏中國歷史研究院圖書館。

X

《西門汪氏族譜》(休寧縣),十一卷、附錄一卷,[明]汪尚和纂修,明嘉靖六年刻本,藏中國國家圖書館。

《溪南江氏族譜》(歙縣),不分卷,[明]江珍纂修,明抄本,藏南京圖書館。

《仙石周氏宗譜》(績溪縣),二卷,[清]周善鼎等纂修,清宣統三年善述堂木活字本,藏上海圖書館。

《蕭江復七公房支譜》(婺源縣),六卷、首一卷,[清]江如松等纂修,清乾隆三十七年木活字本,藏美國猶他州家譜學會。

《蕭江家乘》(婺源縣),十二卷,[清]江賡纂修,清道光三十年敦倫堂刻本,藏上海圖書館。

《蕭江全譜》(婺源縣),五卷、附錄五卷,[明]江旭奇等纂修,明萬曆三十九年刻本,藏上海圖書館。

《新安畢氏族譜》(徽州府),十七卷、首一卷、附錄一卷,[明]畢濟川主修,明正德四年刻本,藏中國國家圖書館。

《新安程氏世譜》(休寧縣遷無爲),三十六卷、徵文錄十卷、首一卷,[清]程佐衡纂修,清光緒十八年無爲縣嘉會堂目耕樓木活字本,藏上海圖書館。

《新安程氏統宗世譜》(徽州府),二十卷、譜辨一卷、附錄二卷,[明]程敏政纂修,明成化十八年刻本,藏中國國家圖書館。

《新安程氏諸譜會通》(徽州府),十四卷,[明]程孟纂修,明景泰二年刻本、五年增刻本,藏中國國家圖書館。

《新安大程村程氏支譜》(歙縣),二卷,[清]程豫等纂修,清乾隆五年受祉堂刻本,藏上海圖書館。

《新安洪氏統宗譜》(徽州府),不分卷,[明]洪烈纂修,明嘉靖四十四年刻本,藏中國國家圖書館。

《新安瑯琊王氏宗譜》(徽州府),八卷、首一卷、末一卷,[清]王大鵠纂修,清道光二十九年刻本,藏山西家譜資料中心。

《新安嶺南張氏會通宗譜》(休寧縣),不分卷,[明]張復始等纂修,明嘉靖十二年刻本,藏日本東京大學東洋文化研究所。

《新安吕氏宗譜》(徽州府),六卷、附一卷,[明]吕繼華等纂編,民國二十四年重印明萬曆五年德本堂木活字本,複印本藏安徽大學徽學研究中心資料室。

《新安汪氏重修八公譜》(休寧縣),八卷,[明]汪尚琳纂修,明嘉靖十四年刻本,藏日本東京大學東洋文化研究所。

《新安汪氏宗祠通譜》(歙縣),四卷、首一卷、末一卷,[清]汪之遴等纂修,清道光二十年刻本,藏中國國家圖書館。

《新安休寧古城程氏宗譜》(休寧縣),十一卷、引證一卷、會訂一卷,[明]程惟時等纂修,明隆慶四年刻本,藏上海圖書館。

《新安休寧文昌金氏世譜》(休寧縣),十卷、附錄一卷,[明]程天保等纂修,明正德十年家刻本,藏中國國家圖書館。

《新安徐氏墓祠規》(歙縣、休寧縣),不分卷,[清]徐裎纂輯,清乾隆九年刻本,藏南京大學圖書館。

《新安徐氏宗譜》(歙縣),十八卷,[清]徐景京、徐璟慶、徐裎纂修,清乾隆三年刻本，藏河北大學圖書館。

《新安朱氏宗祠記》（休寧縣），不分卷，清光緒抄本，藏安徽大學徽學研究中心特藏室。

《新安左田黃氏正宗譜》（祁門縣），二十卷、文獻十九卷，［明］黃瑜纂修，明嘉靖三十七年刻本，藏中國國家圖書館。

《新州葉氏家譜》（歙縣），不分卷，［清］葉為銘輯，清光緒三十三年抄本，藏上海圖書館。

《星江嚴田李氏九修宗譜》（婺源縣），十六卷、首一卷，［清］李鴻瑞、李元瑞纂修，清光緒七年木活字本，藏河北大學圖書館。

《星源銀川鄭氏宗譜》（婺源縣），六卷、首一卷、末一卷，［清］鄭永彬、鄭起煒等纂修，清乾隆四十年木活字本，藏上海圖書館。

《休寧曹氏統宗譜》（休寧縣），十五卷，［明］曹誥、曹嗣軒等纂修，明萬曆四十一年刻本，藏中國國家圖書館。

《休寧戴氏族譜》（休寧縣），十五卷，［明］戴堯天重編，明崇禎五年刻本，藏上海圖書館。

《休寧范氏族譜》（休寧縣），九卷，［明］范淶纂修，明萬曆三十三年補刻本，藏安徽省圖書館。

《休寧古林黃氏重修族譜》（休寧縣），十二卷、首二卷、末一卷，［清］黃治安、盧鵬纂修，清乾隆三十一年刻本，藏安徽省圖書館。

《休寧茗洲吳氏家記》（休寧縣），十二卷，［明］吳子玉編修，明萬曆十九年寫本，藏日本東京大學東洋文化研究所。

《休寧陪郭葉氏世譜》（休寧縣），四卷、首一卷、附錄三卷，［明］葉志道纂修，明弘治十一年刻本，藏中國國家圖書館。

《休寧西岸汪氏族譜》（休寧縣），不分卷，佚名，清同治抄本，藏上海圖書館。

《休寧縣市吳氏本宗譜》（休寧縣），十卷，［明］吳銀、吳津等纂修，明嘉靖七年家刻本，藏中國國家圖書館。

《休寧宣仁王氏譜》（休寧縣），十二卷，［明］王宗本纂修，明萬曆三十八年家刻本，藏中國國家圖書館。

《休寧葉氏族譜》（休寧縣），十卷，［明］葉文山等纂修，明崇禎四年刻本，藏上海圖書館。

Y

《黟北盧氏族譜》（黟縣），不分卷，[明]盧乾等纂修，清抄本，藏上海圖書館。

《黟縣南屏葉氏族譜》（黟縣），八卷，[清]葉有廣等纂修，清嘉慶十七年木活字本，藏安徽省圖書館。

《余川越國汪氏族譜》（績溪縣），二十卷、首一卷、末一卷，[民國]胡祥木纂修，民國五年木活字本，藏上海圖書館。

《余氏宗祠約》（婺源縣），不分卷，[明]余懋衡撰，明天啟刻本，影本藏江西師範大學歷史文化與旅遊學院廖華生博士處。

《魚川耿氏宗譜》（績溪縣），八卷、首一卷、末一卷，[民國]耿全總理、耿介撰修，民國八年木活字本，藏上海圖書館。

《腴川程氏宗譜》（婺源縣），三十二卷，[清]程元瑞等纂修，清同治七年尚義堂刻本，藏安徽大學徽學研究中心特藏室。

Z

《澤富王氏宗譜》（歙縣），八卷，[明]王仁輔等修，明隆慶六年刻本，藏安徽省博物院。

《張氏統宗世譜》（徽州府），本源紀一卷、內紀十八卷、文獻十一卷、目錄二卷，[明]張士鎬、張大鵬等纂修，明嘉靖十四年刻本，藏中國國家圖書館。

《中井河東馮氏宗譜》（祁門縣），總卷數不詳，存卷一至三，[清]馮光岱纂修，清嘉慶九年和義堂木活字本，藏上海圖書館。

《周氏重修族譜正宗》（績溪縣），十五卷，[清]周思武、周思宣、周齊賢等纂修，清康熙五十五年刻本，複印本藏安徽大學徽學研究中心資料室。

《竹溪陳氏墓祀錄》（祁門縣），四卷，[明]陳光纂修，明嘉靖十三年刻本，藏中國國家圖書館。

《左臺吳氏大宗譜》，三編，[民國]吳吉華纂修，民國二十三年中華書局排印本，藏中國國家圖書館。

三、原始文書簿籍(冊)暨文書、文獻彙編

C

《崇禎十年至康熙四十九年祝聖會簿》(休寧縣),抄本,藏南京大學歷史學院資料室,編號000055。

《叢桂堂置産簿》(徽州某縣),清抄本,藏南京大學歷史學院資料室,編號000131。

D

《寶山公家議》(祁門縣),七卷、首一卷、附録一卷,[明]程昌撰、[清]程宗武續,清順治刊本,藏安徽省圖書館。

《寶山公家議》(祁門縣),七卷、首一卷、附録一卷,[明]程昌纂修,明萬曆三年刻本,藏中國國家圖書館。

E

《二十八都二啚十甲册里議約抄白》,[清]佚名,清抄本,藏南開大學歷史學院卞利處。

H

《環溪王履和堂養山會簿》(祁門縣),不分卷,清嘉慶刊本,藏安徽省圖書館。

《黄賓虹文集》,上海書畫出版社、浙江省博物館編,上海書畫出版社,1999年。

《徽州會社綜録》,上、下册,[清]佚名,清抄本,藏中國歷史研究院圖書館。

《徽州民間珍稀文獻集成》,三十册,王振忠主編,復旦大學出版社,2018年。

《徽州千年契約文書》(宋·元·明編、清·民國編),王鈺欣、周紹泉主

編,花山文藝出版社,1993年。

《徽州文書》,第三輯,劉伯山主編,廣西師範大學出版社,2009年。

《徽州文書》,第一輯,劉伯山主編,廣西師範大學出版社,2005年。

K

《康熙陳氏置產簿》,清抄本,藏南京大學歷史學院資料室,編號000132。

《康熙孫氏文契簿》,藏南京大學歷史學院資料室,編號000128。

《康熙謝氏謄契簿》,藏南京大學歷史學院資料室,編號000133。

M

《民國二十四年八月績溪縣大源村曹聚星堂禁山規約》,抄本,藏南開大學歷史學院卞利處。

《明祁門赤橋方氏鬮書》,藏南京大學歷史學院資料室,編號000054。

《明清徽商資料選編》,張海鵬、王廷元主編,黃山書社,1985年。

《明清徽州社會經濟資料叢編》,第二輯,中國社會科學院歷史研究所徽州文契整理組編,中國社會科學出版社,1990年。

《明清徽州社會經濟資料叢編》,第一集,安徽省博物館編,中國社會科學出版社,1988年。

《明萬曆汪氏合同簿》,藏南京大學歷史學院資料室,編號000027。

《明正德十四年至弘光元年汪氏置產簿謄錄簿》,藏南京大學歷史學院資料室,編號000035。

N

《南京生意始末根由》,[明]張明方,藏中國歷史研究院圖書館。

Q

《乾隆潘氏置產簿》,抄本,藏南京大學歷史學院資料室,編號000139。

《勸世詞》,[清]程煦,清光緒二十七年毓蘭書屋刻本,藏安徽省圖書館。

T

《沱川余氏鄉約》（婺源縣），三卷，[明]余懋衡演、余啟元校，明萬曆刻本，影本藏江西師範大學歷史文化與旅遊學院廖華生博士處。

W

《文堂鄉約家法》（祁門縣），不分卷，[明]陳昭祥輯，明隆慶六年刻本，藏安徽省圖書館。

Y

《元至正二年至乾隆二十八年王氏文約契謄錄簿》，[清]佚名，清抄本，藏南京大學歷史學院資料室，編號000013。

Z

《中國歷代契約會編考釋》，上、下册，張傳璽主編，北京大學出版社，1995年。

《中國社會科學院經濟研究所藏徽州文書類編·散件文書》，四册，封越健主編，社會科學文獻出版社，2017年。

《紫陽崇文會錄》（杭州府），清康熙刻本，藏安徽省博物院。

四、散件文書與碑刻（略）

後　記

2014年11月，由本人主持申報的2014年度國家社科基金重大項目《中國古代民間規約文獻集成》（批准號：14ZDB126）經過競標評審，榮幸獲准立項。次年3月，項目開題報告會如期在合肥舉行。安徽教育出版社編輯夏業梅女士得知消息後，主動聯繫我，并全程參加了開題報告會。之後，經過密切的交流、協商和聯繫，在安徽教育出版社時任總編輯張丹飛女士的鼎力支持下，夏業梅女士多次誠邀我商談項目成果出版事宜。在此過程中，我特地提出了可否先將民間規約遺存較爲豐富的徽州民間規約先行出版。這一提議，得到了張丹飛總編輯和夏業梅女士的積極回應。當時之所以考慮這一問題，主要是因爲重大項目時間斷限下限爲1840年以前，導致1840年至1949年間很多連續性較強、十分珍稀的徽州民間規約文獻無法收入《中國古代民間規約文獻集成》項目成果之中。

時間過得飛快，在東奔西走、北上南下到處收集、複製（含拍照）和抄錄中國古代各類民間規約文獻的同時，特別留意抄錄的徽州民間規約文獻也積纍到了百餘萬字。這期間，我的工作經歷了重要變動。2017年3月，我由安徽大學徽學研究中心調入南開大學歷史學院工作。2018年7月，我和安徽教育出版社簽訂了《徽州民間規約文獻精編》圖書出版合同。隨後，安徽教育出版社以此爲題申報了國家出版基金項目并獲批。

2019年，夏業梅女士因工作變動，本書轉由綜合編輯部江舟主任負責。2020年4月初，根據雙方約定的時間，《徽州民間規約文獻精編》全部交稿，分爲《村規民約卷》《會館、善堂、公所暨行業規約卷》《社會生活規約卷》和《宗族規約卷》四卷四個專題，同時向出版社提交了該書收錄的原始規約文獻圖片，以供責任編輯校對參考。

經過江舟主任和陶忠娣、付静等編輯半年多的認真審讀與細心校對，《徽州民間規約文獻精編》即將付梓出版。

在《徽州民間規約文獻精編》行將面世之際，我謹對本書出版過程中付出心血和勞動的各位領導及各位編輯致以衷心的感謝！特別感謝現已升任時代出版傳媒股份有限公司出版業務部主任的張丹飛編審、安徽教育出版社綜合編輯部江舟主任，項目統籌李冰冰、陶忠娣、付靜，以及已調往合肥師範學院工作的夏業梅女士。正是她們的鼎力支持和嚴謹求實的敬業精神，纔使得本書得以立項并如期順利出版。

對參與本書各卷文獻收集整理與點校録入工作的安徽大學社會與政治學院博士生導師沈昕教授、徐州醫科大學馬克思主義學院陳雪明博士，以及南開大學歷史學院博士生張致和、碩士生潘寧和萬桐同學等，我謹向他（她）們表示最誠摯的謝意！他（她）們在繁忙的教學科研工作或緊張的學業之餘，積極參與項目，并以高度負責的態度認真開展工作，不僅減輕了我的壓力和負擔，而且保證了本書的質量。我也從與他（她）們的合作中獲得了無窮的樂趣與不竭的動力。

還要特別感謝安徽省圖書館歷史文獻部石梅主任、復旦大學中國歷史地理研究所王振忠教授、江西師範大學廖華生博士、安徽大學徽學研究中心張小坡研究員、日本熊本大學伊藤正彥教授和楊纓博士！他們在幫助我借閲和複製徽州民間規約文獻等方面，提供了全方位的支持和熱情的服務。沒有他們的協助與支持，或許本書中很多珍稀的規約文獻將無法收録。

在我主持繁重的項目資料收集整理和研究過程中，我的妻子、安徽大學圖書館戴聖芳館員承擔了全部家務。在此，謹向她致以真誠的感謝！

由於本人水平、時間和精力有限，加之受新冠病毒疫情的影響，本書在徽州民間規約文獻的收集、分類、録入、點校、精選和終稿校對等方面，還存在很多不足甚至訛誤之處，懇請讀者予以批評指正，并冀望有機會再版時予以改正、補充和完善。

卞　利

2020 年 12 月 20 日

於南開大學中國社會史研究中心暨歷史學院